Bo Almqvist, 1931–2013

PEIG SAYERS

NÍL DEIREADH RÁITE
Scéalta agus seanchas taifeadta do
Choimisiún Béaloideasa Éireann
1952
in eagar ag

† Bo Almqvist agus Pádraig Ó Héalaí

NOT THE FINAL WORD
Stories and lore recorded for the
Irish Folklore Commission
1952
edited by

† Bo Almqvist and Pádraig Ó Héalaí

NEW ISLAND

PEIG SAYERS: NÍL DEIREADH RÁITE / NOT THE FINAL WORD
First published in 2020 by
New Island Books
Glenshesk House
10 Richview Office Park
Clonskeagh
Dublin D14 V8C4
Republic of Ireland

www.newisland.ie

Réamhrá/Introduction, Nótaí/Notes, Tras-scríobha agus Aistriúcháin/ Transcriptions and Translations © Bo Almqvist & Pádraig Ó Héalaí, 2020

© Taifeadtaí fuaime/Sound recordings, Cnuasach Bhéaloideas Éireann/ National Folklore Collection

Íomhánna © Cnuasach Bhéaloideas Éireann; Cnuasach Maria Simonds-Gooding; Oifig na nOibreacha Poiblí, Ionad an Bhlascaoid Mhóir, mar atá liostáilte sa Nóta Buíochais / Images © The National Folklore Collection; Collection Maria Simonds-Gooding; Office of Public Works, The Great Blasket Centre, as listed in Acknowledgements.

Print ISBN 978-1-84840-767-1
eBook ISBN: 978-1-84840-768-8

Typeset by JVR Creative India
CDs: Harry Bradshaw for mastering; Axis Media & Print for CD production
Cover design by Niall McCormack, hitone.ie
Edited by Jenifer Ní Ghrádaigh; proofread by Caoimhe ní Bhraonáin
Printed by TJ Books Limited, Padstow, Cornwall

New Island received financial assistance from the Arts Council (An Chomhairle Ealaíon), Dublin, Ireland.

New Island Books is a member of Publishing Ireland

CLÁR AN ÁBHAIR / CONTENTS

Níl Deireadh Ráite

Not the Final Word

TAIFEADTAÍ OSPIDÉAL NAOMH ANNA
Rianta ar CD 1 agus CD 2

ST ANNE'S HOSPITAL RECORDINGS
Track Listing for CD 1 and CD 2

CD 1	(Total Duration 73:32)	Track Duration
1.	THE DEVIL'S SON AS PRIEST	9:28
2.	TOM SMITH'S ROOM	10:00
3.	FIONN IN SEARCH OF YOUTH	8:25
4.	THE FARMER WHO LOST HIS SONS	9:15
5.	SIT YOU DOWN, SEÁN	5.24
6.	TOMÁS SAYERS AND THE WISE WOMAN	7.14
7.	AN EERIE HAPPENING AT SEA	9.20
8.	THE STURDY YOUTH OF MOORE'S CASTLE	13.55

CD 2	(Total Duration 58:18)	Track Duration
9.	THE MERMAID	6:50
10.	ORAL HISTORY	42:13

	10.1	*The Blasket population*
	10.2	*Marriage*
	10.3	*Storytelling and singing*
	10.4	*Women's work*
	10.5	*Food*
	10.6	*Livestock*
	10.7	*Lighting*
	10.8	*Fishing nets*
	10.9	*Fear for fishermen*
	10.10	*The Island school*
	10.11	*Keening women, the Trants and the Rices*

| 11. | PRAYERS | 9.04 |

NÍL DEIREADH RÁITE

NÓTA BUÍOCHAIS

Tá buíochas ag dul sa chéad áit do Chnuasach Bhéaloideas Éireann, agus go sonrach don Stiúrthóir, An Dr Críostóir Mac Cárthaigh, as cead a thabhairt leas a bhaint as na taifeadtaí fuaime ar a bhfuil an foilseachán seo bunaithe agus as ábhar scríofa agus físiúil sa Chnuasach a aimsiú ina chomhair. Dhein a chomhghleacaithe, Anna Bale agus Jonny Dillon, Cartlannaithe i Lárionad Uí Dhuilearga do Bhéaloideas na hÉireann, An Coláiste Ollscoile, Baile Átha Cliath, gar go minic agus go fáilteach dúinn agus táimid faoi chomaoin acu dá bharr. Bhí Comhairle Bhéaloideas Éireann ina cúltaca i gcónaí don obair seo agus ba spreagadh agus ábhar misnigh dúinn an spéis a léirigh an foras sin sa togra. Cuireadh ábhar ó chartlann Ionad an Bhlascaoid Mhóir ar fáil le croí mór maith agus bhí gach cabhair le fáil ó na Stiúrthóirí, Mícheál de Mórdha agus Lorcán Ó Cinnéide, agus óna gcomhghleacaithe, go sonrach Dáithí de Mórdha, Muireann Ní Chearna agus Doncha Ó Conchúir. Is mian linn aitheantas a thabhairt freisin don chúnamh a fuaireadh ó Bhríd (Ní Dhúda) Uí Shé, Cáit (Ní Laoithe) Uí Bheaglaoi, Máirín (Ní Laoithe) Uí Shé agus Boscó Ó Conchúir, agus don chomaoin a chuir an t-ealaíontóir Maria Simonds-Gooding orainn ag cur roinnt pictiúirí a dhein Mícheál Ó Gaoithín, mac Pheig Sayers, ar fáil don fhoilseachán.

Tá buíochas ag dul d'fhoireann na mBailiúchán Speisialta i Leabharlann Uí Argadáin, Ollscoil na hÉireann, Gaillimh; do Chlódagh Ní Dhúill, Coimeádaí, Ard-Mhúsaem na hÉireann – Saol na Tuaithe, agus do Róisín Conlon, Leabharlannaí Cúnta, Taisce Cheol Dúchais Éireann. Táimid faoi chomaoin mhór leis ag roinnt daoine eile as a gcuid saineolais a roinnt linn maidir le gnéithe ar leith d'ábhar an fhoilseacháin, mar atá, na hOllúna Declan Downey agus Máirín Ní Dhonnchadha, na hOllúna Gradaim Séamas Ó Catháin, Seán Ó Coileáin, Cathal Ó Háinle agus Ríonach uí Ógáin, na Dochtúirí Eoin Mac Cárthaigh, Éibhlís Ní Dhuibhne-Almqvist, Róisín Nic Dhonncha agus Proinsias Ó Drisceoil.

Tá focal speisialta buíochais ag dul do Harry Bradshaw as a dhúthracht ag díriú a shaineolais ar athmháistriú thaifeadtaí ospidéal Naomh Anna, agus is éachtach an toradh ar a shaothar é caighdeán na ndlúthdhioscaí iniata. Táimid faoi chomaoin ag na forais seo a leanas as atáirgeadh léaráidí an fhoilseacháin a cheadú: Cnuasach Bhéaloideas Éireann (Tulphictiúr, 1, 4, 5, 6, 7, 8, 10, 11); Cnuasach Maria Simonds-Gooding (2, 9, 12, 14); Oifig na nOibreacha Poiblí, Ionad an Bhlascaoid Mhóir (3, 13).

Ar deireadh, is mian linn aitheantas cuí a thabhairt don tacaíocht fhial a thug an Chomhairle Ealaíon don togra seo agus do ghairmiúlacht an fhoilsitheora, New Island Books, i dtáirgeadh an leabhair.

RÉAMHRÁ

In Eanáir 1952, sé bliana sula bhfuair an scéalaí iomráiteach Peig Sayers bás, chuir Seán Ó Súilleabháin, cartlannaí Choimisiún Béaloideasa Éireann agus An Seabhac [Pádraig Ó Siochfhradha], Gaeilgeoir díograiseach, údar agus bailitheoir béaloidis, faoi agallamh í. Séamus Ó Duilearga, Stiúrthóir Oinigh Choimisiún Béaloideasa Éireann, a thionscain an togra taifeadta seo agus sholáthraigh an t-eitneolaí aitheanta, Caoimhín Ó Danachair, an cúnamh teicneolaíochta chuige. In Ospidéal Naomh Anna, Bóthar Northbrook, Baile Átha Cliath, a deineadh na hagallaimh, áit a raibh Peig ina hothar an tráth sin agus ailse carbaill ag goilliúint uirthi. Cuirtear i láthair den chéad uair san imleabhar seo na taifeadtaí sin, maille le réamhrá, tras-scríbhinní, tráchtaireacht agus aistriúcháin Bhéarla.

Blianta beaga roimh a bhás anabaí in 2013, bheartaigh Bo Almqvist, an t-údar aitheanta ar scéalaíocht Pheig, an foilseachán dátheangach seo a chur ar fáil i gcomhar le Pádraig Ó Héalaí, agus bhí an obair chuige sin idir lámha acu nuair a sciob an bás Bo chun siúil go míthráthúil. Faoin am sin bhí cuid mhaith den tráchtaireacht réitithe ag Bo agus an mhórchuid den réamhrá – an sliocht seo síos san áireamh mar chlabhsúr leis, sliocht a léiríonn gur throm an chloch ar a phaidrín stóras scéalaíochta Pheig a fheiceáil i gcló:

By the time the gramophone recordings were made in 1952, Ó Duilearga had long realised that the collections from Peig – that extraordinary storyteller

3

(sgéalaí agus seanchaí as meon) *as he terms her — are of such unique importance in view of their excellence and magnitude that it would be highly desirable to have them available in print in as full a form as possible. In* Béaloideas *25 (1957) where he published and annotated 23 tales from Robin Flower's* Nachlass, *under the title 'Measgra ón Oileán Tiar',[1] out of which 17 were taken down from Peig, he states this collection should be seen as a small foretaste of a complete edition of the vast collection of stories and other folklore material collected by Seosamh Ó Dálaigh, which the Folklore Commission has in mind to publish. In this connection it might also be mentioned that Peig Sayers's son, Mícheál Ó Gaoithín, on several occasions in the latter half of the 1960s told me that Ó Duilearga had promised to publish the collections of his mother's stories accompanied by the stories he had himself contributed to the Commission's archives. Whether Ó Duilearga actually made such a firm undertaking or not, should perhaps be left undecided, but in any event it is quite clear that the fact that this huge project was not realised then was not due to a lack of will but rather lack of funds and sufficient and suitable assistance.*

The encouragement Ó Duilearga gave me in my efforts to carry out further collecting from Mícheál Ó Gaoithín and the clear understanding he often showed in the ways in which the material from him had the potentiality to elucidate his mother's stories and traditions, are also indications of the type of edition Ó Duilearga had in mind. When The Folklore of Ireland Council was established in 1972 a plan for its future publications was drawn up by me in consultation with

Ó Duilearga in which the complete edition of Peig Sayers's stories was mentioned as one of the desiderata. In spite of considerable preparatory work, this edition has still not materialised, for the same reasons as the earlier plan, but the energy with which Ó Duilearga furthered the project is proof enough of the importance he attached to it. It should be said here, however, that the entire corpus of the stories of Peig Sayers has been edited by myself and my colleague, the late Professor Dáithí Ó hÓgáin, and we can hope that in due course this mammoth collection will be published.[2] In the meantime, one might also allow oneself to imagine that he, who might well have taken the motto of the Folklore of Ireland Society, Collegite fragmenta ..., as his own, would have considered the present publication as a small step towards the goal he had envisaged.

Fágadh togra thaifeadtaí Ospidéal Naomh Anna i leataoibh ar feadh tamaill tar éis bhás Bho, ach faoi dheireadh anois, tá iomlán na hoibre a bhí pleanáilte curtha i gcrích agus an saothar á chur i láthair anseo ó lámha na beirte eagarthóirí, le buíochas d'Éilís Ní Dhuibhne-Almqvist as roinnt moltaí i dtaobh an réamhrá.

Rud suaithinseach faoi na hagallaimh agus na scéalta a chuirtear i láthair anseo is ea gur baineadh leas as an trealamh ab fhearr agus ba nua-aoisí a bhí ar fáil ag an am, sreang thaifeadán, chun iad a thaifeadadh agus feidhm á baint as leictreachas mar fhoinse cumhachta chuige sin. Go luath tar éis iad a dhéanamh aistríodh na taifeadtaí sin go plátaí aicéatáite agus tá siad seo anois ar coimeád agus fáil orthu i gCnuasach Bhéaloideas Éireann. Cé go bhfuil bailiúchán fairsing d'ábhar againn a tógadh ó Pheig, is cáipéisí scríofa a fhormhór — go leor díobh ar tras-scríbhinní cruinne iad ar agallaimh léi. Faraor, de bharr ganntanas acmhainní airgeadais agus forbairtí a tharla i dteicneolaíocht fuaime, níl fáil anois ar fhormhór mór na dtaifeadtaí bunaidh a deineadh léi ar shorcóirí céarach.

PEIG SAYERS (1873–1958)

Tá scéal Pheig ar eolas go forleathan, a bhuíochas don dá imleabhar dírbheathaisnéise dá cuid, *Peig .i. A scéal féin* (1936) agus *Machtnamh Seana-Mhná* (1939), a thóg a mac, Mícheál Ó Gaoithín, síos óna béalaithris, mar aon leis an leabhar *Beatha Pheig Sayers* (1970) a scríobh Mícheál féin bunaithe ar chuimhní cinn a mháthar. Ba í an té ab óige í de chlann Thomáis Sayers, feirmeoir beag a d'aistrigh go Dún Chaoin ón bparóiste is giorra dó, Fionntrá. Saolaíodh í i mBaile an Bhiocáire, Dún Chaoin, an paróiste is sia siar in Éirinn. Tá tuilleadh eolais faoin saol a chaith an bhean neamhghnách seo sa réamhrá a chuir Bo Almqvist le *Peig Sayers. Labharfad Le Cách. I Will Speak to You All* (2009), leathleabhar an chinn seo.

Fiú má tá tuairimí éagsúla ann faoin bhfiúntas liteartha a bhaineann le dírbheathaisnéisí Pheig, glactar go coitianta leis go bhfuil cumas faoi leith léirithe iontu i gcomhrá éasca nádúrtha agus i dtuairiscí beoga, agus níl aon cheist ná gur mór é a luach mar cháipéisí sóisialta. Tá léargas glé réalaíoch le fáil iontu ar ghnéithe den saol ag an am i nDún Chaoin mar ar saolaíodh í, i mbaile an Daingin agus ar fheirm i bparóiste Chill Dromann mar a raibh sí ina cailín aimsire ina hóige. Léiríonn na dírbheathaisnéisí leis an saol ar an mBlascaod, áit ar chónaigh sí ar feadh daichead bliain tar éis di an t-iascaire, Pádraig Ó Guithín, a phósadh in aois a hocht mbliana déag i 1892. Is anseo a thóg sí a clann líonmhar agus is as a d'éalaigh siad ar fad seachas Mícheál uaithi le breoiteacht nó tubaiste nó ar imirce go Meiriceá. Tá éachtaint luachmhar le fáil ó na leabhair ar an sórt saoil a bhí ag daoine san am atá thart, go háirithe ag mná. Dúnadh ealaíonta ar a scéal an cur síos atá aici ar a filleadh ina seanaois ar an míntír, mar ar saolaíodh agus ar tógadh í, óir is samhail é ar chúrsa na beatha mar a mbíonn an roth de shíor ag casadh agus codarsnacht shoiléir le sonrú idir aoibhneas na hóige agus an bhris agus an brón a leanann an tseanaois.

Dóibh siúd ar spéis leo an béaloideas baineann tábhacht faoi leith le dírbheathaisnéisí Pheig de bharr na míreanna seanchais agus na cuntais ar ócáidí scéalaíochta atá iontu. Bhí an scéalaíocht sa dúchas ag Peig óir bhí a hathair, Tomás Sayers, aitheanta ar dhuine de na scéalaithe ab fhearr i gCorca Dhuibhne lena linn. Is uaidh a thóg Peig formhór dá cuid scéalta, rud a dúirt sí féin go minic, agus atá le brath ar thagairtí ina lán dá scéalta do logainmneacha i bparóiste Fionntrá mar a raibh cónaí ar a hathair sular aistrigh sé go Dún Chaoin. Is cinnte gur thug Peig léi scéalta ó dhaoine eile leis, go háirithe a fear céile, Pádraig Ó Guithín ('Peatsaí Flint'), ach is féidir glacadh leis gur thóg sí formhór dá cuid scéalta ina hóige ar a tinteán féin.

Ní furasta a rá, áfach, cathain a thosaigh sí ag insint scéalta do lucht éisteachta ná cathain a chuaigh a cáil amach mar scéalaí. Cén sórt lucht éisteachta a bhí ar dtús aici ina pobal féin? Dealraíonn go raibh a clann féin ar chuid den lucht éisteachta sin mar sa bhliain 1911 chuir a híníon Cáit chuig *An Lóchrann* leagan den scéal Siobhán agus Domhnall ar dóichí ná a chéile gur óna máthair a bhí sé foghlamtha aici. Is minic ráite ag Blascaodaigh a bhí ar chomhaois le clann Pheig, léithéidí Mhuiris agus Sheáin Uí Ghuithín, Seán Pheats Tom Ó Cearna agus tuilleadh nach iad, go mbídís scanraithe ina mbeatha agus iad ina leanaí beaga sna 1910í ag scéalta púcaí a bhíodh á n-insint ag Peig dóibh. Is cinnte i ndeireadh na 1920í gur thuig leanaí scoile an Oileáin go bhfaighidís go fial uaithi na scéalta a bhíodh a múinteoir, Nóra Ní Shéaghdha, ag iarraidh orthu a bhailiú.[3]

Ní móide ach chomh beag gur imigh an bua nótálta a bhí ag Peig i mbun scéalaíochta i ngan fhios don bhéaloideasóir cáiliúil C.W. von Sydow ar a thurasanna ar an Oileán i 1920 agus 1924 mar is eol go ndéanadh sé buannaíocht uirthi féin agus a mac, Mícheál.[4] Ba chara maith ag Mícheál leis é an scoláire clasaiceach, Seoirse Mac Thomáis, a spreag Muiris Ó Súilleabháin le *Fiche Bliain Ag Fás* a scríobh agus ar mhinic é ar cuairt i dtigh Pheig i 1923 agus 1926. Ba mhinic a d'éist sé léi ag insint scéalta le linn na gcuairteanna seo — ceann acu an scéal faoin taibhreamh a chuir Muiris isteach i gcaibidil a haon den leabhar.[5] Dhealródh mar sin féin nár bhreac ceachtar den bheirt chuairteoirí sin aon eachtra síos ó Pheig.[6]

Dhein breis is dosaen scoláire ón tír seo agus ón iasacht, fir agus mná, bailiúcháin thoirtiúla ó Pheig i gcaitheamh a saoil. Orthu sin bhí Cormac Ó Cadhlaigh, Robin Flower, Kenneth Jackson, Pádraig Ó Braonáin, Marie-Louise Sjoestedt, Seosamh Ó Dálaigh agus Heinrich Wagner. Tá mioneolas fúthu go léir agus an bailiúchán a dhein siad sa réamhrá le *Peig Sayers. Labharfad Le Cách.* Ag freagairt don easpa eolais atá orainn faoi thús ré Pheig mar scéalaí, tá easpa eolais orainn chomh maith i dtaobh na mbailiúchán is luaithe a deineadh uaithi. Cé is túisce a dhírigh aird ar bhua scéalaíochta Pheig Sayers?

Gradam é seo nach léir go cruinn cé leis is ceart é a lua. Ina chuimhní cinn, mhaígh Cormac Ó Cadhlaigh, ball de Chonradh na Gaeilge agus ollamh le Gaeilge ar ball, gurbh é féin an chéad duine a bhailigh ábhar uaithi. Dhein sé an bailiúchán le linn dó tamall a thabhairt ar an mBlascaod in 1907, ach is téacsanna amhrán agus seanfhocail amháin a bhreac sé uaithi agus, faraor, dealraíonn nach bhfuil fáil anois ar an ábhar sin. Ba é Robin Flower (1881–1946), an chéad bhailitheoir a thóg raidhse mhór ábhair ó Pheig agus is dóichí ná a chéile gurbh é siúd ar dtús faoi deara aird náisiúnta agus idirnáisiúnta a dhíriú uirthi. Saineolaí ar an meánaois agus Leas-Choimeádaí Lámhscríbhinní i Músaem na Breataine ba ea é a thug a chéad chuairt ar an mBlascaod i 1910. Chaitheadh sé tamall ar an mBlascaod gach aon bhliain as sin go 1914, agus go deimhin, is ar an mBlascaod a bhí sé nuair a bhris an cogadh amach i Lúnasa 1914. D'fhill sé ar an Oileán arís i 1925 agus gach bliain as sin go 1939 ba ghnách leis tréimhse dá shaoire samhraidh a thabhairt ann. Is cinnte go mbeadh sé tar éis casadh ar Pheig le linn a chéad chuairteanna. Cé gur le bailiú ó Thomás Ó Criomhthain ('An tOileánach') ba mhó a chaith sé a dhúthracht ar dtús, níor mhiste a mheas gur thóg sé síos ábhar ó Pheig leis an tráth sin. Is deacair aon chruthúnas a fháil ar an méid sin, áfach, mar ba scoláire é Flower a théadh cuid mhór i muinín a chuimhne agus b'annamh a scríobhadh sé nóta i dtaobh na hoibre a bhíodh idir lámha aige. Ó dheireadh na 1920í, áfach, chuir sé dlús mór lena chuid bailiúcháin ó Pheig agus ba chéadach an toradh a bhí air.

B'eisean a thóg na chéad bhailiúcháin thoirtiúla uaithi agus níl aon bhailitheoir eile is mó a thóg ábhar uaithi seachas Seosamh Ó Dálaigh, bailitheoir lánaimseartha le Coimisiún Béaloideasa Éireann, a bhí ag obair léi sna 1940í tar éis di aistriú amach ar an míntír. Ba é Robin Flower leis a dhein na chéad taifeadtaí fuaime de Pheig ar thaifeadán éideafóin i 1930. Ar an drochuair, níl na taifeadtaí seo ar marthain anois ach dhein Seosamh Ó Dálaigh tras-scríobh díobh ar 1235 leathanach lámhscríofa. Tá roinnt mhaith ábhair bhreise a thóg Flower ó Pheig i gcóipleabhair agus ar leathanaigh scaoilte i gcomhad dár teideal *Nachlass* Robin Flower i gCnuasach Bhéaloideas Éireann. Chuir sé cuid de scéalta Pheig i gcló in éagráin éagsúla den iris *Béaloideas*,[7] agus is fiú an cur síos geanúil a dhéanann sé uirthi ina leabhar *The Western Isle* a chur i láthair anseo arís mar léiriú ar an lúb istigh a bhí aige inti:

9

*Big Peig — Peig Mhór — is one of the finest speakers
on the Island; she has so clean and finished a style of
speech that you can follow all the nicest articulations of
the language on her lips without effort; she is a natural
orator with so keen a sense of the turn of phrase and
the lifting rhythm appropriate to Irish that her words
could be written down as they leave her lips, and they
would have the effect of literature with no savour of the
artificiality of composition. She is wont to illustrate her
talk with tales, long and short, which come in naturally
along the flow of conversation, and lighten up all our
discourse of the present with the wit and wisdom and
folly and vivid incident of the past.*

*... As Peig was telling this tale I watched her,
in admiration of her fine, clean-cut face, with the
dark expressive eyes that change with the changing
humours of her talk, all framed in her shawl that kept
falling back from her head as she moved her arms in
sweeping gestures, only to be caught and replaced
above her brow with a twitch of the hand.*[8]

Tar éis do Flower ábhar ó Pheig a fhoilsiú agus í a bheith
molta aige mar scéalaí oilte, leath a cáil i measc lucht léinn in
Éirinn agus thar lear. Ar mholadh Bhláithín tháinig Kenneth
Jackson (1909–1991), an scoláire iomráiteach Ceiltise, chun
an Bhlascaoid in 1932 chun Gaeilge a fhoghlaim agus blianta
beaga ina dhiaidh sin foilsíodh an mhórchuid den bhailiúchán
fairsing seanscéalta agus seanchais a thóg sé ó Pheig.[9] Arís sna
1930í chuir an teangeolaí clúiteach agus an miotaseolaí Marie-
Louise Sjoestedt tuilleadh de scéalta Pheig i gcló.[10]

Tharlódh gurbh í an spéis seo a cuireadh inti mar
shárscéalaí a spreag í lena cuimhní cinn a dheachtú dá mac,
Mícheál Ó Gaoithín. Cé go raibh Peig go maith in ann Béarla

a scríobh mar is léir ó chomhfhreagras uaithi chun a cairde, bhí deacracht aici le scríobh na Gaeilge mar nár fhoghlaim sí an scil sin riamh ar scoil. Foilsíodh a dírbheathaisnéis *Peig .i. A scéal féin* ar dtús i 1936 agus ina dhiaidh sin foilsíodh *Machtnamh Seana-Mhná* i 1939.

Lean béaloideasóirí agus scoláirí eile orthu ag bailiú ó Pheig nó go raibh sí i ngiorracht cúpla bliain dá bás i 1958. Is é an cnuasach scéalta, eachtraithe agus seanchais a thóg an bailitheoir lánaimseartha le Coimisiún Béaloideasa Éireann, Seosamh Ó Dálaigh, uaithi an chuid is tábhachtaí ar fad de na bailiúcháin seo. Bhí Seosamh i mbun bailiúcháin uaithi ó 1942 go 1951 tar éis di aistriú ón Oileán amach chun na míntíre agus chun an tí i mBaile an Bhiocáire inar chaith sí an chuid eile dá saol. I gcaitheamh na mblianta sin thug sé 275 cuairt ar Pheig agus tá iomlán a bhailiúcháin tras-scríofa agus fáil air i gCnuasach Bhéaloideas Éireann, 3,200 éigin leathanach san iomlán. Seo é an bailiúchán is saibhre, is éagsúla agus is údarásaí dá bhfuil againn ó Pheig agus é ar cheann de na bailiúcháin is fairsinge agus is spéisiúla a tógadh ó aon scéalaí in Éirinn.

MEAS AR BHUA SCÉALAÍOCHTA PHEIG

Cé gur bhailigh an Duileargach béaloideas ina lán áiteanna sa tír, is ar Uíbh Ráthach i gCiarraí go háirithe a chaith sé a dhúthracht lena chuid bailiúcháin agus taighde. Bhí gean faoi leith aige ar Ghaeilge Chiarraí agus ní hionadh, is dócha, go ndíreodh sé a aird ar Chorca Dhuibhne. Ní fios go cruinn cathain nó conas a chéad-chuala sé faoi bhua scéalaíochta Pheig Sayers ach seans maith gurbh é a chara, Robin Flower, a raibh aithne aige air ó 1926, a labhair leis ina taobh ar dtús,[11] sin nó C. W. von Sydow, a chas den chéad uair air i samhradh na bliana 1927.[12] Bhí trí scéal dá cuid a bhailigh Robin Flower uaithi i gcló in 1930 in *Béaloideas. Iris an Chumainn le Béaloideas Éireann*,

ar a raibh Séamus Ó Duilearga ina eagarthóir.[13] Tugann nóta
ina dhialann ó 5 Deireadh Fómhair 1946 le fios gur bhuail
sé léi den chéad uair nuair a thug sé turas ar an mBlascaod i
'1936 nó 1937'.[14] Tá a dhialanna do na blianta 1936 agus1937
bearnach go maith agus ní luaitear iontu gur bhuail sé le Peig.
Is léir, áfach, ó na nótaí a chuir sé le scéalta Pheig in *Béaloideas*
go raibh foirfeacht a cumais scéalaíochta imithe i bhfeidhm air.
Mar shampla, ag tagairt d'fhinscéal taistil faoi shífhuadach, a
raibh 'Conas mar Fuair Seán Ó Briain Bean' curtha mar theideal
air ag Peig, scríobhann sé go raibh leagan Pheig '*unusually
long as my experience goes, and is very well told.*'[15] Is tuairisc
an-bheacht é an ráiteas simplí seo ar stíl scéalaíochta Pheig i
gcoitinne: is gnách gur faide a leaganacha siúd de scéalta ná
leaganacha scéalaithe eile: bíonn mionchruinneas ina tuairisciú
ach ní théann sí chun leadráine agus tugann sí léi comhrá
agus mionsonraí go healaíonta. De bharr beogacht a hinsinte,
b'fhearr a chuireadh sí scéal i láthair ná go leor scéalaithe eile
lena dea-chomhrá agus le ciútaí beaga cliste.

A thúisce is a tháinig Peig chun cónaithe ar an míntír i
1942 d'iarr Séamus Ó Duilearga ar Sheosamh Ó Dálaigh dul
ag bailiú uaithi agus tá an spéis mhór a bhí ag an Duileargach
inti mar scéalaí le brath ar a chomhfhreagras leis an Dálach. I
litir uaidh chuige 6 Feabhra 1943 scríobhann sé:

> Gabhaim baochas leat insan obair mhaith atá ar siúl
> agat agus insan gcnuasach bhreá d'oideas béil atá agat á
> fháil ó Pheig Sayers. Tá an cnuasach so ar an adhbhar is
> feárr a bhailíghis riamh in n-aon áit i gCúige Mumhan ...
> Bhí na scéalta san ar an gcuid is feárr agus is suimiúla a
> fuarthas ó éinne sa tír seo ...

Tá breis moladh fós aige ar bhailiúchán Sheosaimh ó Pheig
i litir eile chuige, an babhta seo i mBéarla, 27 Feabhra 1945:

You are doing work of inestimable value... Continue to work with Peig as much as you can. She is outstanding, and everything she gives has a literary quality which is unmistakeable.[16]

I scéal an chaidrimh idir Peig agus Séamus Ó Duilearga tá áit faoi leith ag na féiríní agus na comharthaí eile measa a bronnadh uirthi. Bhain maoithneas le go leor díobh seo agus beagán grinn freisin ó am go chéile. Ag cloí leis an ngnáthchleachtas idirnáisiúnta i dtaighde scolártha, ní thugadh Coimisiún Béaloideasa Éireann íocaíocht dá chuid faisnéiseoirí. Ba nós leis mar sin féin, cártaí Nollag agus bronntanais bheaga tobac nó bosca seacláidí, nó ar uaire naigín fuisce, a sheoladh chuig na faisnéiseoirí ba thábhachtaí leis. Bhí Peig agus a mac Mícheál orthu siúd a fuair bronntanais agus de bharr gur tuigeadh gur bhain fiúntas ar leith leis an ábhair a bhí i gcartlann an Choimisiúin ó Pheig – go háirithe an bailiúchán uaithi ó Sheosamh Ó Dálaigh – mheas Stiúrthóir Oinigh na heagraíochta go raibh aitheantas agus spreagadh speisialta ag dul di siúd. D'iarr sé comhairle maidir leis an gcineál bronntanais ab fhearr a thabhairt di ar Sheosamh Ó Dálaigh, an té ab fhearr aithne uirthi agus ba mhó a bhailigh uaithi. Tharlódh gur pléadh an cheist seo eatarthu le linn chuairteanna an Duileargaigh ar Dhún Chaoin agus dealraíonn go bhfuair Peig roinnt bronntanas ó Shéamus go pearsanta ar na hócáidí seo. Ní miste a mheas chomh maith gur bronnadh comharthaí urraime eile uirthi nach bhfuil aon tuairisc orthu. Is léir, ar aon nós, ó na foinsí atá ar fáil dúinn, go háirithe an comhfhreagras idir Séamus agus Seosamh, an mhionphleanáil a bhí i gceist agus an cúram a caitheadh leis na bronntanais seo.

Faoi thús na bliana 1945 bhí fiúntas an ábhair a bhí bailithe ag Seosamh Ó Dálaigh ó Pheig imithe i bhfeidhm chomh mór ar an Duileargach gur shocraigh sé gur cheart aitheantas speisialta a thabhairt di. I bhfreagra a thug Seosamh ar litir ón

13

Duileargach 18 Nollaig 1946 deireann sé gurb í a thuairim, tar éis dó a mhachnamh a dhéanamh, gurb é an bronntanas is fearr a d'oirfeadh do Pheig ná 'peidhre slipéirí a bheadh uirthi cois tine istoíche.' Luann sé ansin gur uimhir a naoi a bheadh uaithi – rud a léiríonn nár mhíchruinn 'Peig Mhór' a bheith coitianta mar ainm uirthi – agus ag leanúint leis an scéal, deireann sé munar féidir teacht ar na slipéirí go ndéanfadh soláthar deas tobac agus píopa nua cúis go breá. Níor ghlac Séamus le ceachtar den dá mholadh ar chúis éigin, ach mar mhalairt orthu, bhronn sé cathaoir ar Pheig.[17] Tá sé soiléir ón sall is anall a bhí ann faoin mbronntanas gur tuigeadh go raibh leibhéal áirithe compoird agus só saolta tuillte ag Peig tar éis di tréimhse dianbhailiúcháin a sheasamh. Dealraíonn go raibh Peig an-sásta lena cathaoir nua. Scríobh Seosamh i litir go Séamus ar 17 Eanáir 1947, gur iarr Peig air a buíochas a léiriú dó agus a chur in iúl dó go bhfuil sí ag guí go mbeidh sé féin agus a chlann fadsaolach. Bhí cathaoir chompórdach fóinteach go maith di an Nollaig sin mar bhain gortú dá ceathrú a d'fhág go raibh uirthi tamall a chaitheamh dá bharr san ospidéal i dTrá Lí. Mar chríoch ar an scéal, chuir Séamus in iúl i litir do Sheosamh cé chomh sásta is a bhí sé gur thaitin an chathaoir le Peig agus d'iarr air breoiteacht a dearthár céile[18] agus a mic a chásamh léi thar a cheann.

Níl aon bhaol gurbh é seo an bronntanas deireanach a fuair Peig ó Shéamus. I litir a chuir Seosamh Ó Dálaigh chuige 17 Samhain 1950 dúirt sé go raibh Peig dall ar fad anois agus gur ar éigin a d'fhágadh sí an leaba ar aon chor ach go raibh a meabhair go cruinn i gcónaí aici agus a cuid cainte chomh bríomhar is a bhí sí riamh. Mhínigh sé gur mhinic ina haonar í istoíche mar go dtéadh a mac, Mícheál, ag bothántaíocht go tigh comharsan agus nárbh annamh léi titim dá codladh, agus ar dhúiseacht di nach mbíodh a fhios aici cén t-am é, nó fiú an lá nó oíche a bhí aici. Ba mhór an cúnamh di, dar leis, dá mbeadh clog sa tigh a bhuailfeadh ar an uair agus bhí Peig féin an-tógtha leis an smaoineamh seo. I litir a chuir Seosamh go dtí Séamus 11 Aibreán 1951 tugtar le fios gur soláthraíodh an clog agus gur bronnadh ar Pheig é. Sa litir chéanna deireann sé go bhfuil fós oiread cuideachta ag baint léi agus a bhí riamh agus go mbíonn sí de shíor ag gabháil buíochais le Séamus as a bhronntanais, ina measc an clog go raibh 'taitneamh aici á bhaint as ... ló agus d'oidhche.'

Bhuail Ó Duilearga léi den dara huair 5 Deireadh Fómhair 1946 agus de réir na hiontrála ina chín lae, bhí ardghiúmar uirthi:

Our main object on this trip to take photos. We had a new cine-kodak (cost £40) with us. But weather still against us. Wet & foggy this morning – had a bathe in spite of it. In evening went to see Peig Sayers who lives close by. She was in great form. I had not seen her since 1936 or 1937 when I visited her in the Blaskets.

No one has ever bothered to take a sound-film of Peig or even a gramophone record & we have neither funds nor chances to do it yet. Maddening! I do not take those in charge of Irish matters seriously – they have neglected their duties with callous indifference.

Bhí Ó Duilearga páirteach le Robert Flaherty i ndéanamh an chéad scánnáin le fuaimrian Gaeilge, *Oidhche Sheanchais*, i Londain in Eanáir agus Feabhra 1934, agus thuig sé go maith an tábhacht a bhain le taifeadtaí físe.[19] Choinnigh Coimisiún Béaloideasa Éireann agus ina dhiaidh sin Roinn Bhéaloideas Éireann, céim ar chéim le forbairtí teicneolaíochta.[20] Níos déanaí i nDeireadh Fómhair na bliana 1946, in iontráil ina chín lae faoin teideal *Impressions of Trip,* leagann sé béim arís ar an bpráinn a bhaineann le traidisiún na Mumhan a thaifeadadh agus lochtaíonn sé siléig an rialtais sa ghnó seo:

> *Irish almost dead in Munster – clear we must get as much down in writing, on sound-track & and on gramophone as poss. If I had £3000 I could do all I want in the matter of gramophone records. But we must get to work at once, but Govt. delays & delays & delays and hems & haws & will make no decisions on us – simply does not have any idea about import. of our work. We must get sound-film of Peig Sayers at once.*

Bhí fanacht sé bliana air, geall leis, sular deineadh na taifeadtaí a shanntaigh sé ach is ceart a lua, áfach, go raibh taifeadtaí ó Pheig déanta ó 1929 nuair a bhain Robin Flower úsáid as an éideafón. Ach ní raibh caighdeán na dtaifeadtaí éideafóin riamh thar mholadh beirte agus is léir gur mhian leis an Duileargach go mbeadh taifead marthanach d'ardchaighdeán ar fáil de ghuth Pheig. Cuireann a chín lae, 6 Deireadh Fómhair 1946, in iúl gur éirigh leis gearrscannán (gan fhuaim) a dhéanamh de Pheig:

> *Bathe before b.fast. Irish sermon at Mass quite good. At 11.30 weather changed & became magnificent, so we filmed Peig Sayers outside her home, and after dinner photographed a very fine speaker at Bail[e] Eagailse from whom Daly has collected a great deal – Pats a' tSíhig. Marvellous sunset over Blaskets with Cnoc Bhréanainn (local form of the name, by the way) ...[21]*

TAIFEADTAÍ 1952

Bhí Peig i ndeireadh a seachtóidí nuair a deineadh na taifeadtaí a chuirtear i láthair sa leabhar seo. Bhí sí breoite agus cóir leighis

16

á fáil aici don ailse. Bhí a radharc ag teip le blianta agus faoin mbliain 1952 bhí sí dall ar fad. D'éirigh léi, áfach, an bhodhaire a sheachaint – galar a bhí sa dúchas ag na Séarsaigh agus a bhuail a deartháir – rud a d'fhág gur thaitneamhach fós léi bheith i measc na ndaoine mar chuireadh sí spéis nár bheag iontu agus ba mhór an sásamh a bhaineadh sí as dea-chomhluadar. Ina blianta deireanacha agus í ag coimeád na leapa in Ospidéal Naomh Eibhlís sa Daingean thug scoláirí agus ealaíontóirí aitheanta ó thíortha éagsúla cuairt uirthi, ina measc an béaloideasóir Meiriceánach Stith Thompson, na scríbhneoirí Seán Ó Ríordáin, Bryan MacMahon agus na péintéirí Seán Ó Súilleabháin, RHA, agus Harry Kernoff. Ba mhinic leis baill den chléir ar a tuairisc – mná rialta, manaigh agus sagairt mar aon le hardchléirigh – agus ba mhór ar fad aici mar chuairteoirí a leithéidí seo.

Séamus Ó Duilearga (1899–1980)

Ba é Séamus Ó Duilearga bunaitheoir Choimisiún Béaloideasa Éireann, agus bhí sé blianta fada ina stiúrthóir air. Mhaígh Kenneth Whitaker, Rúnaí Ginearálta an Roinn Airgeadais sna 1960í – tráth ar forbraíodh Éire seo na nua-aoise – gurbh fhear físe é a dhein mórchúram den chultúr. Bhí spéis ag Whitaker sa bhéaloideas agus d'áirigh sé An Duileargach ar dhuine de mhórÉireannaigh a linne.[22] Ní miste tionscnóir bhailiú bhéaloideas na hÉireann a thabhairt ar an Duileargach, agus is cinnte gur de bharr na físe a bhí aige siúd atá ceann de na bailiúcháin is fairsinge ar domhan d'ábhar traidisiúnta anseo againn anois sa tír seo.[23] Thug Séamus Ó Duilearga cuairt ar Pheig roinnt uaireanta idir 1948 agus 1952. I mí na Nollag 1951 ní mór ná gur cuireadh i gcrích a mhian go ndéanfaí Peig a thaifeadadh ar chéirníní gramafóin. Chuaigh Caoimhín Ó Danachair go Corca Dhuibhne chun an taifeadadh a dhéanamh ach níor éirigh leis mar go raibh a scornach ag cur as do Pheig agus Lá 'le Stiofáin cuireadh chuig Ospidéal Naomh Eibhlís sa Daingean í. Cúpla lá ina dhiaidh sin scrúdaigh dochtúir í agus moladh í a chur chuig Ospidéal Naomh Anna, Bóthar Northbrook, Baile Átha Cliath, áit ar cuireadh cóir leighis raidiam uirthi d'ailse. Is le linn di bheith san ospidéal sin a bailíodh an t-ábhar uaithi atá sa leabhar seo.

Cé gur léir, ar ndóigh, nár shuíomh idéalach é seo do thaifeadadh, mar sin féin, ní raibh aon phian ar Pheig agus bhí sí thar a bheith sásta go ndéanfaí an taifeadadh. Níos dóichí ná a mhalairt, mhothaigh an Duileargach go raibh práinn bhreise leis an scéal agus go mb'fhéidir nach mbeadh deis arís an taifeadadh a beartaíodh i mí na Nollag a chur i gcrích. Is cinnte gur éascaigh fáil ar sholáthar seasta leictreachais taobh na teicneolaíochta den togra.

Tá tuairisc iomlán go leor i scríbhinn de chuid Sheáin Uí Shúilleabháin ar thréimhse Pheig in Ospidéal Naomh Anna:

Do dhein Caoimhín Ó Danachair iarracht i rith na Nodlag 1951 ar chaint a chur síos ar phlátaí gramafóin ó Pheig le cur i gcoimeád i n-oifigí an Choimisiúin, ach theip air toisc gur tugadh go hÓsbuidéal an Daingin í Lá 'le Stiofáin. Do tugadh go Tráighlí ina dhiaidh sin í, agus as san go Ósbuidéal Naomh Anna ag Bóthar Northbrook i mBaile Átha Cliath ar an 8ú lá d'Eanair, 1952. Tá rud éigin cearr lena scórnaigh. Tá sí fé chúram an Dr. Chance, agus tá fios curtha aige ar radium go Londain ina cóir. Bainfidh sé feidhm as an raidium nuair a gheobhaidh sé é.

Ó tharla a guth bheith go láidir soiléir go fóill, agus gan aon phian uirthi, puinn, agus fonn ar Pheig í féin bheith ag seanchas mar ba bhéas léi riamh, do chinn an t-Ollamh Ó Duilearga ar iarracht a dhéanamh ar somplaí dá cuid cainte do chur síos ar ghléas gramafóin sara dtiocfadh an radium ó Lundain. Chuige sin do thug Caoimhín Ó Danachair agus Seán Ó Súilleabháin

an wire-recorder leó go dtí Ósbuidéal Naomh Anna
ar an Satharn, 12ú lá Eanair, ar a 4 a chlog. Do chuir
lucht ceannais an Ósbuidéil, agus an tSr. Bernadette, go
háirithe, gach cóir ba ghádh orainn. Do bhí Peig i leaba
chúinne i seomra ar an gcéad lochta; agus cúigear eile
ban sa tseomra ina teannta. Tá sí dall amach 's amach,
an bhean bhocht, ach tá a meabhair agus a haigne chó
beó agus a bhí riamh. Do chuir C. Ó Danachair an gléas
i gcóir, agus do luigh Seán Ó Súilleabháin ar Pheig
do cheistiú, d'fhonn í bhogadh chun roinnt scéalta
d'innsint. Níorbh obair dó é sin a dhéanamh, mar bean
í Peig go mbíonn fonn uirthe i gcomhnaí seanchas a
dhéanamh agus scéal a innsint. D'innis sí cheithre cinn
do scéalta agus do ghlac an wire-recorder iad: (1) Fionn
ag lorg na Hóige; (2) Seomra Tom Smith; (3) Mac an
Diail ina Shagart; (4) An Fear a Chaill a Chlann Mhac
agus mar do theasbáin Aingeal do cad é an chrích a
bhí i ndán dóibh, dá mairfidís. Do bhí uair an chloig
go leith caithte ag Peig ag freastal orainn fén am san,
agus d'fhágamair slán agus beannacht aici ar a 5.30 p.m.
d'fhonn agus gan í do thuirsiú ró-mhór.

Do hiarradh ar An Seabhac dul i n-ár dteannta go dtí
Peig an Luan ina dhiaidh sin, 14 Eanair, ar a 3 a chlog,
agus bhí sé lán-toilteanach ar dhul. Do cuireadh an chóir
chéadna orainn agus do cuireadh dhá lá roimis sin, agus
an tSr. Bernadette ag cabhrú linn ar gach slí. Do tugadh
gloine uisce beatha do Pheig ar dtúis chun í do spreagadh –
bhí an bhean bhocht ina codladh nuair a chuamair isteach
sa tseomra – agus pé duine eile a bhí tostach nó balbh
ansan, níorbh í Peig í. Do luigh an Seabhac ar í do cheistiú
i dtaobh seana-chúrsaí – an seana-shaol ar an Oileán Tiar,
an tslí chaithidís na hoícheannta; obair na mban, tiarnaí
talún etc. agus do ghlac an wire-recorder a cheisteanna san

agus freagraí Pheig ar feadh uair an chluig. Do bhí ana-fhonn cainte ar Pheig, agus ba mhaith an sás An Seabhac chun í bhogadh chuige. Do bhí toradh ana-mhaith ar an gcuaird sin, fé mar do bhí ar an gcéad cheann.

Luaitear an bailiúchán seo leis i miontuairisc chruinniú Choimisiún Béaloideasa Éireann, 28 Eanáir 1952, a scríobh Pádraig Eric Mac Fhinn:

> Peig Sayers
> Do chuir Seosamh Ó Dálaigh na céadta scéal agus píosaí seanchais síos leis an edifón agus leis an bpeann ón mnaoi chlúmhail sin ón mBlascaod i gCiarraí ó am go ham le cúig bhliadhana déag anuas, fé mar do dhein an Dr. Robin Flower roimis sin – do bhí an méid do chruinnigh seisean ag an gCoimisiún chó maith. Do chuir sé Caoimhín Ó Danachair d'aon-ghnó go Dún Chaoin i rith na Nodlag roimis sin chun go nglacfadh sé cainnt Pheig ar phlátaí gramafóin d'fhonn is go mbeadh a glór ar buan-chimeád i n-oifigí an Choimisiúin. Níorbh fhéidir an obair a dhéanamh, ámh, toisc go raibh Peig san osbuidéal le cúpla lá roimis sin. Do tugadh go Baile Átha Cliath ina dhiaidh sin í agus d'éirigh le Caoimhín Ó Danachair agus le Seán Ó Súilleabháin trí chuaird a thabhairt uirthi, le caoin-chead lucht stiúrtha an osbuidéil; do bhí an Seabhac leó uair amháin. Do cuireadh síos ó Pheig scéalta agus seanchas do líon 40 leathaobh de phlátaí gramafón 12". Ba mhór an ní go raibh an méid sin déanta.[24]

De réir an leabhráin *St Anne's Hospital down through the Years* ba é an Dr Chance a luaitear thuas an raidtheiripeoir, Oliver Chance, a d'oibrigh san ospidéal sin idir 1933 agus 1952, agus arís ó 1970 go 1972.[25] De réir an leabhráin chéanna

ba í an tSiúir Raphael Caffrey an mátrún a bhí ann ag an am.[26]
Tá na tagairtí seo a leanas do Pheig in Ospidéal Naomh Anna
i gcín lae Uí Dhuilearga:

Jan. 8.
It was today or on 9 Jan. that Peig Sayers came for
treatment to hospital in Northbrook Rd. Dublin.

Jan. 17.
Seán O'Sullivan & Kevin Danaher paid their third
visit to Peig Sayers (of Blaskets) now in hospital at
Northbrook Rd. & recorded material – about 45 mins
recording. Kevin told me that Peig did not appear to
be in as good form as she was on previous visits.

Jan. 20.
Prof. Michael Hayes & I visited Peig Sayers of Dunquin
this evening at Cancer Hospital, Northbrook Rd. &
had a chat in Irish with her. Her voice weak, but her
spirits high. We stayed a short time only. Recordings
had been made by I.F.C. on Thursday last.

Jan. 28.
Halldór Kiljan Laxness, Icelandic novelist called to
see me today at IFC, having been recommended to do
so by Jón Helgason of Copenhagen. A very charming
man, altho a Communist (more islandico).
    Preparing for Belfast lecture at home all evening.
    Peig Sayers still in hospital here, but she is to go
back to Kerry this week.

D'fhill Peig ar an Daingean ach chaith sí formhór an chuid
eile dá saol san ospidéal ann. Léiríonn na hiontrálacha seo a

leanas i gcín lae Shéamuis Uí Dhuilearga gur choinnigh sé air ag tabhairt cuairteanna go rialta uirthi:

July 8 1953
I went to Dingle & saw Peig Sayers in the hospital. She is well but has changed since last year & I suppose will not live very long.

June 25 1954
Lá salach ceoch eile. Tráthnóna go dtí An Daingean – An File, Molly, Torlach & Pound. Fé dhéin Pheig Sayers, san Ospidéal – í go seamhrach, í ag caint ar an Oileán. 'An t-uaigneas is mó a bhí orm á fhágaint – mo dheichniúr *babies* atá curtha ann.'

Oct. 15 1956
At 4 I drove Molly & An File to Dingle. Brought some whiskey (14/-) to Peig Sayers. Her son, 'An File', questioned her about her people, as I had asked him to do this in view of introduction later on to the Mss, containing her seanchas. The old woman was in very good form, & was glad to see me, taking my hand in the old style & kissing it.

July 17 1957
Bo Almqvist, Jim Carney, An File & I to Dingle to see Peig Sayers in hospital. She looks very frail, & I wonder if she will see Christmas.

Bhí léamh an Duileargaigh grinn sa chás seo, mar a bhíodh go minic. Is fíor gur mhair Peig thar Nollaig na bliana 1957 ach bhí sí imithe ar shlí na fírinne faoi Nollaig na bliana dár gcionn.

22

Seán Ó Súilleabháin (1903–1996)

Ba é Seán Ó Súilleabháin an t-aon scoláire gairmiúil béaloidis a thóg ábhar ó Pheig. D'fhág a chuid oibre mar Chartlannaí leis an gCoimisiún eolach go maith é ar an mbailiúchán breá a bhí déanta uaithi roimhe sin, agus toisc gur Chiarraíoch é féin, bhí cur amach faoi leith aige ar thraidisiún an chontae sin. De bhreis air sin, bhí eolas curtha aige ar an mbéaloideas i ngach cearn den tír agus tuiscint faighte aige ar thábhacht bhéaloideas na hÉireann sa chomhthéacs idirnáisiúnta de bharr a chuid traenála sa tSualainn agus a chaidrimh leis an Ollamh Carl Wilhelm von Sydow.[27] Ní hionadh dá réir sin go bhfuil lorg a thaithí phearsanta féin, agus rian a spéise scolártha i réimse ar leith den bhéaloideas, ar an gcur chuige a bhí aige i mbun an bhailiúcháin ó Pheig. Tá seo le brath ar an rogha ábhar ar éiligh sé faisnéis ina dtaobh agus na ceisteanna a chuir sé i dtaobh gach ceann díobh.

Mar a bheifí ag súil leis, bhí spéis faoi leith aige sna seanscéalta a raibh tréimhse fhada caite aige á gclárú de réir chóras idirnáisiúnta rangaithe seanscéalta Aarne Thompson, agus áireamh cuimsitheach déanta aige féin i gcomhar le Reidar Th. Christiansen in *The Types of the Irish Folktale* ar iomlán na leaganacha Éireannacha díobh a bhí ar taifead. Ní hionadh mar sin gurbh é an tús a chuir sé lena agallamh ná roinnt seanscéalta idirnáisiúnta a bhí bailithe uaithi roimhe sin a lorg ó Pheig, agus fios maith aige, ar ndóigh, go raibh na taifeadtaí eile sin díobh tógtha cheana uaithi. Is spéisiúil arís go mbaineann cuid mhaith de na scéalta idirnáisiúnta seo a lorg sé ó Pheig leis an aicme díobh a rangaítear mar scéalta cráifeacha, mar bhí sé féin go gairid roimhe sin ag obair ar chnuasach díobh a foilsíodh i 1952 faoin teideal *Scéalta Cráibhtheacha.*

Bhí aithne curtha aige ar Pheig, mar a thuairiscíonn sé féin, ón uair a thug sé cuairt ar an mBlascaod i 1933:

Do chaitheas féin agus triúr múinteoirí óga eile a bhí ag múineadh liom i bPort Láirge mí ar saoire sa Bhlascaod i séasúr na bliana 1933 ... I rith an mhí sin, is iomaí cuaird a thugas ar thriúr de na hoileánaigh a bhí i bhfad níos sine ná mé féin, d'fhonn bheith ag caint leo agus bheith ag breacadh síos seanchais agus scéalta uathu. Dob iad iad: Eon Ó Súilleabháin (athair críonna Mhuiris, údar *Fiche Bliain ag Fás*), scéalaí agus seanchaí breá go léir: Peig Sayers, a bhí i mbláth a cumais chun eachtraíochta an samhradh sin; agus Tomás Ó Criomhthain, a raibh a leabhar suaithinseach *An tOileánach* curtha ar fáil ag An Seabhac go gearr roimis sin. [28]

Tá go leor fianaise ina litreacha go dtí Seosamh Ó Dálaigh ar an meas a bhí ag Seán Ó Súilleabháin ar bhua scéalaíochta Pheig agus ar fhairsinge a cuid seanchais. Seo roinnt sleachta as na litreacha sin:

22 June 1943
Do thugas tamall fada ar maidin ag dul tríd na cóipleabhra san do líonais ó Pheig le cabhair an Handbook.[29] Is éachtach a bhfuil agat d'eolas iontu. Táid san ar an dá chóipleabhar is fearr dár chuiris chúinn fós im thuairim, agus is mór an focal é sin. Do dheinis an obair go dian-mhaith agus cé bhuaifeadh ar an rí-mhnaoi, Peig. Níl teora lena bhfuil aici ina ceann, Dia á buanú.

Agus arís:

8 September 1943
Do shrois an dá chóipleabhar inniú mé. ... do thaithin a raibh iontu go mór liom. Lean ort ag ceistiú Pheig ... mar sin...

24

I litir a chuir Seosamh go dtí Seán 3 Eanáir 1944 luann sé
go raibh Bréanainn Ó Ruanaí i nDún Chaoin agus turas
á thabhairt aige go minic ar Pheig,[30] ach mar sin féin, lean
Seosamh ag obair léi mar is léir ó litir uaidh go dtí Seán:

> A Sheáin, a chara,
> Tá ag eirighe liom scéul ar scéul a dh'fhágháil ó Pheig
> Séars, scéul fada sa turus. Tá fiteán 'lán' agam á chuir
> chúghat indiu agus leabhar Ls. furmhór na scéulta ó
> Pheig.

Roinnt blianta tar éis bhás Pheig chuir Seán mar aon leis an
Ath. Tadhg Ó Murchú, Pádraig Ó Siochfhradha (An Seabhac),
Dónall Ó Móráin agus Anraí ó Braonáin coiste le chéile d'fhonn
airgead a bhailiú don leac thuama, deartha ag an dealbhadóir
Séamus Murphy, atá anois ina seasamh ag a huaigh.[31] Ba é Seán
leis a thug an phríomhóráid ag an uaigh ar an ócáid ar nocht
An Príomh-Bhreitheamh, Cearbhall Ó Dálaigh, an leac go
foirmeálta agus bhí an méid seo sa tuairisc in *The Irish Times* 4
Lúnasa 1969 ar shearmanas nochtadh na leice:

> *Seán Ó Súilleabháin of the Irish Folklore Commission
> was the main speaker ... He said the best memorial to
> Peig Sayers was the knowledge, the stories, the lore and
> the adventures which had been collected from her ...
> [He] expressed the hope that a day would come
> when a series of books would be available in Irish
> which everybody would be able to read and in which
> everything that Peig had said would be available ...
> When W. R. Rodgers, the Northern poet, visited Peig
> in hospital in Dingle once, she said to him: 'I ll be
> talking after my death, my good gentleman.' She was
> right. She is still talking.'*

Pádraig Ó Siochfhradha (An Seabhac) (1883–1964)

Duine an-tábhachtach é An Seabhac maidir le cur chun cinn bhailiú an bhéaloidis sa tír seo agus i gcothú tuisceana ar ról an bhéaloidis sa chultúr dúchais.[32] Thug Seán Ó Súilleabháin agus Séamus Ó Duilearga araon aitheantas don Seabhac mar mórphearsa i saothrú an bhéaloidis abhus – Ó Súilleabháin ag tagairt don scóp a bhain lena thuiscint ar fhiúntas an bhéaloidis[33] agus an Duileargach ag díriú ar a chumas mar bhailitheoir.[34]

Ag fás aníos shúigh sé chuige scéalta, amhráin agus rannta a bhí ag cainteoirí Gaeilge a chomharsanachta i mBaile an Ghóilín, i gCorca Dhuibhne, agus is léir óna chuimhní cinn an sásamh a bhaineadh sé as oícheanta seanchais i gceárta Shéamais de Barra, 'ollscoil na Cluaise', mar a bhaist sé uirthi.[35] Bhí sé ar dhuine de bhunaitheoirí an Chumainn le Béaloideas Éireann i 1927 agus toghadh é ina chéad uachtarán ar an gCumann sin, oifig a shealbhaigh sé fad a shaoil. Ceapadh ar bhord stiúrtha Institiúid Bhéaloideas Éireann é (1930–1935) agus nuair a scoireadh an foras sin i 1935 agus gur tháinig Coimisiún Béaloideasa Éireann mar chomharba air, tugadh cuireadh dó feidhmiú ar bhord an Choimisiúin freisin. Dhiúltaigh sé don chuireadh, áfach, mar nár aontaigh sé le leagadh amach an Choimisiúin i dtaobh eagar agus struchtúr obair an bhailithe.[36] Bhailigh sé féin cuid mhaith béaloidis – *Seanfhocail na Muimhneach* agus *Triocha-Céad Chorca Dhuibhne*[37] na saothair is aithnidiúla dá chuid, ach tá freisin os cionn cúig chéad leathanach d'ábhar a bhailigh sé i gcló in eagráin éagsúla den iris *Béaloideas*.

Go luath ina óige bheartaigh sé go mbeadh cur chun cinn na Gaeilge mar bhunchloch faoi shaothar a shaoil. Bhí sé suite de gur chuid dhílis d'fhéiniúlacht an Éireannaigh í an Ghaeilge, agus é suite de chomh maith gur ghné riachtanach d'fhéiniúlacht na Gaeilge é an béaloideas. Ní hionadh dá

26

réir sin gur mhór ar fad é a mheas ar Pheig mar b'eiseamláir *par excellence* í den scéalaí Gaelach, agus de bhreis ar sin, ba dhuine de chlann na gcomharsan í a raibh cónaí uirthi sa pharóiste ba ghiorra dó. Toisc gur mhór ag Peig an tírghrá agus an Ghaeilge is féidir glacadh leis go mbeadh meas mór aici féin ar An Seabhac toisc é bheith chomh gníomhach i ngluaiseacht na saoirse agus ag cur na Gaeilge chun cinn. Tá cuid éigin den mheas sin le brath ar an gcaint a chuir sí i mbéal chailín scoile in eachtra bheag a d'inis sí do Heinrich Wagner in 1946 nuair a deireann sí '... sin é an balcaire d'fhear leathan láidir, Dia dhá bheannachadh ... Fear maith Pádraig Ó Siochfhradha.'[38]

Thug An Seabhac geall le dosaen bliain idir 1907 agus 1927 ina eagarthóir ar *An Lóchrann* agus le linn dó bheith i mbun na hoibre sin d'fhéach sé go leanúnach le léitheoirí a spreagadh chun béaloideas a bhailiú. Bhíodh míreanna béaloidis i gcló go rialta aige san iris agus i measc na ndaltaí scoile a ghríosaigh sé chun bailithe agus ar fhoilsigh sé ábhar uathu, bhí beirt de chlann Pheig Sayers, Cáit, an iníon ba shine aici agus a mac, Pádraig, a raibh míreanna uathu i gcló i 1911 agus 1912 faoi seach.[39] Dealraíonn gur óna máthair a fuair siad a gcuid ábhair,[40] rud a fhágann gur fianaise dhóchúil iad na míreanna úd ar chlostrácht a bheith ag An Seabhac agus Peig ar a chéile an tráth úd.

Nuair a bhí Peig anois ina seanbhean agus í in Ospidéal Naomh Anna i mBaile Átha Cliath, is furasta a shamhlú go bhfáilteodh sé go mór roimh an deis cuairt a thabhairt uirthi. Fuair sé a dheis dul ar a tuairisc, mar atá ráite thuas i gcuntas Sheáin Uí Shúilleabháin, nuair a tugadh cuireadh dó teacht in éineacht leis siúd agus Caoimhín Ó Danachair ar an turas taifeadta: 'Do hiarradh ar An Seabhac dul i n-ár dteannta go dtí Peig an Luan ina dhiaidh sin, 14 Eanair, ar a 3 a chlog, agus bhí sé lán-toilteanach ar dhul.'

27

Caoimhín Ó Danachair (1913–2002)

Bhí Caoimhín Ó Danachair ar fhoireann Choimisiún Béaloideasa Éireann ó 1940 ach le linn bhlianta an Dara Cogadh Domhanda scaoileadh ar iasacht teagaisc é chuig na Fórsaí Cosanta. Ag deireadh an chogaidh d'fhill sé ar a chuid oibre sa Choimisiún mar a raibh cúram teicneora air agus é ina shaineolaí ann ar threalamh agus ar theicnící taifeadta fuaime agus físe. Ba é an béaloideas ábhartha a shainréimse léinn féin agus oiliúint faighte aige san eitneolaíocht Eorpach in ollscoileanna in Leipzig agus Berlin.[41] Ach bhí spéis ghairmiúil aige freisin sa traidisiún béil agus bhí raidhse mhór scéalaíochta Gaeilge ó cheantair éagsúla sa Mhumhain – Uíbh Ráthach ina measc – curtha ar taifead aige sna blianta beaga roimh a chuairt ar Pheig in Ospidéal Naomh Anna.[42]

Tógadh in Áth an tSléibhe i gCo. Luimnigh é agus bhí teanga bhreá Ghaeilge aige rud ba dhual athar dó – fear ar mhór é a shásamh as a chaidreamh ina óige leis na cainteoirí dúchais deiridh in iarthar an chontae sin.[43] Is léir ó mheamram dá chuid gur thuig Caoimhín gur mhór a chuir caint an scéalaí féin le blas an ábhair a bhí á chur i láthair aige nó aici:

> Since orally transmitted material loses much of its character when preserved in the written medium only, it is necessary for a full record of tradition, to preserve certain examples of the material in sound records; this is especially true of songs, poems, music and folktales.[44]

Is cinnte, dá réir sin, go bhfáilteodh sé roimh an deis a fuair sé anois taifeadadh a dhéanamh ar Pheig. Mar atá luaite thuas, bhí iarracht déanta roimhe sin aige ar í a thaifeadadh ach níor éirigh leis toisc í bheith imithe chun an ospidéil nuair a tháinig sé ar a tóir. Bhí aithne curtha aige uirthi tar éis di an Blascaod a fhágaint agus í curtha fúithi i mBaile an

Bhiocáire i mí Meán Fómhair 1946 nuair a thóg sé seacht gcinn déag de ghrianghraif di atá le feiscint anois ar *duchas.ie*. I nDeireadh Fómhair na bliana céanna sin dhein sé féin físeán ceithre nóiméad di agus í ag siúl lasmuigh dá tigh. Fear cainteach sochaideartha ba ea Caoimhín Ó Danachair agus is féidir glacadh leis go raibh comhrá éadrom spraíúil éigin aige léi fad a bhí sé á socrú agus á cóiriú don cheamara agus go mbeadh Peig ar a suaimhneas leis agus í ag bualadh arís leis in Ospidéal Naomh Anna.

AN SUÍOMH SCÉALAÍOCHTA

Ar a lán cúiseanna, b'fhurasta a mhaíomh go raibh na cúinsí faoinar deineadh na taifeadtaí i 1952 fíormhíthráthúil. Ní hé amháin go raibh Peig anois ina seanaois agus naoi mbliana déag is trí fichid slánaithe aici, ach chomh maith leis sin, bhí sí breoite, agus ní nach ionadh, í imníoch faoin toradh a bheadh ar an gcóir leighis a bhí le fáil aici don ailse. Bhí sí i dtimpeallacht a bhí aduain ar fad di mar gur bhean í nach raibh riamh roimhe sin thar teorainn a contae féin agus b'sheo anois í chomh fada ón mbaile agus a d'fhéadfadh sí a bheith, in ospidéal i mBaile Átha Cliath. Dealraíonn freisin nach raibh deis aici a cuid scéalta a insint le scór éigin bliain, agus níorbh é an socrú a bhí uirthi – í sínte ar a leaba – an gnáthshuíomh a bheadh ag scéalaí. Arís, ba le linn an lae a tháinig Ó Súilleabháin agus An Seabhac ar cuairt chuici agus níorbh é seo an tráth a mbíodh scéalta á n-insint de ghnáth. Go deimhin, bhí na cúinsí éagsúil ar fad uathu sin a thuairiscíonn Seosamh Ó Dálaigh ina chín lae 2 Aibreán 1943 ag cur síos ar Pheig agus í os cionn a buille i mbun scéalaíochta:

Istoíche is fearr í nuair a bhíonn gnóthaí an tí i leataoibh agus í ina suí ar aghaidh na tine amach

29

cromhtha anuas uaireanta ag féachaint isteach sa tine
nó scaoilte siar sa chathaoir agus a haghaidh in airde ar
na frathacha agus a súile dúnta. Sin é nuair a ritheann
seanchas agus eachtraithe chuici.[45]

Ina choinne sin, tá cúiseanna maithe lena mheas go raibh
sí breá sásta leis an aird a bhí na bailitheoiri ag díriú uirthi.
Ba dhuine tábhachtach faoin tráth seo í agus thuig sí féin an
méid sin. Bhí a fhios ag dochtúirí, banaltraí agus siúracha san
ospidéal cérbh í féin agus léirigh siad ómós faoi leith di. Tá
breith a béil féin againn air seo mar a thuairiscíonn Máire Ní
Chinnéide:

> Bhí ard-aimsear ag Peig san Ospidéal san – saol duine
> uasail a bhí aici, mar adúirt sí féin liom, agus cailín deas
> go raibh togha na Gaeilge aici mar bhanaltrain aici
> agus mar theanga labhartha leis, mar níor thuig Peig
> an Béarla agus níor thuig cuid den lucht freastail an
> Ghaeilge. Bhí ana-mheas ag na Mná Rialta go bhfuil
> stiúiriú an Ospidéil fúthu ar Pheig. 'Naomh ceart 'sea
> í', adúirt an duine dob' aoirde dhíobh liom. Thugadar
> togha na haire di cé ná raibh súil acu le mórán tairbhe
> as an Radium a bhí á chur in úsáid acu toisc í bheith
> chomh aosta san, ach do chuaigh sí abhaile go Ciarraí
> leigheasta agus níor tháinig rian den trioblóid ar feadh
> na gcúig mblian do mhair sí 'na dhiaidh.[46]

Níor mhiste a mheas óna bhfuil luaite thuas faoin bhfáilte
chroíúil a chuir an tSr Bernadette roimh na cuairteoirí
agus a cúnamh le socruithe don taifeadadh, go raibh sí féin
tuisceanach do stádas Pheig mar scéalaí agus í ómósach ina
leith. Is féidir glacadh leis go mbeadh Peig sásta gur tháinig
Seán, An Seabhac agus Caoimhín – triúr a raibh seanaithne

aici orthu agus Gaeilge Chiarraí ar a dtoil acu – ar cuairt chuici. Tacaíonn alt a scríobh Sorcha Ní Ghuairim faoin ainm cleite 'Coisín Shiúlach' in *Scéala Éireann* 19 Eanáir 1952 leis an tuairim sin. Tugann sí le fios ann gur éist sí féin leis na taifeadtaí, fiú b'fhéidir gur thug sí cuairt ar Pheig san ospidéal, agus deireann sí:

> Sé'n chaoi a raibh ríméad ar Pheig – mar bhí chuile lá riamh – labhairt ar na neithe ab eol di. 'Is geall le bheith thar n-ais sa bhaile arís dom é,' a dúirt sí, 'bheith ag eachtraíocht dom chairde féin'.[47]

Is cinnte gur chaith an triúr cuairteoir léi mar sheanchara agus léirigh siad cúirtéis, aire agus cúram ina leith. Féach, mar shampla, conas mar chuir Seán agus An Seabhac araon in iúl go raibh imní orthu go raibh siad á traochadh lena gcuid ceisteanna.[48] Is spéisiúil chomh maith gur shéan Peig go láidir é seo agus gurb amhlaidh atá sé le brath uirthi gurbh ardú meanman di an comhluadar agus gur bhain sí taitneamh as bheith ag caint leo agus ag insint scéalta dóibh.

Níorbh ionann iad na hábhair ar spéis le Seán agus leis An Seabhac, agus níorbh ionann a bpearsantacht ach chomh beag, rud a d'fhág nár mhar a chéile cur chuige na beirte san agallamh. Ar an gcéad lá, go háirithe, nuair gurbh é Seán amháin a bhí ag caint léi, bhí Peig stadach agus easpa leanúnachais ina cuid cainte seachas mar a bhíodh agus í ina sláinte agus i mbarr a maitheasa. Ní haon drochbhail a bheith uirthi faoi deara é seo, áfach, ach Seán a bheith rómhear uaireanta ag cur na bhfocal ina béal nuair nár ghá dó sin a dhéanamh dá mbeadh sé foighneach léi cúpla soicind. Seans go raibh Seán ag tabhairt na nodanna seo di toisc gur mheas sé í a bheith níos breoite agus níos laige ná mar a bhí. Bhí iarracht den mhífhoighne ar cheann de thréithe Sheáin, ar aon nós, agus níorbh aon bhuntáiste dó i

mbun an bhailiúcháin oiread cur amach a bheith aige féin agus
a bhí ag Peig, geall leis, ar na scéalta a d'iarr sé uirthi a insint.
Cé go raibh eolas thar meán aige ar scéalaíocht na Gaeilge –
ní raibh a leithéid ag éinne eile – ní mór a chur san áireamh
nach raibh aon obair bhailiúcháin déanta aige le blianta fada,
agus b'fhéidir go míníonn sé sin an neamhaird a thugann sé go
minic ar an mbunphrionsabal nach ceart cur isteach ar scéalaí
le linn insint an scéil.

Cé gurbh é Séamus Ó Duilearga a thionscain an taifeadadh
níl fianaise ar aon treoir chruinn uaidh ná ar aon mhian a
léirigh sé maidir le cineál an ábhair a bhí le fáil ó Pheig. Ní
luann cuntas Uí Shúilleabháin, mar atá ráite thuas, aon aidhm
faoi leith leis an mbailiúchán seachas 'samplaí dá cuid cainte'
a sholáthar.

Fág go raibh Peig ar a suaimhneas leis an mbeirt agallóir,
déanann sí níos mó buannaíochta ar Ó Súilleabháin, an té ab
óige den bheirt acu, agus tá le tuiscint uaithi gur chuimhin léi
é ó bhí sé ina fhear óg nuair a thugann sí 'Seáinín' go geanúil
faoi cheathair air. De bharr mhífhoighne An tSeabhaic agus an
fonn cainte a bhíodh uaireanta air féin, tá an cur síos ó Pheig
róghearr in áiteanna, agus níl baol ar an saibhreas céanna
mionsonraí ann agus atá i gceist i gcuid mhór den ollstór
seanchais a bhailigh Seosamh Ó Dálaigh uaithi. Léiríonn
taifeadtaí an tseanchais a bhailigh An Seabhac uaithi saintréith
a bhain le Peig mar sheanchaí, mar atá, gur chloígh sí go dílis
le fíricí mar b'eol di iad óna taithí féin, rud a chuireann go
mór lena fiúntas mar sheachadóir traidisiúin. Go minic is é
a freagra ar cheist ná a rá lom díreach amach nach cuimhin
léi nó nach raibh cur amach aici i dtaobh an ábhair sin, ag
míniú ar uaire gur bhain sé le tréimhse roimh a linn féin. Arís,
feicimid ina cuntas ar iascach colmóirí, mar shampla, conas
mar a dhéanann sí an fhianaise ab'eol di óna taithí féin a
idirdhealú ón rud a bhí cloiste aici ó dhaoine eile.

Baineann sí leas as mioneachtraí ar mhaithe le dráma-
túlacht a chur sna cuntais a thugann sí ar obair laethúil nó
ar sheanchleachtas éigin; agus ar an láimh eile, neadaíonn
sí mionsonraí beoga óna timpeallacht i scéalta faoi iontais
neamh-shaolta, ar sampla maith de, a cuntas ar thoirchiú
diamhrach na mná in Bodach Bhaile an Mhúraigh:

> ... do bhí sí ar snámh lá breá ciúin gréine agus pé cas-
> shúil a thug sí insan uisce, taibhsíodh di go bhfaca sí
> scáth an fhir ag snámh lena taoibh sa tsáile agus do
> chuir sí ar na cosa isteach go dtí an talamh tirim.
>
> Bhí sí ina haonar agus do bhain sí as na loirgne é
> ag déanamh na gainimhe isteach agus ag teacht ar an
> dtráigh. Ach nuair a tháinig sí isteach ar an dtalamh
> tirim, ní raibh a cuid ... bhí a cuid éadaigh tamall uaithi,
> ach má tá, do thit sí as a seasamh mar a raibh sí, fé mar
> a thiocfadh laige nó anbhainne nó rud éigint uirthi.

Tá ealaín an tsárscéalaí léirithe sa chnuasach beag seo de
scéalta agus de sheanchas faoin saol sa Bhlascaod agus in
iarthar Dhuibhneach agus tabharfar faoi deara nach éagsúil
ar fad é ó ealaín an dea-úrscéalaí.

NÓTAÍ LE RÉAMHRÁ

1   Flower 1957.

2   Tá buanú an dóchais sin i gceist leis na focail *Níl Deireadh Ráite* i dteideal an fhoilseacháin seo.

3   Ní Shéaghdha 2015: 197–198.

4   Maidir le von Sydow, féach Almqvist 2012b: 1–49; agus plé ar a thurasanna ar an mBlascaod, *ibid.*: 11–20.

5   Féach Almqvist 1979.

6   Scríobh von Sydow síos scéal fada gaisce, mar sin féin, ó fhear ar an mBlascaod arbh ainm dó Ó Guithín agus tharlódh gurbh é céile Pheig an Guithíneach seo (féach Almqvist 2012a: 28–9).

7   Flower 1930; Flower 1957.

8   Flower 1944: 49, 56.

9   Jackson 1934; Jackson 1938.

10 Sjoestedt 1932; Sjoestedt 1938.

11 Thagair an Duileargach don chéad uair a casadh Flower air i gcaint a thug sé ar Radio Éireann 18 Eanáir 1946, ar ócáid bhás Flower a tharla dhá lá roimhe sin. Tá an chaint i gcló in Ó Criomhthain 1956: xxi–xxiii. Tar éis dóibh casadh ar a chéile ba mhinic iad i dteagmháil agus níorbh annamh Flower ag trácht ar an mBlascaod agus na daoine a bhí ann, ina measc, Peig Sayers *'whose friendship had coloured his whole life and enriched and warmed his scholarship'*: *ibid.*: xxiii.

12 Ó Catháin 2008: 5.

13 Flower 1930.

14 Tá na dialanna seo mar aon le cáipéisí eile a luaitear thíos bainteach leis na taifeadtaí in Ospidéal Naomh Anna ar coimeád i gcartlann Chnuasach Bhéaloideas Éireann.

15 Flower 1930: 379.

16 Sa litir chéanna sin tugann Ó Duilearga treoir do Sheosamh *'to put down in your MS. the actual form of the question you yourself put down to elicit the answer'*, rud a deireann sé *'[that] would give life to the whole.'*

17 Tugtar seo le fios i litir ó Sheán Ó Súilleabháin go dtí Seosamh 21 Nollaig 1946 mar a ndeireann Seán freisin go raibh súil aige gur thaitin an chathaoir le Peig.

18 Bhí a deartháir céile, Mícheál 'Coidí' Ó Guithín ina chónaí sa tigh léi; féach an dírbheathaisnéis, *Peig*, caib. 18.

19 Maidir leis an scannán seo féach Ó hÍde 2019.

20 Cf. Whitaker 1983: 301–2.

21 Scannán 16mm é seo (uimhir thagartha V0104 in CBÉ) a dhein Caoimhín Ó Danachair; in éineacht leis an Duileargach sa scannán tá Peig, Seosamh Ó Dálaigh agus an ceathrú duine ar dócha gurb é deartháir céile Pheig, Mícheál 'Coidí' é.

22 Whitaker 1983: 315.

23 Tá cuid mhaith taighde tábhachtach déanta ar shaothar agus ar éachtaí an Duileargaigh, ina measc mórstaidéar Mhícheál Briody ar stair Choimisiún Béaloideasa Éireann (2007) agus leabhar Shéamais Uí Chatháin, *Formation of a folklorist* (2008). Mar sin féin, má táimid le tuiscint níos doimhne agus léargas níos fearr a fháil ar a raibh faoin bhfear oirirc seo a chur i gcrích, tá gá fós le beathaisnéis iomlán a chuimseodh a shaol ar fad agus a bhainfeadh leas as breis de na foinsí saibhre atá ar marthain i bhfoirm comhfhreagrais agus dialann. Ní anois, áfach, a thabharfar faoi mhionscagadh ar shaothar an Duileargaigh, óir is é a chaidreamh le Peig amháin is cúram dúinn anseo.

24 Go luath tar éis na dtaifeadtaí bunaidh a bheith tógtha ar an sreang thaifeadán cuireadh ar dhioscaí aicéatáite iad agus seo iad na plátaí gramafóin atá luaite anseo. Is athmháistriú ar na plátaí sin atá ar na dlúthdhioscaí a ghabhann leis an bhfoilseachán seo.

25 Anonymous 1976: 39.

26 *Ibid.*: 38.

27 Ní Mhurchú & Breathnach 2003: 224–226; Ní Mhurchú & Breathnach 2007: 201.

28 Ó Súilleabháin 1992: 166. Tá faisnéis eile faoin turas seo ó mhúinteoir óg ar an mBlascaod, in Ní Shéaghdha 2015: 154–155: 'Bhí sé [an sagart paróiste] amhrasach faoin gceathrar ógfhear a lonnaigh istigh is a bhí ann an samhradh roimhe sin chomh maith. Ní bheadh iontas air, a dúirt sé, dá mba chumannaigh iad a bhí ag leathnú a dteagaisc: "Coimeád uathu," ar sé … Bhuel, ní fhacamar aon díobháil sna daoine seo ach oiread le haon chuairteoirí eile, ach iad ag foghlaim na Gaeilge ar a ndícheall.'

29 Ó Súilleabháin 1942.

30 Fostaí sealadach sa Choimisiún ab ea Bréanainn Ó Ruanaí. Luaitear arís é sa tráchtaireacht thíos ar #11 Paidreacha.

31 Féach Ó Súilleabháin 1970: 86–87; Almqvist & Ó Héalaí 2009: 4–5.

32 uí Ógáin: 2015; féach freisin Breathnach agus Ní Mhurchú 1997: 236–240; Ní Mhurchú & Breathnach 2007: 200–201.

33 Ó Súilleabháin 1965: 16: 'Is beag duine a bhí suas lenár linn a thuig tábhacht an bhéaloidis chomh maith agus a thuig an Seabhac é.'

34 Ó Duilearga 1963: 171: 'Is beag duine a raibh baint aige le hobair chnuasaithe bhéaloideasa na hÉireann is fearr a thuig ná an Seabhac lucht scéalaíochta agus seanchais na Gaeultachta.'

35 Ó Siochfhradha 2014: 63–66.

36 Briody 2007: 129–130.

37 Ó Siochfhradha 1926; Ó Siochfhradha 1939.

38 Wagner & Mac Congáil 1983: 323.

39 *An Lóchrann*, uimh. 3, 1911: 4 (athchló Ó Siochfhradha 1932: 162–165); *ibid.,* uimh. 4, 1911: 5; (athchló Ó Siochfhradha 1932: 100–103); *ibid.*, Nodlag 1912: 2.

40 Almqvist & Ó Héalaí 2009: 172.

41 Lysaght 2002; Ní Mhurchú & Breathnach 2003: 39–41; Ní Mhurchú & Breathnach 2007: 167.

42 Ó Danachair 1981; Briody 2007: 279, 342.

43 Ó Danachair 1947.

44 Briody 2007: 344.

45 CBÉ 943: 174.

46 Ní Chinnéide 1959: 8.

47 'Seo Siúd'. *Scéala Éireann.* 19 Eanáir 1952, lch 2, faoin ainm cleite Coisín Shiúlach. Tá buíochas ag dul don Dr Róisín Nic Dhonncha as ár n-aird a dhíriú ar an alt seo.

48 # 9 An Bhurúch: 'Tánn tú traochta againn' (Seán Ó Súilleabháin); # 10 Seanchas: 'Bhuel is dócha go bhfuil tuirse ag teacht ort anois, a Pheig' (An Seabhac).

TAIFEADTAÍ OSPIDÉAL
NAOMH ANNA

1. MAC AN DIABHAIL INA SHAGART

Tá tús an scéil seo ar iarraidh ó na taifeadtaí bunaidh ach seo thíos coimriú bunaithe ar leaganacha eile ó Pheig:

> *Cuireann an diabhal iachall ar scoláire bocht é iompar go tigh ina bhfaighidh sé lóistín na hoíche; tugann sé le fios don scoláire bocht go luífidh sé le bean an tí agus go saolófar mac di a ndéanfar sagart de ach gur leis féin é mar aon le gach duine eile ar a gcroithfidh an sagart uisce coisricthe ag a chéad Aifreann; scríobhann an scoláire bocht ina leabhairín gach ar inis an diabhal dó.*

*

Is ea, ach do choinnibh an scoláire bocht gach rún chuige féin, riamh agus choíche, nó go dtí gur tháinig an t-am ceart chuige féin. Ach nuair a chuaigh sé [mac an diabhail] don choláiste ansan agus fuair sé gairm sagairt. Ach do bhí sé [an scoláire bocht] ag faire ina dhiaidh nó an chéad Domhnach a tháinig sé go dtí an pobal, chun an chéad Aifreann …

SÓS: *Aifreann a léamh.*

Is ea, Aifreann a léamh. Do bhí sé i gcúláisean éigint ina aice, agus is dócha go raibh greim air cur isteach ar an sagart gan dabht, ach mar sin féin nuair a bhí éadaí an Aifrinn is gach aon ní curtha aige air, nuair a rug … thóg sé an t-aisréad ina láimh

39

chun dul ag croitheadh an uisce choisreac, dheara, do labhair
an mac léinn:

'Faighim míle pardún agat, a Athair,' a dúirt sé, 'fóill ar do
láimh! Léimh,' a dúirt sé, 'Aifreann an lae inniu ach ná croith
aon uisce beannaithe!'

SÓS: *Is ea, is ea.*

Ní mór ná gur thit an t-anam as an sagart óg, ní nach iontach
san. An chaint a bhain dá bhóthar é. D'iompaigh sé – agus
nuair a bhí sé ag dul isteach ar an altóir:

'A ghiolla úd,' a dúirt sé, 'a labhair liom, ná fág an sáipéal
go mbeidh caint agam leat!'

Níor fhág sé nó go dtí go raibh an tAifreann léite agus
gach aon ní. Thug sé leis i gcúláisean chun cainte é agus do
cheistigh sé an scoláire.

'A leithéid seo, a Athair,' arsa an scoláire, agus bhí gach
aon fhocal, gach aon fhocal mar tharlaigh i rith na hoíche
roime sin fadó, do bhí sé scríte síos aige ina leabhairín istigh
ina phóca aige. Shín sé chuige é.

'Seo, a Athair,' ar seisean, 'más é do thoil é, léigh é sin,' a
dúirt sé, 'agus beidh fhios gach ní agat féin.'

Do léigh, is ní mór ná gur cailleadh an fear, an sagart.

'Ach, ó,' a dúirt sé, 'is mór an luach saothair atá déanta
agat! Is mór go léir, baochas le Dia,' a dúirt sé, 'an luach
saothair atá déanta agat!'

'Tá súil agam, a Athair,' arsa an mac léinn, 'go bhfuil,' a dúirt
sé, 'agus táim sásta lem … an trioblóid a fuaireas ar do shon.'

Léigh sé an tAifreann, pé scéal é, agus d'imigh leis. Agus
dh'fhág sé slán ag a mháthair agus ag a athair ó b'iad iad an
tráth san, tar éis an lae sin, agus do thug sé aghaidh ar an Róimh.
Dúirt sé ná raibh aon ghnó aige féin ag imeacht ar an gcuma
so agus é a bheith fé phabhar ag an nduine eile. Chuaigh sé
go dtí an Róimh agus do ghearán a chás go truamhéileach leis
an bPápa.

'Ó, ó, ó,' arsa an Pápa, 'is mór an trua!' ar seisean. 'Is deacair agus is ró-dheacair,' a dúirt sé, 'a chuid féin a bhaint d'éinne. Tánn tusa chomh daingean aige sin agus atá aon mhac saolta ag a athair féin. Ach ná bac san,' a dúirt sé, 'beidh triail againn air.'

Do thug sé leis ansan, lá arna mháireach é, agus do chuir sé in áit speisialta dhen sáipéal é.

'Anois,' a dúirt sé, 'má tá aon tsábháilt os do chionn, ní thitfidh aon chodladh ort,' a dúirt sé, 'go dtí go mbeidh an …'
SÓS: *An tAifreann léite.*

'An tAifreann léite, críochnaithe agus b'fhéidir go mbeadh seans againn, fara cabhair Dé.'
SÓS: *Is ea.*

Do chuaigh sé mar a raibh sé, mar a cuireadh é. Agus má tá, nuair a tháinig an t-am, aimsir na sácrála, do thit an sagart bocht dá chodladh go trom agus níor chuimhnigh sé ar aon ní eile.
SÓS: *An fear bocht!*

Agus do thit an tarna lá agus do thit an tríú lá.

'Is ea, níl aon leigheas ort,' arsa an Pápa, 'ach aon leigheas amháin, anois,' adúirt sé.
SÓS: *Cad é féin?*

'Aon leigheas amháin anois,' a dúirt sé, 'eile agam le déanamh.'

Fuair sé dramhlach uisce agus do líonadh síos ann an t-uisce – an dramhlach den uisce – agus ansan fuair sé cupán, cupán adhmaid nua, is do chuir sé an cupán adhmaid, do chuir sé ar snámh ar an uisce anuas é, agus thosnaigh ar a bheith ag léamh ar an gcupán. Agus ansan, bhí roinnt léite ag an bPápa ar an gcupán nuair a thosnaigh sé ar a bheith ag casadh mórtimpeall.
SÓS: *Tuigim.*

Mórtimpeall. Agus ansan, thosnaigh sé aríst agus aríst eile, ach an tríú páirt den leabhar a léigh sé ar an gcupán, bhain sé pléasc amach thíos as thóin an tobáin; cheangail an cupán adhmaid thíos de thóin an dramhlaigh.

SÓS: De thóin an dramhlaigh.

Is ea, an tobáin.

'Ó,' arsa an Pápa, 'féach a mhic,' a dúirt sé, 'tánn tú chomh ceangailte anois aige agus chomh deacair a bhaint de,' ar seisean, 'agus tá an cupán den dramhlaigh. Ach aon ní amháin,' a dúirt sé, 'anois – tá eochair bheag anseo agam, agus tabharfaidh mé,' ar seisean, 'le cabhair Dé, seans duit agus cuirfidh mé, cuirfear,' a dúirt sé, 'le daoine amach,' ar seisean, 'i bhfad Éireann amach í, ná beidh aon dul ag éinne ar í a fheiscint á chur ann ná aon dul ag éinne ar í a thabhairt as ná aon rud.'

Amach i lár na farraige, tá a fhios agat, tamall maith.

'Agus caithfear síos í,' a dúirt sé, 'agus má tá an t-ádh ó Dhia leatsa, agus go mbuailfidh an eochair sin leat,' a dúirt sé, 'agus go dtiocfair anseo im láthairse, agus an eochair sin agat, beidh tusa id shagart,' ar seisean, 'agus id mhac Chríostúil Dé,' a dúirt sé, 'agus beir agamsa, agus ní bheidh aon bhaint ag aon ní eile leat, le cúnamh Dé.'

SÓS: Ba dheacair le déanamh é!

Ba dheacair! Is ea! D'imigh sé, agus a mháthair bhocht go brónach ina dhiaidh, go bhfóire Dia orainn, dá fhaid a bhí sí ag feitheamh leis, mar dhia.

Ach do fuair sé bád agus foireann agus do chaith sé amach an eochair, amach go léir sa bhfarraige. Ní raibh aon dul ag an sagart ar í a fháil – cá mbeadh? Agus do thug sé a aghaidh in áit éigint eile ag obair agus ag déanamh dó féin. Ach do bhí sé ag cléarcas ag siopadóir nó i bpost éigint i gceann na mblianta, b'fhéidir go raibh sé bliana nó seacht mbliana – seacht mbliana. Agus do bhíodh sé ar lóistín i dtigh den bhaile mhór, tá a fhios agat, an áit go mbíodh sé ag ithe is ag ól is ag fanacht ann.

SÓS: Is ea.

Ach ceann des na laethanta, ach go háirithe, do tháinig sé go dtí an tigh agus do bhí an dinnéar réidh ag bean an tí roimis. Ach bhí sé ag faoileáil agus nuair a chuaigh sé:

'Ó,' arsa an, an bhean an tí, 'féach,' ar sise, 'cad a bhí istigh i mbolg, putóg an faoitín.

SÓS: *Cuimhnigh air! Is ea, is ea, rud éigin.*

Is ea: 'Rud éigin cruaidh,' a dúirt sí, 'agus do dheineas an-nath dhe.'

Ach thóg sé é agus dh'oscail sé amach an putóigín, tá a fhios agat, agus cad a bhí, le deonú Dé, ná an eochair go soilseach agus go glan agus gan meirg ná teimheal air.

SÓS: *Le feart ó Dhia.*

Is ea, le fearta Dé.

'Is geall le sampla é,' arsa an sagart, mar dhia – ní raibh a fhios aici sin gur sagart é, nó aon ... cá raibh a chúram.

'Is geall le sampla é,' a dúirt sé. 'Ach murab ea, anois,' ar seisean, 'a bhean chóir, an bhfuil aon chúram agat di – di sin?' a dúirt sé.

SÓS: *Is ea, is ea.*

'Muise, níl,' a dúirt sí, 'níl aon chúram agamsa dhi.'

'Is mé a bheadh baoch ... bheinn go baoch díot,' a dúirt sé, 'dá dtabharfá dhom í, agus má bheadh aon tsaol i ndán domsa go deo, d'fhéachfainnse i do dhiaidhse fós,' a dúirt sé.

SÓS: *Is ea.*

'Ach mura mbeidh, ní bheidh leigheas agam ort.'

'Tá go maith,' a dúirt sí.

Thug sí dó an eochair, agus do bhailibh sé leis le scóp ag dul ag triall ar an bPápa. Ach nuair a chuaigh sé ag triall air, nuair a shín sé chuige í:

'Baochas le Dia,' arsa an Pápa, 'tá san agat. Tá san agat agus deinimse anois,'a dúirt sé, 'dochtúir diachta díot agus sagart paróiste an chuid eile ded shaol.'

SÓS*: Dhein!*

Ach do tháinig sé abhaile, agus do mhair a mháthair trís na cúrsaí go léir agus í ina bean bhocht chríonna.

SÓS: *Bhí an créatúir.*

43

Ní raibh a fhios aici aon ní, cad é na bóithre a bhí tabhartha isteach aige sin ó thúis go deireadh. Míle baochas le Dia, bhí neart aige ... bhí sé saor glan as. Is deacair don nduine bocht agus don bpeacach an saol so a thabhairt isteach.

SÓS: *Deirim leat é! Sin é deireadh an scéil.*

Is é!

SÓS: *Scéal an-bhreá ar fad é.*

Níl sé, níl sé curtha le chéile agam, a Sheáinín, mar ní fhéadaim é.

SÓS: *Cé aige a gcualaís é?*

Do chuala ag m'fhear céile, mhuise, beannacht Dé lena anam!

SÓS*: D'fhear céile.*

Is ea.

2. SEOMRA TOM SMITH

Agus bhí scéilín eile aige leis, ar an gcuma chéanna – má chualaís riamh aon trácht ar seomra Tom Smith.

SÓS: *Níor chuala, is dóigh liom.*

Tom Smith, duine éigint é sin, duine go raibh an ainm sin á leanúint, agus bhí sé mar uachtarán, mar mhaide smachtaithe ar na spioradaí.

SÓS: *Tuigim. An bhféadfá cuimhneamh ar an scéal?*

Ní fadó ó bhí sé agam, ach go háirithe, mhuis!

Do bhí sé [sagart óg] lá áirithe, fé mar a bheadh sé ag teacht ó Dhún Chaoin go dtí Baile an Fhirtéaraigh tar éis a bheith ag dul ag léamh Aifrinn, tá a fhios agat.

SÓS: *Go háit éigin.*

Is ea. Ach ní fada ón áit a bhí sé nuair a dh'éirigh sí amach ó thaobh an chlaí sciúirse de bhean bhreá óg, dathúil. Sheasaibh sí suas leis. Dh'fhéach sé de dhroim a ghualann uirthi agus do bhí sí ag siúl suas leis i gcónaí.

'Imigh uaim a bhean,' a dúirt sé, 'níl aon chúram agamsa tusa a bheith liom an t-am so de lá. Tá a mhalairt de chúram orm. Imigh,' a dúirt sé.

'Ó, ní chuig imeacht a thánag,' a dúirt sí, 'ach chun a bheith mar chéile agat, chun a bheith mar chéile agat,' a dúirt sí. 'Ní féidir duit fáil scartha dhom anois.'

SÓS: *Is ea.*

Dhubhaigh agus dheargaigh ag an sagart bocht. Ach nuair a chuaigh sé go dtí an sagart paróiste, ach go háirithe, do ghearán sé a chás leis.

SÓS: *Is ea.*

Agus má tá, ní raibh aon leigheas aige sin le déanamh air.

'Níl aon leigheas agam ort,' arsa an sagart paróiste, 'ach mura ndéanfaidh,' a dúirt sé, 'an t-easpag aon réiteach air … '

SÓS: *Is ea.*

'Nó aon eolas a tabhairt duit.'

SÓS: *Is ea, is ea.*

Fuair sé réidh é féin agus do chuaigh go dtí an t-easpag.

'Och, go bhfóire Dia orainn!' arsa an t-easpag 'Níl aon dul agam go deo,' a dúirt sé, 'ar aon mhaith a dhéanamh duit.'

SÓS: *Is ea.*

'Ach mura bhféadfá,' ar seisean, 'dul go dtí an Pápa, b'fhéidir go ndéanfadh sé aon mhaitheas dhuit.'

SÓS: *Is ea.*

'Agus rud eile,' ar seisean, 'is dóigh liom ná fuil éinne ar an saol Ádhaimh,' a dúirt sé leis, 'anois is mó a dhéanfadh maitheas duit ná sábháilt ort, ná dá mbeadh a fhios agat,' a dúirt sé, 'is go bhfaighfeá aon chur amach ar Tom Smith.'

SÓS: *Tom Smith. Cé hé féin?*

Is ea. Sin é an fhadhb.

SÓS: *Sin í an fhadhb.*

'Ó níl a fhios agam cén áit ar dhrom na bpeacaí ar an saol seo go bhfuil sé,' arsa an sagart.

'Go dtí go bhfaighirse amach an fear san,' ar seisean, 'is é atá chun tú a réiteach as na geasa san,' a dúirt sé.

Is ea. Bhí sé ag cur de an fear bocht agus é go cráite agus gan a fhios ag éinne cad é a bhí ag dó a gheirbe, agus ná fágfadh sí olc ná maith é. Bhíodh sí suas istoíche agus is ló leis.

SÓS: *Is ea.*

Ach aon lá amháin, ach go háirithe, do bhí sé ag trácht an bhóthair, agus bhí sé ag déanamh ar chrosbhóthar, fé mar a bheadh aníos ó Dhaingean Uí Chúis aníos.

SÓS: *Is ea.*

Agus do chonaic sé scaoth de mhnáibh óga ag déanamh air
ach níor thángadar chomh fada leis. Má tá, do bhí, i gceann
tamaill, do bhí fear, scriosúnach d'fhear, ina ndiaidh agus é ag
siúl go géar agus é ag féachaint ina ndiaidh.

SÓS: *I ndiaidh na gcailíní?*

Is ea. Ach d'fhéach … do labhair an sagart óg leis:

'Cé hé tusa, a fhir mhaith?' ar seisean.

'Is mise … is ormsa a glaotar,' a dúirt sé, 'Tom Smith nó
Dónall Ó Donnchú. Cad ina thaobh?' a dúirt sé.

'Ó, cabhair Dé chugham,' arsa an sagart, 'b'fhéidir go
bhfuil réiteach mo cheiste agat.'

SÓS: *Is ea.*

'Tá na blianta fada,' a dúirt sé, 'ó cuireadh mar chúram orm
do leithéid a dh'fháil agus gur agat a bhí mo leigheas saolta.'

SÓS: *Is ea, is ea.*

'Tá go maith,' ar seisean. 'Gluais leat! Gluais leat!' a dúirt
sé, 'tá fáilte romhat.'

Thóg sé leis an sagart óg agus níor stad sé leis nó go dtí gur thug
sé isteach é … is dócha go raibh fairsinge agus flúirse slí insan áit
gur thug sé é. Ach pé cúram é ach go háirithe, do bhí sé …

'An aithneofá,' a dúirt sé, 'an bhean a bhí ag cur isteach
ort?'

SÓS: *Is ea.*

'D'aithneoinn, a fhir mhaith,' arsa an sagart óg. 'D'aith-
neoinn,' a dúirt sé, 'dá bhfeicfinn í.'

Is ea. Ní seomra a bhí sa chúirt sin ach na seomraí, agus
thosnaigh sé ina ainm agus ina shloinneadh ag glaoch ar
dhuine agus ar dhuine acu. Ach ní raibh éinne ag teacht a
bhí cosúil leis an té a bhí ag cur isteach air féin go dtí an tarna
seomra nó an tríú seomra, agus do tháinig sí fé dheireadh.

SÓS: *Is ea.*

'An bhfuil cur suas agat le déanamh,' arsa Tom Smith, a
dúirt sé, 'don bhfear maith seo?'

'Níl,' a dúirt sí, 'go dtí go stracfar as a chéile mé,' a dúirt sí. 'Is é mo leannán anois é.'

SÓS: *Is ea.*

Do bhí gach aon chéasadh agus gach aon phiolóidí aige á thagairt léithi, go ndéanfadh sé í a dhéanamh a chur anso agus í a chur ansúd agus gach aon phionós. Ach do bhí sí sásta leis gach aon phionós a bhí aige le cur uirthi a fhulaing ach gan bacúint le hí a chur scartha. Ach sa deireadh thiar thall:

'An bhfuileann tú sásta,' a dúirt sé, 'le hé a thabhairt suas nó tú a chur go seomra Tom Smith?'

SÓS: *Is ea. Bhain san preab aisti.*

Bhain san preab aisti.

'Ó,' ar sí, 'aon ní go dtí é sin.'

SÓS: *Is ea.*

'Tá go maith mar sin.'

Bhí sé ag gabháilt di agus dona chúraimí riamh is choíche gur ghlan sé an sagart óna crúcaí amach.

Agus do bhí sé ansan i dteannta ... bhí beirt acu go gleoite, i dteannta a chéile an tráthnóna san.

'Is ea,' arsa Tom Smith, 'tá an tairgearacht tagtha sa deireadh – mise chun tusa a leigheas,' a dúirt sé, 'ón ndamaint síoraí, agus tusa chun mise do leigheas ón ndamaint síoraí.'

SÓS: *Cuimhnigh air sin!*

'Tánn tusa casta ormsa,' ar seisean, 'chun mo chrosa féin a réiteach domsa, agus do casadh mise romhatsa,' ar seisean, 'chun do chros féinig do réiteach, baochas le Dhia.'

'Agus, conas is féidir linn é sin, a fhir mhaith' arsa an sagart, 'a dhéanamh?'

'Is féidir.' a dúirt sé. 'Is féidir, is féidir linn é a dhéanamh. Tánn tusa anois,' a dúirt sé, 'glan amach agus saor ó aon phointe,' ar seisean, 'bun os cionn le grásta Dé.'

SÓS: *Is ea.*

'Agus aon uair a sceinnfidh d'anam,' ar seisean, 'tá sé i láthair na dTríonóide. Ach mise,' a dúirt sé, 'caithfidh tusa anois,' ar seisean, 'an méid seo a dhéanamh: teacht anoir agus mise a bhualadh chughat ar bhord, agus teacht ag mo chluais dheis ...'

SÓS: *Is ea.*

'Agus gach aon stéig,' a dúirt sé, 'dem chuid feola,' a dúirt sé, 'a bhainfidh an scian, ó mo chluais deis síos go dtí sáil mo choise a scineáil amach, gach re stéig ó gach taobh díom ar an mbord,' a dúirt sé, 'nó go dtí ná beidh agat ach an chabhail lomnocht. Ansan,' a dúirt sé, 'bí ag gabháilt dom ó bhlúire go blúire,' ar seisean, 'go dtí go raghair go dtí mo chroí. Agus nuair a raghair,' ar seisean, 'go dtí mo chroí agus go dtí an sprid istigh, nuair a scéithfidh,' ar seisean, 'leis an mblúire déanach, agus an braon déanach dem chuid fola tairrigthe agat, beadsa le do chois-se.'

SÓS: *Ba mhór an pionós é.*

Ba mhór agus:

'Ó ní fhéadfad fulag leis,' arsa an sagart. 'Ní fhéadfair fulag leis,' a dúirt sé, 'agus n'fhéadfainnse an obair a dhéanamh.'

'Cuimhnigh a dhuine,' a dúirt sé, 'gurbh shuarach an pionós ort é seachas,' ar seisean, 'anam beirte a bheith caillte go deo. Ná fuil beart uasal,' ar seisean, 'agat le déanamh? Mise atá caillte,' ar seisean, 'a thabhairt slán agus an bheart chéanna déanta agamsa, tusa tabhartha slán agam.'

'Ach, mhuise, ní foláir, a fhir mhaith,' arsa an sagart, 'nó is mór an t-uafás,' a dúirt sé, 'an seomra.'

SÓS: *Is ea. Seomra Tom Smith.*

Is ea, seomra Tom Smith.

'Sin é mo sheomrasa féin,' ar seisean, agus go bhfóire Dia orainn, bhí sé go dona, de dhealraimh. Ní bheadh sé sásta go gcuirfeadh sé a shúil ar pholl an ghlais féin, go gcífeadh sé cad a bhí ... cén t-uafás a bhí istigh. Ach nuair a chuir sé a shúil ar pholl an ghlais ... agus saighead, Dia linn, a ghaibh trí pholl an

49

ghlais, do chuir sé an tsúil … thiomáin an saighead, an tsúil trí chúl a chinn thiar den iarracht san.

SÓS: *Ina bhladhm thine!*

Is ea, trí chúl a chinn siar agus ansan do chuir an méid sin, nuair a bhraith sé cad a bhí i ndán dó, do chuir sé imshníomh air agus fonn air chun fuascailt a thabhairt …

SÓS: *Is ea, don bhfear eile.*

Don bhfear eile. Thiteadar araon le chéile. Dh'imigh a dhá n-anam bhochta le chéile. Thit an sagart agus Tom Smith le chéile.

SÓS: *Bhuel, d' fhulaing sé an pionós.*

D'fhulaig sé an pionós mhuis, d'fhulaig.

SÓS: *Go bhfága Dia an tsláinte agat, a Pheig.*

3. FIONN AG LORG NA hÓIGE

Lá áirithe do bhí Fionn mac Cumhaill agus roinnt dá laochra ag fiach agus ag fianscaraíocht in imeall sléibhe a bhí tamall ó aon áitreabh. Ach do tharlaigh, ach go háirithe, go raibh an lá ag ceiliúradh siar agus roinnt mhaith ama caite san am is gur thit ceo. Agus do thit an ceo orthu chomh dorcha agus ná féadfaidís soir a dh'fháilt seachas siar. Ach san amharc dóibh agus ag paidhceáil rompu, do tuigeadh dóibh go bhfacadar both tí – bothán tí – rompu, tá a fhios agat, ar an mbealach nár ghnáthach leis a bheith ann roimis sin. Ach ní raibh aon fhios acu air, mar bhíodar, gach aon duine acu, chomh múchta insa cheo agus ná raibh eolas faid a bhróige ag éinne acu.

Ach do chuadar go dtí an tigh agus chuadar isteach. Ach, má chuadar, do shuíodar thall agus abhus ar shuíocháin. Ní raibh aon duine rompu istigh insa tigh ach seanduine críonna críonna críonna, lán de dhaitheacha agus de chlúmh agus d'fhéasóig agus de ghruaig mhór fhada – is dócha gur chuir sé eagla ar Chonán féin nuair a chonaic sé an fionnadh a bhí air – agus brainse de bhean óg dhathúil bhreá a bhí ag déanamh cúram ar fuaid an tí. Agus fé mar do dheineadh sí an cúram timpeall an bhídh a d'ullmhú dos na Fianna i gcónaí, do théadh sí go dtí an seomra a bhí síos ann, as a radharc.

SÓS: *Is ea.*

Agus … mar do bhí an donas orthu, is dealraitheach – bhí gach éinne acu in iomarbhá lena chéile ina aigne féin gur mhaith leothu a bheith in aice leis an mnaoi óig chuig tamall cuileachta nó caidrimh nó cainte a bheith acu ina teannta. Ach, má tá, ní ghaibheadh sí in aon treo leo. Ach do bhí an dinnéar ullamh aici ansan agus an bord ligthe amach aici chúchu, agus na cathaoireacha agus gach aon ní socair aici féin mar ba chóir agus ba dhual do sheirbhíseach i dtigh, i gcúirt ríúil dá sórt, ar uaisle.

Ach do bhí fé mar a bheadh moltachán de chaora mhór láidir ceangailte ar sórt slabhra ar thaobh an tí, thall. Ach, má tá, nuair a bhí na fir suite chun an bhoird, do thug an moltachán caorach so, do thug sé aon *spring* amháin agus do chuir sé an ceangal dena mhuineál, a bhí air, agus thug sé fén mbord.

SÓS: *Is ea.*

Agus do dh'iompaigh sé an bord cheithre cosa os a chionn agus do chuir sé in aimhréidh a raibh de bhia agus de dheoch ar an mbord.

SÓS: *Is ea.*

'Ceangail an chaora, a Chonáin,' arsa Fionn.

D'éirigh Fionn ... nó Conán, agus do chuaigh sé agus rug sé ar leathchluais ar an gcaoirigh. Do tharraig sé leis í go dtí an staic go raibh sí ceangailte. Ach, má tá, dá mbeadh sé Conán is fiche ann, ní fhéadfadh sé an chaora a cheangal. Do bhí triail aiges gach aon duine dhen méid den bhFéinn a bhí le cois Fionn; do thástáladar an chaora a cheangal, ach ní fhéadfadh éinne acu an chaora a cheangailt.

Insa deireadh thiar thall bhí an t-ocras orthu agus do bhíodar cráite ag an scéal. Ní fhéadfaidíst suí go dtí an mbord, fé mar do bhíodh an bia curtha ar an mbord réidh, do bhíodh a bhéal fé agus ...

SÓS: *Ar an urlár.*

É ar an urlár ag an mbramaire caorach. Ach insa deireadh thiar thall do labhair rud éigint leis an seanduine seo a bhí insa chúinne riamh: 'Ceangail an chaora, a fhir dhearóil!'

SÓS: *Is ea.*

D'éirigh sé. Agus nuair a dh'éirigh sé as chúinne na luaithe thuas do thit chomh maith le seacht púint luaithe as phrompa a bhríste síos – bhí sé chomh fada san ann, agus é féin …

SÓS: *Insa luaith.*

Insa luaith agus insan ainnise thuas, mar dhia – is gan aon phioc ann de, ach an méid sin a chur ar shúile na Féinne. Ach d'éirigh sé is bhuail sé síos is cróilí ann agus is é a rug ar chluais go rábach ar an moltachán, agus is é ná fuair pioc dá dhua. Is do cheangail sé é.

'Is ea, anois,' a dúirt sé, 'fanfaidh sé anso agus ní baol díbh!'

Thángadar, agus bhí an chuid eile dhen dtráthnóna ansan acu. Do dh'itheadar agus d'óladar agus fuaireadar baochas leis an mbean óg agus leo féin. Ach ansan dúirt sí dosaen focail:

'Níl éinne anois … níl aon neach agaibh den bhFéinn,' a dúirt sí, 'ná go bhfuil achainí le fáil aige! Ach níl ach an t-aon cheann amháin ag gach fear.'

SÓS: *Tuigim.*

Is ea, bhí ó dhuine go duine, mar do bhí sí féin thíos insa tseomra, agus ansan duine ar a thurn a dhul síos. Ach Diarmaid Ó Duibhinn, chuaigh sé síos agus:

'Cad tá uait?' a dúirt sí.

'Tá, ball searc a chur ionam,' arsa Diarmaid, a dúirt sé, 'ball searc a bheith ionam – aon bhean óg a chífeadh é ná go dtitfeadh sí i síorghrá liom!'

Is ea, bhuail sé sin aníos agus é … gach aon duine acu, tá a fhios agat, agus a bhua féin aige, fachta aige. Ach nuair a chuaigh Fionn go bhfaigheadh sé a bhua:

'Cad tá uait, a Fionn,' a dúirt sí.

'Tá, a ríon,' ar seisean, 'boladh na húire a thógaint díom, mar do chiontaíos le mnaoi mhairbh!'

SÓS: *Ba ghreannmhar an ní le hiarraidh é.*

Sin é. Agus do fuair sé é. Is ea.

Cad a fuair, ansan, Oscar? Fuair sé iall. B'fhéidir gur … Sin í an achainí a dh'iarr sé sin – iall a chur ina shúiste a mhairfeadh le saol na saol.

SÓS: *Gan dabht.*

Deir siad go bhfuil sé … Agus tá cúram air, má tá sé ar gheata ifrinn fós agus a iall … Is ea, cúram air ann!

Is ea, is é an rud a dh'iarr Oisín thiar ar fad ar fad – na grásta ó Dhia. Agus deir an seanfhocal gurb shin é an fáth gur chuaigh sé … gur tógadh é go dtí Tír na nÓg agus gur thug sé an téarma ar fad ann agus go raibh an Chríostúlacht, an sagart le fáil aige, tá a fhios agat, gur dh'fhan sé ann riamh agus choíche nó go dtí go raibh Naomh Pádraig roimis, chuig an …

SÓS: *Is ea.*

Is ea.

SÓS: *Ba mhór an déirc ó Dhia é. Is ea, is ea. Sin scéal an-dheas. An bhé …*

'Ceangail an chaora, a Chonáin,' … Agus bhí, bhí fear eile go ndúirt sí: 'Bhíos cheana agat agus ní bhead aríst agat.'

SÓS: *Is ea. Chuir sé ceist ansan ar an mnaoi cérbh í féin.*

Is ea. Is cén ainm é siúd …?

SÓS: *An Óige.*

An Óige; ba ise an Óige.

SÓS: *Ba í an bhean an óige.*

Ba í.

SÓS: *Bhí sí cheana aige.*

Bhí sí cheana aige.

SÓS: *Ní bheadh sí choíche arís aige.*

'Bhíos-sa cheana agat,' a dúirt sí, 'is ní bhead arís agat.'

4. AN FEIRMEOIR A CHAILL A CHLANN MHAC

SÓS: *Ceann beag amháin eile, a Pheig! An cuimhin leat an scéal san mar gheall ar an bhfeirmeoir gur cailleadh an triúr mac air? Agus bhí sé ... ní fhéadfadh sé a thuiscint cad ina thaobh go gcuirfeadh Dia ...*

Moladh go deo leis!

SÓS: *An méid sin de phionós air. An cuimhin leat an scéal?*

Cuimhním.

SÓS: *Cuimhníonn tú go maith air.*

Cuimhním.

SÓS: *Más féidir duit é sin a insint anois ní chuirfimid isteach ort a thuilleadh, bail ó Dhia ort!*

Bhí sé sin go deas, mhuise, mar comhairle a bhí ag bean siopa á thabhairt dom féin an tráth céanna gur thógas an scéilín san im cheann uaithi. Mar do bhíos brónach, a Sheáin, cráite buartha, mar is sin é an t-am díreach go raibh mo bhuachaill breá dulta le faill.

SÓS: *Ó, an é sin an t-am?*

Is é. Ach do chuas go dtí an Daingean agus is í an mháistreás a bhí orm i dtús m'óige í.

SÓS: *Is ea.*

Bean Uí Chorráin. Ach do bhí sí, tá a fhios agat, ag tabhairt céille dhom agus meabhrach, agus foighne a bheith agam agus gach aon ní. Ach sin é a tháinig amach aici as.

SÓS: *An mar sin é?*

Is ea! 'An bhfuil a fhios agat,' a dúirt sí, 'bhí fear ann fadó agus fear cráifeach dob ea é,' a dúirt sí, 'deigh-chreidimh.

Agus insan am san,' a dúirt sí, 'do bhíodh sagart ar a chumraí féinig sa tigh aige, mac léinn, ag tabhairt aire dá chlainn agus á múineadh. Bhí triúr mac aige,' a dúirt sí, 'agus bhí gach aon duine acu tabhartha suas i láimh agus i léann aige, de réir an fhoghlaim a bhí ann an t-am san.'

SÓS: *Is ea.*

'Lán de chreideamh agus d'aoibhneas. Ach tháinig rud éigin trasna,' a dúirt sí, 'ceann desna laethanta i bhfaid na haimsire, agus tógadh uaidh an mac críonna.'

Agus slán mar a n-instear é, do bhí buairt agus mí-shásamh air agus is dócha go raibh aiteas air, mar do bhí a lán eile ná raibh leath chomh deabhóideach leis féin go raibh an rath anuas orthu. Ach ní raibh brón an chéad mhic scartha leis go fóill san am agus gur thit rud éigint eile amach agus gur thóg sé an tarna mac uaidh.'

SÓS: *An fear bocht, is ea.*

Ba mheasa ná san é! Ba mheasa ná san é! Ach bhí sé ag éirí mí-fhoighneach agus gan aon tor aige ag fanacht ar chreideamh ná ar choinsias, is dócha, nuair a bhí sé á chlipeadh ag an saol. Bhí. Ach ní fada in aon chor dá shaol a bhí caite aige san am is gur imigh an tríú duine is gan súil le héinne eile go deo aríst ansan.'

SÓS: *B'in ba mheasa ar fad.*

Ba é. Níor fhan sé, níor fhan sé fiú amháin is dócha le haon … leis an gcorp a chur. Dh'imigh sé. Dh'imigh sé leis. Agus do bhí sé in áit go n-ídeodh sé é féin, i mbealach nó in abhainn nó i ruibhéar nó in áit éigin, is ea, go ndéanfadh sé rud éigin leis féin, go raibh deireadh ag filleadh ar an dtigh aige. Bhí an ceann caillte aige. Ach bhí sé ag cur de féin fé mar a bheadh sé soir, taobh Chnoc Mhárthain soir mar sin, áit uaigneach, agus *spin* siúil fé agus do chonaic sé fear ag teacht féna bhráid. Agus thóg sé a lámh in airde agus thug sé fé ndeara, an bhfuil a fhios agat, gur ina threo a bhí an lámh tógtha in airde aige. Ach do dhein sé fé. Ach chuir sé ceist air:

'Cím, a fhir mhaith,' arsa an stróinséir, 'ná fuil aon dea-
fhuadar anois fút,' a dúirt sé. 'Tá gnúis,' a dúirt sé, 'chrosta
chrostálta agus níleann tú sásta,' a dúirt sé, 'id aigne, agus an
aon ní atá ort?'

'Ó, is ea, a fhir mhaith,' ar seisean, 'agus ní foláir nó is fada
ón áit tú,' ar seisean, 'agus ná fuil fios mo thrioblóide agus mo
bhuairte agat.'

Gan dabht, fear mór saibhir ab ea é, de dhealraimh.

'Tá,' a dúirt sé. 'Níl aon lá ó thógas mo cheann,' ar
seisean, 'ná fuil sagart istigh, is Aifreann Dé á léamh istigh sa
tigh agam,' a dúirt sé, 'dom bhean, dom chlainn agus dom
fhéin, agus mé ag déanamh dá réir,' ar seisean, 'ar gach aon
chuma. Agus do bhí triúr buachaillí agam,' a dúirt sé, 'chomh
grámhar agus do bhí le fáil, is tá gach aon duine acu tógtha
uaim anois i ndiaidh ar ndiaidh,' ar seisean. 'Tá an duine
déanach acu,' a dúirt sé, 'ar lár uaim; ní chasfad anois ná go
deo,' ar seisean.

SÓS: *Ba mhór an t-ualach é, an fear bocht!*
Is ea.

'Ná déan,' arsa an stróinséir a bhuail leis, 'agus fill liom,' a
dúirt sé, 'téanam liom,' a dúirt sé, 'agus spáinfidh mé dhuit,' ar
seisean, 'rud éigint a dhéanfaidh maitheas dhuit.'

Is ea, d'fhill sé leis, agus do ghaibheadar i dtreo fé mar
gheobhaidís i dtreo lúb coille.

SÓS: *Is ea.*
Bhíodar ansan ag caint is ag siúl ar feadh tamaill.

'Ach anois,' arsa an fear, an teachtaire a tháinig ina threo,
'anois,' a dúirt sé, 'seasaibh ar an dtaobh thiar dem dhrom naoi
gcoiscéimí,' a dúirt sé, 'ar an dtaobh thiar dem ghualainn deas.'

Do sheasaibh.

'Agus iompaigh anois,' a dúirt sé, 'do radharc go géar de
dhroim mo ghualainn deise agus abair liom má chíonn tú
aon ní.'

Do sheasaibh agus do dhein sé rud air. Agus má tá, ní fada go bhfaca sé a mhac críonna a bhí caillte ag an mbás roimis sin, agus bhí rud … díobháil mhór throm déanta aige agus é féin lámhachta nó marbh ag na piléir. Bhí díobháil mhór throm déanta aige.

SÓS: *Is ea, is ea.*

Ach níor labhair sé focal ansan.

'An bhfacaís aon ní?' arsa an stróinséir. 'Má chonaicís,' ar seisean, 'ná labhair focal go fóill, ach gluais leat!'

Thóg sé leis ansan é, ag siúl tamaillín eile. Agus do dhein sé an rud céanna. Chuir sé ina sheasamh é ar an gcuma chéanna i dtaobh thiar de. Agus do chonaic sé an tarna mac agus é crochta – corda féna mhuineál agus é crochta ar chroich agus coir náireach éigin déanta aige.

SÓS: *Is ea.*

Is ea.

'An gcíonn tú aon ní anois?' ar seisean.

'Cím,' a dúirt sé. Is ea.

'Téanam anois,' ar seisean. Thóg sé leis é tamall eile siúlóide agus dúirt sé leis seasamh agus féachaint aríst. Agus do chonaic sé an tríú mac agus scian cháis agus í curtha ag a láimh isteach i gcliathán agus trí chroí fir eile agus é sáite aige agus é marbh aige.

SÓS: *Go sábhála Dia sinn!*

'Ó, Dia linn!' arsa an feirmeoir, 'ó Dia linn!'

'An bhfacaís anois,' a duirt sé, 'do thriúr mac?'

'Ó do chonac,' arsa an feirmeoir.

'Anois,' a dúirt sé, 'ná goilse deoir ach bí de shíor,' ar seisean, 'faid a bheidh aon amharc id shúile ná id teanga ná id chroí, ag breith baochas le Dia,' ar seisean, 'a bheith chomh baoch duit agus do thóg uait,' a dúirt sé, 'do chlann as an bpláinéad go rabhadar saolaithe ina chomhair.'

SÓS: *Ina chomhair.*

'Sin é anois an pláinéad,' ar seisean, 'go raibh gach éinne ded chlainnse ... chaithfidíst gabháilt,' ar seisean, 'tríd an chros san, agus do bhí Dia chomh baoch duit,' a dúirt sé, 'agus nár lig sé drochscannail a thabhairt duit féin ná dhóibh féin,' a dúirt sé. 'Thóg sé leis chuige féin iad,' ar seisean, 'bun os cionn le gabháil tríd na piolóidí sin. Téir abhaile anois,' a dúirt sé, 'agus an tslí a bhí agat lean í, agus níosa fearr, agus gráigh Dia. Agus an bhfeadaraís,' ar seisean, 'cé hé mise?'

SÓS: *Is ea.*

'Níl a fhios,' arsa an feirmeoir. 'Ní fheadar cé hé thú fhéin,' ar seisean, 'mar níl mo mheabhair féin ná meabhair duine eile agam.'

'Téir abhaile anois,' a dúirt sé. 'Agus mise,' ar seisean, 'Naomh Lúcás a chuir Dia romhat chun treoiríocht a dhéanamh duit agus tú a stiúradh abhaile. Tabhair aire dhuit fhéin,' ar seisean, 'agus guím Dia go dúthrachtach, agus is mó a bheidh tú i nglóire chun dul ag triall air, i dteannta do leanbh.'

As san amach, deirimse leat, nár taibhríodh dó é féin a chaitheamh le faill.

SÓS: *Ná le fánaidh.*

Go bhfága Dia an tsláinte agat, a Pheig!

5. SEÁN BÍ ID SHUÍ

Bhuel, tháinig sé isteach. Is é an rud a bhí agam anois – an scoláire, an scoláire bocht go raibh an comhrac aige leis an seanbhean á cur amach …

'Cad is ainm duit?'
'Seán bí id shuí!'
'Ó, bead cheana
le toil mná an tí.'

Shuigh sé ar an gcathaoir.

'Ní hé sin a deirim leat,' a dúirt sí.
'Á, is é sin a chreidim uait,' arsa Seán.
'Dhá léan ort, a chailligh,' ar sé,
'má bhíonn tú chomh glórach san i gcónaí.'

'Cad is bia acu?' ansan a dúirt sí.

'Cruithneacht dhearg agus eorna,' arsa Seán,
'peic póire agus báraisc [?]
is gach arbhar don tsórt san;
ní bhíonn a ndóthain gan an práta.'

[Cailleach]
'Cruithneacht dhearg agus eorna,
peic póire agus báraisc [?]
 is gach arbhair eile don tsórt san;
– ní bhíonn a ndóthain gan prátaí.'

60

'So súd orm, má bhuaileas mo chosa ar an dtalamh
san seachas aon phioc eile de thalamh na hÉireann.'
[Gáirí]

'Ní fearr tú a bhualadh,' arsa Seán.

'Scalladh ort, a chailligh,' ar seisean,
'má bhíonn tú chomh glórach san i gcónaí!
Is maith an clog teampaill,
a dhéanfadh do cheann agus do theanga.' [Gáirí]

'Go gcrá Dia do chroí, a scoláire,' a dúirt sí,
'dá mhéad iad do leabhartha
is tú á bhfoghlaim le sealad,
is olc iad do labhartha
agus níor fhoghlaimís *manners*!'

Nuair a chualaigh an scoláire, mar dhia ansan é á cháineadh
insa *manners,* do thóg sé mála na leabhar, saitsil a bhí aige,
agus do thug fén gcailligh fé phoill na cluaise le ainse dhen
mála ... leabhar a chuir ag faoileáil ar fuaid na cistine í.

Bhí mearthal a dóthain uirthi, agus d'imigh sí ag cuardach
agus cad a bhuail léithi – tuairgín a bhíodh ag tuargaint lín ag na
seandaoine ... na seanmhná fadó. Agus má tá, bhí buille ar bhuille
acu – é sin agus an saitsil, na leabhartha, aige, agus an tuairgín ag
an sean*lady* – go rabhadar féin tnáite traochta amach ag a chéile.

Ach do bhí an anál ag teip ag an seanmhnaoi. Bhí an óige
ag Seán agus fuair sé an fear maith uirthi.

'Táimse traochta, a mhic léinn,' ar sise.

'Sin é mar is cóir thú a bheith, ar ndóigh,' arsa Seán ansan,
'agus is fearr liomsa tú a bheith.'

'Bheadh an oíche go maith anois againn, tá an bua fachta
agat orm,' a dúirt sí, 'bheadh an oíche go maith againn mura
mbeadh, tá ceathair nó cúig de shíothlóirithe gamhna ansan

ar fuaid an tí ag déanamh cros, agus dá mbeadh braighdeán féir casta, a chuirfimíst ar a muineál, a cheanglódh iad,' a dúirt sí, 'beadh an oíche go maith againn.'

'Beidh, a bhean an tí,' arsa Seán, 'ach tabhair leat,' a dúirt sé, 'an féar.'

Do thug sí léithi asclán féir agus crúcán a chasfadh é. Ach, shín sí chuige ansan é.

'Á á á,' ar sise.

'Seo, cas é anois,' arsa Seán, 'agus ligfeadsa chughat é.'

'Á,' ar sise, 'sean, seanrud críonna,' ar sise, 'atá lán de chrampaí mise, agus tusa atá óg fuinniúil cruaidh lúfar as do ghéaga, beir ar an gcrúcán,' a dúirt sí, 'agus cas an súgán, agus ligfeadsa chughat é.'

Do shuigh sí ar an gcathaoir agus, má shuigh, is dócha ná raibh aon scamall ar a leathshúil, fé mar atá ar mo shúilese, ag faire ar an ndoras féach cathain a bheadh an tairsinn aige. Bhí sé ag casadh, ag casadh, ag casadh agus í sin ag ligeant nó go dtí gur chuaigh sé go dtí tairsinn an dorais.

'Tá sé fada a dhóthain anois, a bhean an tí,' ar seisean.

'Á, níl. Cúpla troigh eile, a mhic,' ar sise, 'cúpla troigh eile.'

Insa tslí go raibh sé ag casadh nó gur chuaigh sé thar tairsinn amach. Agus chomh luath is do fuair sí thar tairsinn amuigh é, ní raibh aon chrampaí inti, bhí aon léim amháin tabhartha as a corp aici agus an bolta curtha ar an ndoras aici.

'Cuir díot anois a bhuachaill,' ar sise, 'dá mhéad gliocas a bhí ionat. Shílís go raibh an mhá agat ach níl. Tá sé caillte san iompó anois agat,' ar sise. 'Bailibh leat!'

SÓS: *Bailibh leat!*

Ach chuireadh na filí riamh ina dhiaidh sin, insan amhrán nuair a bhídíst ag déanamh amhráin ná aon ní ... 'Gur chuir an tsean-bhean amach ar chasadh an tsúgáinín mé.'

SÓS: *Cé aige a gcualaís é sin, a Pheig, an cuimhin leat?*

Ó, bhíodh sé istigh ... ag m'fhear céile a chuala é. Mar thóg sé é ó fear ó Uíbh Ráthach, an scéalaí ab fhearr a bhí le fáil – Seán Ó Sé ab ainm dó, ó Uíbh Ráthach. Bhídís ag teacht go dtí Blascaod Mór ag iascach gliomach, agus an-chuileachta ab ea iad, agus bhídís lán d'amhráin bhreátha agus de scéalta. Agus ní raibh aon amhrán a dhein Diarmaid na Bolgaí ná raibh istigh ina cheann.

SÓS: *An ea, dáiríre?*

Bhí, agus na scéalta san go léir.

6. TOMÁS SAYERS AGUS AN BHEAN FEASA

SÓS: *An cuimhin leat neomat ó shin bhíomair ag caint mar gheall ar d'athair, beannacht Dé leis, nuair a bhí sé ag lorg mná?*

Is cuimhin liom gur chuala ag trácht thairis é. Aon lá amháin, lá Domhnaigh ab ea é thar laethanta an domhain, agus do bhí air fanacht i mbun an tí an lá san, mar do chuaigh a mhuintir – a mháthair agus a athair agus a dheirfiúr – go dtí an t-Aifreann. Is ní bheadh éinne i mbun an tí ansan; b'éigean do dhuine éigin fanacht ag baile.

Ach ní raibh ach an tine aige dá adú díreach, nuair a bhuail bean siúil an doras isteach chuige agus bheannaigh sí. Bheannaigh sé dhi. Ach do shuigh sí síos ar stóilín in aice na tine. Bhí an lá cuíosach fuar. Bhí sí ag caint leis is iad fhéin ag caint lena chéilig, ach i bhfaid na haimsire ansan shuigh sé síos.

'Fear óg is ea tusa,' ar sise.

'Is ea,' arsa m'athair, ar seisean, 'agus ba mhaith liom go mbeadh a fhios agam cad é an sórt mná atá i ndán dom.'

'Ultach, Ultach mná is ea mise,' ar sise.

SÓS: *Ultach?*

Is ea.

'Ultach mná is ea mise.'

'Deir siad,' arsa m'athair, 'go mbíonn a lán fios ag bhúr leithéidíse.'

'Uaireanta,' a dúirt sí.

'Má tá aon mhaitheas … aon chuntas ar do láimh, ná agat,' arsa an fear eile, fé mar a bheadh aon gharsún ag déanamh cuileachtan, 'ba mhaith liom an bhean a bheadh pósta agam,' ar seisean, 'a fheiscint.'

SÓS: *Is ea.*

Is ea. I gceann tamaill: 'Tabhair chugham sáspan,' a dúirt sí, 'sáspan nua,' is ea, 'agus taoscán uisce ann.'

Thug sé chúichi an sáspan agus chuir sí isteach i gcroílár na tine an sáspan.

SÓS: *Ag beiriú?*

Is ea, agus do thóg sí amach bosca beag as a póca go raibh tae ann agus do chuir sí lán a trí méireanta, is a bhfuil i dtrí méireanta de thae ar an mbraon uisce a bhí insa tsáspan.

SÓS: *Is ea.*

Nuair a bhí an sáspan ag fliuchaidh ansan, fuair sé babhla – b'éigean dó babhla a dh'fháil den driosúr agus thug sé chúichi aníos é. D'iompaigh sí amach an tae a bhí insa tsáspan, idir uisce agus billeoig, amach ar an mbabhla agus do bhuail clúdach air. Ach i gceann tamaill nuair a theastaigh uaithi ansan, tá a fhios agat, é a thógaint, thóg sí dhe pé páipéar nó clúid a bhí aici air, agus dh'iompaigh sí ar an dtaobh istigh den dtine, laistigh den dtine dhearg agus den luaith, idir thae agus bhilleoig agus eile, ach an méid a cheangail den bhabhla. Agus bhí sí ag féachaint air riamh is choíche ansan á mheabhrú go ceann tamaillín. Ach …

'Seasaibh anois,' a dúirt sí, 'ansan ag an gcathaoir thall. Seas ansan thall ag an gcathaoir.'

Sheasaibh.

'Agus féach, fair amach duit féin.'

Ach bhí sí ina suí ar a corraghiob ag an dtine agus an tae caite don tine aici, ach ní ag faire ar an ndoras a bhí an fear eile, ná ar aon ní ach ag faire ar an seanbhean ar eagla go dtitfeadh sí ar a gob isteach don tine. [Gáirí] Ach má tá, ní fhaca sé aon

ní go bhfaca sé chuige an doras isteach fainge dhe chailín fé
mar a bheadh sí sé bliana déag d'aois, gan brat gan binn ach
ina cóiriú, ina cuid éadaigh, fé mar a bheadh cailín beag a
bheadh ag dul ar scoil. Agus bhuail sí thairis suas agus chuaigh
go dtí an dtine agus d'iompaigh dhá sála … sála a dhá coise.
[Fail] Faighim pardún agat, tá fail orm.

SÓS: *Tóg bog é!*

Do thug sí sála a cos don dtine, agus ní dhein sí ach féachaint
mórtímpeall ansan ar an dtinteán agus bualadh an bealach
céanna síos aríst, gan labhairt ná aon rud ná beannú dhó ná
aon ní. Bhain sí an doras amach ach ní raibh sí cúpla troigh ón
ndoras nuair a labhair an bhean, bean an fheasa thuas.

SÓS: *Bean an chúinne.*

'An bhfacaís aon ní?' ar sise.

'Chonac,' arsa m'athair.

'An bhfacaís an cailín úd?' ar sise.

'Chonac,' a dúirt sé.

'Siúd í do bhean chéile,' ar sise, 'pé an áit go bhfuil sí.'

SÓS: *Cuimhnigh air!*

'Siúd í do bhean anois,' ar sise, 'pé an áit go bhfuil sí.'

SÓS: *Níor aithin sé in aon chor í?*

Ó ní raibh a fhios aige go raibh a leithéid ar fuaid an domhain.
Ní fheadair sé ná gur thall in *Australia* a bhí sí, a Sheáin.

'Tá go breá, ambaiste,' arsa an fear eile. 'Núthair dá
mbeadh a fhios agam … Cad ina thaobh nár labhrais ar dtúis?
Choinneoinn greim uirthi nuair a bhí sí agam is gan a bheith
á lorg anois. Cén diabhal maitheas dom a bheith á lorg anois,'
ar seisean, 'nuair atá sí bailithe léithi is gan, gan fios a datha
agam?'

SÓS: *Is ea.*

'Ó pé an áit go bhfuil sí, siúd í do bhean chéile.'

Agus do bhí an ceart aici, dúirt sé. Trí bliana ina dhiaidh
sin is ea a fuair sé aithne uirthi.

SÓS: *Is ea. Cá raibh sí chun cónaithe?*

Bhí sí thiar i gCom Dhíneol agus é sin i gCill Mhic an Domhnaigh.

SÓS: *Cuimhnigh air! Bhíodh a lán acusan ag gabháil timpeall.*

Bhíodh mórán Éireann, a deireadh m'athair, acu ag gabháil timpeall.

SÓS: *Is ea.*

Bhíodh.

SÓS: *Agus conas a mhairidís? Ag dul ó tigh go tigh?*

Ó thigh go tigh; bhídís ag bailiú déirce, tá a fhios agat.

SÓS: *Ina mná déirce?*

Is ea. Bhídís, bhídís. Ó bhíodh agus thugaidís mórán, mórán feasa uathu. Thugaidís.

SÓS: *An cuimhin leat aon scéal eile mar gheall ar éinne acu?*

Ní, ní cuimhin, ní cuimhin liom, mhuis.

SÓS: *Is ea, is ea, is iontach an scéal é sin! Ar mhair do mháthair críonna?*

Trí bliana agus trí fichid a bhí sí nuair a fuair sí bás.

SÓS: *An ea? Ar chuir sí d'athair?*

Ar mh'anam nár chuir, mhuis, go raibh sé go bláfar ina diaidh. Mhair sé go raibh sé céad blian.

SÓS: *Ar mhair, dáiríre? B'iontach an t-aos é.*

B'iontach.

SÓS: *Céad bliain!*

Bhí sé céad blian go dtí dhá mhí.

SÓS: *Go dtí dhá mhí. Cuimhnigh air sin! Beannacht Dé lena anam.*

Agus ar fheadh an ama san níor cuireadh ola an bháis air.

SÓS: *Cad é féin, níor cuireadh …?*

Níor cuireadh ola an bháis air.

SÓS: *Cuimhnigh air sin!*

Agus ní lú ná thóg sé purgóid ná *medicine* ná aon ní eile.

SÓS: *Ná lá a thabhairt ar an leabaidh?*

Ná lá a thabhairt ar an leabaidh.

SÓS: *Bhí an tsláinte go maith aige.*

Ó, bhí. Bhí sé an-shláintiúil.

7. EACHTRA NEAMHSHAOLTA AR AN BHFARRAIGE

SÓS: *Ar ndóigh, na hiascairí, is minic a chídís fear nó a leithéid ag éiriú sa bhfarraige le hais an bháid.*

Is minic, is dócha, cé gurbh annamh a chloisinn iad ag trácht thairis ach an lá gur éirigh sé aníos ag deireadh an bháid, insa bhád go raibh m'athair ag iascach inti.

SÓS: *An ea?*

D'éirigh sé aníos ag deireadh an bháid, chomh hard lena bhásta. Agus bhí sé [an t-iascaire a chonaic é] an-dhian ansan ag iarraidh go dtarraiceodís suas na doruithe agus go ligfidís ar lár an t-iascach is go raghaidís abhaile.

SÓS: *Tuigim.*

Ach bhíodar mall, mar bhí an t-iasc ag breith insan am chéanna. Ach bhí sé ag tathant is ag tathant is ag tathant orthu, ach níor inis sé dhóibh ab aon ní a chonaic sé ná aon ní, mar gan dabht, dá 'neosfadh ar dtúis, ní dhéanfaidís aon mhoill leis.

SÓS: *Gan dabht.*

Bhí sé theas i gCill Mhic an Domhnaigh, mhuise, lá breá a dh'imíodar ag iascach le bád a bhí tabhartha ag an máistreás a bhí air, an tiarna talún an uair sin orthu gurbh ainm di Bess Rice, Beití de Ríse.

SÓS: *Is ea.*

Ach bhí an bád tabhartha aici chúchu, go dtíos na hiascairithe, chuig a cúraim féin a dhéanamh ar gach slí go mbeadh sé ag oiriúint di, agus ansan úsáid an bháid a bheith acu féinig faid …

SÓS: *Is ea, idir an dá linn.*

69

Idir an dá linn. Ach d'imíodar, an lá so, pé scéal é, lá breá siar go dtí in aice na Tiarachta nó na Sceilge go nglaonn siad Athbháithí air nó go nglaotar Bá an Cholmóra air.

SÓS: *Bá an Cholmóra?*

Is ea – go mbíodh na hiascairithe ag marú colmóirí ann an uair sin. Ach, ag déanamh siar ar an dá uair dhéag a chlog sa lá, bhí sé agus colmóir aige á bhaint aige den dubhán, nuair a chonaic sé an taibhse ag éirí aníos ag deireadh an bháid, os a chomhair amach mar a raibh sé, tá a fhios agat.

SÓS: *As an sáile!*

As an sáile, agus ag éirí aníos aníos nó gur tháinig sé chomh hard lena bhásta ag deireadh an bháid. Ach thit an breac uaidh is thit an dorú is an dubhán uaidh is dúirt sé leothu tarrac suas is gluaiseacht abhaile mar go raibh an chuid is breátha dhen lá tagtha.

SÓS: *Tuigim. Is ea.*

Mar bhíodh sé á chlos riamh i gcónaí ós na seandaoine, tá a fhios agat, éinne a chífeadh rud mar sin, go dtiocfadh scríob nó anaithe gaoithe nó ruathar ar an bhfarraige.

SÓS: *Go luath na dhiaidh?*

Is ea, go luath ina dhiaidh. Ní thugadar aon aird air go ceann i bhfad. Sa deireadh do ghluaisíodar agus am briathar féinig gurb as na maidí, gur as na hascalla a bhaineadar é. Ní fada in aon chor den mbá aneas a bhíodar, san am is gur shéid an gála, is gur shéid an fharraige, is gur is ea, is gur éirigh an fharraige, is ea, agus gur at sí, is gur ghlór sí, agus is ar éigean bháis is bheatha a bhí sé de d'acmhainn iontu cé na Cathrach a bhaint amach.

SÓS: *Is ea.*

Bhíodar caointe. Bhí na mná suas ar thaobh na gcnoc ag olagón is ag caoineadh is an bád á bhá ag an anaithe lasmuigh. Ach thángadar. Ach pé scéal é, ach go háirithe, chomh luath is a tháinig sé amach as an naomhóg ... as an mbád, ní fhéadfadh sé an chois deas in aon chor a chur amach.

SÓS: *Tuigim.*

Ach dúirt an captaen a bhí ar an mbád, Seán Ó Foghlú ab ainm dó, dúirt sé leis:

'Cad a tháinig ort, a Deairbí?' ar seisean.

Is é an ainm a bhí air, Deairbí – Diarmaid Mac Cárthaigh ab ainm dó, is ea.

'Cad a tháinig ort?' ar seisean.

'Ó, a leithéid seo, a Sheáin,' ar seisean.

'Ae, a bhroghais,' a dúirt sé, 'cad fáth ná dúraís ar dtúis é, agus go ndéanfaimís siseáisean den scéal.'

SÓS: *Tuigim. Is ea, is ea.*

'Níor mhaith liom é,' a dúirt sé, 'ach táim caillte. Ní bhéarfaidh an sagart orm.'

Is ea. Thugadar abhaile go dtína thigh é suas – pé faid gairid suas a bhí an tigh a bhí aige ón gcé.

SÓS: *Is ea.*

Le cabhair fhear. Bhí beirt ag triall ar an sagart, is tháinig an sagart agus d'ullmhaíodh suas chun báis é. Ach má tá, do bhí an sagart imithe ansan – is dóigh liom gurb é an tAthair Dónall Ó Súilleabháin, is é a bhí ina shagart óg an uair sin, ina chanónach sa Daingean. Ach ní fada a bhí sé imithe ón dtigh nuair a bhí sé ag tosnú ar a bheith ag ceiliúradh leis.

SÓS: *Is ea.*

Agus ba mhór an trua é – fear breá óg agus gan é ach pósta bliain go leith, is a bhean is a leanbh ina dhiaidh. Ach an chéad leanbh beag a bhí acu, do bhí sí caillte, fachta bás. Ach bhí a bhean sa chúinne suite is í ag bualadh na mbas go dubhach. Ach tháinig fear den mbaile, des na comharsain, isteach mar bíonn dul trí chéile sa tuath is gach aon áit nuair a bhíonn rudaí … agus go mór mhór insa tsaol a dh'imigh. Ní bhíonn, ní déantar leath an nath anois de.

SÓS: *Ní déantar.*

Ní déantar.

SÓS: *Níl an nádúir sna daoine.*

Níl an nádúir iontu. Ach nuair a chualaigh fear meán aosta den gcomharsanacht a bhí i gcónaí i mbéal an dorais aige é, Pádraig Ó Mainín, go raibh sé ag bailiú leis, d'fhág sé an garraí go raibh sé, agus thug ... bhí sé ag tabhairt aire do chúig nó sé de bha a bhí aige. Seo isteach é go dtí an tigh agus do chas sé olagón mór groí fada, agus é ag déanamh an doiris isteach, agus gach aon ghlaoch ar Deairbí aige, cad a thug uathu é, mar buachaill álainn ab ea é. Ach sheasaibh sé – i leaba sa chúinne a bhí sé sínte – agus sheasaibh sé as a chionn in airde is é ag gol, ag gol i gcónaí is ag caint. Ach ní fada in aon chor gur oscail sé súil leis, agus do chorraigh sé é féinig.

'Dé bheatha, dé bheatha id shaol is id shláinte,' arsa Pádraig Ó Mainín.

SÓS: *Is ea.*

Fear sceinbheartach láidir ab ea é.

'Á, a Pheaidí,' a dúirt sé, 'á, a Pheaidí, is mairg dhuit,' ar seisean, 'nár lig ar m'aghaidh mé!'

SÓS*: Is mairg ná ...?*

Is ea.

'Is mairg nár lig ar m'aghaidh mé!'

SÓS: *Ar m'aghaidh mé. Is ea.*

'Cad ina thaobh?' arsa an Mainíneach.

'Á, mar do bhí an chuid is measa dhen slí curtha agam díom,' a dúirt sé. 'Nuair a labhrais,' ar seisean, 'do chaitheas freagairt.'

SÓS: *Cuimhnigh air sin! Cuimhnigh air sin!*

'An bhfacaís ... an bhfacaís aon ní ar an slí?' arsa an Mainíneach, mar fear, tá a fhios agat, borb láidir ab ea é.

'Ó, ní fhaca,' ar seisean, 'ach solas beag a chonac, a bhí romham ar an dtaobh amuigh den doras, mar a bheadh lampa beag solais,' a dúirt sé, 'a bhí ar an dtaobh amuigh den doras romham, agus do bhí sé ag tabhairt eolais dom,' ar seisean, 'agus im leanúint.'

'An bhfeadaraís,' arsa a bhean, 'ab í do Mháirín í?' – mar dhia an leanbh, an gearchaille beag ...

'Á, a bhean,' a dúirt sé, 'ní fheadarsa ab í do Mháirín í. Ní fhacasa aon ní ach an solas.'

'Ach an fad ó bhaile a bhís?' arsa an Mainíneach.

'Bhíos,' a dúirt sé, 'chomh fada leis an ngeata cláir.'

SÓS: *Geata cláir?*

'Is ea. Bhíos chomh fada leis an ngeata cláir nuair b'éigean dom filleadh.'

'Agus an raibh an maistín romhat,' arsa Peaidí, ar seisean, 'nuair a dh'iompaís?'

'Bhí,' a dúirt sé, 'ach bhí sé ina chodladh; bhíodar ina gcodladh.'

SÓS: *Tuigim. Is ea.*

D'fhan sé … ach nuair a bhí sé ansan, is ó, an trioblóid, a deireadh m'athair, trioblóid thar na bearta! Is níorbh fhéidir leis bás in aon chor a dh'fháil ansan.

SÓS: *Tuigim.*

Thug sé an Domhnach, agus b'éigeant ar maidin Dé Luain dul ag triall ar an Athair Dónall Ó Súilleabháin.

SÓS: *Arís.*

Arís chuige agus do thug sé ordú dhó má chuimhntigh sé féin air, gan gan oiread agus aon fhocal amháin a labhairt amach as a bhéal as aon ní a chonaic sé ná a chuala sé ná a dhearc sé, nó go dtí go bhfeicfeadh Dia oiriúnach. Do mhair sé, a Sheáin, fé iomard mhór go dtí an t-am céanna Dé Domhnaigh aríst.

SÓS: *Tuigim.*

Is ea, dh'imigh sé gan mhoill.

SÓS: *Cailleadh ansan é. Beannacht Dé leis, an fear bocht. Sin scéal an-mhaith.*

8. BODACH AN MHÚRAIGH

Thuaidh, thuaidh i gcaisleán an Mhúraigh, i bparóiste Múrach a bhí, a deireadh na seanúdair, a bhí an fear san. Agus do bhí an áit go léir féna smacht féin is féna chúram féin; fear mór láidir saibhir ab ea é. Ach bhí sé pósta, agus má bhí, ní raibh éinne clainne, éinne muirir air. Ach bhí sé ag déanamh sa treo ar a shon san i gcomhair dá mbeadh, go mbeadh sé neamhspleách agus ná beadh aon ghaol bocht go deo ina dhiaidh air. Ach do thóg sé, ach go háirithe, an caisleán so agus na tinimintí a bhí ann, go ndeir siad 'tógaint chaisleán an Mhúraigh ort'.

Ach ó pé áit gurb as an bhean a bhí pósta aige, do bhí béas aici i gcónaí, ó phós sí ar dtúis, go dtéadh sí gach lá ar snámh síos don Dúinín, Dúinín an Mhúraigh. Ach i bhfaid na haimsire, do bhí sí ar snámh lá breá ciúin gréine agus pé cas-shúil a thug sí insan uisce, taibhsíodh di go bhfaca sí scáth an fhir ag snámh lena taoibh sa tsáile agus chuir sí ar na cosa isteach go dtí an talamh tirim.

SÓS: *Bhí sí ina haonar.*

Bhí sí ina haonar agus do bhain sí as na loirgne é ag déanamh na gainimhe isteach agus ag teacht ar an dtráigh. Ach nuair a tháinig sí isteach ar an dtalamh tirim, ní raibh a cuid ... bhí a cuid éadaigh tamall uaithi, ach má tá, do thit sí as a seasamh mar a raibh sí, fé mar a thiocfadh laige nó anbhainne nó rud éigint uirthi. Agus bhí sí ansan tamall maith sara dhúisigh sí, ach nuair a dhúisigh sí, ach go háirithe, ní raibh éinne le feiscint aici. Agus do chuir sí uirthi a balcaisí éadaigh is do tháinig sí abhaile go cúthail. Ach pioc dá rún – an

74

scéil – níor thug sí dhá fear céile, ná dh'aon duine, ach do choinnibh sí chúichi féin an t-uaigneas agus an scanradh a cuireadh uirthi.

Ach tar éis go raibh sí cúig déag nó sé déag de bhliana roimis sin pósta gan muirear, ní fada dhen mbliain a bhí caite nuair do bhí sí … rángaig sí ag iompar linbh. Ach má tá, nuair a tháinig an t-am, do tháinig an leanbh. Agus do bhí sé … an méad ná borradh an lá dhe, bhorradh an oíche, insa tslí go raibh sé ag éirí suas ina chorránach breá-dheas agus ná raibh aon ní in easnamh air – ní raibh aon rud margaigh ná aonaigh ná aeraíocht ná marcaíocht ná rás ná aon rud a bhí in easnamh ar dhuine uasal riamh ná raibh aige.

Ach bhí sé ag éirí suas, agus má tá, dá mhéad compord agus dá mhéad rachmas a bhí aige, do bhí aon ní amháin in easnamh air, is é sin, nár thit aon néal chodlata riamh air. Agus nuair a bhíodh an saol mór eile go léir ag sranntarnaigh agus ag baint greann agus subháileacas as chodladh, do bhíodh an amadáinín bocht cois na tine agus a cheann fé, is gan aon phioc de ghreann an tsaoil aige féin.

SÓS: *An mbíodh fonn codladh air corr uair féin?*

Ní bhíodh, ní bhíodh, mar dá mbeadh, thitfeadh sé dhá chodladh. Ach tráthnóna breá, buaileadh isteach fear siúil is d'iarr sé lóistín na hoíche. Má tá, is ar an bhfear óg a bhí an fonn – d'fhonn is go mbeadh cuileachta na hoíche aige féin; pé duine go raibh fonn air é a dh'fhágaint istigh is ar an bhfear óg é. Ach nuair a bhíodar ag caitheamh na hoíche i gcuideachta a chéile, ag caint is ag cadaráil leothu nó go dtí gur tháinig aimsir codlata go maith … Is ea.

'Tá an oíche caite againn ag caint,' arsa an fear siúil, 'agus níl aon chodladh déanta agatsa mar gheall ormsa.'

'Ó, ná bac mise, a fhir mhaith,' ar seisean. 'Ach anois,' a dúirt sé, 'nuair atá an saol fúinn araon anso, tá gach éinne bailithe leothu a chodladh, idir bhuachaill is chailín,' a dúirt sé, 'ach mise

agus tusa. Agus mac léinn,' ar seisean, 'is ea thusa agus tá eolas ar mhórán mór agat,' a dúirt sé, 'trí do leabhartha, agus beidh an chuid eile dhen oíche againn anois ag lorg,' ar seisean, 'eolais an bhfuil sé fén bhfarraige thíos nó os cionn na farraige in airde,' ar seisean, 'nó in aon áit, aon treibh nó treabhchas nó *breed* dhaoine,' ar seisean, 'nár thit codladh lae ná oíche riamh orthu?'
SÓS: *Is ea, is ea. Ba mhór an cheist í!*
Ba mhór.

'Tarraig chughat anois,' ar seisean, 'agus is maith é do luach sclábhaíochta.'

Ach mar sin a bhí. Do tharraig sé chuige a leabhar – go raibh dhá leabhar agus trí leabhar – ó is dócha go raibh scata aige acu, ach ag déanamh isteach ar an tarna glao, an choileach:

'*By gor*, a mhic,' ar seisean, 'tá sé agam. Tá an leabhar agam anois,' a dúirt sé, 'agus tá treabhchas a bhaineas leat,' ar seisean, 'fén bhfarraige, ag mairiúint fén bhfarraige,' a dúirt sé, 'nár thit codladh lae ná oíche riamh ar aon tsúil leo.'

'Is dealraitheach, a mhic léinn,' arsa an mac, mac an tí, 'is dealraitheach, a mhic léinn,' a dúirt sé, 'gur díobh sin mise! Is dóigh liom ...'

'Cad é an dul a bheadh agatsa ar an obair sin, a mhic óig?' arsa an fear siúil.

'Tá baint le rud éigint agam,' ar seisean, 'ná fuilim, go bhfuilim bunoscionn leis an saol mór eile.'

Ach, maidin, ní dhein sé ach éirí ina sheasamh agus gunna a bhí ar thaobh an tí, greim aige ann. Thóg sé anuas an gunna agus do chuaigh suas don tseomra, mar a raibh a mháthair ina codladh.

'An bhfuileann tú id chodladh, a mháthair?' a dúirt sé.
'Nílim, a mhic ó,' ar sise.
'Éirigh aniar anso anois,' ar seisean, 'agus déan faoistine ghlan liomsa. Tá do ré suas anois, nó do rún. A leithéid seo,' a dúirt sé, 'táimse anso,' ar seisean, 'agus táim deich mbliana agus

fiche d'aois agatsa agus níor dhún mo dhá shúil i gcliabhán ná ar bord ná ar leaba chodlata ó shin orm,' ar seisean. 'Agus tá rún éigint,' a dúirt sé, 'ar an gcás agatsa. Má tá,' ar seisean, 'scaoil uait é!'

Ach bhí sí mall, tá a fhios agat.

'Ná bíodh siar ná aniar ort,' ar seisean. 'Gheobhair a bhfuil sa ghunna,' a dúirt sé, 'siúrálta, mura n-inseoir an fhírinne dhomsa.'

Do rug sé ar ghualainn uirthi agus thóg sé aniar ar a prompa insa leabaidh í.

'Labhair anois,' ar seisean, 'faoistine ghlan!' a dúirt sé.

'Tá, a mhic, 'a dúirt sí, 'a leithéid seo. Do phósas,' a dúirt sí, 'agus d'athair anso, agus do bhíomair pósta blianta fada,' a dúirt sí, 'agus ní rabhais-se ann ná aon chuimhne go mbeifeá go deo,' ar sise, 'ná do leithéid eile. Agus an bhfeiceann tú anois,' a dúirt sí, 'an tigh go bhfuilimid? Bhí sé á thógaint féd bhráidse mar dhia,' ar sise, 'go mbeifeá ann, ach ní rabhais,' ar sise, 'go mbeadh cuimhne go brách ar chaisleán an Mhúraigh.'

'Bhí béas agam,' a dúirt sí, 'ó thánag go dtí an, an áit, go dtéinn,' ar sise, 'i rith na haimsire breá, go dtéinn ag snámh. Ach dh'imíos liom,' a dúirt sí, 'tar éis dinnéir, lá áirithe, agus do chuas,' a dúirt sí, 'síos go dtí an cladach agus chuas ar snámh. Agus do bhíos,' a dúirt sí, 'tamall maith insan uisce fé mar ba ghnáthach liom, nuair a taibhsíodh dom,' ar sise, 'pé cas-shúil do thugas de dhroim mo ghualann, go bhfacas taibhse fir ag snámh in aice liom sa bhfarraige. Agus do bhain sé geit asam gan dabht,' a dúirt sí, 'agus do chuireas ar na maidí isteach é. Ach ní raibh,' a dúirt sí, 'ach gur dheineas an talamh isteach díreach nuair a thiteas as mo sheasamh,' ar sise, 'ar an dtalamh tirim. Ní fheadar, a mhic,' a dúirt sí, 'an fada nó garaid a bhíos,' a dúirt sí, 'gan anam ansan. Nó ní fheadar an raibh fear ann,' ar sise, 'nó an raibh seachtar ann, nó an raibh éinne ann,' ar sise, 'ach mé féin. Ach ní raibh éinne ann,' a dúirt sí, 'le feiscint agam ach mé féin, nuair a thánag chugham ...'

SÓS: *Chugham.*

Is ea.

'Nuair a tháinig mo mheabhair chugham. Ach an méid seo a déarfaidh mé leat,' ar sise, 'trí rátha ón lá san,' ar sise, 'is ea a saolaíodh tusa dhom.'

SÓS: *Is ea! Cuimhnigh air sin!*

'Sin a bhfuil d'eolas agam le tabhairt duit,' a dúirt sí.

'Féach anois, a dhuine chóir,' arsa an mac leis an bhfear siúil thíos …

SÓS: *Leis an mac léinn.*

Leis an mac léinn.

'An gcloiseann tú anois, a dhuine chóir,' ar seisean, 'an bhfuil difríocht sa scéal?'

'B'fhuirist a aithint go raibh,' arsa an mac léinn, ar seisean.

Is ea, bhuail sé síos.

'Éirigh anois,' a dúirt sé, 'agus cuir ort do chuid éadaigh. Ní baol duit mise níosa shia. Déan duit fhéin chomh maith agus d'fhéadfair é, ní bheidh aon cheal ort. Ach ní bheadsa agat, ná ní bhead ag an athair atá anso ach chomh beag,' a dúirt sé, 'mar ní hé m'athair é, ná ní bhaineann sé liom.'

SÓS: *Bhí an t-athair beo is dócha?*

Bhí, bhí.

'Ní bhaineann sé liom,' ar seisean, 'ní dhá threabhchas ná dhá threibh mé, ach raghaidh mé ag triall ar mo threabhchas féin.'

Ach is dóigh liom go ndeireadh Eoghan Shullivan ina dhiaidh sin gur dhíol sé go maith ina thuarastal agus ina sclábhaíocht an scoláire bocht …

SÓS: *Gan dabht.*

Ach ar maidin amáireach tar éis bricfeasta do bhuail sé síos. Nigh sé is ghlan sé is bhearraigh sé é féin, agus chuir sé air a chulaith bhreá éadaigh, is do bhuail sé síos chuig an Dúinín, atá ansan thuaidh … Cuas an Bhodaigh a ghlaonn siad air. Agus is é an ainm a bhí ar an mac seo ó saolaíodh é, mar bhí sé ina bhalcaire ramhar láidir, is é an ainm a bhaist bean de na comharsain air nuair a tháinig sí ar a thuairisc tar éis é a shaolú, tá a fhios agat, don mháthair. Nuair a chonaic sí an leanbhán, is é chomh teann, chomh téagartha agus a bhí sé:

'Mhuise, a ghrá ghil,' ar sise, 'nach é an bodach beag é!' [Gáire]

Agus do lean an Bodach riamh ina dhiaidh sin air, agus do lean an Bodach ar an áit go raibh sé, agus do lean an Bodach ar an gcuas go raibh sé, gur ghaibh sé amach – Cuas an Bhodaigh.

SOS: *Tuigim, is ea.*

Ach bhuail sé síos i dtreo Chuas an Bhodaigh síos, agus do bhíodh, deireadh sé siúd [Eoghan Shullivan], go mbíodh daoine á rá go bhfacthas an fear ag éirí amuigh, ina sheasamh suas insa bhfarraige le linn é a dhul síos go dtí an cladach, agus go raibh sé ag siúl isteach, ag siúl isteach, ag siúl isteach, agus an Bodach ag siúl ina choinne amach, go dtí gur rugadar araon lombharróg a chéile ar bharr an uisce amuigh agus do shuncáladar síos agus ní bhfuaireadh radharc ná tuairisc riamh ó shin orthu.

SÓS: *Ó shin orthu.*

Agus deireadh na seandaoine, a deireadh Eoghan, gur dócha gurb é a athair a bhí ag teacht ag triall air é.

SÓS: *Agus ba é leis is dócha.*

Ba é is dócha. Rugadar araon lombharróg ar a chéilig amuigh, is d'imíodar as radharc …

SÓS: *Is ea.*

Cuas an Bhodaigh.

SÓS: *Is ea. Is dócha go bhfuil dream daoine mar sin fén bhfarraige, b'fhéidir ná … go bhfuil an nádúr san iontu gan codladh a dhéanamh.*

Is dócha go bhfuil.

SÓS: *An gcualaís riamh, a Pheig, é sin a bheith ina dobharchon, tá a fhios agat an dobharchú, nó an bhfacaís ceann riamh, ná tagann aon chodladh choíche air, madra uisce,* breed *madra uisce?*
Níor chuala, mhuis.
SÓS: *Níor chualaís?*
Níor chuala.

9. AN BHURÚCH

SÓS: *An gcualaís aon scéal, a Pheig, mar geall ar fhear a phós bean ón bhfarraige, burúch nó a leithéid?*

Ba dhóigh liom go gcuala é sin acu mhuis. Chloisinn ag na seandaoine san Oileán é.

SÓS: *An mbíodh … ? Tánn tú traochta againn.*

Nílim. An bhean so a thug an fear ón gCuan leis, gur choinnibh sé í, tá a fhios agat …

SÓS: *Cad é an scéal é sin?*

… a thug an bhurúch leis.

SÓS: *Ó, is ea, is ea!*

Núthair, ní fheadar an dtitfeadh aon chodladh uirthi?

SÓS: *Ní fheadar é sin. Níor chuala é sin luaite sa scéal in aon chor. D'fhan sí tamall éigin de bhliantaibh ina theannta.*

D'fhan sí tamall beag éigin, tamall éigin …

SÓS: *Ní fheadar ar saolaíodh clann dó léi – duine nó beirt?*

Níor airíos.

SÓS: *Is dóigh liom é. Is ea, is ea!*

B'fhéidir gur dhein.

SÓS: *Is cuma san!*

Is cuma é. Ach do bhí sí ar an seirbhíseach ab fhearr ar gach aon tsaghas slí a bhí istigh in aon tigh, i dtigh íseal ná uasal riamh, ach amháin nár labhair sí aon fhocal cainte riamh.

SÓS: *An mar sin é? Í balbh?*

Bhí sí balbh. Ach, ae mhuise, is dóigh liomsa ná raibh sí pósta in aon chor aige, a Sheáinín.

SÓS: *Aige, b'fhéidir é.*

Ní raibh …

SÓS: *B' fhéidir é.*

Dhe, mar ní mhaith leis feall a dhéanamh uirthi, mar dhia.

SÓS: *Gan dabht, is ea.*

Ná aon ní …

SÓS: *Is ea.*

Ná go mbeadh fios ag a muintir nó daoine, nó scéal éigin mar gheall uirthi. Is ea!

SÓS: *Is ea!*

Is dóigh liom ná raibh. Ach do bhí grá aige dhi ina chroí, mar bean óg, ógbhean bhreá ab ea í.

SÓS: *Is ea.*

Agus ní fhéadfadh sé, ní fhéadfadh sé puinn ama a thabhairt ón dtigh in aon chor gan a bheith suite ina teannta, ach cad é an mhaith sin, ní …

SÓS: *Ag féachaint uirthi!*

Ag féachaint uirthi, is cad é an mhaith dhó a bheith ag féachaint uirthi?

[Gáirí]

SÓS: *Ba bheag an sásamh é!*

Ba bheag an sásamh é ag féachaint ar a ghrá ghil. Is cuma é, ach go háirithe, dúirt uncail dó a bhí ina ghabha leis ceann des na laethanta:

'Mhuise, a Sheáinín,' ar sé, 'nach mór an obair ná fuil aon fhocal cainte ag an mnaoi óig seo, agus táimse cinnte,' ar seisean, 'dá mb'fhéidir aon fhuaim chainte a bhaint aisti go bhfuil caint aici,' ar seisean. 'Agus go bhfuil rud le rá aici,' ar seisean, 'agus go bhfuil sí inti, ach nach féidir í a bhaint aisti. Agus dá dtabharfása cead domsa,' a dúirt sé, 'mo dhintiúirí a dh'imirt,' ar seisean, 'agus í a dh'fhórsáil go maith, raghainnse fé dhuit,' ar seisean, 'go mbeadh a fhios agamsa an bhfuil sí … an bhfuil caint aici.'

SÓS: *Is ea.*

'Oibrigh do dhintiúirí uirthi, a uncail,' arsa Seán, 'chomh maith is is féidir leat é, ach ná tabhair aon drochúsáid di ná aon tarcaisne dhi,' ar seisean, 'ach mar is lú a dh'fhéadfair. Ná bíodh ceist ort.'

Is ea! Tháinig an t-uncail lá arna mháireach go dtí an tigh. Agus do bhí focal na faire tabhartha aige do Sheán, don mbuachaill, agus dos gach éinne acu, gan éinne acu a bheith timpeall an tí.

SÓS: *Gan dabht.*

Shuigh sí. Bhí sí suite tar éis a cúraim a dhéanamh, suite thuas sa chúinne agus do tháinig an gabha agus do shuigh sé ar chathaoir ar an dtaobh thíos di. Bhí sí idir é agus an t-adharta. Ach do thosnaigh sé ar a bheith ag cáinseoireacht agus ag cáinseoireacht agus ag dímholadh na ndaoine agus an mhuintir gur díobh í agus an treibh gur díobh í agus mar sin – ná raibh iontu ach so súd is súd is so. Ach ní fhéadfadh sé dul a thuilleadh ach mar a chuaigh sé. Dh'éirigh an fhuil uasal in uachtar an uchta sa deireadh aici – ní fhéadfadh sí fulag a thuilleadh.

'Ní hea,' ar sise, 'ní mar sin atá mo mhuintirse, ná tigh mo mhuintire,' a dúirt sí, 'ach srólach srálach cliathrach clárach fuinneogach.

> Ní tigh coll é ná tigh cárthann
> Ná tigh atá tógtha i mbarr ar fadhb
> Ach tigh de chabhail fhinn fhada ghléigeal
> Is minic a léitear Aifreann ann.
>
> Tá cliamhain ó Éirinn is cliamhain ón Spáinn ann,
> Is cliamhainn ó Chúl na Seabhac;
> Riarthar iad i dtigh Uí Cheallaigh,
> Is bíonn an Nollaig gach lá den tseachtain ann.'

De dhealraimh gur de mhuintir Cheallaigh ab ea í.

SÓS: *Gan dabht. Is ea!*

Riarthar iad i dtigh Uí Cheallaigh,

Agus bíonn an Nollaig gach lá den tseachtain ann.
Is ea! Bhí an chaint aici ansan.

'Dé bheatha id shaol is id shláinte!' arsa an seanduine. 'Tánn tú féin agus d'urlabhra anois againn,' ar seisean.

'Táim,' a dúirt sí.

Ach do bhí an chaint aici is í chomh maith is a bhí sí riamh.

SÓS: *Bhí. Ar fhan sí aige?*

Do dh'fhan sí ar feadh seacht nó hocht de bhliana. Bhí triúr nó ceathrar – sin é an uair a bhí an chlann acu, go raibh sé insa scéal. Agus mar do bhí an brat a thug sé leis uaithi, tá a fhios agat, an chéad lá, an brat ... bhí sé curtha i bhfearas in airde insa mhaide shnaidhmthe aige.

SÓD: *I bhfolach.*

I bhfolach in áit ná féadfadh sí dul go deo ag triall air. Ach pé grúmaeireacht a bhí ar an amadán – lá áirithe bhí sé ag lorg rud éigint in airde [Gáirí] agus sa phóirseáil dó, do chuaigh sé mar a raibh an brat. An rud a bhíonn, bíonn sé!

SÓS: *Bíonn!*

Thit an brat anuas. Is chomh luath in Éirinn is do thit sé anuas ar an urlár, do thug sí aon léim amháin agus an scread a chuir sí aisti chloisfeá – deireadh na seandaoine go gcloisfeá i bhfad Éireann ó bhaile í leis an scread uaigneach brónach a chuir sí aisti. Ach b'éigeant dó déanamh dhá cheal.

SÓD: *D'fhág sí ansan é?*

D'fhág sí ansan é.

SÓS: *Is ea! Sin é! Is dóigh go bhfuair sé bean éigin eile!*

Ní bhfuair, mhuis, ná é, a mhic ó.

SÓS: *Níl aon tseanstoca ná faigheann seanabhróg i dtaobh éigin!* [Gáirí]

10. SEANCHAS

10.1 Pobal an Oileáin

PÓS: *Anois i dtaobh an Oileáin Tiar, an mó duine a bhí ann, nó cad é an chuid is mó daoine a bhí ann id chuimhne-se? An mó líon tí?*

Do bhí deich thigh agus daichead. Is ea.

PÓS: *Agus an raibh daoine ins gach aon cheann acu san?*

Bhí daoine ins gach aon tigh den méid sin. Bhí cuid acu, tá a fhios agat, ar beirt is ar duine, fé mar atá riamh. Bhíodh scata leanaí i dtithe eile acu. Tá a fhios agam, tá a fhios agam an bhliain a chuas féin is a phósas, go raibh sé chliabhán déag ag luascadh páistí beaga san Oileán an bhliain sin.

PÓS: *Cad iad na sloinnte is mó a bhí ann?*

Bhí muintir Shúilleabháin ann agus muintir Chonchúir agus muintir Ghuithín agus muintir Chatháin agus muintir Chearna.

PÓS: *Agus Duinnshléibhe?*

Agus muintir Dhuinnshléibhe agus muintir Shé.

10.2 Pósadh

PÓS: *Cad é an aois a bhí agatsa nuair a chuais don Oileán, a Pheig, nuair a phósais?*

Naoi mbliana déag.

PÓS: *Luath go leor. Phósaidís luath an uair sin.*

Cuid acu, is dócha.

PÓS: *Cuid mhór acu.*

SÓS: *An raibh bainis mhór agaibh an lá a phósais?*

Dhé mhuis … Tá a fhios ag mo chroí, a Sheáinín, ná feadar conas a bhí sí. [Gáirí] Ní hea, ach chuas ag pósadh agus ní raibh a fhios agam cá rabhas ag dul, ach oiread le bheith ag dul síos ag triall ar luach scillinge dhe mhilseáin, síos go dtí an Daingean.

SÓS: *An ea? Conas a tharla sé sin?*

Mhuise, gan aon mheabhraíocht. Ní raibh na daoine leath chomh seanchríonna an uair sin agus táid siad fé láthair. Ní raibh an t-eolas acu agus ní raibh an éifeacht leo agus ní raibh an tuiscint iontu.

PÓS: *Ach an dóigh leatsa anois go bhfuil na daoine níos eolgaisí anois ar chúrsaí don tsaghas sin ná mar a bhídís?*

Táid siad ag iarraidh a bheith, ach go háirithe.

PÓS: *An bhfuil siad chomh, chomh … an bhfuil an fulang céanna iontu?*

Níl an fulang….

PÓS: *An bhfuil an seasamh céanna iontu?*

Níl.

PÓS: *Gliogairí atá anois ann?*

Gliogairí atá anois ann, mhuis. Níl an fulang céanna iontu.

10.3 Scéalaíocht agus amhránaíocht

PÓS: *Conas a chaitheadh sibh an aimsir istoíche, na hoícheanta geimhridh?*

Ó bhíodh na daoine óga a bhíodh fásta suas, bhídís i dtigh fé leith tá a fhios agat, i dtithe fé leith leothu féin ar fuaid an bhaile. Agus bhíodh cuileachta acu, a gcuileachta féin, mar a déarfá, agus ansan na seandaoine a bhíodh scoraíocht i dteannta a chéile.

PÓS: *Cad a dheinidís sin nuair a bhídís i dteannta a chéile, na daoine fásta agus na daoine pósta?*

Ó bhíodh na daoine pósta … Na daoine óga ná bíodh pósta, bhídís ag rince agus ag amhrán agus ag déanamh cuileachta agus caidrimh ar a chéile.

PÓS: *Ach an mbíodh scéalaíocht agus amhráin acu?*

Bhíodh sé sna tithe seo go mbíodh na daoine aosta. Agus oícheanta áirithe den seachtain agus den mbliain do bhíodh amhrántaíocht agus cuileachta i dtigh áirithe i gcónaí.

PÓS: *An mbíodh tithe áirithe pointeálta chun na gcuideachtan san?*

Ní bhíodh.

PÓS: *Ach dul ó thigh go tigh?*

Is ea. Tigh go bpointeálfaí air, mar ní raibh tithe móra ná breátha ná fairsing ann.

PÓS: *Ach an raibh aon scéalaithe fónta ar an Oileán led linnse, chun seanscéalta a dh'insint?*

Ní raibh. Ní raibh aon tseanchaí ann a bhí ábalta ar aon scéal Fiannaíochta mar seo a rá, ach an fear céile a bhí agam fhéin, Pádraig Ó Guithín, bhí sé go hiontach. Agus cá bhfuair sé sin na scéalta? Thóg sé iad ó mhuintir Uíbh Ráthaigh a bhíodh ag teacht insan am san ag iascach gliomach go dtí an tOileán, muintir Shé Uíbh Ráthaigh.

PÓS: *Tá siad flúirseach ann.*

Bhíodh tigh beag déanta suas amuigh i mBeiginis acu i rith an tsamhraidh, iad ag iascach ann. Bhídís ag déanamh cuileachta agus comhrá.

PÓS: *Bhídís scéaltach.*

Bhídís – scéalaíocht is gach aon rud acu. Bhíodh muintir an Oileáin féinig, bhídist ansan, scéaltaíocht acu, is amhráin. Bhí cuid acu ina n-amhránaithe an-bhreá. Bhí muintir Shúilleabháin a bhí ann, bhí guth sí, a deiridís, ag cuid acu.

PÓS: *Guth sí?*

Is ea.

PÓS: *An cuimhin leatsa na hamhráin a bhíodh á chleachtadh acu?*

Á, ní cuimhin.

PÓS: *Cad iad na hainmneacha a bhí orthu –'Reilly an Chúil Bháin'?*

Bhí 'Reilly an Chúil Bháin' is 'Éamonn Mhágáine', is mar sin dóibh.

PÓS: *Agus amhráin Sheáin Uí Dhuinnshléibhe, is dócha, 'An Chaora Odhar'?*

'An Chaora Odhar.'

PÓS: *'Asal an Chlúimh.'*

'Asal an Chlúimh' is 'An Chuilt' is …

PÓS: *Bhuel, an mbíodh a lán acu a bhíodh ábalta ar amhrán a ghabháil, éirí ina seasamh ina n-aonar agus amhrán a ghabháil?*

Á ní bhídís mar sin in aon chor.

PÓS: *Cathain a thagadh fonn amhránaíochta orthu?*

Nuair a bhídís suite i dteannta a chéilig agus go mór mhór, is é an uair is mó a bhídíst tugtha do a bheith ag amhrán, dá mbeadh bainis ná aon chuileachta ar siúl.

PÓS: *Bhuel, an mbíodh an sean-nós acu chun bainise – an slua go léir a theacht … ?*

Bhíodh.

PÓS: *Chun tí an phósta?*

Bhíodh. Bhíodh.

PÓS: *Agus scléip a bheith acu.*

Scléip a bheith acu. Sin é, sin é an uair a bhaintí an bús as na hamhráin.

PÓS*: Bhuel, na mná a bhíodh ann, an mbídís go maith chun amhránaíochta leis na leanaí, cois na tine ag luascadh an chliabháin?*

Bhí. Bhíodh … ag luascadh an chliabháin, bhíodh táithleoga go ceolmhar acu leothu. Deireadh an tseanmháthair céile a bhí agamsa – seo é:

> 'Téir a chodladh anois, a linbh,' a deireadh sí,
> 'téir a chodladh anois, is gura codladh slán duit;
> is gurb as do chodladh do thabharfair do shláinte,
> is ná beidh sé le rá gur bhean gan mac do mháthair.'

Bhíodh siad chomh seanchríonna ar chuma éigin.

PÓS: *Bhídís. Bhuel is dócha go bhfuil tuirse ag teacht ort anois, a Pheig.*

Nuair a bhím sínte mar seo, níl aon dua orm.

PÓS: *An raibh aon ghuth ceoil riamh agat?*

Muiceoil?

PÓS: *Ní hea – guth ceoil!*

Ó, ní raibh.

PÓS: *Ná raibh?*

Ní raibh agus nach shin é agat é! Aon lá amháin istigh san Oileán bhí mórán des na stróinséirithe istigh, ach cé a bhí ina measc ná an tAthair Séamas Ó Floinn, is dócha go bhfuil aithne agat air …

PÓS: *Ó Floinn, tá go maith.*

Ach d'iompaigh sé orm anall ón gcathaoir i gceann tamaill:

'A Pheig,' a dúirt sé, 'an ndéarfá amhrán dom?'

'Á, is é an trua bheatha é,' arsa mise, 'nach féidir liom. Ní dúrt aon amhrán riamh.'

'Cad ina thaobh?' ar seisean.

'Má bhronn Dia an chaint orm,' a dúrtsa, 'ar barra na teanga, níor bhronn sé an guth sa scórnaigh orm. [Gáirí] Ní fhéadfainn aon amhrán a rá,' arsa mise, 'mar níl aon ghuth agam.'

'Nach féidir leat,' a dúirt sé, 'é a rá dhom ina fhocal agus ina fhocal?'

'Tá go breá agat, a Athair Séamas!' a dúrtsa, 'go mbeifeá ag gáirí nuair a bheinnse á thachtadh ar nós an bhardail, [gáirí] go mbeifeá ag gáirí.'

'Ní bhead,' ar sé. Is ea.

'Ar m'anam, a Athair,' arsa mise, 'gur dócha gurb ea a bheifeá ag déanamh fonóid lá breá éigin fé mar do bhí … An gcuimhníonn tú,' arsa mise, 'na hiascairithe a bhí ar rás Bhaile na nGall, an suáilceas agus an sult a bhí againn á bhaint astu – nuair a bhíodar ar meisce agus ná féadais aon fhocal a thuiscint uathu – bheadh an galar céanna agamsa leis an "Róis Gheal Dubh", mar an "Róisín Dubh" a dúirt sé liom a rá.'

PÓS: *Ar ndóigh.*

Ach tháinig trithí gáirí air.

'B'fhéidir go mbeinn,' ar seisean, 'agus b'fhéidir ná beinn. Ach an bhfuil a fhios agat,' a dúirt sé, 'cad a dúirt fear liomsa, cara dhom, comharsa dhom féin,' ar seisean, 'nach mór? Bhínn ag gabháilt sa treo chéanna. Bhíos,' a dúirt sé, 'ar mo bhealach ag dul go dtí an áit suas,' ar seisean, 'agus mé ag déanamh deabha amach. Do bhí Tomáisín,' a dúirt sé, 'agus a chasúr aige, ag briseadh chloch ar thaobh an bhóthair romham. Ach bhíos ag cur cainte air,' ar seisean 'agus bhíos ag leathnú na cainte air' – an-chainteoir a dúirt sé ab ea é, an feairín bocht a bhíodh ag briseadh chloch ar an mbóthar, tá a fhios agat.

'Ach bhínn ag baint ... ag teacht an-ghéar chuige,' a dúirt sé liom, 'ag baint chainte as chun go mbeadh cuileachta timpeall is uair an chloig agam air. Ach i gceann tamaill,' ar seisean, 'd'iompaigh sé orm in airde:

"Cá bhfuileann tú ag dul, a Athair Séamas?" arsa Tomáisín.'

'Táim ag dul,' ar seisean, 'go dtí Tigh na nGealt thuas,' arsa an sagart.

"Á, mhuis," ar seisean, Tomáisín, "sin é díreach an áit atá oirúnach duit, a Athair," ar seisean! [Gáirí] "Níl aon áit eile oirúnach duit," a dúirt sé, "ach an áit sin."

10.4 Obair na mban

PÓS: *Bhuel, inis seo dúinn, cad iad na gnóthaí is mó a bhíodh ar siúl ag mná, na mná tí, ag na mná pósta – i dteannta cócaireacht agus a leithéid?*

Do bhídís ar siúl maith go leor, na mná, mar nuair a bhíodh na fearaibh ag leanúint na farraige timpeall an iascaigh, do bhíodh ar na mná gach obair a dhéanamh a bhaineas leis an dtigh, faid a bhídís sin lasmuigh.

PÓS: *An mbíodh sníomh á dhéanamh, cuir i gcás, ar olainn?*

Bhíodh sníomh – bhíodh líon agus olann agus bréid – bhíodh trí shórt sníomhcháin ar siúl ag na mná san am san.

PÓS*: Is cá gcuiridís an snáth ansan chun … nó an olann ar dtúis chun roilléitheacha is rudaí a dhéanamh de?*

Do dheinidís le cardaí.

PÓS: *Iad féin?*

Iad féin.

PÓS: *Ní chuiridís don Daingean é?*

Ní chuiridís go deo; an-dhéanach a théadh sí go dtí muileann an Daingin chuig í a chardáil.

PÓS: *Cad is mó a dheinidís leis an snáth? Cniotáil, an ea?*

Cniotáil agus plainín; ná nuair a dheinidís an snáth ansan a shníomh, cuir i gcás, píosa mór plainín, b'fhéidir cheithre fichid bannlá, bheadh sé sníte ag bean tí, de phlainín, go mbeadh aon mhuirear uirthi chuig é a thógaint suas, mar is plainín is mó a bhíodh á gclúdach …

PÓS: *Bhuel, an mbíodh aon fhíodóir … an mbíodh fiodóireacht á dhéanamh ann?*

Bhíodh fiodóir ar an Oileán.

PÓS: *Agus chuireadh sé an seol ina sheasamh?*

Agus do bhíodh an seol ag obair aige agus é go cúramach leis. Ach do bhíodh an píosa mór plainín seo cardálta sníte tochraiste ag bean an tí – i dteannta cúraimí eile tí – agus má bheadh aon chailín beag de chlainn di, ná aon seanbhean a bheadh ag cardáil di, bhíodh dhá chlár carda … An bhfacaís riamh iad? An bhfacaís riamh…?

PÓS: *Ó chonac iad.*

Chonaicís.

PÓS: *Chonac i mBaile Móir iad.*

... Ag cardáil di agus í sin ag sníomh agus ag airneán suas go glao an choiligh.

PÓS: *Bhuel, an dtagadh táilliúir amach don Oileán chun éadach a dhéanamh?*

Do thagadh.

PÓS: *Agus chónaíodh sé ann fad a bhíodh ....*

Do dh'fhanadh sé ann faid a bhíodh an t-éadach le déanamh. Bhí sé thall ar an gCeathrúin ... is sin é an tálliúir a chuimhnímse ar a bheith ag teacht ann, pé scéal é, ó chuas féin ann. Pádraig Ó Scannláin ab ainm dó, táilliúir na Ceathrún.

PÓS: *Bhuel, an ndeineadh na mná aon rud i dtaobh an éisc a maraítí, chun é a leasú nó é chóiriú?*

Do dheinidís gach aon chóiriú a thabhairt dó, ach an t-iascaire, an fear, á mharú agus á thabhairt ar an dtinteán, agus dheineadh an bhean an chuid eile dhen gcóiriú. Scoiltidís é is ghotálaidís é is nídís is ghlanaidís é is chuiridís síos don bharaille ar salann é.

PÓS: *Is ea. Ach an chuimhin leatsa na colmóirí agus na langaí a bheith á ...*

Ní cuimhin liom iadsan, olc ná maith, ní cuimhin liom. Bhíodh ... is cuimhin liom go gcloisinn m'athair ag trácht tharstu mar bhíodh sé féin siar insa bhá, sa bhá siar go nglaoidís Bá an Cholmóra air, nuair a bhí bád tabhartha ag Bess Rice chúchu, go dtíos na tionóntaithe, bád ochtair, chun a bheith ag iascach is ag útamáil. Ach, bhíodh sé inti coitianta, ach go háirithe, agus tráthnóna amháin do thángadar abhaile, na hiascairithe agus ualaí – birt mhóra de cholmóirithe orthu. Ach baintí an ceann des gach aon cholmóir, ní leasaítí aon, aon cheann. Ach bhí muca ramhra ar fuaid an bhaile ag daoine, don diabhal dóibh, ná gur chaith sí seo, an bhean so, chaith sí amach na plaoisc – b'fhéidir go raibh fiche éigin ceann nó daichead éigin ceann de phlaoisc colmóirí – agus chuir sí i leataoibh síos in áit éigint iad ná beadh aon dul ag aon rud orthu. Ach insa deireanaí, pé tóch a bhí ar na muca ag imeacht, chuadar mar a raibh na plaoisc, agus pé tóch a bhí orthu, do rug an mhuc ar cheann desna colmóirí, ach má rug, do rug an colmóir uirthi!

PÓS: *He he he. Bhí scréachaigh ansan ann!*

Scréachaigh! B'éigean paróiste Fionn Trá ... Bhailibh sí paróiste Fionn Trá uirthi. Agus í ag imeacht, níorbh fhéidir le fiche fear í a shaothrú; bhí sí imithe is an gomh uirthi, go saora Día sinn, is an ceann ceangailte uirthi, greim ag ceann an cholmóra uirthi. Dúirt sé gur b'in é an tráthnóna is mó a bhain *heat* riamh astu ag iarraidh ná caithfeadh sí í féin le faill in aon áit. Ní fheadar ó thalamh Dé conas a bhaineadar aisti sa deireanaí é. Is dócha gurb ea traochadh í.

PÓS: *Is dócha gur traochadh í.*

Is dócha gurb ea traochadh í.

PÓS: *Bhuel, an mbídís láidir tathagach an uair sin chun obair a dhéanamh lasmuigh?*

Naoi mbliana déag a bhíos-sa an lá a phósas, agus is dóigh liom ná fuil aon bhean inniu ag dul ag cuardach ó Mhullach an Chlasaigh go dtí Trá Lí, ná go rabhas maith mo dhóthain chun mo ghnó a dhéanamh di.

PÓS: *Bhuel, an mbíodh an-chuid oibre le déanamh lasmuigh ag mná an uair sin?*

Bhídís timpeall ... nuair a bhíodh an churadóireacht ann, bhíodh orthu an t-aoileach a tharrac le hasail ar an dtalamh. Is ea a bhí, nuair a dheineadh an fear ansan, do dheineadh sé an ...

PÓS: *An réabadh.*

... an réabadh. Dheineadh sé, tá a fhios agat, dheineadh sé an áit a shocrú, agus is beag bean acu ná sádh na sciolltáin. É féin ansan lena ramhainn, nuair a bhíodh an talamh riaraithe agus an iomaire socair dóibh agus gach ní.

PÓS: *Bhuel, an mbíodh oraibh dul ag bailiú feamnaí as an bhfarraige?*

Ní bhíodh orainn dul á bailiú mar sin, ach murarbh ea, do bhíodh orainn dul á cur aníos ar bharra na haille.

PÓS: *Leis an hasail?*

Is ea, agus le hár ndrom.

PÓS: *Ar chléibheanna, i gcléibheanna?*

Is ea, i gcléibheanna, le hár ndrom.

PÓS: *Bhí an obair sin cuíosach trom.*

Bhí sí sin trom.

PÓS: *Ní dhéanfadh na mná óga anois é!*

B'fhearr leothu dul is iad féin a bhá thíos ar an [gáirí] ... Is ea go gcífeá id shlí cliabh feamnaí is í ag sileadh síos as a prompa ar bhean óg anois, ag teacht ar an mbóthar id choinne ...!

PÓS: *Ní fhéadfainn é a shamhlú!*

Ní fhéadfá cuimhneamh air! Bhíodh.

10.5 Bia

PÓS: *Ach cad is dóigh leat a chuireadh an neart iontu an uair sin?*

Ní fheadar don tsaol.

PÓS: *Taithí na hoibre, an ea?*

Táithí na hoibre, is dócha. Is bhíodh an sórt bídh ar chuma éigint a bhíodh acu, bhí sé ag dul chun a seirbhíse. Ní raibh taithí ...

PÓS: *Bhíodh sé folláin.*

Bhíodh sé folláin.

PÓS: *Bhíodh sé garbh láidir.*

Bhíodh sé garbh láidir, an mhin bhuí a bhíodh an uair sin ... Cad a deireadh an buachaill, agus an dóigh leat an raibh sé dóthanach go maith dhe, bliain sarar imigh sé go Meirice, go dtí Meirice ón Oileán? Thagadh sé isteach tar éis an lae agus bhíodh dhá bhró d'arán bhuí gan aon ghráinne plúir ina sheasamh ar bhun an bhoird, bácálta. Agus cad a bhíodh le hais na tine ná sciléad, gearrchorcán maith mór, lán de phraiseach bhuí agus í deas tanaí beirithe. Ach nuair a dh'fhéachadh sé:

'Ó mhuise, Dia lem anam,' a deireadh sé, 'nach cruaidh an saol é – min le min.' [Gáirí]

PÓS: *Is dócha go raibh an ceart aige. Bhuel, ní íosfaidís a leithéid sin anois in aon chor.*

Á, chás dóibh! D'imíodh súd an tráth úd agus thugadh sé aon rábhóg amháin an doras amach agus bheireadh sé ar a dhorú agus dubhán, agus pé áit go bhfaigheadh sé portáin, siar fés na clocha, bhí, bhíodar gairid go maith dhó, ach sara mbíodh an císte, an tarna císte a bhíodh ar an dtine bácalta ag a mháthair, bhíodh sé tagtha agus cheithre cinn de bhallaigh, de bhric úra aige.

'Seo, a chailín,' a deireadh sé, 'cuir ag beiriú iad san. Is fearr iad ná an phraiseach.'

PÓS: *An raibh muintir an Oileáin tugtha do chuid mhaith éisc a dh'ithe?*

Bhídís. Ní raibh aon anlann eile acu.

PÓS: *Agus nuair a bhí na caoirigh acu fadó is iad saor, is dócha go n-ithidís cuid mhaith caoireola.*

D'ithidís. Ó ba mhór … is annamh, is annamh bliain, is annamh lá ná go mbíodh feoil úr agus goirt i dtithe go raibh aon … fé mar tá insa lá atá inniu ann.

PÓS: *Ó sin mar is cuimhin liom.*

Bhí tigh mhuintir Chatháin, tigh mhuintir Chatháin, bhíodh feoil gach am den bhliain ansan. Bhíodh gabhair agus caoirigh, agus mharaídís – mar ní bhíodh puinn … aon luach mór ar an stoc – mharaídís beithíoch maith, nó seanbhó ná bíodh críonna, cuir i gcás.

PÓS: *Gamhnach.*

Is ea, bhí.

PÓS: *An ndeinidís aon ní riamh le coirce istigh, maidir le bia a dhéanamh de?*

Ó, ní fhaca-sa …

PÓS: *Ní mheilidís aon choirce ná aon ní den tsaghas san?*

95

Ní fhacasa aon ní acu á dhéanamh mar bhí an saol i leataoibh nuair a chuas féin ann.

PÓS: *Ná ní bhíodh cruithneacht ag éinne ann?*

Bhíodh cruithneacht curtha acu, is dóigh liom, agus is dócha go mbíodh bró acu chun é a mheilt.

PÓS: *Ó is ea, bhí.*

Ach níl a fhios agamsa. Ní fhaca-sa aon bhró acu.

SÓS: *An dtéadh sibh ar an dtráigh, a Pheig, ag bailiú bairneach?*

Ó, bhíodh bairnigh agus miongáin agus gach aon rud – ar bhia na trá a mhairidís.

SÓS: *Is ea.*

Is ea, ar bhia na trá.

SÓS: *Tríd an mbliain amach?*

Is ea go … amanna. Bhíodh amanna is ní bhíodh aon mhaith, ní bhíodh aon tséasúr …

SÓS: *Sa bhaile im cheantar féin i dTuath Ó Siosta, ní íosfaidís aon iasc in aon chor Aoine an Chéasta ach amháin – 'bia bocht' a thugaidís air – cnuasach trá.*

Cnuasach trá, bhíodh ruacain, is ea.

SÓS: *É sin amháin?*

PÓS: *Bairnigh.*

Bairnigh. Ó, pé olc nó maith a bheadh an lá, Aoine an Chéasta, chaithfidís dul don tráigh.

SÓS: *Is ea.*

Chaithfidís.

10.6 Beostoc

PÓS: *Bhuel, an cuimhin leatsa an mbíodh caoirigh i gcónaí ar an Oileán ag muintir an Oileáin fhéin?*

Is cuimhin liom go mbíodh, ach ní bhíodh acu ach conas a déarfad – cion mionna. Bhíodh an cnoc roinnte chúchu.

PÓS: *Cion na binne?*

Is ea, cion na mine; bhíodh an cnoc roinnte chúchu.

PÓS: *Agus a cheart féin den gcnoc aiges gach éinne de réir ...* Agus a cheart féin den gcnoc ag gach éinne. Agus is minic a chloisinn máthair mo chéile á rá ná faigheadh éinne oiread agus aon uan amháin sa bhreis a bheith aige; ach mura mbeadh aon ní eile aige le déanamh leis an uan, caithfeadh sé an t-uan a mharú.

PÓS: *Bhuel, an raibh cuid des na daoine gan aon cheart caorach acu, in aon chor ar an Oileán nó aon seilbh talún?*

Ó, is dócha go raibh, mar do bhailíodar isteach aimsir an drochshaoil ann, cuid mhór, tá a fhios agat, a thagadh anoir agus aniar, bhídís ag imeacht riamh agus choíche nó go mbainfidís an tOileán amach. Agus ansan, ní raibh aon talamh acusan, tá a fhios agat, ná aon bhuannaíocht acu, na rudaí bochta, ach mairiúint ar an mbairneach is ar gach aon ní.

PÓS: *Bhuel, is cuimhin leatsa na Dálaigh a bheith amuigh in Inis Mhic Aoibhleáin, is dócha.*

Thiar in Inis Mhic Aoibhleáin – is cuimhin. Is cuimhin go maith. Ní fada ó thángadar aniar ón .... Bhí morán tithe, bhí mórán tithe in Inis Mhic Aoibhleáin i dteannta mhuintir Dhálaigh. Is ea. Bhí baile ann acu. Bhí mhuis ...

PÓS: *An raibh aon tigh riamh in Inis na Bró?*

Níor airíos éinne á rá go raibh.

PÓS: *Níl a rian ann, pé scéal é.*

Níl.

PÓS: *Bhí saghas éigin foirgnimh tí i mBeiginis, nach raibh?*

Ó bhí tigh i mBeiginis i gcónaí mar do bhí Beiginis fé réim tamall ag an dtiarna talún, ag *landlord* go nglaoidís Hussey air, Sean-Husae.

PÓS: *Bhí sé ann.*

Agus is amhlaidh a chuir sé ba, ba bainne, chuir sé stoc chuige agus bean bhainne ina bun, agus fear, buachaill, i dteannta a chéilig agus iad ag tabhairt aire dhon stoc. Agus is é an ainm a bhí ar an mnaoi óig seo a bhí ina bean bhainne ag Hussey i mBeiginis, Cáit, Cáit Ní Dhálaigh, Cáit Mhór Bheiginis.

PÓS: *An im a a dheinidíst den bhainne ansan istigh?*

Is ea.

PÓS: *Agus é a bhreith thar sruth …*

Agus é a bhreith thar sruth ansan nuair a bheadh sé críochnaithe acu.

PÓS: *An raibh aon bhó riamh agatsa ar an Oileán, a Pheig?*

Bhí dhá bhó, agus bhí trí bhó uair agam.

PÓS: *An bhfuil aon bha fé láthair ann, an dóigh leat?*

Níl, níl, mar pé bóín a bhí ann is dócha gur dhíoladar ansan anuraidh i dtosach na bliana iad, tá a fhios agat.

10.7 Solas

PÓS: *Cad é an sórt solais a bhíodh ann nuair a bhís-se i do chailín beag?*

Bhí úsc, íle éisc.

PÓS: *Agus slige?*

Agus slige.

PÓS: *Bhuel, an mbíodh sé sin coitianta an uair sin?*

Bhíodh sé coitianta coitianta coitianta gach aon am is ag gach aon uair go dtí go dtagadh an Nollaig.

PÓS: *Bhuel, cad é an sórt éisc go mbainfidís an t-úsc as?*

Do bhainidís as gabhair – *scads*, nó pé an ainm a ghlaotar orthu. Bhíodh blonag insna gabhair, íle, agus nuair a bhídís á ngutáil, ag baint na bputóg astu, do bhainidís astu – fé mar do bhainfeá de phutóg caorach – an scraith seo; agus bhailítí iad agus nuair a bhíodh lán an oighin ansan den scraith san bailithe acu, do leighidís ar an dtine é agus do bhíodh sé ina íle, ina íle bhreá. Bhíodh ansan na pollóga, bhíodh aenna iontu.

PÓS: *Aenna, is ea.*

Agus bhíodh na langaí, bhíodh íle iontu – úsc langa. Bhíodh na madraí éisc, ba mhór an scanradh an íle a bhíodh insna madraí éisc.

PÓS: *An úsáidís iad san ar fad?*

Do dheinidís, na haenna a bhaint astu, tá a fhios agat.

PÓS: *Bhuel, is dócha gur cuimhin leatsa iad a bheith ag leigheadh na rón, ag déanamh íle róin?*

Íle róin …

PÓS: *Chun cuimilt do rudaí tinne.*

Is cuimhin agus is cuimhin liom go maith. Bhí daoine á róstadh agus cuid acu, cuid acu á dh'ithe.

PÓS: *Feoil rón?*

Is ea.

PÓS: *Bhíodh sé méith.*

Bhíodh sé go deas nuair a bhíodh sé beirithe oiriúnach. Bhí.

PÓS: *Ach bhíodh an-chuid íle rón ann nuair a bhís ag fás suas.*

Ó, ba mhór an scanradh an íle a bhaindís as na róinte.

PÓS: *Bhuel, cá ndeinidís é sin – ar thine lasmuigh an ea?*

Ní hea, ach istigh sa tigh.

PÓS: *An ea? Ar na corcáin?*

Sa corcáin.

PÓS: *Ní bhíodh baol é a dhul sa tine?*

Ní bhíodh – ach má lasadh sé, clúdach a bhualadh anuas air.

PÓS: *Is ea. Bhuel, cad é an saghas, an chéad saghas solais eile a tháinig chughaibh thiar ansan tar éis na sligí agus an buaiceas – coinnle nó lampaí?*

Ó, lampaí beaga, lampaí beaga stáin.

PÓS: *Go mbíodh gob aníos astu?*

Go mbíodh píp amach astu agus píosa beag thiar mar dhrom iontu a chrochtaí isteach ar thairne, is iad crochta ar thaobh an fhalla agus píopáinín fada caol amach astu ansan agus …

PÓS: *Paraifín ón Daingean a bhíodh iontu san is dócha?*

Is ea, ón nDaingean.

SÓS: *An cuimhin leat aon tigh ar an Oileán a dhul trí thine riamh?*

Ní cuimhin, ní cuimhin, mhuis.

SÓS: *An cuimhin leat scoilb insna tithe, a Pheig, chun solais, scoilb ghiúse?*

Ní bhíodh aon ghiús insa tigh, san Oileán. Ní raibh; murab ea, do bhíodh craobh ann a bhíodh chomh láidir, chomh ramhar chomh tathaigeach léithi.

PÓS: *Is ea. Thuas ar na faillte?*

Is ea, thuas ar na cnoic, siar.

10.8 Líonta

PÓS: *An cuimhin leatsa aon uair, nó trácht ar na mná do dhéanamh na líonta iascaigh?*

Is cuimhin liomsa go maith mo mháthair féin a dh'fheiscint agus a snáthad agus a caighdeán aici, agus í ag cniotáil píosa de líon báid.

PÓS: *Bhíodh a chuid fhéin den líon ag gach iascaire?*

Bhíodh. Bhíodh píosa ag fear agus leathphíosa ag fear.

PÓS: *Agus roinnidís an t-iasc de réir an lín?*

Roinnidís an t-iasc de réir mar bhíodh cearta acu.

PÓS: *Cá bhfaighdís an snáth chuige sin?*

Is dóigh liomsa go sníodh cuid des na seanmhná a bhí ann fadó …

PÓS: *Snáithín.*

Is ea, is ea, cnáib, cnáib.

PÓS: *Agus dheineadh na mná …*

Dheineadh na mná na líonta, píosaí lín. Chonac í sin á dhéanamh agus chonac go maith, beirt, triúr á dhéanamh thíos i mBaile an Ghleanna. Bhí aithne agat ar Séamas Beag, a mháthair sin, do chonac í sin leis uair.

PÓS: *Cailleadh Séamas trí bliana ó shin.*

Ó, deineadh an duine bocht!

PÓS: *Agus bhí sé aosta go maith, cruaidh leis. Cheapas go mairfeadh sé níos sia.*

Ní haon mhoill ag an mbuachaill é nuair a thagann sé! [Gáirí]

100

SÓS: *Bhí an-chaint aige.*
Ó, bhí an-chaint aige. Bhí.

10.9 Imní faoi iascairí

PÓS: *Is dócha go mbíodh imní an domhain ar na mná faid a bhíodh ...?*
Nach shin é a deirim, nár fhéadas oíche a chodladh ar mo leabaidh nuair a thosnaíodh aimsir iascaigh. Cad é! Tráthnóna anois, nuair a thosnódh am an iascaigh, nuair a leagtaí anuas líonta, cúil mhór líonta, an áit go mbíodh beirt nó triúr fear, d'iascairithe, shocraídís iad is dheinidís iad a fháscadh suas leis gach aon fhearas a leanadh iad. Agus thagadh ansan, an fear, an duine b'aosta den gcriú agus dh'fhaigheadh sé buidéal uisce beannaithe agus do chroitheadh sé an t-uisce coisreactha ar na líonta agus orthu féin agus ar an dtigh.

Nuair a bhailídís leothu in ainm Dé, nuair a imídís sin amach an doras agus an t-ualach san ar a ndrom, i dtosach na bliana, ní bheadh aon choinne agamsa ná ag mo leithéid eile go gcífinn ar maidin iad, ní bhíodh ach iad a ligint le Dia, ar thrócaire na farraige. Ní bhíodh idir iad agus an anachain ach an t-ochtú cuid den orlach. B'fhéidir ...
PÓS: *Craiceann na naomhóige?*
Craiceann na naomhóige, an *canvas* díreach. Oícheanta a bhíodh breá agus oícheanta eile ... fear maith láidir ná fágfadh sé ina sheasamh é, an gála a bhíodh ag séideadh – tonntacha bána ag imeacht sa spéir, ag bualadh i gcoinne na gcarraigeacha. Éinne go mbeadh a dhuine ar an bhfarraige, ní bheadh aon choinne aige go gcífeadh sé é go deo arís. Thagaidís, thagaidís fara cabhair Dé, ar maidin insan eadartha b'fhéidir, bhuailidís chughat isteach tnáite súite agus na súile ag iamh istigh ina gceann le mairbhíocht agus le codladh agus le ...
PÓS: *Saothar na rámhaíochta.*

Saothar na rámhaíochta. Nuair a bhíodh an braon tae ullamh, is minic minic go mbídís ag titeamh dá gcodladh, a mhic, agus an tae acu á dh'ól. Bhídís ag titim …

PÓS: *Is dócha é, ar ndóigh, gan aon néal codlata.*

Is ea, ná an oíche roimis sin, b'fhéidir trí lá roime sin, ach néal gan bhrí. Dh'fháscaidís suas iad féin ansan nuair a bheadh an braon tae sin ólta acu agus an greim, agus ba é an greim ná deineadh puinn maitheasa dóibh é. Agus do bhuailidís orthu bróga trioma agus bheiridís ar chléibh agus bhuailidís síos fé bhráid an chalaidh, pé beag mór éisc a bheadh acu, chun tabhairt fé Dhún Chaoin agus fé Faill Móir anso thíos fén gcaladh agus gach aon bhreac dá mbíodh acu a chur in airde tar éis na hoíche ar a ndrom go barra na haille. Agus ba chlaoite suaite an obair é.

Nuair a bhíodh an méid sin déanta acu ansan – b'fhéidir sara mbeadh deireadh an éisc curtha ar barra acu, ná faighdís 'Dia lem anam' a rá san am is go mbeadh an ghaoth séidte aniar aduaidh nó anoir aduaidh nó aniar is aneas ina gcoinne, agus sáile gléigeal ag imeacht sa spéir de dhroim na maidí rámha. Agus an té a bheadh istigh ar dhroim an Oileáin ag féachaint orthu, níor dhóigh leis go gcífeadh sé a dhuine go deo aríst nuair a bhorradh an fharraige timpeall orthu.

Bhíodh cúig nó sé dhe naomhóga beaga acu ag dul isteach don Oileán, tráthnóna, tar éis a gcuid éisc a dh'fhágaint amuigh. Agus nuair a thagadh an caise, tar éis an dá ólaí a dh'éirí insa chaise, do thitidís síos insa chaise agus dhóigh leat ná cífeá go deo arís iad; d'éirídís aníos ar barra arís ar dhrom caise eile agus dhóigh leat gur préacháin dhubha iad. Níorbh fhiú aon rud, aon rud níorbh fhiú iad. Níorbh aon ionadh go rabhadar cortha dhe. Bhíodar.

PÓS: *An raibh paidir ar leith agaibh san Oileán ar son daoine a bheadh ar an bhfarraige mar sin?*

Do bhíodh, a Phádraig. Is minic a deireadh, a deireadh na seanmhná é, dá mbeadh aon ghuais mhór ann, tá a fhios agat.

Ar ghabháil anonn, an áth go doimhin díbh
A Rí na Foighne glac sibh ar láimh
Ar eagla na tuile toinne tréan
A Mhuire, féach, agus ná fág!

PÓS: *Is ea. Sin é Ortha na Farraige, nach ea?*
Is ea.

Ar ghabháil anonn, an áth go doimhin
A Rí na Foighne glac sinn ar láimh,
Le heagla na tuile toinne tréan
Ó, a Mhuire, féach, agus ná fág!

Chloisinn ag seanmhná istigh san Oileán é.

10.10 Scoil an Oileáin

PÓS: *Bhuel, an cuimhin leatsa anois an scoil – agus is cuimhin ar ndóigh – san Oileán? Cad é an méid leanbh is mó a bhíodh ann?*
Bhí céad go leith. Bhí céad go leith leanbh ar scoil san Oileán, blianta. Bhí.
PÓS: *Agus scéal iontais á dhéanamh anois de ná fuil ann ach aon leanbh amháin ...*
Ach aon leanbh amháin.
PÓS: *Agus sin a bhfuil ann.*
Sin a bhfuil ann. Á, ní raibh sé mar sin an bhliain – pé faid gairid ó shin é – a bhí an tAthair Ó Scannail, Fr. Scannell, ar an mBuailtín. Bhaineadar a mheabhair de mar, tá a fhios agat, bhíodh taithí ag na múinteoirí ... do chuiridís an méid go mbíodh aon fhuadar iontu des na páistí, éirithe suas, agus iad ullamh suas, ag fáiltiú roimis an sagart, síos go dtí an caladh. Ach bhíodar síos in éineacht leothu, leis an múinteoir mná is leis an máistir – na páistí – go dtí gur thángadar amach as na naomhóga. Ansan nuair a tháinig sé amach, bhí sé timpeall ... ach ní fada aníos i measc na dtithe a tháinig sé nuair a bhí, ó,

103

slua dhe mhadraí – bhíodh dhá mhadra i dtigh is trí mhadra i dtigh – seo amach iad agus gach aon sceamh acu. Ach scanraigh sé ina bheathaidh, a Phádraig, ar eagla go n-íosfadh na madraí é ach dúirt bean a bhí ina seasamh ann:

'Ná bíodh aon eagla ort, a Athair,' a dúirt sí, 'ní baol duit iad. Táid siad san mín, tá siad ciúin, ach béas é sin a bhíonn acu, bíonn ... ag sceamhaíl ar stróinséir mar sin. Ná bíodh aon eagla ort.'

PÓS: *Bhídís corraithe.*

Bhídís.

'Ambasa, mhuis,' ar seisean, 'nárbh aon mhíneacht domsa dá mbéarfadh ceann acu suas ar cholpa orm is greim a bhaint asam. [Gáirí] Feicim,' ar seisean, 'feicim,' a dúirt sé, pé acu beo nó marbh an sagart, 'feicim,' a dúirt sé, 'ná fuil aon ní ar an Oileán is, is iomadúla atá ann ná páistí agus madraí.'

10.11 Mná caointe, Treantaigh agus Rísigh

SÓS: *An cuimhin leatsa, a Pheig, riamh, go gcualaís mná caointe ag caoineadh ar thórramh, ag ceapadh véarsaí os cionn an choirp, os cionn an mhairbh ...*

An mhairbh ... ní cuimhin.

SÓS: *Ní cuimhin leat é?*

Ní cuimhin.

PÓS: *Dheinidís an caoineadh, an gol nó an ceol, ach ní bhíodh na véarsaí le linn Pheig ann, measaim.*

Ní bhíodh. Ó bhíodh ...

PÓS: *Bhí cúpla duine i bparóiste na Cille, sean ... an tseanbhean bheag sin a fuair bás, a, cad ab ainm di, airiú, bhí sí caoch, an cuimhin leat? Ach bhíodh sí sin ann agus saghas ceirde aici dob ea é, an dtuigeann tú ...*

SÓS: *Is ea.*

PÓS: *... an dtuigeann tú? Théadh sí sin timpeall agus tugtaí timpeall í chun véarsaí do chumadh ...*

Véarsaí a chumadh

PÓS: *Peig Eoinín.*

Peig Eoinín. Peig Eoinín. Ó, mhuise gleo uirthi!

PÓS: *Is ea, bhí sí éaganta go maith.* [Gáirí]

Gleo uirthi mhuis, bhí sí chomh héaganta liom féin!

PÓS: *Ó, a Mhuire! Dá mbeadh d'éirimse aici bheadh sí stuama go maith.*

Nuair a fuair an bhean uasal a bhí – is dócha gur airís é, cad ina thaobh ná haireofá – timpeall Bhess Rice, ná fuil a comharthaí againn …

PÓS: *Ó, ná fuil, tá an scéal ar fad againn.*

Tá. Ach bhí bean chaointeach ag dul leothu san go nglaoidís bean chaointe na dTreantach uirthi.

PÓS: *Is ea, bean chaointe.*

Is ea, bean chaointe na dTreantach, mar is de mhuintir … des na Treantaigh ab ea máthair Bhess.

PÓS: *Arbh ea? An é sin an ceangal a bhí …*

Is é. Is é sin an caradas a bhí eatarthu.

PÓS: *Mar bhí na Rísigh insa Daingean.*

Bhí.

PÓS: *Seandhream dob ea iad sa Daingean.*

Bhí na Rísigh agus na Treantaigh agus ansan do bhí a máthair, deirfiúr des na Treantaigh a bhí pósta ag an Ríseach. Do b'in í máthair Bhess Rice.

PÓS: *Sin eolas ná raibh agam cheana ina taobh.*

Is ea.

PÓS: *Ach bhí droch-cháil ar Bhess.*

Bhí, ó mhuise, bhí.

PÓS: *Bhí sí dian.*

'Ó, ciach ar a croí,' a deirimís lem athair, beannacht Dé lena anam, mar do chráigh sí riamh é, mar bhí sé féna smacht riamh, theas i gCill Mhic an Domhnaigh. Deireadh cuid des na buachaillí:

'Mhuise, a Thomáis, is dócha go mbeidh … gur mó eachtra a bheidh agat féin agus ag Bess ar a chéile nuair a bheidh sibh thall!'

'Ó, mhuise, a mhuirnín,' a deireadh sé, 'cuirim Dia na Glóire is a ghrásta beannaithe idir mé is aon amharc a dh'fháil uirthi. [Gáirí] Chonac mo dhóthain, chonac mo dhóthain di faid a bhí sí beo,' a dúirt sé, 'is gan í a bheith ag teacht trasna aríst orm.'

PÓS: *Ach de, de mhuintir dúchais na dúichí ab ea í sin.*

Dob ea. Ó do bhí folaíocht ar fheadh seacht nglún insa Rísigh seo.

PÓS: *Ha?*

Bhí folaíocht ar fheadh seacht nglún sa Ríseach, sa Rísigh Bhess Rice.

PÓS: *Agus Rísigh an Daingin go mór mhór.*

Is ea. Aon Rísigh amháin iad is dócha.

PÓS: *Aa, ó b'ea, b'aon dream amháin iad.*

Is ea, crochadh, is ea crochadh athair agus deartháir Bhess Rice ar Chnocán na gCaorach i gCill Áirne.

PÓS: *Ó?*

Aimsir na bhFiníní. Agus bhí aon bhuachaillín beag amháin ann ansan, de dheartháir aici, fé mar a bheadh sé sé nó seacht de bhliana. Ach pé cuma gur scéipeáil sé, gur fhan sé i measc na háite, nár cuireadh aon chur isteach air. Do mhair sé agus do bhí sé ag éirí suas ar feadh cúpla bliain nó trí is é ag faire. Ach d'imigh sé, dh'éalaigh sé leis is chuaigh sé ar bord loinge in áit éigint agus ní bhfuair sí riamh, a deireadh m'athair, ní bhfuair sí a thuairisc beo ná marbh in aon náisiún ná dúthaigh, cé nár fhág sí aon áit gan cuardach dó.

Ach an oíche a bhí a mháthairsan marbh, máthair Bhess Rice, do bhí an bhean chaointe go gnóthach agus í ag caoineadh. Ach do thagadh triúr nó ceathrar ban ó Fán agus ón nGleann Fán isteach tráthnóna, deireadh sí:

'Mhuise, a mhná úd,' a deireadh sí, 'do dh'fhág Fán amach
is do tháinig go Cill Fearnóg isteach,
an bhféachabhair siar ná ó dheas
féach an bhfeicfeadh sibh na loingeas ag teacht,
go mbeadh Johnny Rice ina measc?
Go dtiocfadh sé anocht ag triall ar a mham
Agus go ndéanfadh sé suas di féasta agus flaith
Agus go dtabharfadh sé iomad des na fíonta amach.'

Agus í ag déanamh a caoineadh.
PÓS: *Sin rud nár chuala riamh cheana anois, a Pheig.*
Is ea? [Gáirí].
PÓS: *Thíos i gCill Fearnóg a bhíodar ar ndóigh, thiar i gCill Fearnóg.*
I gCill Fearnóg. Sin é ...
PÓS: *I gCill Fearnóg; sin é Cuan Fionntrá.*
Is ea. Cill Fearnóg sin é an t-ainm, an seanainm atá ar an gCuan.

A mhná úd do dh'fhág Fán amach
is do tháinig go Cill Fearnóg isteach,
ar dhearcabhair siar ná ó dheas
féach an bhfeicfeadh sibh na loingeas ag teacht,
go mbeadh Johnny Rice ina measc?
Go dtiocfadh sé anocht ag triall ar a mham
Go ndéanfadh sé féasta dhi agus flaith
Agus go dtabharfadh sé iomad fíonta amach.

Mar ní bhfuair sí riamh ... is sin é an ainm a bhí air, Johnny, Johnny Rice. Ach do crochadh an bheirt dhearthár eile agus an t-athair.
PÓS: *Duine des na Rísigh sin a bhí san Ostair agus a dhein iarracht ar Marie Antoinette, í a bhreith as an bhFrainc aimsir*

an éirí amach – agus chun í a thabhairt don Daingean a bhí
beartaithe aige. Agus do deisíodh an tigh insa Daingean, agus
tá an tigh fós ann – na sagairt ina gcónaí anois ann – agus
tugtar fós Tigh Chount ar an tigh sin.

SÓS: *An ea?*

Féach anois!

PÓS: *Ba leis na Rísigh an áit sin.*

Ó, b'ea, bhí folaíocht iontu agus …

SÓS: *B'in iad na Rísigh gur díobh tráth, Lord Monteagle.*
Rices dob ea iadsan agus ón Daingean a tháiníodar roimhe
sin.

Is ea. Agus bhí treibh eile acu sa Daingean le linn na Ríseach,
ó, treibh an-mhór an ní is fiú – Gearaltaigh.

PÓS: *Bhí. Bhí tigh mór acusan thoir sa Grove.*

Bhí, bhí. Is é an áit go rabhadar an uair seo, sa tseanaimsir,
thíos mar a bhfuil an *spout*, sa tsáipéal Gallda.

PÓS: *Is ea, laistiar de sin.*

Is ea, is ann a bhíodar.

PÓS: *An áit a dtugann siad an Grove anois air.*

Is ea.

PÓS: *Ó bhí dreamanna móra ansiúd mar ba leo an baile sin.*

Is é an ainm a ghlaotaí ar an uachtarán a bhí orthu, Muiris,
Muiris an Chipín.

PÓS: *Is ea, bhí sé ann, díreach. Tá véarsa éigin mar gheall air*
sin, ná fuil – nuair a cailleadh é, nó nuair a phós sé an tarna
huair, nó rud éigin mar sin, nó nuair a phós an bhaintreach
an tarna huair?

11. PAIDREACHA

PÓS: *Bhuel, ar daoine deabhóideacha a bhíodh san Oileán?*
Ba é a n-ainm é. Bhíodar chomh … gach aon duine acu chomh
deas.

PÓS: *Bhuel, cá, cá bhfoghlaimídís na paidreacha? Cé, cé a
mhúineadh dóibh iad?*

Ó, á, do bhí paidreacha san Oileán le fada sara chuas-sa ann in
aon chor, mar do bhí múinteoir scoile, bhí sé istigh san Oileán,
blianta fada romhamsa, go nglaoidís Hanafin, Hanafin air, agus is
é an sórt múinteoir é, saighdiúir ab ea é agus bhí sé créachta agus
bhí sórt pinsean beag aige. Agus bhí sé ag imeacht ó áit go háit,
tá a fhios agat, agus ní raibh aon tslí bheatha aige, an fear bocht.
Ach do bhí bean ar an gCeathrúin, an-óg, ar an gCeathrúin,
Dhún Chaoin, agus do bhí sí féin gan lúth leathchoise, agus
bhí sí ina meaintín, bhíodh sí ag meaintínteacht, tá a fhios agat,
ag déanamh obair snáthaide, cuilteanna is rudaí aici. Ach cad
deireann tú leothu, dá ainnisíocht a bhí an bheirt, ná gur luíodar
fhéin le chéile [gáirí] agus do phósadar, an saighdiúir agus an
meaintín. Má tá, bhíodar ag déanamh gleotháil ansan leo, ach
tháinig trua agus taise ag an sagart paróiste dóibh, cad a dhein sé
– mar an-scoláire ab ea an saighdiúir seo – chuir sé isteach go dtí
an tOileán é. Sin í an chéad scoil riamh a bhí san Oileán. Chuir
sé isteach don Oileán iad ag múineadh, ag múineadh na scoile,
ag múineadh páistí, agus is é a bhí go cliste chuige, ar an slí gur
dhein sé maitheas dos na páistí, go rabhadar dhá uair níosa chliste
ná mar a bhíodar ag múinteoirí níosa chliste ina dhiaidh sin.

PÓS: *Ach ná bíodh seanphaidreacha ag an mhuintir féin …*
Bhíodh.

PÓS: ... *nár fhoghlaimíodar ar aon scoil?*

Ó bhíodh seanphaidreacha acu san nár fhoghlaimíodar. Is dócha gur amhlaidh a dh'fhoghlaimídís féin óna chéile, óna muintir é.

PÓS: *Is dócha é.*

SÓS: *Arbh fhearr na seanmhná chun paidreoireachta ná na fir?*

Ó, b'fhearr na seanmhná.

SÓS: *An ea?*

B'fhearr, b'fhearr.

SÓS: *An, an abraídís an choróin gach oíche?*

Ó, d'abraídís gach aon Nollaig an choróin.

SÓS: *Gach aon Nollaig?*

Gach aon Nollaig.

SÓS*: Is ea.*

Agus ansan nuair a thagadh an Cháisc, is an Carghas; is i rith an Charghais bhíodh an choróin acu.

PÓS: *Ach ná bíodh sí i rith na seachtainí in aon chor acu ar feadh na bliana?*

Amanna bhíodh. D'fhanaidís le chéile, ach thagadh, thagadh gnóthaí speisialta ná bídís le chéile, an dtuigeann tú?

PÓS: *Bhíodh na fir amuigh cuid mhaith den am is dócha.*

Is ea, bhídís.

SÓS: *Nuair ná féadfaidís dul amach chun an Aifrinn, a Pheig, an abraídís an choróin ag an am ...*

Ó, deiridís.

SÓS*: Le chéile?*

Deiridís an choróin le chéile.

SÓS: *Cé a chuireadh ceann air?*

Do chuireadh, chuireadh múinteoir scoile a bhí againn mhuise, do dhein sé an obair sin. Dhein sé sórt ceann a chur do féinig air – má bhí aon chur amach air, Pádraig Ó hUallacháin. Bhí sé ina mhúinteoir scoile ar an Muirígh, beannacht Dé lena anam is le hanam ...

PÓS: *Is cuimhin liom é.*

Is cuimhin go maith.

SÓS*: An istigh sa tigh a deiridís ...?*

Ní hea, ach i dtigh na scoile.

SÓS: *I dtigh na scoile.*

I dtigh na scoile. Tá íomhá, tá *statue* anois den Maighdean Mhuire i dtigh na scoile.

SÓS: *Is ea.*

Ní fheadair éinne acu cé a chuir ann í.

PÓS: *Bhuel, cad é an t-easpag is túisce is cuimhin leatsa? Ní cuimhin leatsa an tEaspag Ó Muircheartaigh, Moriarty?*

Ní cuimhin, ach ...

PÓS: *Coffey, is dócha?*

Ach, ar cuimhin ... an bhfuil Higgins ...?

PÓS: *Bhí, is dóigh liom. B' fhéidir gurb é sin é.*

B'fhéidir gur b'in é é. Is dóigh liomsa gurb é Easpag Higgins ...

PÓS: *Ní cuimhin leat cé a chuir fé láimh easpaig tú féin?*

Ní cuimhin anois.

PÓS: *Bhuel, cár deineadh é sin? I nDún Chaoin féin nó i mBaile an Fhirtéaraigh?*

Ní hea, ach i mBaile an Fhirtéaraigh.

PÓS: *Bhí oraibh dul soir?*

Bhí orainn dul go dtí Baile an Fhirtéaraigh.

SÓS: *Cogar, a Pheig, sara gcuirfimid deireadh leis, ar mhiste leat cúpla paidir a rá dhúinn isteach sa phláta so, led thoil – na seanphaidreacha breátha atá agat, gan dabht.*

Tá paidear agam anois, a Sheáinín, agus tá sí as Béarla agus ní fheadarsa an bhfuil sí as Gaolainn ...

SÓS: *Is cuma, is cuma.*

Ní dóigh liom go bhfuil mar fear na Gaolainne ar fad, is amhlaidh a scrígh sé síos dom í ...

SÓS: *Tuigim.*

Agus is é an tAthair Pádraig de Brún ... do scrígh sé síos í lá ...

111

SÓS: *... duit.*

Is ea. Ach tá sí, tá sí coitianta, tá a fhios agat, as Béarla.

SÓS: *Is ea. An ceann fada é?*

Tá sí cuíosach fada.

SÓS: *Tá cinn agat i nGaolainn gan dabht – paidir a déarfá, abair, ag dul a chodladh nó conas mar a chuirfeá tosach ar an gcoróin nó a leithéid sin.*

Ó, is ea. Tá. Nuair a, nuair a théimse ach go háirithe, ní fheadarsa cad a dheineann aon duine eile, a Sheáin, ach nuair a théim isteach a chodladh bainim fíor na croise orm féin agus deirim:

Fé mar luím ar an leaba luím ar an uaigh.
M'fhaoistine go cruaidh leat, a Dhia
ag iarraidh na haspalóide ort atáim,
'chionn ar dheineas agus a ndéanfad.

Cros na n-aingeal sa leaba go luífead,
brat na n-aspal go dtigigh im thimpeall.
Mo ghrá thú, a Linbh, a rugadh sa stábla,
mo ghrá croí thú, a Mhuire Mháthair.

Mo chabhair chabhartha gach am is tráth thú;
mo dhochtúir leighis, tinn is slán tú;
agus céad baochas a bheirim leat,
a Mhuire gheal Mháthair!

Idir mé agus mo namhaidibh go léir,
dá bhfuil ag gabháilt tharam,
cuirim Muire agus a Mac,
Bríd agus a brat,
Mícheál agus a sciath,
Dia agus a lámh deas.
Lámh deas Dé fém cheann.

Dia agus Muire liom.

Má tá aon ní in aon chor ar mo thí

cuirim Mac dílis Dé idir mé agus é. Aimean!

SÓS: *Sin paidir an-bhreá! Bheadh paidir agat ar maidin ansan ag éirí?*

Bheadh.

SÓS: *Nuair a dhúiseodh duine, abair, nó aon phaidir eile a thiocfadh isteach id cheann*

Is ea. Paidreacha beaga a thagann isteach sa cheann – nuair a dhúisím ar maidean nó uaireanta tar éis mé féin a choisreac, déarfainn:

Bheirim céad baochas leat, a Dhia a thug slán ó bhás dorcha na hoíche sinn! Fé mar thugais slán ón oíche sinn, go dtuga tú slán ó chinniúint, ó thrioblóid, ó dhainséar agus ó aicídí an lae sinn, sinn fhéin is ár ndaoine, thall agus abhus, i dtaobh anam agus choirp, anois agus ar uair ár mbáis. Aimean!

SÓS: *Nuair a raghfá isteach sa tséipéal, an raibh aon phaidir speisialta agat le rá an uair sin, nó paidir le haghaidh an Domhnaigh?*

Bhíodh paidear le haghaidh an Domhnaigh gur minic a chloisinn ag mo mháthair í mhuis, ach is dócha go bhfuil sí imithe uaim, mar nár choinnibh mo cheann mórán greim uirthi.

Míle fáilte romhat a Dhomhnaigh bheannaithe,

a chinn bhreá shaoire a deineadh do Chríost is an eaglais!

Corraigh mo chos go moch chun Aifrinn,

scaoil mo bhéal ar na bréithre beannaithe,

scaoil mo chroí agus ná bíodh aon ghangaid ann.

Go bhféachfad suas ar Mhac na Banaltran,
ós é is fearr a cheannaigh mé
gurb é a gheobhaidh beo agus marbh liom.

Mo ghrá thú, a linbh a rugadh sa stábla,
mo ghrá croí thú, a Mhuire Mháthair,
mo chabhair chabhartha gach am is tráth thú,
mo dhochtúir leighis, tinn is slán tú
agus céad baochas a bheirim leat
a Mhuire gheal Mháthair.

Idir mé agus mo namhdaibh go léir
a bhfuil ag gabháilt tharam
istigh agus amuigh
i dtaobh anam agus choirp
anois agus ar uair mo bháis:
cuirim Muire agus a Mac,
Bríd agus a brat,
Mícheál agus a sciath,
Dia agus a lámh deas.

NÓTA AR THRAS-SCRÍOBH NA dTAIFEADTAÍ

Ar mhaithe le téacs réidh a chur ar fáil, níor léiríodh i gcónaí sa tras-scríbhinn focail agus siollaí fáin nó athráiteacha ó na cainteoirí agus beartaíodh cloí den chuid is mó le gnáthchoinbhinsiúin litrithe an lae inniu. Scríobhadh, mar shampla, *chomh* tríd síos cé gur minic *comh* ar na taifeadtaí agus scríobhadh *gach* tríd síos cé gurbh é an leagan canúnach *nach* atá uaireanta ar na taifeadtaí agus coinníodh sa tras-scríbhinn an t-idirdhealú stairiúil i gcás *de* agus *do*.

Ó tharla go bhfuil léiriú beacht ar chanúint Pheig óna béal féin le clos ar na dlúthdhioscaí a ghabhann leis an bhfoilseachán seo, tuigeadh nár ghá sonraí na canúna sin a léiriú go leanúnach sa tras-scríobh. Ach ionas nach mbeadh bearna rómhór idir an focal labhartha agus an focal scríofa féachadh le gnéithe d'fhóineolaíocht agus de dheilbhíocht na canúna a chur in iúl sa téacs. Scríobhadh, dá réir sin, foirmeacha táite den bhriathar, léiríodh cáilíocht chaol an chonsain dheiridh sa bhfoirceann briathartha *-mar* (> *-mair*); scríobhadh *t* breise leis na deirí briathartha *-mis, -dís* nuair ba shoiléir gurbh ann dó sa taifead agus scríobhadh iad mar *-míst, -díst*. Scríobhadh foirmeacha canúnacha den bhriathar agus de mhíreanna briathartha agus coibhneasta e.g., *léimh* (léigh); *choinnibh* (choinnigh); *bhailibh* (bailigh); *ní* (níor); *ná* (nár); *a* (ar, coibhneasta).

Scríobhadh athruithe tosaigh ainmfhocal agus aidiachtaí mar a léiríodh iad sna taifeadtaí agus scríobhadh lom nó séimhithe de réir na dtaifeadtaí an mhír *d'* roimh bhriathar a thosaíonn ar ghuta nó ar *fh* + guta.

115

Scríobhadh de réir na dtaifeadtaí roinnt foirmeacha atá aitheanta mar leaganacha malartacha in Ó Dónaill 1977, e.g. *sáipéal, maidean, paidear, chugham, dhom, id*, etc. Ar bhonn analaí le focail a n-aithnítear leagan malartach díobh le *-t* deiridh breise in Ó Dónaill 1977 (e.g. *fáilt*), scríobhadh de réir na dtaifeadtaí *-t* deiridh breise le focail nach n-aithnítear an mhalairt foirme sin díobh in Ó Dónaill 1977 (e.g. *sábháilt*). Arís, ar bhonn analaí le réamhfhocail a chríochnaíonn ar ghuta agus a gcuirtear *-s* breise ina ndeireadh roimh an alt iolra nó *gach* sna taifeadtaí (agus a bhfuil na foirmeacha malartacha sin díobh aitheanta in Ó Dónaill 1977, e.g. *des, dos, ós*, etc.), scríobhadh *go dtíos, fés, aiges,* etc. (nach bhfuil aitheanta) de réir na dtaifeadtaí.

Gheobhaidh an léitheoir a chuireann spéis faoi leith i gcanúint Pheig, léiriú breise uirthi in Jackson (1938) mar a bhfuil córas litrithe curtha in oiriúint di agus aird dírithe sna nótaí (lgh 93–96) ar ghnéithe de chaint Pheig inar minic, mar shampla, *chéilig* in áit *chéile, chuig* in áit *chun* agus *féin mar* in áit *fé mar*. Tá tras-scríobh foghraíochta ar mhórán téacsanna ó Pheig in Wagner agus Mac Congáil (1983) agus in Wagner agus McGonagle (1987 agus 1991). De bhreis ar na saothair sin tá anailís chuimsitheach ar chanúint Chorca Dhuibhne in Sjoestedt-Jonval (1931 agus 1938), Ua Súilleabháin (1994) agus Ó Sé (2000).

TRÁCHTAIREACHT

1. MAC AN DIABHAIL INA SHAGART

Leagan cumaisc é seo de dhá sheanscéal a raibh dáileadh réasúnta fairsing orthu i dtraidisiún béil dhúichí Eorpacha, ATU 811, *The Man Promised to the Devil Becomes a Clergyman,* agus ATU 756B, *Robber Madej* (roimhe seo *The Devil's Contract*). Tá 119 leagan Éireannach den scéal seo áirithe in Ní Fhearghusa 1994–95: 94.

Leaganacha eile ó Pheig:
1. CBÉ 984: 212–220. Thóg Robin Flower an leagan seo ar éideafón c.1930, agus dhein Seosamh Ó Dálaigh é a thrasscríobh in 1947. Thras-scríobh Robin Flower féin freisin é (le miondifríochtaí ó thras-scríobh Uí Dhálaigh) agus tá an téacs sin in eagar ag Séamus Ó Duilearga in *Béaloideas* 25: 66–70, faoin teideal 'An Scoláire Bocht agus an Sagart'.
2. CBÉS 418: 171–176. Scríofa ag Máire Nic Gearailt ('Minnie Fitz'), múinteoir scoile ar an mBlascaod, ó bhéalaithris Pheig in 1937 faoin teideal 'Seanscéal'.
3. CBÉ 701: 231–235. Scríofa síos ag Seosamh Ó Dálaigh ar an mBlascaod 20 Meitheamh 1940, faoin teideal 'Mac an Diabhail'; tá nóta ag Seosamh leis: 'Níl anso ach acomaireacht den scéal'.
4. Wagner and McGongale 1983:# 56. Thóg Heinrich Wagner síos an leagan seo uaithi i bhfogharscríobh in 1946.

Leaganacha ó Mhícheál Ó Gaoithín:
1. CBÉ 858: 295–306. Taifead éideafóin a thóg Seosamh Ó Dálaigh, 1 Feabhra 1943. Chuala Mícheál an scéal thart

ar fiche bliain roimhe sin ó Eoghan Ó Súilleabháin, An Blascaod, a bhí timpeall seachtó bliain an tráth sin.

2. CBÉ 1478: 297–322. Scríofa óna chuimhne féin i 1957. Deireann sé gur chuala sé é óna athair agus gur ó Shean-Tomás Criomhthain, Com Dhíneol, Dún Chaoin a fuair sé sin é. Leagan cumasctha le scéal Seomra Tom Smith é seo (féach mír 2 thíos).

3. CBÉ Almqvist téip: 1966:3:1; 23 Meitheamh 1966; 'Mac an Diabhail'; Deireann sé anseo gur óna mháthair, Peig Sayers a fuair sé é. Tá scéal Seomra Tom Smith (mír #2 thíos) cumasctha leis sa leagan seo freisin.

Luaitear leaganacha ó Mhícheál Ó Gaoithín, mac Pheig, den scéal seo agus de mhíreanna eile thíos mar léiriú ar sheachadadh scéalta ó ghlúin go glúin laistigh de chlann.

Tá leagan eile den scéal in Ó Súilleabháin 1951-1952:#35A. Tá sé ráite i nóta ansin gur bhailigh Seosamh Ó Dálaigh an scéal ó Mhícheál Ó Guithín, Baile an Bhiocáire, Dún Chaoin, 27 Deireadh Fómhair 1936. Ní hé seo Mícheál ('An File'), mac Pheig, ach comharsa dó a d'aistrigh síos go Co. na Mí go luath tar éis do Sheosamh an scéal a thógaint uaidh. Tá an leagan a bhí aige den scéal an-chóngarach do na leaganacha a sholáthraigh Mícheál Ó Gaoithín.

Léitheoireacht: Eiríksson 1979: 129–130; Eiríksson 1992: 118–119; Ní Fhearghusa 1991; Ní Fhearghusa 1994–1995; Ó Coileáin 1990; Ó Duilearga 1940.

... '*Ó,' arsa an bhean an tí, 'féach,' ar sise, 'cad a bhí istigh i mbolg, putóg an faoitín!'*
Maidir le léirithe eile i scéalaíocht na Gaeilge ar rud fónta á aimsiú i mbolg éisc, féach an mhóitíf 'fáinne Polycrates', in Cross 1952:N211.1– N211.1.5.

2. SEOMRA TOM SMITH

Tá cosúlachtaí suntasacha ag an scéal seo le ATU 756B, *Robber Madej* (roimhe seo *The Devil's Contract*), agus tá sé áirithe faoin uimhir 756B in TIF. Mar sin féin, níl conradh leis an diabhal, móitíf atá lárnach sa tíopa sin (cf. Thompson 1955–1958: M 211, Man sells soul to devil) i gceist go sonrach ann.

Tá leaganacha Éireannacha den tíopa in Ó Súilleabháin 1951–1952:#33, 34 agus Ó Duilearga 1948:#24 agus tagairtí breise lgh 420–421). Ina leagan den scéal anseo deireann Peig arís gur óna fear céile, Pádraig Ó Guithín, a chuala sí é.

Leagan eile ó Pheig:
CBÉ 967: 386–400. Bhailigh Seosamh Ó Dálaigh an leagan seo ó Pheig ar an éideafón 7 Feabhra 1945 agus thras-scríobh sé féin é. Deireann Peig anseo leis gur óna fear céile a fuair sí an scéal daichead bliain roimhe sin agus é leathchéad bliain ag an am sin.

Ón uair gur tháinig scéal Tom Smith chun cuimhne Pheig anseo díreach tar éis di scéal Mhac an Diabhail a insint, is spéisiúil gur mar aguisín le Mac an Diabhail atá scéal Tom Smith curtha i láthair ag Mícheál in dhá leagan dá chuid den scéal sin; féach nótaí le mír 1 thuas.

Léitheoireacht: Ó hÓgáin 2006: 395–397, agus Ó hÓgáin 1974–1976, go háirithe lgh 250, 253–4.

is ormsa a glaotar Tom Smith nó Dónall Ó Donnchú
Thuigfí uaidh seo gur ainm eile ag Peig é Dónall Ó Donnchú ar Tom Smith, ach féach, mar sin féin, nach luaitear Dónall Ó Donnchú sa leagan a bhailigh Seosamh Ó Dálaigh uaithi. Pearsa neamhshaolta béaloidis é Dónall Ó Donnchú, ar a dtugtaí leis Dónall na nGeimhleach, agus bhí ról an laoich luaite leis i gCiarraí i bhfinscéal Barbarossa (Thompson 1955–1958: móitíf D 1960.2,

Kyffhäuser. King asleep in mountain will awake some day to succour his people). Bhí an finscéal seo ag Peig agus tógadh uaithi é roinnt uaireanta. Bhailigh Pádraig Ó Braonáin leagan uaithi in 1934 (CBÉ 35: 32–38); thras-scríobh Seosamh Ó Dálaigh leagan eile uaithi in 1946 (CBÉ 983: 226–232) ón sorcóir éideafóin a dhein Robin Flower 'blianta ó shoin sa Bhlascaod'. Tá aistriúchán Béarla ar leagan eile a d'inis sí in Mason 1936: 96–100. Bhailigh Seosamh Ó Dálaigh leagan ó Mhícheál, mac Pheig i 1943 a dúirt gur óna athair a chuala sé an scéal (CBÉ 859: 354–372).

Bhí gaol dlúth sa traidisiún Gaelach ag Dónall na nGeimhleach le Donn, dia na marbh: 'Gach seans … ná fuil in Dónall na nGeimhleach ach Donn faoi ainm eile' (Ó hÓgáin 1974–1976: 254). Níos dóichí ná a chéile, is de bharr nasc Dhónall na nGeimhleach le Donn, tiarna an tsaoil eile, a luann Peig anseo Dónall Ó Donnchú mar phearsa mhalartach ar Tom Smith, feighlí na ndrochsprideanna. Sa leagan a bhailigh Seosamh Ó Dálaigh uaithi (CBÉ 967: 386–400), deireann sí gur tháinig Dómhnall na nGeimhleach 'agus *bone* fuip aige' i gcomharbacht ar Tom Smith tar éis do siúd slánú a bhaint amach agus dul chun na bhflaitheas. Tá an míniú seo aici ann ar ról Tom Smith: 'Is é an máistir a bhí ar na spioradaí ban go léir é a bhí ag imeacht ar fuaid na tíre sa tseanaimsir agus níor mhór dó, is dócha, fuip mhaith dhraíochta bheith aige chuig iad a mhíniú nuair a chuiridís ina choinne.'

An bhfuileann tú sásta … tú a chur go seomra Tom Smith?
Ba chuid de bhéaloideas na Críostaíochta é gurbh áit seachas staid é ifreann agus go raibh éagsúlacht déine sa phionós a bhí le fulaingt ann – tuiscintí a bhfuil friotal clasaiceach curtha ag Dante orthu in *An Choiméide Dhiaga*. Ní hionadh dá réir sin go luafaí pionóis éagsúla le hifreann i mbéaloideas na tíre seo agus go dtráchtfaí sa scéalaíocht ar sheomra a bhfuil an pionós is déine ar fad le fulaingt ann. I bhfianaise ráitis Chríost sa Tiomna Nua go mbeidh teagascóirí bréagchráifeacha

creidimh orthu siúd is déine ar a dtabharfar breith (e.g., Marc 12:38–40 agus Séamas 3:1), is spéisiúil gur minic cléireach á lua leis an seomra dianphionóis sa bhéaloides abhus – Seán Bráthair, Brian Bráthair, an tAth. Seán Ó Briain, an tAth. Seán Ó Daibhín (féach Ó Súilleabháin 1951–1952:#33, nótaí).

Míníonn Peig sa leagan a thóg Seosamh Ó Dálaigh uaithi (CBÉ 967: 386–400) go raibh tagairtí coitianta sa chaint do sheomra Tom Smith: 'Seanfhocal é atá i measc na ndaoine "gur measa é ná Seomra Tom Smith". Deirtear é sin dá mbeadh tigh ag duine, botháinín, go mbeadh braon anuas ann is é fuar fliuch gaofar.'

3. FIONN AG LORG NA hÓIGE

Tá sé seo áirithe in Ó Súilleabháin 1942 ar cheann de na scéalta Fiannaíochta ba mhó a raibh éileamh air agus tugtar coimriú ar lch 502: #12; tá áireamh déanta ar naocha naoi leagan de a bailíodh ó seachtó naoi scéalaí (Power 1985: 222). Dhealródh go raibh sé seo i measc na scéalta ab ansa le Peig. Luann Pádraig Ua Maoileoin (1991: 54), agus ard mholadh á thabhairt aige ar a healaín mar scéalaí, go raibh sé ar cheann de na scéalta a bhíodh á n-insint aici; 'Conas mar Fuair Diarmaid an Ball Searc' a chuireann sé mar theideal air.

Leaganacha eile ó Pheig:
1. CBÉ 984: 227–234. Robin Flower a bhailigh ar éideafón c.1930, tras-scríofa ag Seosamh Ó Dálaigh in 1947; aistriúchán Béarla in O'Sullivan 1966:#14.
2. CBÉ 35: 213–216. Pádraig Ó Braonáin a scríobh óna béalaithris in 1934.
3. Jackson 1938: # 9. Tógtha síos ag Kenneth Jackson i bhfogharscríobh 1932–1937.
4. CBÉ 911: 310–315. Tógtha ag Seosamh Ó Dálaigh ó bhéalaithris, Nollaig 1943; deireann Peig go bhfuair sí an scéal óna hathair, Tomás Sayers, a d'inis go minic é.

Leaganacha ó Mhícheál Ó Gaoithín:

1. CBÉ 1462: 366–373. Mícheál Ó Gaoithín a scríobh óna chuimhne féin, 1956.
2. CBÉ Almqvist téip 1966:1:6; 6 Meitheamh; deireann Mícheál gur ó Pheig a fuair sé an scéal.
3. CBÉ Almqvist téip 1966:9:1; 18 Lúnasa; ní deireann cé uaidh a fuair sé an scéal.

Léitheoireacht: Chesnutt 1989: 45–50; Power 1985.

'... níl aon neach agaibh den bhFéinn,' a dúirt sí, 'ná go bhfuil achainí le fáil aige!'
Mír bhreise sa scéal é bronnadh na n-achainí; tá plé ar a gcineál agus a ndáileadh in Power 1985: 267–272.

4. AN FEIRMEOIR A CHAILL A CHLANN MHAC

Leagan é seo de ATU 759, *God's Justice Vindicated.* Tá 112 leagan Éireannach áirithe in TIF ach ní maith a thagann cuid mhór acu leis an tuairisciú a déantar ar an tíopa in ATU.

Leaganacha eile ó Pheig

1. CBÉ 984: 469–474. Tógtha ag Robin Flower ar éideafón c.1930; tras-scríofa ag Seosamh Ó Dálaigh i 1947.
2. CBÉ 966: 467–477. Tógtha ag Seosamh Ó Dálaigh ar éideafón, 5 Nollaig 1944.

Níl heol gur tógadh aon leagan den scéal seo ó Mhícheál Ó Gaoithín.

Léitheoireacht: Ó Héalaí 1989a: 59–62; Ó Héalaí 1989b: 26–27.

... comhairle a bhí ag bean siopa á thabhairt dom
Níl aon eolas tugtha i leagan Flower faoin gcomhthéacs ina bhfuair Peig an scéal ná cé uaidh a fuair sí é. Tagann leagan

Uí Dhálaigh leis an leagan a chuirtear i láthair sa mhír seo sa mhéid go ndeirtear iontu araon cé uaidh a fuair sí an scéal: 'bean aosta i nDaingean Uí Chúise, Bean Uí Chorráin, seanmháistreas go rabhas-sa in aimsir aici i dtúis m'óige.' Tá cur síos ag Peig ar an seal a chaith sí in aimsir i dtigh na mná seo i scéal a beatha (caibidil 8–12). Tagann an dá leagan le chéile arís sa mhéid gurb í an chúis chéanna a luann Peig iontu araon a bhí ag Bean Uí Chorráin leis an scéal a insint (cúig bliana fichead roimhe sin agus í siúd timpeall seachtó cúig bliain an uair sin), is é sin, go raibh sí ag iarraidh sólás a thabhairt do Pheig ar bhás a mic, Tomás, a thit le haill in 1920 (féach Sayers 1936: 214–217; Sayers 1973: 180–184; Sayers 1998: 158–160). Is díol spéise leis a chóngaraí dá chéile atá an cuntas ar conas a spreagadh Bean Uí Chorráin chun an scéal a insint i mír 4 den fhoilseachán seo agus an cuntas seo sa leagan a thóg Ó Dálaigh uaithi:

> Agus is é an fáth gur tharraing sí anuas é i lár an lae ghlégil ghil – bhí a lán daoine istigh – mar bhí trua aici dom mar do bhíos brónach briste-chroíoch san am chéanna, mar is é sin an t-am go raibh mo bhuachaill breá dulta leis an bhfaill agus do bhíos cráite.
>
> Do bhí a fhios aici sin go rabhas, ach do bhí sí ag tabhairt céille dom agus im búineadh ag tabhairt teagaisc dom, mar dhia foighne a bheith agam, agus do tharraig sí chuichi an scéilín, mar dhia go dtabharfadh sí sampla dhomsa ar mo bhuairt féin ar an bhfeirmeoir go raibh an bhuairt air mar gheall ar an triúr mac agus cad a bhí leagtha amach dó.

D'fhéadfaí a thuiscint ó na focail 'i lár an lae ghlégil ghil' nár ghnách scéalta den sórt seo a bheith á n-insint i gcaitheamh an lae, ach sa chás seo gur insíodh an scéal mar gheall ar na cúinsí speisialta a luann Peig.

Má ghlactar le ráiteas Pheig anseo – rud nach mbeadh míréasúnta nuair a chuirtear san áireamh an suíomh a bhí i gceist – ba leor léi sa chás seo an scéal a chlos uair amháin lena choimeád ina cuimhne agus bheith in ann é a athinsint go cruinn blianta fada ina dhiaidh sin. Tá roinnt mhaith fianaise ar a leithéid seo de bhua a bheith ag scéalaithe áirithe (féach e.g., Delargy 1945: 26, 34; Ó Duilearga 1948: xx; Póirtéir 1993: xv; Ó Sé 2001: 65–66), cé go dtarlódh leis uaireanta go bhféadfadh maíomh bheith i gceist i ráitis ina thaobh seo.

do bhíodh sagart ar a chumraí féin sa tigh aige, mac léinn, ag tabhairt aire dá chlainn agus á múineadh
Cuireann Peig in iúl in áiteanna eile an meas mór a bhíodh ar scoláirí bochta, e.g.:

San am san ní raibh scoileanna náisiúnta in aon áit ar fuaid na tíre. Manaigh agus mic léighinn a bhíodh a' tabhairt teagaisc agus léighinn uatha … Is mó teaghlach go mbíodh mac léighinn a' cur fé ann do bhíodh a' múineadh a gcuid clainne agus á dtabhairt suas. Do bhí urraim thar na bearta dosna mic léighinn úd. (Wagner & Mac Congáil 1983: 133)

Insan aimsir fadó atá imithe tharainn is ná cífir go deo arís, ní bhíodh scolaíocht na scoileanna ag aon scoláirí ná ag aon pháistí le fáil ach is amhlaidh do bhíodh daoine istigh, múintóirithe istigh sa tigh ag múineadh a gclainne ag feoirmeoirithe agus ag daoine saibhre neamhspleácha a bhíodh ábalta ar iad a dhíol go maith … Bhíodh, mic léinn a glaotaí orthu nó scoláirí bochta, ag imeacht leis agus do bhídís chomh cliste ar nós fé mar tá na sagairt anois. Do bhíodh Aifreann acu á léamh insa tithe móra seo go mbíodh éinne acu ag múineadh a gclainne dos na daoine saibhre. (CBÉ 966: 567–568)

Ba mheasa ná san é! Ba mheasa ná san é!
As seo síos tógann Peig ar láimh ról an reacaire ó Bhean Uí Chorráin agus cuireann sí an scéal i láthair mar insint dhíreach uaithi féin.

'Agus mise,' ar seisean, 'Naomh Lúcás ... '
Sa leagan a thóg Seosamh Ó Dálaigh ó Pheig tugann an teachtaire le fios gurb é féin Naomh Antaine (CBÉ 966: 475).

5. SEÁN BÍ ID SHUÍ
Tá gaol ag an scéal seo leis an tíopa ATU 1544, *The Man Who Got a Night's Lodging,* a dtuairiscítear insint Éireannach de mar a leanas in TIF faoin uimhir 1544: *A beggar, when asked what his name is replies 'John Sit Down'; the miserly owner of the house repeats this in surprise, so the beggar sits down and eats his fill.* Tá eachtra chasadh an tsúgáin lárnach sa scéal mar a insíonn Peig anseo é, áfach, agus níl an eachtra sin luaite in tíopa ATU 1544. Bhí eolas forleathan sa tír seo ar an eachtra agus tá fianaise ó 1792 ar an amhrán a thagraíonn dó, Casadh an tSugáin/ An Súisín [Geal] Bán/ Má Bhíonn Tú Liom, Bí Liom (Ó Conghaile, Ó Tuairisg, Ó Ceannabháin 2012: 320–321, 724). Is ar an amhrán a bhunaigh Dubhglas de hÍde an dráma *Casadh an tSúgáin,* a foilsíodh ar dtús san iris *Samhain,* Deireadh Fómhair 1901: 20–38, agus a léiríodh den chéad uair 21 Deireadh Fómhair 1901 in Amharclann an Gaiety; foilsíodh i bhfoirm leabhair é maille le haistriúchán Lady Gregory in 1905 (Dunleavy & Dunleavy 1991: 34–53; Ó Glaisne 1991: 209–212, 217–218).

Leaganacha eile ó Pheig:

1. CBÉ 985: 12–17. Thóg Robin Flower é seo ar éideafón uaithi c.1930 agus thras-scríobh Seosamh Ó Dálaigh é.
2. CBÉ 834: 439–445. Thóg Seosamh Ó Dálaigh é seo ar éideafón i mí na Samhna 1942 agus thras-scríobh sé féin é.
3. CBÉ 934: 42–50. Scríobh Seosamh Ó Dálaigh síos é seo ó bhéalaithris Pheig in Eanáir 1944; dúirt sí gur chuala sí go minic ag a hathair é.

Leagan ó Mhícheál Ó Gaoithín:
CBÉ Almqvist téip 1972:1.2; 31 Márta 1972.

Cé aige a gcualaís é sin, a Pheig ..?
Deireann Peig anseo gur óna fear céile, Pádraig Ó Guithín, a fuair sí an scéal agus gur ó Sheán Ó Sé ó Uíbh Ráthach a fuair sé sin é. Sa leagan a thóg Seosamh Ó Dálaigh uaithi in 1942 deireann sí arís gur óna fear céile a fuair sí an scéal ach sa leagan a scríobh Ó Dálaigh síos uaithi in Eanáir 1944 deireann sí gur óna hathair a chuala sí é. Ní luann sí cé uaidh a fuair sí an scéal sa leagan a thóg Robin Flower ar éideafón uaithi.
Tá leaganacha eile ón mBlascaod in Ó Criomhthain 1977b: 153–4; Ó Criomhthain 2004:70–71.

Diarmaid na Bolgaí
Maidir leis an bhfile seo féach Ní Mhurchú & Breathnach 1999: 133, 136; Ní Mhurchú & Breathnach 2007: 200. Bhí bailiúchán dá chuid dánta foilsithe ag Seán Ó Súilleabháin in Ó Súilleabháin 1937.

6. TOMÁS SAYERS AGUS AN BHEAN FEASA

Dhealródh gur inis athair Pheig an scéal seo mar eachtra a tharla dó féin agus is cosúil gur chreid Peig gur chuntas ar imeachtaí a tharla i ndáiríre a bhí ann. Níl aon cheist, áfach, ná gur finscéal taistealach idirnáisiúnta é seo, féach Almqvist & Ó Héalaí 2009: 131–132, mar a dtagraítear freisin don leas a bhain Pádraig Ua Maoileoin as an eachtra seo ina urscéal *Bríde Bhán*.

Leaganacha eile ó Pheig:
1. Thóg Robin Flower leagan uaithi ar an éideafón *c.*1930; foilsithe in Flower 1957: 81–83. Tá tras-scríobh a dhein Seosamh Ó Dálaigh den taifeadadh éideafóin sin in CBÉ 984: 310–314.
2. Flower 1944: 51–53. Ar bhonn éagsúlachtaí móra i mionsonraí, is dóichí ná a mhalairt gur ar insint eile a chuala Flower ó Pheig (seachas an ceann thuas) atá an leagan Béarla seo den scéal bunaithe.
3. Thóg an BBC leagan uaithi in 1947 a foilsíodh in Almqvist & Ó Héalaí 2009: 55–56; aistriúchán *ibid.:* 207–208.
4. Thóg Radio Éireann leagan uaithi in 1947 a foilsíodh in Almqvist & Ó Héalaí 2009: 77–79; aistriúchán *ibid.:* 228–230.

Leaganacha ó Mhícheál Ó Gaoithín:
1. CBÉ Almqvist téip 1970:3:17.
2. Ní Chonchúir 1998: 47–49.

'Ultach mná is ea mise'
Bhí bua feasa agus leighis luaite sa taobh ó dheas d'Éirinn le mná siúil ó íochtar tíre, 'mná Ultacha', mar a deirtí leo; féach *Béaloideas* 10 (1930), 300–301; *Béaloideas* 16 (1936), 280; Ó Duilearga 1948:#107, 108, 436.

Núthair (nuathair)
Féach Ó Sé D. 2000: 433; agus Dinneen 1927, s.v. Dóigh, mar a dtugtar an fhoirm mhalartach 'dóighthear'; táimid faoi chomaoin ag an Ollamh Seán Ó Coileáin as an iontráil sin a

lua linn agus a mheabhrú go mbeadh dá réir sin leagan mar
'ar/dar ndóighthear' ann chomh maith le 'ar/dar ndóigh'.

Mhair sé go raibh sé céad blian
Fear sláintiúil ba ea Tomás Sayers agus bhí sé fadsaolach, féach
Almqvist & Ó Héalaí 2009: 57, 209, mar a ndeireann Peig go
raibh sé naocha hocht mbliana d'aois nuair a cailleadh é.

7. EACHTRA NEAMHSHAOLTA AR AN BHFARRAIGE
Tá plé coimsitheach in Mac Cárthaigh 2015 ar scéalta faoin
osnádúr ar muir, ina measc an aicme díobh lena mbaineann an
eachtra seo, mar atá, scéalta a léiríonn rabhadh neamhshaolta
á thabhairt faoi thubaist atá ag bagairt *(ibid.*: 109–115, 123–
139). Stoirm a bheith ag bagairt agus, go tánaisteach, bás
duine de na hiascairí atá á bhfógairt sa scéal seo. Maidir le
dáileadh idirnáisiúnta scéalta gaolmhara do seo, féach ML 4055
Grateful Sea-Sprite Gives Warning of Approaching Storm, agus
Thompson 1955–1958: B81.13.7 Mermaid appears as omen of
catastrophe; F420.5.1.1 Water spirits protect and warn sailor
against storm.

Leaganacha eile ó Pheig:
1. CBÉ 847: 529–534. Thóg Seosamh Ó Dálaigh é seo ó
   bhéalaithris 6 Eanáir 1943. Dúirt Peig leis gur chuala sí an
   scéal seo go minic ag a hathair.
2. CBÉ 910: 211–213. Thóg Seosamh Ó Dálaigh é seo ó
   bhéalaithris i Meán Fómhair 1943. Dúirt Peig gur chuala sí
   an scéal istigh san Oileán.

Ní heol aon leagan den scéal seo ó Mhícheál Ó Gaoithín.

Léitheoireacht: Mac Cárthaigh 2015: 109–138; 352–408.

Insa bhád go raibh m'athair ag iascach inti
Tuairiscítear in CBÉ 702: 551 gur 'Galway' ainm bhád Bhess
Rice agus ainmníonn Peig amhlaidh í sa leagan den scéal seo
in CBÉ 847: 529–534.

*chonaic sé an taibhse ag éirí aníos … nó gur tháinig sé chomh
hard lena bhásta*
Sa leagan atá aici in CBÉ 910: 211–213 deireann Peig freisin
gur 'óna bhásta suas aníos as an uisce' a bhí sé le feiscint, ach
in CBÉ 847: 529–534 deireann sí gur éirigh an taibhse as an
uisce 'chomh hard le bonnaíocha a chos.'

Bhíodh sé á chlos riamh ós na seandaoine
Tuiscint lárnach i scéalta den chineál seo is ea go bhfógraíonn
samhlaoidí neamhshaolta tubaistí ar an bhfarraige. Ba chúnamh
an tuiscint sin i ndéileáil le tubaist mar thug sí le fios nár tharlú
randamach gan chúis a bhí inti. Toisc gurbh eol don osnádúr
roimh ré fúithi chaithfeadh go raibh sí san áireamh i bplean
éigin, agus ansan do b'fhéidir breathnú uirthi mar chuid den
chinniúint nó de dheonú Dé.

Ní bhéarfaidh an sagart orm
Is tuiscint choitianta sa scéalaíocht í go lagaíonn teagmháil le
neach nó cumhacht neamhshaolta an duine daonna; féach
Thompson 1955–1958 agus Cross 1952 faoi F262.37 Fairy
music causes weakness; F362.3 Fairies cause weakness; F402.1.6
Spirit causes weakness.

An tAthair Dónall Ó Súilleabháin
Tá plaic i gcuimhne ar an gCanónach Dónall Ó Súilleabháin ar
an bhfalla i séipéal Naomh Muire sa Daingean a fhógraíonn gur
shagart dúthrachtach ab ea é: *'during a long missionary career*

he was distinguished for his zeal' agus go bhfuair sé bás in aois a ochtó dó bliain in 1898. Is dóichí ná a mhalairt go mbeadh trácht cloiste ag Peig air agus í in aimsir sa Daingean. Tá an sagart seo luaite le heachtraí diamhracha eile freisin ag Peig; féach Ó Gaoithín 1970: 22–25; Ó Gaoithín 2019: 15–17; Almqvist 2012a: 264–6.

'Ó, ní fhaca,' ar seisean, 'ach solas beag a chonac, a bhí romham ...'

Ba thuiscint thraidisiúnta é go mbeadh leanaí a cailleadh go hóg ina soilse ag stiúradh a dtuistí chun na bhflaitheas, féach O'Connor 1991: 75–80; O'Connor 2005: 125–131; Ó Héalaí 1989a: 62–63. Is é géilleadh Pheig don traidisiún sin a thugann uirthi a rá ina dírbheathaisnéis gur maith léi a ceathrar leanbh a bheith básaithe roimpi (Sayers 1936: 208; Sayers 1973: 176; Sayers 1998: 154); i scéal eile dá cuid tugann sagart le fios gur mhó de chúnamh do thuismitheoir chun dul sna flaithis 'aon duine amháin clainne a bheith aige le teacht ina choinne an lá deireanach ná a bhfuil de shagairt ag caitheamh éide.' (CBÉ 910: 237)

Siseáisean

Níor aimsíodh an focal seo in aon saothar foclóireachta. Tá léiriú eile ar úsáid an fhocail sa sliocht seo ó Mhícheál Ó Gaoithín in CBÉ 1462: 348:

Maidin bhreá i mí na Samhna bhí gach aon naomhóg ar an Oileán agus foiscealach maith éisc ar bord acu ag ainliú amuigh ag béal an Chuaisín. Bhí cibeal is dul trí chéile ann – crann ag fear, seol ag fear eile, fear agus paca féna ascaill, agus buidéal tae agus damhaid aráin i láimh leis. Fuirse agus fotharaga orthu chun cúram na seilge a chur díobh. An chuid acu a bhí ullamh in am bhaineadar san cé an Daingin amach. Chuaigh a thuilleadh go Cuas Cromtha, sórt caladh bád atá in aice

Ceann Sleibhe. An chuid acu go raibh stró orthu agus nár fhéad aon siseáisean a dhéanamh in am ba é Dún Chaoin a stáitse.

'Bhíos,' a dúirt sé, *'chomh fada leis an ngeata cláir.'*
Is cuid d'íomháiníocht an Bhíobla geataí a lua leis na flaithis agus le hifreann (e.g., Gein. 28:17; Iób 38:17; Íseáia 60:11; Matha 16:18; Apac. 21:21). Bhí geata(í) cláir aitheanta mar chéim chriticiúil ar an mbóthar chun an tsaoil eile sa bhéaloideas abhus. Ag trácht do Pheig ar an mbruitíneach, mar shampla, deireann sí: 'Bheadh duine ann a chuirfeadh ag siúl an bhaile dhe í, agus bheadh duine eile go gcuirfeadh sí go dtí na geataí cláir é' (CBÉ 965: 157). I scéal eile tráchtann sí ar bheirt a thug turas ar an saol eile agus conas tar éis roinnt taistil gur 'bhuail ráil mhór órnáideach leo agus geata breá ina lár' (Flower 1930:203).

'Agus an raibh an maistín romhat?'
Samhlaíodh 'maistíní an oilc', 'mic tíre', 'madraí allta' mar bhagairt ar an té atá ag dul sa tsíoraíocht; féach Ó Duilearga 1948:#94; Cross 1952: A673 Hounds of hell. In CBÉ 39: 329–330 deirtear gurbh é an chúis a gcaití suas ar chrann ard nó ar chlaí an fuílleach de bhéile deireanach an té a d'fhaigheadh bás ná chun aird na madraí allta a thógaint ón duine a bhí ag dul sa tsíoraíocht.

8. BODACH AN MHÚRAIGH
Leagan é seo de scéal atá rangaithe in TIF faoin uimhir 2412 D, *The Man Who Never Slept,* mar a bhfuil fiche cúig leagan de liostaithe. Ta téacs den taifeadadh seo ó Pheig foilsithe cheana maille le haistriúchán Béarla in Almqvist 1991: 225–233.

Tá cló liteartha curtha ar an scéal san úrscéal *Bríde Bhán* (Ua Maoileoin 1968) agus arís i ndán Nuala Ní Dhomhnaill, 'Parthenogenesis' (Ní Dhomhnaill 1984: 105–6), saothair atá pléite in Ó Fiannachta (1992–1993). Gach seans gur ó leagan

Jackson a chuir Ua Maoileoin agus Ní Dhomhnaill eolas ar an scéal, cé go bhféadfadh gur chuala Ua Maoileoin ó bhéal Pheig féin é. Is léir freisin go raibh cur amach maith ag Ní Dhomhnaill ar úrscéal Ua Mhaoileoin.

Tá áireamh déanta in Hillers 1989 agus Hillers 1991 ar na leaganacha uile den scéal a taifeadadh in Éirinn, agus tugtar ainmneacha na mbailitheoirí maille le dáta agus modh taifeadta. Pléitear freisin seachadadh agus dáileadh spéisiúil an scéil seo arb é an *Lai de Tydorel* i litríocht mheánaoiseach na Fraincise an chéad agus go deimhin an t-aon léiriú air lasmuigh d'Eirinn.

Leaganacha eile ó Pheig:

1. *Irish Independent* 15 Aibreán 1929. P.Ó.S (i.e. Pádraig Ó Siochfhradha). Níl scéalaí luaite leis an leagan seo ach tá an oiread cosúlachtaí idir é agus leaganacha eile ó Pheig gur dheacair a shéanadh nach uaithi freisin a tháinig an leagan seo.
2. Flower 1944: 103–106. Bhailigh Flower é seo tráth éigin idir 1910 agus 1930.
3. Kenneth Jackson 1938: 77–79. Thóg Jackson síos é seo i bhfogharscríobh tráth éigin idir 1932 agus 1937.

Leaganacha ó Mhícheál Ó Gaoithín :

1. CBÉ 1606: 323–329; é féin a scríobh óna chuimhne féin in 1961.
2. CBÉ Almqvist téip 1966:4 Meitheamh.
3. CBÉ Almqvist téip 1968: 29 Meitheamh.

Léitheoireacht: Hillers 1989; Hillers 1991.

Thuaidh i gcaisleán an Mhúraigh, i bparóiste Múrach
Maidir le caisleán an Mhúraigh, 'an caisleán ba chumtha a bhí in Éirinn', féach Cuppage 1986: 378–379; Ó Siochfhradha 1939:

125. Malairt ainm ar pharóiste Chill Chuáin é paróiste Múrach; féach Ó Héalaí 2000: 521–525; Ó Siochfhradha 1939: 125.

Dúinín an Mhúraigh
Ainm leasa a bhí tógtha ar an bhfaill os cionn an chalaidh i nGlaise Bheag ach é tite anois, féach Ó Siochfhradha 1939: 121.

ní bhead ag an athair atá anso ach chomh beag
Deireann Peig sa leagan a thóg Jackson uaithi, gur cailleadh fear céile na máthar le linn don Bhodach bheith ag éirí aníos.

Bhuail sé síos chuig an Dúinín ... Cuas an Bhodaigh a ghlaonn siad air:
Is cosúil nár idirdhealaigh Peig an Dúinín atá i nGlaise Bheag ó Chuas an Bhodaigh atá i mBaile an Chnocáin, féach Ó Siochfhradha 1939: 133.

An gcualaís riamh, a Pheig, é sin a bheith ina dhobharchon ..?
In insint Chonnachtach agus Ultach den scéal seo is dobharchú a thoirchíonn máthair an fhir nach dtiteann a chodladh air. Is cinnte go raibh cur amach ag Seán Ó Súilleabháin ar an insint seo agus seans gur fiosracht faoi dháileadh na hinsinte sin a spreag é leis an gceist seo a chur ar Pheig.

9. AN BHURÚCH
Leagan é seo den fhinscéal atá áirithe in Christiansen 1958 mar ML 4080, The Seal Woman. Tá téacs den taifeadadh seo foilsithe cheana in Almqvist 1990: 70–74.

Leaganacha eile ó Pheig:
1. CBÉ *Nachlass* Flower. Scríobh Robin Flower síos leagan uaithi i dtús na 1930í.

2. Jackson 1938: 70–7. Scríobh Kenneth Jackson síos i bhfogharscríobh an leagan seo uaithi tráth éigin idir 1932 agus 1937.

Leaganacha ó Mhícheál Ó Gaoithín:
1. CBÉ *Nachlass* Mícheál Ó Gaoithín I, Cóipleabhar 5, gan dáta.
2. CBÉ Almqvist téip 1966:8.3; 14 Lúnasa 1966.
3. CBÉ: Almqvist téip 1970:2.6; 3 Iúil 1970.

Léitheoireacht: Almqvist 1990; Almqvist 1991: 270; Mac Cárthaigh 2015: 172–199, 437–504.

Ach do thosnaigh sé ar a bheith … ag dímholadh na ndaoine agus an mhuintir gur díobh í
Maidir le seifteanna luaite sa scéalaíocht chun caint a bhaint as balbhán, féach Cross 1952: F954 Dumb person brought to speak.

Riarthar iad i dtigh Uí Cheallaigh
Seans gur léiriú é an tagairt do thigh Uí Cheallaigh sa rann seo ar thionchar an natha 'fáilte Uí Cheallaigh'. Meastar gur eascair an nath seo as an gcuireadh chun féasta (molta ag Gofraidh Fionn Ó Dálaigh ina dhán 'Filidh Éireann go haointeach') a thug Uilliam Ó Ceallaigh d'fhilí, do bhreithiúna agus d'oirfidigh Éireann chun a chaisleáin faoi Nollaig 1351; féach O'Rahilly 1922: #411.

10. SEANCHAS

10.1 Pobal an Oileáin
Maidir le daonra agus teaghlaigh an Oileáin i dtréimhsí éagsúla, féach de Mórdha 2012: 190–219, 357–8; de Mórdha 2015: 184–210, 347–8; Mac Cárthaigh & O' Reilly 1990: bunachar sonraí #1051, #1064; Ní Laoithe 1990; Ó Criomhthain 1956: 262–263; Stagles 1980: 33–40; Ua Maoileoin 1993: 7.

Maidir le líon agus struchtúr na dtithe ar an Oileán féach Almqvist agus Ó Héalaí 2009: 105, 141, 253, 288; Flower 1944: 41–46; Mac Cárthaigh & O'Reilly 1990: 16–36; Ó Criomhthain 1929: 33–36; Ó Criomhthain 1973: 33–34; Ó Criomhthain 2002: 331–333; Ó Crohan 1934: 34–37; O'Crohan 2012: 300–302; Stagles 1980: 63–78, 87–89; Stagles 1982: 12; Ua Maoileoin 1993: 15–18.

Sé chliabhán déag ag luascadh pháistí beaga
Deireann Peig ina dírbheathaisnéis (Sayers 1936: 202; Sayers 1973: 170; Sayers 1998: 149) gur ceithre cinn déag de chliabháin a bhí á luascadh ar an mBlascaod go luath tar éis di féin a theacht ann, agus i dtaifeadtaí Radio Éireann i 1947 dúirt sí le Seán Mac Réamoinn agus Séamus Ennis gur cúig chliabhán déag a bhí ann (Almqvist agus Ó Héalaí 2009: 105, 252).

Sloinnte
Maidir leo seo féach de Mórdha 2012: 190–219; de Mórdha 2015: 184–210; Matson 2005; Mac Cárthaigh & O'Reilly 1990: bunachar sonraí #1053–#1956; Ní Laoithe 1990; Ó Criomhthain 1956: 262–263 Stagles; 1980: 33–41.

10.2 Pósadh
Chuas ag pósadh agus ní raibh a fhios agam cá rabhas ag dul
Maidir le cleamhnas agus pósadh Pheig, féach Sayers 1936: 176–193; Sayers 1973: 150–156; Sayers 1998: 130–135; Ó Cearnaigh 1992: 29–30; Ó Gaoithín 1970: 137–142; Ó Gaoithín 2019: 75–99. Deireadh Peig féin agus í amach sna blianta gur ar lá a bainise a chonaic sí a fear céile den chéad uair, féach Mahon 1998: 29; Ó Héalaí 2019: 16–7; Sayers 1962: x. Thug sí an fhaisnéis seo do Sheosamh Ó Dálaigh faoina cleamhnas in 1952:

Ní rabhas féin i láthair ag aon chleamhnas riamh ach i láthair mo chleamhnais féin. Agus an fear a phósas, ní fhaca im dhá shúil riamh é go dtí an oíche sin, beannacht dílis Dé lena anam is le hanamacha na marbh. (CBÉ 1201: 69)

an bhfuil an fulang céanna iontu?
Léiríonn Peig ina dírbheathaisnéis go raibh sí le fada den tuairim gur mhó an fhulang a bhí sna mná nuair a bhí sí féin óg ná i mná an lae inniu:

> Ní mharódh an riach na mná a bhí an uair úd ann ... bhíodar chomh cruaidh, chomh láidir le haon fhear. Ach ní mar sin atá na mná atá ann anois. Níl iontu ach comharthaí sóirt ar a ngualainn siúd. (Sayers 1998: 171–172; cf. Sayers 1936: 231–232; Sayers 1973: 196)

10.3 Scéalaíocht agus amhránaíocht
Maidir le ceol agus scéalaíocht ar an mBlascaod, féach Mac Tomáis 1977: 5–7; Ní Shéaghdha 2015: 173–179; Ó Criomhthain 1929: 58–61, 65–68; Ó Crohan 1934: 64–67, 72–76; Ó Criomhthain 1973: 56–58, 63–65; Ó Criomhthain 2002: 46–49, 54–58; O'Crohan 2012: 44–46, 51–55; Ó Súilleabháin 1933: 37–39; Ó Súilleabháin 1976: 28–29; O'Sullivan 1933: 26–28; Thompson 1982: 15–18; Thompson 1987: 25–28; Ua Maoileoin 1993: 26–29; Uí Aimhirgín 2000: 54–55; uí Ógáin 1988; uí Ógáin 1989; uí Ógáin 1990; uí Ógáin 1992; uí Ógáin 2009.

An raibh aon scéalaithe fónta ar an Oileán ... ?
Dhealródh gur thuig Peig gur scéalta gaisce, leithéidí scéalta faoi Fhionn agus na Fianna, a bhí i gceist ag An Seabhac. Is cinnte go raibh roinnt daoine eile idir fhir agus mhná ar an Oileán le linn do Pheig a bheith ann go raibh scéalta acu. I measc na mban bhí Gobnait Ní Chinnéide, Eibhlís Uí Chearna and

Méiní Uí Dhuinnshléibhe, agus i measc na bhfear bhí Eoghan
Ó Súilleabháin agus Pádraig Ó Guithín, a fear céile féin. Bhí
an-mheas aici air siúd mar scéalaí agus dealraíonn gur fhoghlaim
sí níos mó dá cuid scéalta uaidh sin ná ó aon duine eile seachas
a hathair. Is léir ó ábhar a sholáthraigh Tomás Ó Criomhthain
d'Fhionán Mac Coluim in 1928 nach ar fhinscéalta logánta
amháin a bhí cur amach aige sin, ach gur spéis leis chomh maith
scéalta Fiannaíochta (Ó Héalaí 2015). I litir go dtí Mac Coluim
in 1928 agus é ag tagairt do cheann de na scéalta seo ar a dtug sé
'Fionn mac Cumhaill', scríobh An Criomhthanach: 'Ba mhinic do
chuala á rá fadó é agus ba mhinic do chuireas féin leis díom é agus
gur dheineas an oíche do chiorrú leis' (*ibid.*: 198). Luann Peig go
moltach scéalaí eile in CBÉ 968: 270: 'Seán Óg Ó Duinnshléibhe,
Seán Eoghain a thugaimís air. Scéaltóir nótálta, fear is dócha go
raibh … dhá chéad scéal aige.'

Ach oiread le Peig féin, isteach ón míntír a tháinig
Gobnait Ní Chinnéide, Eibhlís Uí Chearna agus Méiní Uí
Dhuinnshléibhe, agus féach gur mhinic ráite ag Seosamh
Ó Dálaigh gurbh fhearr de scéalaithe iad lucht na míntíre ná na
hOileánaigh (cf. Ó Dálaigh 1989: 107–108 agus Matson 1996:
109–10). Maidir le ceol, áfach, dhealródh gur mhó go mór de
a bhíodh ar an Oileán é ná ar an míntír, cf. *An Caomhnóir* 24
(2003): 5; Tyers 2009: 19; Tyers 1982: 69–78; Ua Maoileoin
1993: 28–29.

Iascairí Uíbh Ráthaigh

Ó iascairí Uíbh Ráthaigh a fuair fear céile Pheig cuid dá scéalta;
féach, mar shampla, gur ó dhuine acu, Seán Ó Sé, a fuair sé
an rannscéal Seán Bí Id Shuí (mír 5 san fhoilseachán seo.)
Maidir le caidreamh iascairí Uíbh Ráthaigh ar na hOileánaigh
agus a dtionchar ar thraidisiún an Bhlascaoid, féach CBÉ 968:
270: 'Bhídís [iascairí an Oileáin] ag siúl ar Uíbh Ráthach
agus bhíodh scéalta breátha fada Fiannaíochta ag muintir

Uíbh Ráthaigh agus do phriocaidís suas iad;' CBÉ 1201: 485: 'Bhíodh amhráin Uíbh Ráthaigh ar fad ag muintir an Oileáin uathu;' féach freisin Almqvist & Ó Héalaí 2009: 17, 170; Ó Criomhthain 1928: 85; Ó Criomhthain 1929: 206; Ó Crohan 1934: 249–250; Ó Criomhthain 1956: 257; Ó Criomhthain 1973: 199–200; Ó Criomhthain 1977a: 267–268; O'Crohan 1986: 100; Ó Criomhthain 2002: 249–250; O'Crohan 2012: 227–229; Ó Dubhshláine 2007: 104–106; uí Ógáin 2009: 106.

muintir Shúilleabháin a bhí ann, bhí guth sí, a deiridís, ag cuid acu
Bhí Máire ar dhuine de na hamhránaithe aitheanta i dteaghlach seo mhuintir Shúilleabháin agus thug sí sin a hamhráin dá hiníon, Máiréad (Mhic Dhonncha). Tá cuid mhaith acu, curtha aici ar dhlúthdhiosca (Mhic Dhonncha 2003), agus féach maidir le Máire An Caomhnóir 24 (2003): 5.

Reilly an Chúil Bháin

Amhrán caointe é seo a chum bean dá fear céile a bádh lá a bpósta. Thóg Kenneth Jackson leagan de ó bhéalaithris Pheig (Jackson 1948–1952). Maidir le téacsanna eile den amhráin, féach 'ac Gearailt 2007: 268–269; Gunn 1984: 127–8; Murphy 1948–1952: 19–22; Ó Concheanainn 1978: 15–16, 77; Ó Conghaile, Ó Tuairisc, Ó Ceannabháin, 2012: 415, 769.

Éamonn Mhágáine

Ní heol gur tógadh aon taifeadadh den amhrán seo ó Pheig ach is féidir glacadh leis gurbh eol di go maith é mar bhíodh sé le clos go minic ar an mBlascaod agus i nDún Chaoin. Luann Tomás Ó Criomhthain, mar shampla, in An tOileánach gur amhrán é a dúirt sé féin Lá Caille (Ó Criomhthain 1929: 155; Ó Crohan 1934: 186; Ó Criomhthain 1973: 146; Ó Criomhthain 2002: 167; O'Crohan 2012: 157). Tá téacs an amhráin in Ó Duláine & Ó Néill 1973: 32; 'ac Gearailt 2007:

110–111; Ó Concheanainn 1978: 45, 95; Ó Conghaile, Ó
Tuairisc, Ó Ceannabháin 2012: 371, 746; tá an t-amhrán le clos
ar dhlúthdhiosca Mhic Dhonncha 2003.

Seán Ó Duinnshléibhe

Maidir leis seo féach Breathnach & Ní Mhurchú 1994: 113; Flower
1944: 92–100; Mac Cárthaigh 1990; Mac Cárthaigh 1991; Matson
2005: 172–176; Ní Mhurchú & Breathnach 2007: 190; Ó Beoláin
1973: 131–133; Ó Beoláin 1985: 110–116; Ó Criomhthain 1929:
98–101; Ó Crohan 1934: 113–117; Ó Criomhthain 1973: 92–94;
Ó Criomhthain 2002: 341–342; O'Crohan 2012: 309–310; Ó
Criomhthain 1956: 247–248. Tá dánta leis in Ó Dubhda 1933:
55–84 agus roinnt díobh maille le haistriúcháin agus gearrchuntas
ar an bhfile in Ó Scannláin 2003: 14–15, 67–97.

Is cinnte go raibh Peig eolach ar chuid mhaith d'aistí
Uí Dhuinnshléibhe. Deineadh taifeadadh faoi dhó uaithi
ar an rann, 'An Blúire Tobac', a luaitear leis (CBÉ 847: 61;
Wagner & Mac Congáil 1983: 116; cf. uí Ógáin 2009: 117). Ba
cheiliúradh ar rás a bhuaigh naomhóg ón mBlascaod a raibh a
fear céile, Peatsaí 'Flint' Ó Guithín, ar dhuine dá criú é 'Beauty
Deas an Oileáin', ceann de na hamhráin b'iomráití a chum sé
(Almqvist & Ó Héalaí 2009: 9, 163). Tá téacs an amhráin in 'ac
Gearailt 2007: 270–273; Ó Criomhthain 1977b: 91; Ó Dubhda
1933: 76–77; tá an t-amhrán le clos ar dhlúthdhioscaí uí Ógáin
1992 agus Mhic Dhonncha 2003.

An Chaora Odhar

Maidir le scéal na caorach seo agus téacs an amhráin, féach
Ó Criomhthain 1929: 98–101; Ó Crohan 1934: 114–117; Ó
Criomhthain 1973: 93–4; Ó Criomhthain 2002: 102–107;
O'Crohan 2012: 95–100; Ó Criomhthain 1956: 31–44, 249; Ó
Criomhthain 2004: 55–56; Ó Dubhda 1933: 56–8; Ó Scannláin
2003: 72–77 (maille le hastriúchán Béarla).

Asal an Chlúimh
Féach téacs in 'ac Gearailt 2010: 304–6; Ó Dubhda 1933: 73–5.

Cuilt an Oileáin
Féach téacs in Ó Criomhthain 1956: 35–39, 249; Ó Dubhda 1933: 66–70; Ó Scannláin 2003: 88–95 (maille le haistriúchán). I gcuntas a thóg Seosamh Ó Dálaigh ó Pheig in CBÉ 1201: 156 deireann sí gur dhein athair críonna Eoghain Uí Shúilleabháin (a raibh gaol aige, a deir sí, le hAodhgán Ó Rathaille), amhrán ag dímholadh na cuilte seo agus aithrisíonn sí dhá cheathrú de. Tá cur síos ag Peig ar dhéantús cuilte in CBÉ 1201: 159.

Cathain a thagadh fonn amhránaíochta orthu?
Tá go leor cuntas i litríocht an Bhlascaoid ar ócáidí ar ghnách amhránaíocht a bheith bainteach leo, leithéidí seisiúin i dtithe tábhairne lá aonaigh sa Daingean, ceiliúradh bainise, cóisir i dtithe, ócáidí siamsaíochta le cuairteoirí agus ceiliúradh na Nollag. Maidir le hamhránaíocht ar an mBlascaod féach uí Ógáin 1989, 1990, 1992 agus 2009, agus maidir le gnáthócáidí amhránaíochta i bpobail thraidisiúnta in Éirinn féach Ó Madagáin 1985.

An mbídís go maith chun amhránaíochta leis an leanaí ..?
Féach uí Ógáin 2009: 117–121; maidir le rannta traidisiúnta don aos óg i gCorca Dhuibhne féach Ó Cathasaigh 1998.

Táithleoga
Níor aimsíodh an focal seo i saothair fhoclóireachta. In Dinneen 1927 *s.v.* 'tathlughadh' tá *subduing, pacifying, lulling, settling down* tugtha mar fhocail mhínithe air agus 'taithliughadh' tugtha mar mhalairt foirme air; in Caomhánach (gan dáta): *s.v.* 'tathluighim' tugtar mar fhocail mhínithe: ciúnaighim, suaimhneasuighim, mínighim, téighim chun suantraí; tugtar in Ó Cuív 1947: *s.v.* 'tathlaím': *tathlú* = to settle oneself to rest; in DIL

tugtar *pacifying, placating* mar mhíniú ar an bhfocal 'taithleach' agus *appeases, calms, soothes* mar mhíniú ar 'tathlaigid'.

An seanmháthair céile a bhí agamsa

Ba í seo Máire Ní Shúilleabháin (r.1841), iníon Mhichíl Uí Shúilleabháin (file) agus deirfiúr 'Dhaideo' in *Fiche Bliain ag Fás.* Dealraíonn go raibh sí an-chairdiúil le Peig ón tús (Matson 2005: 236) agus tráchtann Peig uirthi ina beathaisnéis (Sayers 1936: 180–181, 187, 189, 194, 200; Sayers 1973: 153–154, 159, 160, 164–165, 168; Sayers 1998: 133, 138, 139, 143, 147).

An tAthair Séamas Ó Floinn

Ba é seo an sagart aitheanta de chuid dheoise Chorcaí, Fr O'Flynn 'of the Loft', mar a thugtaí air (Breathnach & Ní Mhurchú 1986: 72; Ní Mhurchú & Breathnach 2007: 191; O'Donoghue 1967; Smith 1964); bhí spéis mhór aige i gcur chun cinn na Gaeilge agus ba mhinic é ar cuairt i nGaeltachtaí na Mumhan. Bhí gean faoi leith aige ar Dhún Chaoin agus na Blascaodaí (O'Donoghue 1967: 42).

An raibh aon ghuth ceoil riamh agat?

Ní raibh aon ghuth ceoil ag Peig mar is léir ó na taifeadtaí ar na dlúthdhioscaí in Almqvist & Ó Héalaí 2009. D'admhaigh sí féin é seo ag rá gur glór préacháin a bhí aici *(ibid.*: 44, 197). Mar sin féin, ba bhreá léi éisteacht le hamhráin, rud atá léirithe ina lán sleachta ina scríbhinní dírbheathaisnéiseacha, agus bhí leaganacha an-mhaith aici de chuid mhór de na hamhráin (uí Ógáin 2009).

Róisín Dubh

Bhíodh an-éileamh ar an seanamhrán seo, féach, m.sh. Ó Tuama & Kinsella 1981: 308–310; de Brún, Ó Buachalla, Ó Concheanainn 1975: 84, 134; 'ac Gearailt 2007: 112–113; Ó Conghaile, Ó Tuairisg, Ó Ceannabháin 2012: 529, 819. Bhí an tAth. Ó Floinn an-tógtha le hamhránaíocht na Gaeilge mar a thugann sé féin le fios in O'Donoghue 1967: 47, 45:

I went about the Gaeltacht areas of Waterford, Cork and Kerry listening to traditional singers and learning from them their songs. I was like the man in the gospel parable who went about seeking pearls ... Every day I was absorbing food from a tradition that no other nation in Europe can boast of – a thing that has come more from heaven than from earth. I got from the old songs the same stirrings of heart and soul that Shakespeare must have got from his observations of the human scene and it was the enchantment of the music that set me on the track of the poets and bards.

ag dul go dtí an áit suas
Bhí an tAthair Ó Floinn ina shéiplíneach in ospidéal meabhairghalair, Our Lady's Hospital, Corcaigh, sna blianta 1910–1920.

10.4 Obair na mBan
Maidir le hobair na mban ar an mBlascaod, féach mar shampla, Ní Chéileachair 1989: 326; Ní Dhuinnshléibhe 1989: 340; Ní Shéaghdha 2015: 113, 116–117; Ó Criomhthain 1977a: 63; Tyers 1982: 52–53; Tyers 1998: 59–61; CBÉ 701: 246; CBÉ 1602: 437; CBÉ 1645: 252.

An mbíodh sníomh á dhéanamh …?
Bhí cur amach maith ag Peig ar an obair a bhain le sníomh mar a léiríonn sí sa chuntas seo a thug sí do Sheosamh Ó Dálaigh:

Banóirseach a thugtar ar bhean a bhíonn ag sníomh. Bhíodh bean chardála ag freastal ar gach aon bhanóirseach.

Bhíodh an olann priocaithe, giobaithe, nite roimis sin, agus an méid a bheadh le cardáil scaoilfí amach as mála ar an urlár í agus chroithfí íle ráibe uirthi chun í a smearadh. Bheadh an bhean chardála ag cardáil lena dhá carda ansan ag cur roilléithí ar charn don mbanóirsigh. Bhíodh dhá charn ann, carn mór is carn beag. Bhíodh fúnsa timpeall leo, fúnsa a bhíodh timpeall dhá orlach ar airde. Ní mór na daoine atá anois ann a d'fhéadfadh carn a dhéanamh. (CBÉ 1201: 141-143)

an mbíodh fíodóireacht á dhéanamh ann?
Tagraíonn Peig d'fhíodóirí an Oileáin in Almqvist & Ó Héalaí 2009: 117-118, 265, agus tá cuntas ar fhíodóireacht i nDún Chaoin agus ar an Oileán a thug sí do Sheosamh Ó Dálaigh in CBÉ 1201: 147–152, 161-162. Tá tuilleadh sonraí faoi fhíodóireacht ar an mBlascaod in Mac Cárthaigh & O'Reilly 1990: 45–47.

Bhuel, an dtagadh táilliúir amach don Oileán ..?
Tá cur síos ag Máire Ní Ghaoithín ar obair an táilliúra seo ar an mBlascaod:

Thagadh táilliúr Ó Scanláin ón gCeathrúin i nDún Chaoin san oileán fadó agus d'fhanadh sé coicíos ann ag déanamh brístí phlainín do na fir agus do na garsúin bheaga agus bheisteanna mhuinchillí do na seandaoine. Éadach plainín a chaitheadh na mná leis, cótaí dubha lán de phléataí a chaithidís ón dtaobh amuigh agus cóta de phlainín dearg istigh. (Ní Ghaoithín 1978: 80)

Tá cuntas ó Pheig ar tháilliúirí ag teacht chun an Oileáin in CBÉ 1201: 182–188, agus luann sí conas mar a dhéanadh táilliúirí veisteanna d'fhir an Oileáin de chraiceann róin in Almqvist & Ó

143

Héalaí 2009: 113, 261. Tá tuilleadh sonraí faoi tháilliúireacht ar an mBlascaod in Mac Cárthaigh & O'Reilly 1990: 45–47.

An ndeineadh na mná aon rud i dtaobh an éisc ..?
Tá faisnéis in CBÉ 1201: 468-470 a thug Peig do Sheosamh Ó Dálaigh ar mhná ag obair le hiasc, á scoltadh, á ghlanadh agus á chur ar salann.

Bess Rice
Maidir léi seo féach nótaí i mír 10.11 thíos.

Bhuel, an mbíodh oraibh dul ag bailiú feamnaí ..?
Tá cuntas ar ról na mban i soláthar feamnaí chun leasaithe in Lysaght 2001: 130.

Féach CBÉ 1201: 409–410 d'fhaisnéis a thug Peig do Sheosamh Ó Dálaigh ar mhná ag líonadh agus ag ardú cléibheanna feamnaí ar dhrom na bhfear le hiad a chur aníos ón gcladach.

10.5 Bia
Bia folláin
Maidir le cleachtais bhia ar an mBlascaod, féach Lysaght 2000a & b agus Lysaght 2001.

Bean mhaith tí ba ea Peig in ainneoin go bhféadfadh a mhalairt de thuairim a bheith ag roinnt daoine ina taobh, agus b'iontach go deo a raibh d'eolas aici ar bhia agus ar chúrsaí cócaireachta. Tá plé in O'Neill Á. 1989 ar an mbailiúchán a dhein Seosamh Ó Dálaigh uaithi faoi chócaireacht, bia agus béilí.

Coirce/cruithneacht
Tá faisnéis bhreise ó Pheig ar ghrán á mheilt ar an mBlascaod in Almqvist & Ó Héalaí 2009: 116-117, 264-265. Maidir le

curadóireacht ar an Oileán, féach Mac Cárthaigh & O'Reilly 1990: 19–21.

Feoil róin

In Almqvist & Ó Héalaí 2009: 113, 261, deireann Peig gur mhinic léi feoil róin a ithe agus gur gheall le bágún é nuair a bhíodh sé leasaithe.

Cnuasach trá Aoine an Chéasta

Ba nós láidir ar an Oileán 'anlann trá' a bhailiú ar an lá seo; féach Lysaght 2001: 134–136; Ó Criomhthain 1977a: 67–69; Ní Shúilleabháin 1978: 59, 82. Tá cuntas ó Pheig ar conas a bheirítí bia cladaigh Aoine an Chéasta in CBÉ 1201: 325-326. Níl aon fhianaise go leanadh amhránaíocht an nós seo ar an mBlascaod cé go mbíodh amhránaíocht go mór i gceist leis trasna an Bhealaigh i nDún Chaoin, féach Ó Dálaigh 1933: 66:

Is mó bean agus gearrachaile go mbíonn a scol bhreá amhráin acu thíos insa tráigh agus iad ag baint na mbáirneach ar séirse. Toisc an lae bhíonn ann, ní bhíonn aon amhráin ar siubhal aca ach amhráin bheannuithe, go mór-mhór amhráin a bhaineann le Páis agus Céasadh ár Slánaitheora. Dá mbeifeá anairde ar bharr na haille agus iad san féd bhun thíos insa tráigh ag baint bháirneach agus ag canadh amhráin san am gcéadna, do thógfadh sé an brón ded chroidhe agus do thabharfadh sé chun do chuimhne an lá íogair solmanta a bhíonn ann. Bíonn na mná agus na gearrachailí á fhéachaint le chéile, ag canadh na n-amhrán, agus is minic go gcaitheann na gearrachailí géilleadh dos na mnáibh mar bíonn breis de sna hamhráin bheannuithe aca.

10.6 Beostoc

Cion na binne

Tá an míniú seo tugtha ar an leagan sin in Ua Maoileoin 1993: 8:

> Coimín eatarthu go léir ab ea an cnoc ar fad, cead móna a bhaint acu ann agus coiníní a mharú. Ach is é Dlí na Binne a bhí i bhfeidhm eatarthu chomh fada le caoirigh ... cúig cinn fhichead de chaoirigh in aghaidh gach féar bó, agus an té ná raibh a leithéid sin aige ní raibh aon chead aige caora a bheith ar an gcnoc aige.

Tugann Seán Ó Cearna an cuntas seo ar an bhfocal *binn* bainteach le cearta féaraigh ar an mBlascaod:

> Bhí binn déanta ar an mbaile seo, an áirithe sin caorach in aghaidh féar na bó nó an chíosa. Nuair a bheadh lán do bhinne agat ansan – dá mbeadh breis agat – caoi a thabhairt do dhuine ná beadh an bhinn aige, nó théidís amach go Dún Chaoin ag triall orthu. (CBÉ:702: 549)

Dhealródh nár rith an leagan 'cion na binne' go héasca le Peig. Tá roinnt na talún ar an mBlascaod pléite in Stagles 1980: 79–92; Mac Cárthaigh & O'Reilly 1990: 23–24; CBÉ 1645: 100, 185-187.

Bhuel, is cuimhin leatsa na Dálaigh a bheith amuigh in Inis Mhic Aoibhleáin

Maidir le háitreamh ar an oileán seo, féach An Seabhac 1939: 87–90; Cuppage 1986:#845, #257, #362; Foley 1903: 73–74, 84–85; Ó Criomhthain 1956: 184–197; 255–257; Ó Dubhshláine 2007 *passim*, go háirithe 64–81; Matson 2005: 157–170; Stagles 1980: 118–122.

An raibh aon tigh riamh in Inis na Bró?
Ta eolas faoi iarsmaí luatha agus cónaí séasúrach ar an oileán seo in An Seabhac 1939: 86–87; Cuppage 1986:#1383, #1522; Foley 1903: 74, 85–86; Ó Dubhshláine 2007: 247–249; Stagles 1980: 122.

Bhí saghas éigin foirgnimh i mBeiginis, nach raibh?
Maidir leis seo féach Ó Criomhthain 1956: 251–252.

Cáit Ní Dhálaigh, Cáit Mhór Bheiginis
Tá tuilleadh faisnéise ag Peig faoi Cháit Ní Dhálaigh in Sayers 1939: 195-210; Sayers 1962: 94–101; tá scéal aici in CBÉ 910: 512–513 ar conas mar tháinig triúr fear a bhí díreach tar éis a mbáite an doras isteach go dtí Cáit Mhór, oíche i mBeiginis; tá cuntas ar an saol crua a bhí aici in CBÉ 701: 266.

Landlord go nglaoidís Hussey air, Sean-Husae
Seantreabhchas Normannach iad muintir Husae a raibh forlámhas acu ar bhaile an Daingin agus tailte acu i gCorca Dhuibhne faoi Iarla Dheasumhan (King 1931: 176–177; McKenna 1985: 38–44. Tá cuntas dírbheathaisnéiseach ó dhuine acu, athmháistir agus úinéir talún in Hussey 1904.

Bhí dhá bhó agus bhí trí bhó uair agam
Tá sé ráite in Matson 2005:239 go raibh trí bhó ag Peig agus a céile, Peatsaí, i dtús a saoil le chéile, '*which was above the average for the Blaskets*'. Maidir le líon bó ag teaghlaigh an Bhlascaoid, féach de Mórdha 2012: 177; de Mórdha 2015: 171; Mac Cárthaigh & O'Reilly 1990: 23–5, 37; Ní Shéaghdha 2015: 36.

10.7 Solas
Cad é an sórt solais a bhíodh ann nuair a bhís-se i do chailín beag?
Maidir le seanfhearaistí solais ar an mBlascaod, féach Mac Cárthaigh & O' Reilly 1990: 43–44; Ó Criomhthain 1929: 39–40;

Ó Criomhthain 1973: 37–38; Ó Criomhthain 2002: 335–336; Ó Crohan 1934: 41; O'Crohan 2012: 305; Ua Maoileoin 1993: 24–25; CBÉ 1201: 498, 258; tá tuilleadh faisnéise ina dtaobh ag Peig in Almqvist & Ó Héalaí 2009: 114, 262; tá an méid seo uaithi in CBÉ 1201: 258:

> An solas is sine a chonacsa, an slige, agus bhíodh sé in airde ar chúinne an iarta ag na mná a bhíodh ag sníomh agus roithleáinín beag féir thíos fé chun ná hiompódh sé, mar is é an slige a bhíodh acu blúire de thóin seanchorcán. B'fhéidir geitire nó dhá gheitire nó b'fhéidir trí gheitire a bheadh mar fháileog ansan agus é lán d'úsc.

Maidir le seanfhearaistí solais i gcoitinne féach Danaher 1985: 48–52; Evans 1957: 89–91; O'Neill 1977: 30–32.

10.8 Líonta
Dheineadh na mná na líonta
Tá an cuntas seo ó Pheig ar obair na mban le líonta in CBÉ 1201: 256:

> Ní fhacasa riamh líonta maircréal ná scadán á gcniotáil anso ach chonac saighní bád á chniotáil go minic. Chniotáladh gach aon bhean tí iad nuair a bhí na báid anso. Bhíodh snáthaid lín acu agus caighdeán. Cláirín ab ea an caighdeán a thomhaiseadh an mogal dóibh. Le cnáib a dheinidís an saighne … 'Is é an caighdeán an fear fíreannach' – seanfhocal is ea é.

Maidir le faisnéis faoi líonta féach Ó Curraoin 1977–1979: 123–129 agus Mac Cárthaigh 2008 (*passim*); maidir le báid saighne in Iar-Dheisceart na tíre féach Mac Cárthaigh 2008: 331–342.

1. Peig Sayers lasmuigh dá tigh i nDún Chaoin 1946 / *Peig Sayers outside her house, Dún Chaoin 1946.* Grianghrafadóir / *Photographer:* Caoimhín Ó Danachair

2. Peig go gealgháireach léirithe ag a mac, Mícheál Ó Gaoithín
/ *A smiling Peig depicted by her son, Mícheál Ó Gaoithín*

3. Peig ina codladh, Baile an Bhiocáire 1951 / *Peig sleeping, Baile an Bhiocáire 1951* (Seán Ó Súilleabháin, RHA)

4. Séamus Ó Duilearga, Stiúrthóir, Coimisiún Béaloideasa Éireann; tionscnóir an togra taifeadta ar a bhfuil an leabhar seo bunaithe / *Séamus Ó Duilearga, Director, Irish Folklore Commission; initiator of the recording project on which this book is based*

5. Seán Ó Súilleabháin, Cartlannaí, Coimisiún Béaloideasa Éireann. Chuir sé aithne ar Pheig in 1933 agus é ina fhear óg ar saoire ar an mBlascaod / *Seán Ó Súilleabháin, Archivist, The Irish Folklore Commission. He made Peig's acquaintance as a young man holidaying on the Great Blasket in 1933*

6. Pádraig Ó Siochfhradha ['An Seabhac']; 'sin é an balcaire d'fhear leathan láidir, Dia dhá bheannachadh … fear maith,' breith Pheig air / *Pádraig Ó Siochfhradha ['An Seabhac']; described by Peig as 'a man of sturdy build, broad-shouldered and strong, God bless him … a good man.'* (Seán Ó Súilleabháin, RHA)

7. Seosamh Ó Dálaigh agus Caoimhín Ó Danachair i nDún Chaoin 1946 / *Seosamh Ó Dálaigh and Caoimhín Ó Danachair in Dún Chaoin 1946*

8. Tithe ar an mBlascaod / *Blasket houses*

9. Tigh mar léirigh Mícheál Ó Gaoithín é / *Mícheál Ó Gaoithín's depiction of a house*

10. Am lóin ag leanaí scoile an Bhlascaoid 1932 lena múinteoir, Nóra Ní Shéaghdha/ *Blasket schoolchildren at lunch time 1932 with their teacher, Nóra Ní Shéaghdha* (féach téacs / *see text* #10.10)

11. Sult á bhaint as ceol ag leanaí an Bhlascaoid. / *Blasket children enjoying music.* Christine Hurlstone Jackson c. 1933 (féach téacs / see text #10.3)

12. Mícheál Ó Gaoithín. Léiriú samhailteach ar Bheiginis agus chun tosaigh An Tráigh Bhán. / *Mícheál Ó Gaoithín. Whimsical depiction of Beiginis with An Tráigh Bhán in the foreground* (féach téacs / *see text* #10.3, #10.6)

13. Máire Mhuiris Uí Chatháin ag sníomh ar an mBlascaod. / *Máire Mhuiris Uí Chatháin at her spinning wheel on the Great Blasket.* Grianghrafadóir / *Photographer:* Thomas Mason c.1935; (féach téacs / *see text* #10.4)

14. Mícheál Ó Gaoithín. Tuirne / Mícheál Ó Gaoithín. *Spinning wheel* (féach téacs / *see text* #10.4)

Cailleadh Séamas trí bliana ó shin
Bhí aithne mhór ar Shéamas Beag Ó Lúing ó Bhaile an
Ghleanna, Dún Chaoin, mar chainteoir deisbhéalach agus
mar sheanchaí; féach plé ar a bheatha agus a ealaín bhéil in
de Mórdha 2013. Cailleadh Séamas 7 Samhain 1947 rud a
fhágann nach ró-fhada ón marc a bhí ráiteas an tSeabhaic gur
bhásaigh sé 'trí bliana ó shin'.

10.9 Imní faoi iascairí

Is dócha go mbíodh imní an domhain ar na mná ...
Tá trácht freisin ag Peig ar chruachás bhean an iascaire in
Almqvist & Ó Héalaí 2009: 104, 252 agus Tyers 2009: 13–14.

*Ní bhíodh idir iad agus an anachain ach an t-ochtú cuid den
orlach*
Maidir le déantús na naomhóg féach Ó Duinnín 2008.

Agus dhóigh leat gur preacháin dhubha iad
Samhlaíonn Peig naomhóga le préacháin dhubha freisin in
Sayers 1936: 224; Sayers 1973: 190; Sayers 1998: 166.

Ortha na farraige
Tá an phaidir seo tugtha freisin ag Peig in Sayers 1936: 224;
Sayers 1973: 190; Sayers 1998: 166; tá leaganacha eile de in
Almqvist & Ó Cathasaigh 2010: 180, 214; Ní Shéaghdha 2015:
48–49; Ó Laoghaire 1975: #221; uí Bhraonáin 2008: 96.

10.10 Scoil an Oileáin

Bhuel, an cuimhin leatsa anois an scoil ?
Maidir le scoil an Oileáin, féach Ní Dhuinnshléibhe-Uí Bheoláin
2000; Ní Shéaghdha 2015: 181–187; Ó Cathasaigh 2000; Ó
Mainín 1989; Ó Mainín 2000.

Aon leanbh amháin

Ba é Gearóid Ó Catháin an leanbh aonair sa scoil ag an am sin agus thagraítí dó uaireanta i nuachtáin mar '*the loneliest child in the world*'. Tá grianghraf de in éineacht lena athair críonna, Muiris Ó Catháin, in Stagles 1980: 32. Tá cur síos air in Matson 2005: 26–28 agus tá cuntais ar a óige curtha ar fáil aige féin in Ó Catháin 1989, Ó Catháin 2003 agus go príomha in Ó Catháin 2014.

An tAth. Conchúr Ó Scannail

Bhí an tAth. Conchúr Ó Scannail ina shagart cúnta i bParóiste Bhaile an Fhirtéaraigh ó 10 Aibreán 1891 go 18 Meán Fómhair 1895 (Ó Mainín 1973: 32).

10.11 Mná caointe, Treantaigh agus Rísigh

An cuimhin leatsa, a Pheig, riamh, go gcualaís mná caointe ag caoineadh?

Maidir leis an gcaoineadh i gcoitinne, féach Ó Madagáin 1978; Lysaght 1997; tá fianaise ar an gcaoineadh i gCorca Dhuibhne in Ó Siochfhradha 1928: 49; Matson 1996: 160; Ó Cinnéide 1981: 31; Tyers 1992: 104–142.

Rísigh agus Treantaigh

De bhunadh Normannach ón mBreatain Bheag iad na Rísigh agus bhí tailte acu i gceantar an Daingin ó Iarla Dheasmhumhan (King 1931: 280–282; McKenna 1985: 37–43; Neligan 2017: 15–33). Normannaigh leis ab ea na Treantaigh a tháinig go Corca Dhuibhne i dteannta na nGearaltach (An Seabhac 1939: 62; King 1931: 325–326; Ó Conchúir 1973: 92).

Bess Rice

B'athmháistir í Bess agus tailte aici faoi Lord Ventry atá áirithe in Luacháil Griffith; tá sí luaite faoi dhó i leabhair chláraithe pharóiste Chaitliceach an Daingin – mar fhínné ar phósadh (1832) agus mar chara as Críost (1838); féach maidir léi Foley 1903: 44–47; Ó Criomhthain 1929: 51; Ó Criomhthain 1935: 61–62; Ó Criomhthain 1973: 50; Ó Criomhthain 2002: 38; Ó Crohan 1934: 55; O'Crohan 2012: 35; Ó Criomhthain 1956: 247; Ó Dubhda 1944: 36, 40–42; Ó Siochfhradha 1939: 68; Sayers 1939: 21–26; Sayers 1962: 8–11; CBÉ 702: 551; CBÉ 1478: 7–19; CBÉ 1602: 468-473; CBÉS 426: 127.

Chonac mo dhóthain di faid a bhí sí beo

Tá cuntas eile ag Peig atá an-ghar do seo ó thaobh foclaíochta ar dhrogall a hathar roimh aon chaidreamh le Bess Rice ar an saol eile in CBÉ 1201: 393-394; luann Mícheál Ó Gaoithín freisin drogall seo a sheanathar agus cuid mhór san fhoclaíocht chéanna in CBÉ 1478: 3–4.

Bhí folaíocht ar fheadh seacht nglún sa Rísigh Bhess Rice

Chuala Peig óna hathair gur dhearbhú ar fholaíocht Bhess Rice é go gcuireadh sí fuil shrón le barr feirge (cf. Thompson 1955-1958: H41 Recognition of royalty by personal characteristics or traits; H71.8 Tears of blood sign of royalty): 'Cháitheadh Bess Rice fuil shrón. Bhí folaíocht ar fheadh seacht nglúine i mBess Rice, agus de dhealraimh go bhfuil san ag baint leis an bhfolaíocht– cháitheadh sí fuil shrón le barr feirge,' (CBÉ 908: 347). Bhaineadh sé leas as íomháiníocht dhrámatúil ag cur síos ar a fuil shrón: 'Bhíodh bóthar, a deireadh m'athair, fola, silte aici, dá gcuirfeá aon fhearg uirthi fé mar a chrúfá as dhá shine bó í' (ibid.); agus i scéal a bhí aige faoin olc a tháinig ar Bhess nuair a chuala sí go raibh feamnach bainte gan a cead (CBÉ 1201: 395–396) dúirt sé gur 'ghluais an fhuil anuas as a srón agus síos ar a léine oíche agus síos an t-urlár síos go raibh loigín fola i mbéal an dorais.'

Crochadh ar Chnocán na gCaorach

Tá leagan eile ó Pheig de chrochadh na Ríseach in CBÉ 1201: 394:

Crochadh, a deireadh m'athair, Stiofán de Ríse agus beirt mhac leis ar Chnocán na gCaorach i gCill Airne, agus n'fheadar anois an ba ea bádh mac eile leis. Ach do bhí mac eile agus beirt iníon fós ann agus chrochfaí an mac san leis ach bhí sé ró-óg nuair a cuireadh chun báis a athair agus a bheirt dearthár. Bhí galar éigin ar cheann des na hiníonacha ansan agus bhí sé uirthi cúig bliana sara bhfuair sí bás. Níor mhair ansan ach Bess Rice agus an deartháir óg seo, Johnny Rice. Nuair a d'éirigh sé suas níor fhan sé i bhfad ar an gCuan. Thug sé a bhrollach do na dúichí lasmuigh agus níor tháinig aon tuairisc riamh uaidh ón lá dh'fhág sé an tigh.

Tá mionáireamh déanta orthu siúd i gCo. Chiarraí a bhí bainteach leis na Finíní in Ó Conchubhair 2011: 188–244. Níl aon duine de Rísigh an Daingin luaite ina measc agus, mar a mheabhraigh an tOll. Declan Downey go cineálta dúinn, ní lú ná mar a d'fhéadfadh Cnocán na gCaorach bheith ina láthair chrochta d'Fhiníní ón uair gur i seilbh na bProinsiasach a bhí sé ó 1863.

Is i gCnocán na gCaorach, áfach, a crochadh Piaras Feiritéar i 1653, taoiseach a bhfuil a cháil agus scéal a bháis ar marthain sa bhéaloideas i gCorca Dhuibhne (Ní Mhuircheartaigh 2019; Ó Duinnín 1934: 20–22), seanchas a bheadh ar eolas go maith ag Peig. Léamh amháin ar an traidisiún gur crochadh an Ríseach i gCnocán na gCaorach, is ea gur iarracht é ar stádas taoisigh laochta áitiúil a shamhlú leis – cur lena sheasamh sa phobal trí chuid de thuíon Phiarais a shíneadh leis. De réir an tseanchais freisin crochadh beirt eile in éineacht le Piaras

(Ní Mhuircheartaigh 2019: 82; Ó Duinnín *ibid.*) agus tharlódh gurbh é sin a spreag cuntas Pheig gur crochadh beirt mhac an Rísigh in éineacht leis siúd. Tá sé ráite freisin ag Peig (Sayers 1939: 27) gur crochadh athair Bhess Rice ach sna foinsí sin is mac amháin a deireann sí a crochadh in éineacht leis. Luann Mícheál Ó Gaoithín arís gur crochadh athair Bhess Rice, 'fíorchuradh uasal,' mar a thugann sé air, ar Chnocán na gCaorach ach ní hiad a chlann mhac a deireann sé a crochadh in éineacht leis ach 'na huaisle go léir a bhí ar aon bhuíon leis' (CBÉ 1478: 350).

iarracht ar Marie Antoinette … a bhreith as an bhFrainc
Maidir leis an bplean a tionscnaíodh chun Marie Antoinette a thabhairt chun an Daingin, féach Mac Kenna 1985: 48–56; Neligan 2017: 215–236; Purcell 1985: 18–19.

tá an tigh fós ann – na sagairt ina gcónaí anois ann
D'aistrigh na sagairt ó thigh na Ríseach go tigh nua a tógadh 1976. Is ionad don oideachas aosach anois é á riaradh ag Bord Oideachais agus Oiliúna Chiarraí.

Gearaltaigh
Ba lárionad ag Gearaltaigh Dheasmhuman é an Daingean ón tríú haois déag agus áit chónaithe Ridire Chiarraí nó gur bhásaigh Muiris an sé déagú Ridire i 1780 (McKenna 1985: 37–43).

Go ndéanfadh sé suas di féasta agus flaith
Tá an focal flaith luaite freisin le féasta ag Peig agus í ag trácht ar Dhónall na nGeimhleach in CBÉ 966: 243: 'Bhíodh uaisle ag teacht go dtí an dtigh chuige agus flaith agus féasta agus ólachán agus éirí in airde agus siamsa aige féin agus acu féin.'

11. PAIDREACHA

Bhuel, ar daoine deabhóideacha a bhíodh ar an Oileán?

Maidir le spioradáltacht na mBlascaodach, féach de Mórdha 2013; Ní Ghaoithín 1978: 51–58; Ni Ghuithín 1986: 78–81; Ó Criomhthain 1929: 258–259; Ó Criomhthain 2002: 343–344; Ó Crohan 1934: 314–315; O'Crohan 2012: 311–312; Ó Fiannachta 1992; Ó Héalaí 1989a; Tyers 1982: 37–51, 144-146.

An máistir Hanafin

Ba é seo Mícheál Ó hAinifín a bhí ag múineadh i scoil an Bhlascaoid ó 13 Meitheamh 1870 go 31 Márta 1876; féach Ó Mainín 1989: 38–39; Ó Dubhshláine 2000a: 106–7; Ó Dubhshláine 2000b: 67. Tá cur síos eile ag Peig air in Almqvist & Ó Héalaí 2009: 120, 267–268, 289, agus tá trácht air in Ó Criomhthain 1929: 69–72; Ó Criomhthain 1973: 66–69; Ó Criomhthain 2002: 59–63; Ó Crohan 1934: 77–80; O'Crohan 2012: 56–58.

Ó bhíodh seanphaidreacha acu

Tá bailiúchán paidreacha ón mBlascaod ag Mícheál Ó Gaoithín in CBÉ 1478: 285–296; maidir le paidreacha na muintire, féach Ó Héalaí 1979; Ó Laoghaire1989: 286–304; Ó Laoghaire 1975, 1995; uí Bhraonáin 2008.

An Choróin

Dhealródh nár thuig Peig i gceart an cheist i dtaobh a mhinicí a deirtí an choróin ar an mBlascaod, sin nó cuireadh isteach uirthi sula raibh an freagra tugtha aici ina iomláine. Ní hionadh gur baineadh siar as An Seabhac – rud is léir óna thuin chainte – nuair a chuala sé gur le haimsir na Nollag amháin a luann Peig rá na corónach. Bhíodh an choróin agus mionphaidreacha lena cois á rá go laethúil ó cheann ceann na bliana ar an Oileán mar a dhearbhaíonn an Blascaodach, Máire Ní Ghuithín, in CBÉ 254: 290, áit a dtugann sí téacs paidreacha a deirtí 'gach oíche' roimh agus tar éis na corónach. De bhreis air sin bhíodh sí á rá i dtigh na scoile aimsir Aifrinn Dé Domhnaigh nó lá saoire agus bhíodh sí a rá chomh maith ag daoine ag an am sin sa bhaile; féach Nóra Ní Shéaghdha in Tyers 1982: 144:

> An Domhnach a bhíodh stoirmiúil agus ná féadfainn dul go dtí an t-aifreann bhailíodh na páistí chugam isteach sa scoil, agus le chéile chuirimis an choróin chun Dé dúinn go léir. Bhíodh sé ráite agam leo ar an Aoine, agus bheadh a fhios acu go maith, mura raghadh an naomhóg amach. Ní bhíodh aon duine acu in easnamh riamh mar chuireadh a máithreacha ann iad cé go mbíodh an choróin acu ag baile chomh maith. Bhíodh a máithreacha ar a nglúine ag baile agus sinne ar ár nglúine ar scoil.

Tá fianaise ar dheabhóid Pheig don choróin in Almqvist & Ó Héalaí 2009: 138, ach tá léiriú eile ar a pearsantacht sa chuntas a thugann Seosamh Ó Dálaigh in CBÉ 934: 348–349, ar chleas a thaitníodh léi imirt ar aon chuairteoir a thiocfadh chun a tí le linn na corónach – fad a chur leis na paidreacha go mbeadh glúine tinne go maith ag an gcuairteoir:

> Bhí na deichniúir ráite nuair a tháinig Bréanainn Ó Ruanaí isteach; bhí sé chun casadh amach arís nuair a deineadh comharthaí dó teacht isteach. Tháinig, agus cuireadh ar a ghlúine é agus do lean Peig uirthi … coimeádann sí go minic daoine mar sin go ceann i bhfad d'aon ghnó glan.

Maidir le nós rá na corónach, féach Lysaght 1998; Ó Cearnaigh 1992: 47, 92; Ó Criomhthain 1929: 61; Ó Crohan 1934: 67; Ó Criomhthain 1973: 58–59; Ó Criomhthain 2002: 49; O'Crohan 2012: 46; Tyers 1982: 144.

paidir a déarfá, abair, ag dul a chodladh
Tá leagan eile ó Pheig den phaidir seo in Almqvist & Ó Héalaí
2009: 83 agus nóta leis *ibid.*: 138.

Pádraig Ó hUallacháin
Bhí sé seo ina mhúinteoir ar an mBlascaod ó 3 Iúil 1895 go
31 Nollaig 1898 (Ó Dubhshláine 2000b: 67); maidir leis an
múinteoir seo féach Ó Dubhshláine 2000a: 276–277 agus Ó
Mainín 1989: 40–41. Thug Peig an t-eolas seo ina thaobh do
Sheosamh Ó Dálaigh:

> Bhíodh sí [an choróin Mhuire] á rá ag Houlihan
> istigh san Oileán. Bhíodh Houlihan ag múineadh ann
> agus deireadh sé an choróin istigh sa scoil gach aon
> Domhnach. D'éirigh an sagart míchéata chuige sa
> deireadh mar dhein sé amach go raibh sé ag coinneáil
> na ndaoine óga istigh ón Aifreann mar thagadh
> Domhnaí breátha agus ní thagadh cuid acu amach
> ach théidís go dtí an gcoróin go dtí Houlihan. Léadh
> sé smut den scríbhinn diaga agus mhíníodh sé dóibh
> é. Bhíodh na mistéirí speisialta atá ag gabháil leis an
> gcoróin aige. (CBÉ 1201: 17)

Tá leagan den seanphaidir, 'An Aiséirí Bheag', ag Peig in
CBÉ1201: 362–3 agus deireann sí fúithi go mbíodh sí á rá ag
an máistir Houlihan leis na gcoróin.

*Tá íomhá, tá statue anois den Maighdean Mhuire i dtigh na
scoile*
Is aisteach é ráiteas Pheig anseo (agus ag teacht leis
Ó Cearnaigh 1992: 94) nárbh eol di cé a chuir an íomhá sa
scoil i bhfianaise an scéil atá coitianta anois sa cheantar gurbh
é Bláithín a cheannaigh an dealbh seo i siopa Clerys i mBaile

Átha Cliath agus a bhronn í ar thigh na scoile ar an mBlascaod, féach Mac Gearailt 2015. Tá an íomhá anois sa scoil náisiúnta i nDún Chaoin.

Bhuel, cad é an t-easpag is túisce is cuimhin leatsa?
Bhí an tEaspag Ó Muircheartaigh (David Moriarty) ina easpag ar dheoise Chiarraí ó 1856 gur cailleadh é i 1877 agus níorbh ionadh nár chuimhin le Peig é mar nár saolaíodh í féin go 1873. Bhí an tEaspag John Coffey i mbun na deoise ó 1889 go 1904 agus an tEaspag Andrew Higgins ó 1881 go 1889.

An tAthair Pádraig de Brún
Féach Breathnach & Ní Mhurchú 1994: 23–26; Ní Mhurchú & Breathnach 2007: 168.

Paidir le haghaidh an Domhnaigh
Tá leaganacha eile den phaidir seo in Almqvist & Ó Cathasaigh 2010: 172, 212; Ó Siochfhradha 1932:#241; Ó Laoghaire 1975:#59; uí Bhraonáin 2008:#6.

NOT THE FINAL WORD

ACKNOWLEDGEMENTS

We are immensely indebted to the National Folklore Collection, and specifically its Director, Dr Críostóir Mac Cárthaigh, for permission to reproduce the sound recordings and for locating visual and written archival material on which this publication is based. We are also much obliged to his colleagues, the Archivists, Anna Bale and Jonny Dillon, in the Delargy Centre for Irish Folklore, University College Dublin, for their frequent assistance, and we are grateful to The Folklore of Ireland Council for its support and interest in this project. The Directors of the Great Blasket Centre, Mícheál de Mórdha and Lorcán Ó Cinnéide, graciously provided any requested material and their colleagues Dáithí de Mórdha, Muireann Ní Chearna and Doncha Ó Conchúir, have been most helpful. We acknowledge the kind assistance of Bríd (Ní Dhúda) Uí Shé , Cáit (Ní Laoithe) Uí Bheaglaoi, Máirín (Ní Laoithe) Uí Shé and Bosco Ó Conchúir, and we are obliged to the artist Maria Simonds-Gooding for access to the artwork of Peig Sayers' son, Mícheál Ó Gaoithín.

We are grateful for the help of the staff in Special Collections, The Hardiman Library, National University of Ireland, Galway, and the willing coopertion of Clodagh Doyle, Curator, National Museum of Ireland – Country Life, and Róisín Conlon, Assistant Librarian, Irish Traditional Music Archive. Furthermore, we are deeply indebted to a number of others who shared with us their expertise in relation to particular aspects of the publication: Professors Declan Downey and Máirín Ní Dhonnchadha, Professors Emeriti Séamas Ó Catháin, Seán Ó Coileáin, Cathal Ó Háinle and Ríonach uí

Ógáin; Doctors Eoin Mac Cárthaigh, Éibhlís Ní Dhuibhne-Almqvist, Róisín Nic Dhonncha and Proinsias Ó Drisceoil.

A special word of thanks is owed to Harry Bradshaw for his skill and diligence in producing the high quality remastered copy of the recordings in the attached CDs. Permission to reproduce the illustrations in this volume has kindly been granted as follows: The National Folklore Collection (Frontispiece, 1, 4, 5, 6, 7, 8, 10, 11); Collection Maria Simonds-Gooding (2, 9, 12, 14); Office of Public Works, The Great Blasket Centre (3, 13).

Finally, we wish to acknowledge the support of the Arts Council for this project, and the professionalism of New Island Books in producing this volume.

INTRODUCTION

In January 1952, six years before she died, the celebrated Irish storyteller Peig Sayers was interviewed by Seán Ó Súilleabháin, archivist of the Irish Folklore Commission, and the writer, Irish-language activist, and folklore collector, An Seabhac [Pádraig Ó Siochfhradha]. Séamus Ó Duilearga, Director of the Irish Folklore Commission, initiated this particular recording project, and Kevin Danaher, well-known ethnologist, had responsibility for technology. The interviews were conducted in St Anne's Hospital, Northbrook Road, Dublin, where Peig was a patient for several weeks, suffering from cancer of the palate. For the first time, the recordings from these interviews are made available here – transcribed, edited, annotated, translated to English and accompanied by an introduction.

Prior to his tragic death in 2013, Bo Almqvist whose knowledge of Peig Sayers's stories was unsurpassed, planned this dual language publication in collaboration with Pádraig Ó Héalaí. Work on the project was well advanced at the time of his sudden demise and by then Bo had compiled much of the commentary and most of the introduction, including these concluding remarks, revealing his deep concern to see Peig's complete repertoire in print:

By the time the gramophone recordings were made in 1952, Ó Duilearga had long realised that the collections from Peig – that extraordinary storyteller (*sgéalaí agus seanchaí as meon*) as he terms her – are of such unique importance in view of their excellence and magnitude that it would be highly desirable to have them available in print in as full a form as possible. In *Béaloideas* 25 (1957) where he published and annotated 23 tales from Robin Flower's *Nachlass*, under the title 'Measgra ón Oileán Tiar',[1] out of which 17 were taken down from Peig, he states this collection should be seen as a small foretaste of a complete edition of the vast collection of stories and other folklore material collected by Seosamh Ó Dálaigh, which the Folklore Commission has in mind to publish. In this connection it might also be mentioned that Peig Sayers's son, Mícheál Ó Gaoithín, on several occasions in the latter half of the 1960s told me that Ó Duilearga had promised to publish the collections of his mother's stories accompanied by the stories he had himself contributed to the Commission's archives. Whether Ó Duilearga actually made such a firm undertaking or not, should perhaps be left undecided, but in any event it is quite clear that the fact that this huge project was not realised then was not due to a lack of will but rather lack of funds and sufficient and suitable assistance.

The encouragement Ó Duilearga gave me in my efforts to carry out further collecting from Mícheál Ó Gaoithín and the clear understanding he often showed in the ways in which the material from him had the potentiality to elucidate his mother's stories and traditions, are also indications of the type of edition Ó Duilearga had in mind. When The Folklore of Ireland Council was established in 1972 a plan for its future publications was drawn up by me in consultation with Ó Duilearga, in which the complete edition of Peig Sayers's stories was mentioned as one of the desiderata. In spite of considerable preparatory work, this edition has still not materialised, for the same reasons as the earlier plan, but the energy with which Ó Duilearga furthered the project is proof enough of the importance he attached to it. It should be said here, however, that the entire corpus of the stories of Peig Sayers have been edited by myself and my colleague, the late Professor Dáithí Ó hÓgáin, and we can hope that in due course this mammoth collection will be published.[2] In the meantime, one might also allow oneself to imagine that he, who might well have taken the motto of the Folklore of Ireland Society, *Collegite fragmenta ...*, as his own, would have considered the present publication as a small step towards the goal he had envisaged.

The project to publish Peig's hospital recordings was in abeyance for some time after Bo's death, but is finally now presented here as a work of collaboration between the two editors, with thanks to Éilís Ní Dhuibhne-Almqvist for some final edits on the introduction.

What is unique about this particular selection of stories and interviews is that the sound recordings were made using the best recording methods available at the time, on a wire-recorder, and utilising an electric power supply. They are extant and accessible in the National Folklore Collection. Although we are fortunate to possess very extensive collections of material from Peig Sayers, most consist of written documentation – much of it in the form of exact transcriptions of orally recorded interviews. However, for reasons related to scarcity of economic resources and the history of sound technology, most of the original sound recordings, made on wax cylinders, are no longer extant.

PEIG SAYERS (1873–1958)

The outlines of Peig Sayers's life are well known thanks to her two autobiographical books, *Peig .i. A scéal féin* (1936), and *Machtnamh Seana-Mhná* (1939), which she dictated to her son Mícheál Ó Gaoithin, and also to the book *Beatha Pheig Sayers* (1970), written by Mícheál on the basis of his mother's reminiscences. Peig was born in Baile an Bhiocáire in Dún Chaoin, the westernmost parish in Ireland. She was the youngest in the family of Tomás Sayers, a small tenant farmer, who had moved to Dún Chaoin from the neighbouring parish of Fionntrá. Further biographical information on this remarkable woman is given by Bo Almqvist in his introduction to *Peig Sayers. Labharfad Le Cách. I Will Speak To You All* (2009), a sister volume of the present work.

While different opinions can be held about the literary value of Peig's autobiographies, there is general agreement that they are remarkable for their fluent and natural dialogue and their precise descriptions. Neither is their importance as social documents in doubt. They provide vivid and realistic pictures of life and living conditions as they were in Dún Chaoin, her parish of birth, and in the town of Dingle and on the farm in the neighbouring parish of Cill Dromann, where she worked as a servant maid in her early youth. The books also depict life on the Blasket Islands, where Peig lived for forty years following her marriage at the early age of 18 to the fisherman Pádraig Ó Guithín in 1892, and where she raised her many children only to lose them all except Mícheál through disease, tragic accidents and emigration to the United States. Her books give us valuable knowledge of living conditions in the past, particularly as far as women were concerned. The description of Peig's return to her birthplace on the mainland in old age also renders a kind of circularity to her story, calling to mind the wheel of life with its constant turning and the contrasts between the joys of childhood and youth and the losses and sorrows which are the inevitable results of old age.

To folklorists Peig's autobiographies have special value for many reasons, not least because of the folklore items included in them and her accounts of various storytelling occasions. Peig had storytelling in her blood. Her father, Tomas Sayers, was considered to be one of the best storytellers in West Kerry in his time. It was from him that the Peig learnt most of her tales, as is evident not only from what Peig herself frequently stated but also from the fact that many of her tales contain references to localities in the parish of Fionntrá, where Tomás had spent his life before his move to Dún Chaoin. Though Peig also learnt tales from several other storytellers, such as her own husband, Pádraig Ó Guithín (Patsy Flint), we may safely take it she learnt most of her stories at an early age in her home.

It is more difficult to say when she began to perform for an audience and become known as a storyteller. What sort of audience did she originally have in her own community? We have indications that her earliest listeners included her own children. Thus Peig's daughter Cáit contributed to the journal *An Lóchrann* in 1911 a version of the story Siobhán and Domhnall, which she in all likelihood had learnt from her mother. Blasket Islanders of the same generation as Peig's children, for instance Muiris and Seán Ó Guithín and Seán Pheats Tom Ó Cearna and several others, have often told how as little children in the 1910s they were scared to death by the ghost stories Peig would tell them. She was recognised by school children on the Island as a ready source for the stories their teacher, Nóra Ní Shéaghdha, urged them to collect in the late 1920s.[3]

It is also unlikely that the famous folklorist C.W. von Sydow who visited the Blaskets in 1920 and 1924 and befriended Peig and her son Mícheál was not already aware of Peig's unusual storytelling abilities.[4] The classical scholar George Thomson who inspired Muiris Ó Súilleabháin to write *Fiche Bliain ag Fás (Twenty Years A-Growing)* was also a good friend of Peig's son Mícheál and was a frequent visitor to her house in the years 1923 and 1926. During these visits he often listened to her telling stories. One of these was the story about the dream that was included in chapter one of *Twenty Years A-Growing*.[5] It would appear however that neither von Sydow or Thomson wrote down anything from Peig.[6]

During her lifetime, over a dozen scholars, Irish and international, men and women, made significant collections from Peig Sayers. These include Cormac Ó Cadhlaigh, Robin Flower, Kenneth Jackson, Pádraig Ó Braonáin, Marie-Louise Sjoestedt, Seosamh Ó Dálaigh, and Heinrich Wagner, among others. Detailed information on them is available in the introduction to *Peig Sayers. I Will Speak To You All*. Mirroring the absence of information concerning Peig's early career as a storyteller, is a lack of definite information relating to the earliest collections from her.

There is more than one scholarly contender for the honour of 'discovering' Peig Sayers. The Gaelic Leaguer Cormac Ó Cadhlaigh (1884–1960), who eventually became professor of Irish at University College Dublin, claims in his memoirs that he was the first to collect from her. This collecting took place during his stay on the Blasket in 1907. His collections, which unfortunately appear to be lost, consisted exclusively of song texts and proverbs. But the first major collector from Peig, who was probably responsible for bringing her to national and international attention, was Robin Flower (1881–1946). This English medievalist and Deputy Keeper of Manuscripts in the British Museum made his first visit to the Blasket in 1910. He visited the Island every year from then until 1914 – he was actually on the Great Blasket when the war broke out in August 1914. He began to visit the Island again in 1925, and summered there on and off until 1939. He would certainly have met Peig during his first visits. Although over the next few decades he was mainly occupied with collecting from Tomás Ó Criomhthain ('The Islandman'), it would seem likely that he would also have taken down material from Peig during this period. It is difficult to ascertain anything about this, however, since Flower was a scholar who relied to an unusual extent on his memory and made few notes about the progress of his work. From the late 1920s, however, his collecting from Peig proceeded with great speed and astonishing results.

He was the first to make substantial collections from her, and his collections are the most extensive taken by any collector, with the exception of Seosamh Ó Dálaigh, who worked with Peig in the 1940s, after she moved to the mainland. Robin Flower made the first sound recordings of Peig, on an Ediphone recorder in 1930. Sadly, the sound recordings do not survive, but they were transcribed by Seosamh Ó Dálaigh, fulltime collector with the Irish Folklore Commission, and amount to 1235 manuscript pages. There is a good deal of additional material in notebooks and loose pages in the National Folklore Collection now part of Robin Flower's *Nachlass.* Flower published several of Peig's stories in various issues of the folklore journal, *Béaloideas,*[7] and his loving depiction of her in his book *The Western Isle* is worth quoting here, as evidence of his attachment to this remarkable woman:

> Big Peig – Peig Mhór – is one of the finest speakers on the Island; she has so clean and finished a style of speech that you can follow all the nicest articulations of the language on her lips without effort; she is a natural orator with so keen a sense of the turn of phrase and

169

the lifting rhythm appropriate to Irish that her words could be written down as they leave her lips, and they would have the effect of literature with no savour of the artificiality of composition. She is wont to illustrate her talk with tales, long and short, which come in naturally along the flow of conversation, and lighten up all our discourse of the present with the wit and wisdom and folly and vivid incident of the past.

... As Peig was telling this tale I watched her, in admiration of her fine, clean-cut face, with the dark expressive eyes that change with the changing humours of her talk, all framed in her shawl that kept falling back from her head as she moved her arms in sweeping gestures, only to be caught and replaced above her brow with a twitch of the hand.[8]

Following the publication of Flower's collections from Peig and his praise of her as a skilled narrator her reputation grew nationally and internationally in the scholarly community. On Flower's recommendation Kenneth Jackson (1909–1991) who was to become a celebrated Celticist, came to the Blasket in 1932 to learn Irish and most of his extensive collection of folktales and legends from Peig was published in the years immediately following.[9] Again in the 1930s the famous linguist and mythologist Marie-Louise Sjoestedt had still more of Peig's stories published.[10]

Possibly in response to this widespread interest in the supremely talented storyteller, Peig dictated her memoirs to her son Mícheál Ó Gaoithín. Peig was very literate in English, as her correspondence with friends indicates, but she had difficulty writing in Irish, since she had never learnt this skill in school. Her autobiography *Peig .i. A scéal féin* was first published in 1936, followed by *Machtnamh Seana-Mhná* in 1939.

Folklorists and scholars continued to collect from Peig until a few years before her death in 1958. By far the most significant of these is the enormous body of stories, legends and traditional knowledge amassed by Seosamh Ó Dálaigh, a full-time collector with the Irish Folklore Commission, who worked with Peig from 1942, when she moved from the Island to her final home in Baile an Bhiocáire, Dún Chaoin, until 1951. In the course of his collecting, he visited Peig no fewer than 275 times, and his collection, all transcribed in some 3,200 pages and available in the National Folklore Collection, is the richest, most varied, and most reliable, of all – and one of the largest and most interesting collections of material made from any single storyteller in Ireland.

APPRECIATION OF PEIG'S ARTISTRY

Though Ó Duilearga carried out collecting in most parts of the country, his personal collecting and research was focussed particularly on Uíbh Ráthach, in Kerry, and he had a particular appreciation of the Kerry dialect. It is perhaps not surprising that his gaze shifted to the Dingle Peninsula. It is not certain when or how Ó Duilearga first learned of the talented Peig Sayers, but it is more than likely that he first heard about her either from his friend Robin Flower, with whom he was acquainted since 1926,[11] or C.W. von Sydow whom he first met in the summer of 1927.[12] Already in 1930 he had published in *Béaloideas, the Journal of the Folklore of Ireland Society*, of which Ó Duilearga was editor, a selection of stories collected from Peig by Robin Flower.[13] According to a diary note from 5 October 1946, he himself first met her when he visited her in the Blaskets '1936 or 1937'.[14] His diaries from 1936/7 are quite sketchy and do not mention the meeting). His notes on Peig's stories in *Béaloideas* reveal his appreciation of the fullness and excellence of her narrative art. For example, commenting on a migratory legend

171

about fairy abduction, which Peig entitled 'Conas mar Fuair Seán Ó Briain Bean' [How Seán Ó Briain Got a Wife], he writes that Peig's version is 'unusually long as my experience goes, and is very well told'.[15] This simple observation is in fact an excellent characterisation of Peig's tales in general: they were usually longer than other storytellers' versions, but she could be expansive without *longeur* and she excelled at dialogue and descriptive detail. She was able, more than most, to bring a story to life with good dialogue and telling concrete detail.

Séamas Ó Duilearga instructed Seosamh Ó Dálaigh to work with Peig, as soon as she came back to live on the mainland in 1942, and his correspondence with ó Dálaigh expresses his huge admiration of her as a storyteller. In a letter of 6 February 1943 to Seosamh Ó Dálaigh he writes:

Gabhaim baochas leat insan obair mhaith atá ar siúl agat agus insan gcnuasach bhreá d' oideas béil atá agat á fháil ó Pheig Sayers, agus óna mac. Tá an cnuasach so ar an adhbhar is feárr a bhailíghis riamh in n-aon áit i gCúige Mumhan ... Bhí na sgéalta san ar an gcuid is fearr agus is suimiúla a fuarthas riamh ó éinne sa tír seo ...

[Thank you for the good work you are doing and the excellent collection of oral tradition you are getting from Peig Sayers. This material excels anything you have ever collected anywhere in Munster ... Those stories were among the best and most interesting that were ever collected from anyone in this country ...]

And again he writes to him on 27 February 1945, this time in English, in even greater appreciation of Seosamh's collections from Peig:

You are doing work of inestimable value ... Continue to
work with Peig as much as you can. She is outstanding,
and everything she gives has a literary quality which is
unmistakeable.[16]

In the relationship between Peig and Séamus Ó Duilearga the
gifts and tokens of appreciation bestowed on Peig constitute
a special chapter, containing many touching and more than
a few humorous ingredients. Although the Irish Folklore
Commission did not pay informants, in accordance with
standard international scholarly research practice, it was
the custom to send out Christmas greetings and small gifts
of tobacco, boxes of chocolates or occasionally a naggin of
whiskey to their more significant informants. Peig and her
son Mícheál were among those who were so favoured over the
years. But Peig's contributions to the Commission's Archives,
especially the material collected by Seosamh Ó Dálaigh, were
considered so outstanding that the Commission's Honorary
Director thought that she was deserving of special thanks and
encouragement. To enable him do so in the best possible
manner he often sought advice from Seosamh Ó Dálaigh, the
man who had collected more from her than anybody else and
knew her better than anybody else. Such advice might often
have been sought orally, during Ó Duilearga's visits to Dún
Chaoin and we have reasons to believe that Peig received a
number of gifts directly from Séamus on such occasions; some
of these tokens of appreciations are likely to have remained
unrecorded. Nevertheless, the sources available to us, especially
the correspondence between Séamus and Seosamh gives us a
very good idea of the great amount of genuine thought and
concern that went into the presents.

By the beginning of 1945, Séamus was so impressed by
the material that Seosamh Ó Dálaigh had collected from Peig

that he thought she ought to be entitled to a special award. On 18 December 1946, in reply to a letter from Ó Duilearga, Seosamh Ó Dálaigh wrote that after due consideration he had arrived at the conclusion that the best present for Peig would be a pair of slippers that she could wear by the fire at night (*peidhre slipéirí a bheadh uirthi cois tine istoíche*). He goes on to specify that the slippers should be size 9 (from which it is clear that Peig deserved her nickname Peig Mhór [Big Peig]). However, Seosamh continues, if slippers cannot be had, a generous supply of tobacco and a new pipe, might be appreciated just as much. For some reason Séamus did not take him up on either suggestion. Instead he presented Peig with a chair.[17] We can glean a common denominator here, however: that Peig deserved some measure of luxury and rest after the long and intensive period of collecting she had been exposed to. Apparently, Peig was very pleased with her new chair. As we learn from a letter of 17 January 1947 from Seosamh to Séamus, she had instructed the former to express her heartfelt thanks to Séamus and to let him know that she was praying for long life for him and his family. A comfortable chair was particularly useful that Christmas, since the gift happened to coincide with spraining her thigh for which she was taken for a short while to hospital in Tralee. Finally, Séamus in reply to Seosamh's letter tells him that he is glad to hear that Peig liked the chair and asks him to convey to her how sorry he is to hear that her brother-in-law and her son have been unwell.[18]

This was far from the last present Peig received from Séamus. In a letter of 17 November 1950 Seosamh Ó Dálaigh had reported to Séamus that Peig now was totally blind and hardly left the bed at all, though her mind was as clear and her speech as vigorous as ever. Since her son Mícheál was wont to go out visiting the neighbours at night leaving Peig alone, and that she would then fall asleep every so often, it frequently happened that she would be unaware of what time it was or even whether it was day or night when she woke up. It had occurred to Seosamh that it would be a great help if she had a clock in the house that would strike the hours, and this was an idea that Peig herself took to enthusiastically. A letter from Seosamh to Séamus of 11 April 1951 indicates that the clock had been procured and presented to Peig. In that letter we hear that Peig is still as good company as ever and that she is constantly thanking Séamus for his presents, including the clock which she enjoys day and night *(tá taitneamh aici á bhaint as ... ló agus d'oidhche).*

Ó Duilearga saw her for the second time 5th October 1946 and his diary records that she was 'in great form':

> Our main object on this trip to take photos. We had a new cine-kodak (cost £40) with us. But weather still against us. Wet & foggy this morning – had a bathe in spite of it. In evening went to see Peig Sayers who lives close by. She was in great form. I had not seen her since 1936 or 1937 when I visited her in the Blaskets.
>
> No one has ever bothered to take a sound-film of Peig or even a gramophone record & we have neither funds nor chances to do it yet. Maddening! I do not take those in charge of Irish matters seriously – they have neglected their duties with callous indifference.

Ó Duilearga had been involved in making the first sound film in Irish, *Oidhche Sheanchais*, with Robert Flaherty, in January and February 1934, in London, and was well aware of the importance of film documentation.[19] The Irish Folklore Commission and subsequently Department of Irish Folklore were always very advanced in their utilization of the most up to date technology.[20] In a later entry from October 1946

175

under the heading 'Impressions of Trip', he again stresses the urgency of the task of documenting Munster tradition and complains about the indifference of Government.

> Irish almost dead in Munster – clear we must get as much down in writing, on sound-track & on gramophone as poss. If I had £3000 I could do all I want in the matter of gramophone records. But we must get to work at once, but Govt. delays & delays & and delays and hems & haws & will make no decisions on us – simply does not have any idea about import. of our work. We must get sound-film of Peig Sayers at once.

He had to wait almost six years before the sound recordings he wanted were made; it needs to be emphasised, however, that sound recordings of Peig were made from 1929, when Robin Flower used the Ediphone. However, the quality of the Ediphone recordings was always very poor, and Delargy clearly wished to have a high quality and durable record of Peig's voice. His diary records on 6 October 1946 that he managed to get a short silent film of Peig:

> Bathe before b.fast. Irish sermon at Mass quite good. At 11.30 weather changed & became magnificent, so we filmed Peig Sayers outside her home, and after dinner photographed a very fine speaker at Bail[e] Eagailse from whom Daly has collected a great deal – Pats a' tSíhig. Marvellous sunset over Blaskets with Cnoc Bhréanainn (local form of the name, by the way)[21]

THE 1952 RECORDINGS

Peig was in her late seventies when the recordings presented in this volume were made. She was ill, undergoing treatment for cancer. Her eyesight had been failing for years, and by 1952 she was completely blind. She had, however escaped the hereditary curse of the Sayers family, deafness, which had affected her brother. So Peig retained her lively sociability, keen interest in people and great enjoyment of good company and it is safe to presume she would have welcomed her bedside visitors in St Anne's hospital. In her last years confined to bed in St Elizabeth's in Dingle, she welcomed visits from leading folklore and language scholars and artists from many countries, among them the American folklorist Stith Thompson, writers Seán Ó Ríordáin and Bryan MacMahon, and painters, Seán Ó Súilleabháin, RHA, and Harry Kernoff. She was also visited by many clerics, whose attentions she deeply appreciated. These ranged from nuns, monks and priests to a variety of higher ecclesiastics.

Séamus Ó Duilearga (1899–1980)

Séamus Ó Duilearga was the founder of the Irish Folklore Commission and for many decades its director. He was characterised as 'a man of vision and cultural concern' by Kenneth Whitaker, Secretary General of the Department of Finance in the 1960s during the formative years of modern Ireland, and was regarded by him as one as the greatest Irishmen of his time.[22] Ó Duilearga can be regarded as the father of Irish folklore collecting, and it is certainly thanks to his vision that we have in Ireland one of the largest collections of oral literature in the world.[23]

Séamus Ó Duilearga visited Peig on a number of occasions between 1948 and 1952. In December 1951, his ambition to record Peig on 'gramophone records', was almost fulfilled. Kevin Danaher went to Dún Chaoin to make the recordings. However, he did not succeed because Peig became ill and on St Stephen's Day was admitted to St Elizabeth's Hospital in

Dingle with a throat problem. A few days later she was examined by a doctor, who recommended that she be transferred to St Anne's Hospital, Northbrook Road, in Dublin, where she underwent radium treatment for cancer. It was during her stay in this hospital that the material presented in this volume was collected.

Although for obvious reasons the circumstances for interviewing were not ideal, Peig was not in pain and was more than happy to be recorded. It seems likely that Ó Duilearga would have felt there was a new urgency to the situation and that the opportunity to complete the collecting planned in December might not arise again. The availability of a reliable supply of electricity must have facilitated the technical aspect of the project.

Fairly full accounts of her stay in St Anne's and the recording sessions there survive in the writings of Seán Ó Súilleabháin, translated here:

During Christmas 1951 Kevin Danaher attempted to record material from Peig on gramophone records for safekeeping in the offices of the Commission but was unable to do so as Peig was brought to Dingle hospital on St Stephen's Day. She was subsequently brought to Tralee and from there to St Anne's Hospital, Northbrook Road, Dublin, on January 8, 1952. There is a problem with her throat. She is under the care of Dr Chance and he has sent to London for radium to treat her. Seeing that her voice was still strong and clear and she was relatively free from pain and eager as usual to engage in storytelling, Professor Ó Duilearga decided to try and record some samples of her speech on the gramophone before the radium arrived from London. To this end Kevin Danaher and Seán Ó Súilleabháin went with the wire recorder to St Anne's hospital on Saturday 12 January at four o'clock. The hospital authorities, and especially Sr Bernadette, facilitated us in every way possible. Peig was in a corner bed in a room with five other women on the first floor. She is completely blind, the poor woman, but her mind and memory are as sharp as ever. K. Danaher set up the machine and Seán Ó Súilleabháin began to question Peig so as to ease her into telling some stories. He did not have to try very hard as Peig is always keen to talk and tell a story. She told four stories which were entered on the wire-recorder: 1) Fionn in Search of Youth; 2) Tom Smith's Room; 3) The Devil's Son as Priest; 4) The Farmer Who Lost His Sons and how an angel revealed to him the fate that awaited them had they lived. By then Peig had been with us for an hour and a half, and not wishing to overstretch her, we took our leave, bidding her goodbye at 5.30.

An Seabhac was asked to accompany us the following Monday, 14 January, at 3 o'clock, and he was entirely agreeable to that. We were welcomed just as we had been two days previously and Sr Bernadette helped us in every way. To start with, Peig was given a glass of whiskey to enliven her – the poor woman was asleep when we entered the room – and whoever else remained silent thereafter, it certainly was not Peig. An Seabhac began to question her about old ways, traditional life on the Blasket, how they passed the nights, women's work, landlords etc. and for the space of an hour both his questions and Peig's answers were taken on the wire-recorder. Peig was very eager to talk and An Seabhac was well able to lead her on. That visit proved to be very fruitful, as was the first.

Reference to these collections are also made in the minutes of the meeting of the Irish Folklore Commission for 28/1/1952 written by Pádraig Eric Mac Fhinn. There it is said that Seán and Caoimhín paid three visits to Peig. This is the full text in translation:

> From time to time during the last fifteen years Seosamh Ó Dálaigh recorded hundreds of stories and items of lore from that celebrated lady from the Blasket Island in Kerry, just as Dr Robin Flower had done previously – his collection also is held by the Commission. He [Séamus Ó Duilearga] sent Caoimhín Ó Danachair to Dún Chaoin the previous Christmas for the purpose of recording Peig's speech on gramophone records so that her voice would be preserved in the Commission's offices. It was not possible, however, to carry out the recording as a few days prior to his arrival, Peig had gone to hospital. She was later brought to Dublin where Caoimhín Ó Danachair and Seán Ó Súilleabháin, with the kind permission of the hospital authorities, were able to visit her on three occasions; An Seabhac accompanied them once. Forty 12" gramophone records containing on one side tales and lore from Peig were recorded and it was a matter of great satisfaction that this much was accomplished.[24]

The Dr Chance referred to is Oliver Chance, the radiotherapist who worked at St Anne's between 1933–1952 and again 1970 to 1972 according to the booklet *St Anne's Hospital down through the years*.[25] According to the same source, the matron at the time was Sister Raphael Caffrey.[26] Ó Duilearga refers to the visits in his own diary, as follows:

Jan. 8.

It was today or on 9 Jan. that Peig Sayers came for treatment to hospital in Northbrook Rd. Dublin.

Jan. 17.

Seán O'Sullivan & Kevin Danaher paid their third visit to Peig Sayers (of Blaskets) now in hospital at Northbrook Rd. & recorded material – about 45 mins recording. Kevin told me that Peig did not appear to be in as good form as she was on previous visits.

Jan. 20.

Prof. Michael Hayes & I visited Peig Sayers of Dunquin this evening at Cancer Hospital, Northbrook Rd. & had a chat in Irish with her. Her voice weak, but her spirits high. We stayed a short time only. Recordings had been made by I.F.C. on Thursday last.

Jan. 28.

Halldór Kiljan Laxness, Icelandic novelist called to see me today at IFC, having been recommended to do so by Jón Helgason of Copenhagen. A very charming man, altho a Communist (*more islandico*).

Preparing for Belfast lecture at home all evening.
Peig Sayers still in hospital here, but she is to go back to Kerry this week.

Peig returned to Dingle, but spent most of the rest of her life in hospital there. Séamus Ó Duilearga continued to visit her fairly regularly, as these entries from his diary attest:

July 8 1953

I went to Dingle & saw Peig Sayers in the hospital. She is well but has changed since last year & I suppose will not live very long.

June 25 1954

Lá salach ceoch eile. Tráthnóna go dtí An Daingean – An File, Molly, Torlach & Pound. Fé dhéin Pheig Sayers, san Ospidéal – í go seamhrach, í ag caint ar an Oileán. 'An t-uaigneas is mó a bhí orm á fhágaint – mo dheichniúr babies atá curtha ann.'

[Another lousy foggy day. To Dingle in the evening – An File, Molly, Torlach & Pound. Went to see Peig Sayers in the hospital – she was quite lively. Talking about the Island. 'My greatest sorrow in leaving it – my ten babies who are buried there.']

Oct. 15 1956

At 4 I drove Molly & An File to Dingle. Brought some whiskey (14/-) to Peig Sayers. Her son, 'An File', questioned her about her people, as I had asked him to do this in view of introduction later on to the Mss, containing her seanchas. The old woman was in very good form, & was glad to see me, taking my hand in the old style & kissing it.

July 17 1957

Bo Almqvist, Jim Carney, An File & I to Dingle to see Peig Sayers in hospital. She looks very frail, & I wonder if she will see Christmas.

As usual, Seámus Ó Duillearga proved to be a sharp observer, True enough, Peig survived Christmas 1957 but died before Christmas the following year.

Seán Ó Súilleabháin (1903–1996)

Seán Ó Súilleabháin was the only professional Irish folk-lore scholar, as such, to interview Peig. His work as the Commission's archivist had made him familiar with the bulk of material previously collected from her, and as a Kerryman, he was also especially knowledgeable about the traditions of that county. On the top of that, however, he had acquired a unique overview of the folklore traditions from every-where in Ireland, and also, not least through his contacts with Professor Carl Wilhelm von Sydow and his training in Sweden, he understood the importance of Irish folklore in an international context.[27] It is not surprising, then, that this experience and his own particular scholarly interests should colour his approach in the interview, determine the choice of the particular items he chose to elicit from Peig and the questions he put in relation to each of them.

The folktales, which for so long he had been classifying according to the Aarne Thompson system – the interna-tional scheme of folktale classification – and the totality of recorded Irish versions of which he eventually with Reidar Th. Christiansen so painstakingly registered in *The Types of the Irish Folktale,* were of course objects of his special inter-est. It is not surprising that he should open up the interview by requesting a number of international tales all of which had previously been collected from Peig, a fact that Seán no doubt was aware of. It is noteworthy, too, that such a large portion of these international tales he extracts from Peig fall into the group Religious Tales – Seán had been working on an anthology, *Scéalta Cráibhtheacha*, which was published in 1952, and this reflected his interest in this par-ticular genre.

He knew Peig from his visit to the Blasket in the summer of 1933 of which he has given this account, translated here:

183

I and three other young teachers who were colleagues of mine in Waterford spent a month's holidays on the Blasket in the summer of 1933 ... During that month I frequently visited three of the Islanders who were much older than myself to write down some lore and stories from them. They were Eon Ó Súilleabháin (grandfather of Muiris, author of *Twenty Years A-Growing*), an excellent storyteller and very knowledgeable in matters of tradition; Peig Sayers who was at the peak of her narrative prowess that summer; and Tomás Ó Criomhthain whose remarkable book, *An tOileánach*, had recently been made available by An Seabhac.[28]

Seán Ó Súilleabháin's correspondence with Seosamh Ó Dálaigh also gives plenty of evidence of Seán's appreciation of Peig's storytelling and knowledge of tradition. Here are some extracts from Seán's letters to Seosamh:

22 June 1943
Do thugas tamall fada ar maidin ag dul tríd na cóipleabhra san do líonais ó Pheig le cabhair an Handbook. Is éachtach a bhfuil agat d'eolas iontu. Táid san ar an dá chóipleabhar is fearr dá chuiris chúinn fós im thuairim, agus is mór an focal é sin. Do dheinis an obair go dian-mhaith agus cé bhuaifeadh ar an rí-mhnaoi, Peig. Níl teora lena bhfuil aici ina ceann, Dia á buanú.

[I spent a long time this morning going through those copybooks you filled from Peig with the help of the *Handbook*.[29] The quality and quantity of information they contain is extraordinary. In my view

they are the two best copybooks you have yet sent us
and that is saying a lot. You have done an excellent
piece of work and who could surpass that majestic
lady, Peig? There are no limits to what she holds in
her head, God keep her.]

And again:

8 September 1943
*Do shrois an dá chóipleabhar inniú mé. ... do thaithin
a raibh iontu go mór liom. Lean ort ag ceistiú Pheig ...
mar sin...*

[The two copybooks reached me today ... I was very
taken by the material in them. Continue to question
Peig ... in that fashion ...]

In a letter to Seán on 3 January 1944 Seosamh mentions that
Bréanainn Ó Ruanaí was in Dún Chaoin, paying frequent visits
to Peig,[30] however, Seosamh's own work with her continued as
we see from his letter to Seán on 6 December 1944:

*A Sheáin, a chara,
Tá ag eirighe liom scéul ar scéul a dh'fhágháil ó Pheig
Séars, scéul fada sa turus. Tá fiteán 'lán' agam á chuir
chúghat indiu agus leabhar Ls. furmhór na scéulta ó
Pheig.*

[Dear Seán,
One by one I am managing to get her stories from
Peig, one long story at a time. I am sending you a
'full' cylinder today together with a manuscript mostly
containing stories from Peig.]

185

Some years after Peig's death, Seán together with Fr Tadhg Ó Murchú, Pádraig Ó Siochfhradha (An Seabhac), Dónall Ó Móráin and Anraí ó Braonáin formed a committee that raised the funds for the gravestone by the sculptor Séamus Murphy now standing on Peig's grave.[31] Seán gave the main oration at Peig's graveside when the stone was formally unveiled by the Chief Justice Cearbhall Ó Dálaigh, as is stated in the report on the unveiling ceremony in *The Irish Times* 4 August 1969:

> Seán Ó Súilleabháin of the Irish Folklore Commission was the main speaker ... He said the best memorial to Peig Sayers was the knowledge, the stories, the lore and the adventures which had been collected from her ... [He] expressed the hope that a day would come when a series of books would be available in Irish which everybody would be able to read and in which everything that Peig had said would be available ... When W. R. Rodgers, the Northern poet, visited Peig in hospital in Dingle once, she said to him: 'I'll be talking after my death, my good gentleman.' She was right. She is still talking.'

Pádraig Ó Siochfhradha (An Seabhac) (1883–1964)

An Seabhac was a hugely influential figure in the movement to collect Irish folklore and in highlighting its relevance to the cultural life of the country.[32] His significance in the field of Irish folkloristics was acknowledged by Seán Ó Súilleabháin who maintained that An Seabhac possessed an almost unrivalled appreciation of the value of folklore[33] and again by Séamus Ó Duilearga who wrote that few of those involved in the collecting of Irish folklore could match his understanding of Irish-speaking tradition bearers and performers.[34]

In his youth he was attracted to the stories, rhymes and songs he heard from Irish speakers in his own neighbourhood in Corca Dhuibhne, and his memoirs recount his enjoyment of nightly storytelling gatherings in Séamas de Barra's forge at Cluais – 'the university of Cluais', as he called it.[35] He was a founding member of the Folklore of Ireland Society in 1927 and was elected its first president, an office he held until his death. He served on the board of the Irish Folklore Institute (1930–1935) and on its disbandment was invited to serve on the board of its successor, the Irish Folklore Commission. He declined the invitation, however, due to a divergence in his views from those of the Commission concerning the future organisation and structure of folklore collecting in Ireland.[36] His own collecting work was quite extensive, *Seanfhocail na Muimhneach* (a collection of Munster proverbs) and *Triocha-Céad Chorca Dhuibhne* (a collection of Corca Dhuibhne placenames)[37] being his best known publications in this field, but he also contributed in excess of five hundred pages of collected material to various issues of the journal *Béaloideas*.

As a young man he had decided to make the promotion of the Irish language a cornerstone of his life's work. He was steadfast in his belief that the language was a crucial component of Irish identity and its folklore an integral part the world view expressed in that language. Not surprisingly then, his esteem for Peig Sayers was immense as she represented the embodiment *par excellence* of the Irish storyteller, and in addition, she was a neighbour's child, who lived most of her life in the adjoining parish to his own. Because of Peig's strong patriotic sentiments, it is reasonable to assume that she in turn would greatly appreciate the role An Seabhac played in the struggle for independence and his efforts to promote the Irish language. An indication of the regard in which she held An Seabhac may be gleaned from the words she puts in the mouth of a young school girl in an anecdote she related to Heinrich Wagner in 1946: the girl speaks approvingly of An Seabhac as 'a man of sturdy build, broad-shouldered and strong' and goes on to state that 'Pádraig Ó Siochfhradha, God bless him, is a good man.'[38]

For almost twelve years (between 1907 and 1927) An Seabhac edited the magazine *An Lóchrann,* and as editor he continually sought to get readers involved in collecting folklore. He regularly featured folklore items in the magazine and among those he succeeded in encouraging to collect folklore were two of Peig Sayers's children, Cáit, her eldest daughter and her son Pádraig, whose contributions were published in 1911 and 1912 respectively.[39] Their mother appears to have been the source of the children's contributions[40] and so these items give rise to a presumption of hearsay acquaintance between An Seabhac and Peig at that time.

When Peig was advanced in years and ill in St Anne's hospital in Dublin, An Seabhac, presumably, would welcome an opportunity to visit her. The opportunity came his way when he was invited, as Seán Ó Súilleabháin's account above informs us, to join the latter and Kevin Danaher on the recording mission to the hospital: 'An Seabhac was asked to accompany us the following Monday, 14 January, at 3 o'clock, and he was entirely agreeable to that.'

Caoimhín Ó Danachair (1913–2002)

Caoimhín was a member of the Irish Folklore Commission since 1940 but was seconded to the army as an instructor during the Second World War. After the war he resumed his role with the Commission as technician and inhouse expert on equipment and techniques of audio and visual recording. His own field of expertise was in material folk culture and had received formal training in European ethnology and comparative folklore in universities in Leipzig and Berlin.[41] He also had a professional interest in oral tradition and in the years immediately preceding the team's visit to Peig in St Anne's he had made extensive recordings of Irish-language storytelling and lore in a number of areas in Munster.[42]

He was a fluent speaker of Irish who grew up in Athea in Co. Limerick where his father was a teacher and has written poignantly of enjoying the company of some of the last native speakers of Irish in the neighbouring parish.[43] As a memorandum of his prepared for the Folklore Commission reveals, he was keenly aware of the value and immediacy the voice of the informant gave to recorded material:

Since orally transmitted material loses much of its character when preserved in the written medium only it is necessary, for a full record of tradition, to preserve certain examples of the material in sound records; this is especially true of songs, poems, music and folktales.[44]

Undoubtedly then, he would have welcomed this opportunity to record material from Peig. As already mentioned, he had previously attempted to record her but failed to do so as she had been taken to hospital at the time of his arrival. He had made her acquaintance in October 1946 when he had taken seventeen photographs of her (accessible at duchas.ie) at her home in Baile an Bhiocáire after she had left the Great Blasket. It was also in October of that year that he had shot the four minute 16 mm cine film of her moving around outside her house, referred to above. Kevin was a talkative and sociable man and we can assume he would have engaged in some easy conversation and banter with Peig on these occasions as he arranged her posture and positioned her for the camera. We can be reasonably assured then that both he and Peig were at ease with each other when they met once again for the recording session at St Anne's hospital.

THE STORYTELLING SITUATION

The circumstances under which the 1952 recordings were made might for many reasons appear as unfavourable as one might imagine. Not only was Peig now of advanced age, in her seventy-ninth year, she was also ill and no doubt worried about the outcome of the cancer treatment she was about to undergo. She found herself in surroundings that were totally strange to her as one who had never in her whole life been outside her native county, and here she was far away from her home in hospital in Dublin. It would also seem that for a couple of decades she had had very few occasions to tell her stories. The position she had to occupy, lying down in bed, was not a normal one for a storyteller either and Ó Súilleabháin and An Seabhac visited her during the day, at a time when stories were not usually told. In fact, conditions were in a number of respects totally different to those Seosamh Ó Dálaigh in a diary note from 2 April 1943 described as the ideal storytelling situation for Peig:

> *Istoíche is fearr í nuair a bhíonn gnóthaí an tí i leataoibh agus í ina suí ar aghaidh na tine amach cromtha anuas uaireanta ag féachaint isteach sa tine nó scaoilte siar sa chathaoir agus a haghaidh in airde ar na frathacha agus a súile dúnta. Sin é nuair a ritheann seanchas agus eachtraithe chuici.*[45]

> [She is at her best at night-time when the household chores are done and she is sitting in front of the fire, gazing into it from time to time, or else thrown back in her chair, her face turned to the rafters and her eyes closed. This is when stories and lore come easy to her.]

On the other hand there are good reasons to believe she might be pleased by the attention of the collectors. She was an important person by now, and was not unaware of that herself. Doctors and nurses who were sisters at the hospital knew who she was and treated her with special respect. We have her own words for this. Máire Ní Chinnéide reports:

Bhí ard-aimsear ag Peig san Ospidéal san – saol duine uasail a bhí aici, mar adúirt sí féin liom, agus cailín deas go raibh togha na Gaeilge aici agus mar bhanaltrain aici agus mar theanga labhartha leis, mar níor thuig Peig an Béarla agus níor thuig cuid den lucht freastail an Ghaeilge. Bhí ana-mheas ag na Mná Rialta go bhfuil stiúiriú an Ospidéil fúthu ar Pheig. 'Naomh ceart 'sea í,' adúirt an duine dob' aoirde dhíobh liom. Thugadar togha na haire di cé ná raibh súil acu le mórán tairbhe as an Radium a bhí á chur in úsáid acu toisc í bheith chomh aosta san, ach do chuaigh sí abhaile go Ciarraí leigheasta agus níor tháinig rian den trioblóid ar feadh na gcúig mblian do mhair sí 'na dhiaidh.[46]

[Peig had a great time in that hospital – she had the life of a lady as she told me herself, with a nice girl who had fluent Irish for a nurse and interpreter as Peig did not understand English and some of those attending to her were unable to understand Irish. The nuns who administer the hospital had immense respect for Peig. 'She is a true saint,' as the most senior nun said to me. They gave her the best of care but they did not expect the radium they were to give her would be of much benefit to her considering her great age. However, she returned to Kerry cured and there was no recurrence of the cancer for the remaining five years of her life.]

As we have seen, Seán Ó Súilleabháin mentions that Sister Bernadette had been extremely gracious in welcoming them and organising the recording session, and it is reasonable to assume that she was particularly appreciative of Peig's status as a storyteller. We may take it for certain that Peig would have been glad and pleased to be visited by Seán, An Seabhac and Kevin, all of whom she knew of old, and all of whom spoke fluent Kerry Irish. This assumption is supported by an article in *The Irish Press* 19 January 1952 written by Sorcha Ní Ghuairim in which she implies not only that she may have heard the recordings but also perhaps visited Peig in hospital and says: 'Peig was actually delighted – as she always was – to speak of things about which she was knowledgeable. "It's like being back home again for me," said she, "to tell stories to my own friends".'[47]

Peig's three visitors certainly treated her as the old friend she was, showing her courtesy, care and concern. Note for instance how both Seán and An Seabhac express disquiet that they have tired Peig with their questions.[48] But it is equally notable that Peig emphatically denies this; on the contrary, she is obviously cheered up by the company and enjoyed talking to them and telling stories.

Seán and An Seabhac however have different interests and are of different character and this leads to differences in their respective parts of the interview. On the first day especially, when Seán was the sole interviewer Peig's telling is on the whole more slow, hesitant and less coherent than in her heyday and in good health. This is not entirely due to her condition, however, but sometimes the result of Seán being too quick on the trigger to prompt Peig where no prompting would have been necessary if he had waited a second or two. It is likely that the prompting was to some extent due to Seán's consideration for Peig and his belief that she was more ill and frail than she was. A certain impatience, however, was a trait in Seán's character, and the fact the he knew the stories he was asking Peig about almost as well as herself, did not always benefit him in collecting. It should be taken into account as well, that Seán, in spite of his amazing and unique knowledge of the Irish storytelling tradition, had actually not done much collecting for many years and this may explain his frequent neglect of the golden rule that one should not interrupt storytellers during their recital.

Though Séamus Ó Duilearga had instigated the recordings, there is no indication that he had given any specific instructions or expressed any particular wishes as to what particular stories or types of material should be elicited from Peig. As we have seen, Ó Súilleabháin's account mentions no other aim but to acquire 'examples of her speech'.

Peig, though well at ease with both the interviewers, is more familiar with Ó Súilleabháin, the younger of the two of whom she seems to have memories from the time he was a young man. She refers to him fondly four times as Seáinín. An Seabhac's impatience and occasional fondness for talking himself, sometimes result in Peig's descriptions being too short and lacking in the richness of details which is to the fore in much of the vast amount of traditional lore Seosamh Ó Dálaigh took down for her.

These recordings clearly illustrate a characteristic of Peig as a *seanchaí*, which underlies her great value as a tradition bearer by illustrating how exact and faithful to what she knew to be the truth Peig was. There are many examples of how she directly and without the slightest hesitance responds that she does not remember or know anything about some of the things she is asked about – declaring on occasion they occurred before her time. She also, as for instance in the description of hake-fishing, makes a clear distinction between what she has seen and experienced herself and what she only has heard from others.

She dramatises what might be rather humdrum accounts of work and daily customs with anecdotes, and conversely grounds stories of fantastical events with colourful everyday details, as for instance in her telling of a wondrous impregnation in The Sturdy Youth of Moore's Castle:

> One calm sunny day, in the fullness of time, she was swimming, and whatever glance she gave in the water she thought she saw the shadow of a man swimming beside her in the sea and she went helter skelter on to the dry land.
>
> She was alone and she legged it over the sand on to the beach. But when she reached dry land, her clothes were a little bit away from her, however, she collapsed on the spot as if overcome by weakness or faintness or something.

Her gifts, exemplified in this small selection of tales and descriptions of life and work on the Blasket Island and in West Kerry, are those of an accomplished storyteller and not altogether dissimilar from those of a good novelist.

NOTES TO INTRODUCTION

1 Flower 1957.
2 The phrase *Not The Final Word* in the title of the present publication reflects this hope.
3 Ní Shéaghdha 2015: 197–198.
4 For von Sydow, see Almqvist 2012b: 1–49: about his visits to Blasket, *ibid.*: 11–20.
5 Almqvist 1979.
6 von Sydow did, however, write down a long hero tale on the Blasket from a man by the name of Guithín, who might have been identical with Peig's husband (see Almqvist 2012a: 28–29).
7 Flower 1930; Flower 1957.
8 Flower 1944: 49, 56.
9 Jackson 1934; Jackson 1938.
10 Sjoestedt 1932; Sjoestedt 1938.
11 Ó Duilearga refers to his first meeting with Flower which took place in 1926, in a talk he gave on Radio Éireann 18 January 1946, on the occasion of Flower's demise which had taken place two days earlier. This talk is reprinted in Ó Criomhthain 1956: xxi-xxiii. After their first encounter the two scholars kept in close contact and Flower's conversation would often have turned to the Great Blasket and the people of the Island, and among those Peig Sayers 'whose friendship had coloured his whole life and enriched and warmed his scholarship', *ibid.*: xxiii.
12 Ó Catháin 2008: 5.
13 Flower 1930.
14 These diaries and other papers referred to below pertaining to the recordings from St Anne's hospital are held in the archives of the National Folklore Collection.
15 Flower 1930: 379.
16 In the same letter Ó Duilearga also advises Ó Dálaigh 'to put down in your MS. the actual form of the question you yourself put down to elicit the answer.' This, he states 'would give life to the whole'.

17 This we learn from a letter to Seosamh from Seán Ó Súilleabháin 21 December 1946, in which Seán also expresses the opinion that Peig would have liked the chair.

18 Mícheál 'Coidí' Ó Gaoithín, her brother-in-law, lived with her; cf. her autobiography, *Peig,* chapter 18.

19 For this film see Ó hÍde 2019.

20 Cf. Whitaker 1983: 301–302.

21 The film was a 16 mm short by Kevin Danaher, ref. no. IFC V0104. Apart from Delargy, Peig and Joe there is a fourth person on the film, who may be Peig's brother-in-law, Mícheál 'Coidí'.

22 Whitaker 1983: 315.

23 Much important research has recently been devoted to Séamus Ó Duilearga's work and achievement, including such major studies as Mícheál Briody's history of the Irish Folklore Commission (2007) and Séamas Ó Catháin's *Formation of a Folklorist* (2008). However, a large scale biography covering Ó Duilearga's whole life and utilising a greater amount of the outstandingly rich source material in the form of personal correspondence and diaries is still a desideratum, if we are to obtain deeper understanding and appreciation of what this remarkable man wanted to achieve and did achieve. It will not be possible here to enter in detail on these fields of achievement; our concern is with his work with Peig Sayers.

24 Shortly after the original wire recordings were made they were transferred to acetate discs; these are the 'gramophone records' referred to here. The CDs that accompany this publication are remastered versions of these discs.

25 Anonymous 1976: 39.

26 *Ibid.*: 38; she served as matron 1948–1954.

27 Ní Mhurchú & Breathnach 2003: 224–226; Ní Mhurchú & Breathnach 2007: 201.

28 Ó Súilleabháin 1992: 166. Another account, given here in translation, of this holiday visit, is provided by a young teacher on the Blasket, in Ní Shéaghdha 2015: 154–155: 'He [the parish priest] was suspicious of the three young men who settled in and had also visited the previous summer and said he wouldn't be surprised if they were communists spreading their doctrine: "Stay away from them," he said ... Well, we didn't see any harm in these people any more than any other visitor but they were doing their best to learn Irish.'

29 Ó Súilleabháin 1942.

30 Bréanainn Ó Ruanaí was temporarily employed in the Folklore
    Commission as a cataloguer under the tutelage of Seán Ó Súilleabháin.
    He is also referred to below in the commentary on #11 Prayers.

31 See Ó Súilleabháin 1970: 86–87; Almqvist & Ó Héalaí 2009: 4–5.

32 uí Ógáin 2015; see also Breathnach & Ní Mhurchú 1997: 236–40;
    Ní Mhurchú & Breathnach 2007: 200–201.

33 'Is beag duine a bhí suas lenár linn a thuig tábhacht an bhéaloidis
    chomh maith agus a thuig an Seabhac é.' Ó Súilleabháin 1965: 16.

34 Ó Duilearga 1963: 171: 'Is beag duine a raibh baint aige le hobair
    chnuasaithe bhéaloideasa na hÉireann is fearr a thuig ná an Seabhac
    lucht scéalaíochta agus seanchais na Gaeultacha. Dob iad a mhuintir
    féin iad, ba dhuine díobh é agus faid a mhair sé thug sé gean a chroí
    dóibh agus do dhein a dhícheall chun go maireadh a gcáil in Éirinn
    beo.'

35 Ó Siochfhradha 2014: 63–66.

36 Briody 2007: 129–130.

37 Ó Siochfhradha 1926; Ó Siochfhradha 1939.

38 Wagner & Mac Congáil 1983: 323: '... sin é an balcaire d'fhear leathan
    láidir, Dia dhá bheannachadh ... Fear maith Pádraig Ó Siochfhradha.'

39 An Lóchrann, no. 3, 1911: 4 (reprinted Ó Siochfhradha 1932: 162–
    165); ibid. no. 4, 1911: 5; (reprinted Ó Siochfhradha 1932: 100–103);
    ibid. Nodlag 1912: 2.

40 Almqvist & Ó Héalaí 2009: 172.

41 Lysaght 2002; Ní Mhurchú & Breathnach 2003: 39–41; Ní Mhurchú &
    Breathnach 2007: 167.

42 Ó Danachair 1981; Briody 2007: 279, 342.

43 Ó Danachair 1947.

44 Briody 2007: 344.

45 NFC 943: 174.

46 Ní Chinnéide 1959: 8.

47 'Seo Siúd'. The Irish Press. 19 January 1952, p.2, under the pseudonym
    Coisín Shiúlach. Dr Róisín Nic Dhonncha kindly brought this article
    to our attention.

48 # 9 The Mermaid: 'Tánn tú traochta againn' ['We have tired you']
    (Seán Ó Súilleabháin); # 10 Island Life: 'Bhuel is dócha go bhfuil
    tuirse ag teacht ort anois, a Pheig?' ['I suppose you are getting tired
    now, Peig?'] (An Seabhac).

ST ANNE'S HOSPITAL RECORDINGS

1. THE DEVIL'S SON AS PRIEST

The beginning of this story is missing from the original recordings; the following summary is based on other versions told by Peig:

> *The devil compels a poor scholar to convey him to a house where he will get lodgings for the night. The devil informs the poor scholar he will sleep with the woman of the house and that she will bear him a son who will become a priest. That priest will belong to him as will all others sprinkled with holy water by the priest when he celebrates his first Mass. The poor scholar writes down in his book all that the devil has told him.*

***

Well, the poor scholar kept everything to himself all the time until the right moment came for him. And when the young man went to college he was called to the priesthood. The poor scholar was keeping an eye on him until the first Sunday he came before the congregation to say his first Mass.

SÓS: *To say Mass.*

Yes to say Mass. The poor scholar was nearby in a hidden corner. Of course, he was probably reluctant to interrupt the priest, but, however, as soon as the priest put on all the Mass vestments and had taken the sprinkler in his hand to sprinkle the holy water, then the poor scholar spoke:

'I beg your pardon, Father,' said he, 'but please, stay your hand. By all means celebrate the Mass today but do not sprinkle any holy water.'

SÓS: *I see.*

Not surprisingly, the young priest almost collapsed. What was said stunned him. He turned as he was approaching the altar:

'You, young man, who spoke to me,' said he, 'don't leave the church until I talk to you!'

The scholar remained until the Mass and all was finished, and then the priest brought him to a quiet nook for a chat and questioned him.

'Here is the truth of the matter, Father,' said the poor scholar, and he had every single word about what happened that night long ago written in the little book he had in his pocket. He handed it to the priest.

'Here, Father,' said he, 'please read this, and you will have all the information yourself.'

The priest read it, and the man – the priest I mean– nearly died.

'Oh, dear me,' said he, 'you have done something of great merit! Thanks be to God,' said he, 'you have done something of tremendous merit.'

'I hope that is so, Father,' said the scholar, 'and I am happy to have endured the hardship I suffered for your sake.'

He said Mass in any case and off he went. After the day's events he took leave of his mother and father – as that is what they were to him then – and he set off for Rome. He said it was not right for him to carry on in his present role when he was in thrall to the devil. He went to Rome and told his doleful story to the Pope.

'Oh, oh, oh, what a pity!' said the Pope. 'It is extremely difficult,' said he, 'to take from another what is properly his. Just as surely as any son in this world belongs to his own father, you belong to the devil. But, nevertheless,' said he, 'we'll give it a try.'

The next day he brought the priest along with him and put him in a special place in the church.

'Now,' said he, 'if you are to have any hope of deliverance, don't fall asleep until …'

SÓS: *The Mass is said.*

'… the Mass is over and done with. Then,' said he, 'with God's help, we might have a chance.'

SÓS: *Yes.*

He went where he was directed to go. But, however, when the time came, at the consecration, the poor priest fell into a deep sleep and forgot everything.

SÓS: *The poor man!*

And he fell asleep the next day, and again the third day.

'There is no relief for you, and but one remedy that can help you now,' said the Pope.

SÓS: *What was that?*

'There is only one other remedy,' said he, 'that I can attempt.'

He got a tub and had it filled with water, and then he got a cup, a new wooden cup, and placed it afloat on the water. Then he began to read over the cup and when the Pope had read for a while the cup started to swirl around and around.

SÓS: *I see.*

Then he started to read further and further, and when he read the third part of the book over the cup, it crashed down to the bottom of the tub and stuck to it.

SÓS: *To the bottom of the tub.*

Yes to the bottom of the tub.

'Look, son,' said the Pope, 'you are so firmly in his grip now, and it is as difficult to take you away from him as it is to get that cup from the bottom of the tub. However, there is one other thing – I have a little key here and with God's help, it will give you a chance. I will get people to bring it away, away out to sea – a good distance out in the middle of the ocean, you know – so that it will be impossible for anybody to see where it is being deposited or to remove it from there at all.'

Away out in the middle of the sea, you know, a good distance out.

'The key will be thrown in there,' said he, 'and if God is on your side,' said he, 'and you happen to come across that key and bring it here to me, you will be a proper priest,' said he, 'and a true son of God,' said he. 'And you will then belong to me, and with God's help, nothing else will have a claim on you.'

SÓS: *A difficult thing to do!*

Difficult indeed! Well, off he went and his poor mother, God help us, was pining for him all the time waiting for him to return.

The Pope got a boat and a crew and threw the key a great distance out into the sea. The priest had no hope of finding it – how could he? –and he went off somewhere else to work and support himself. After many years, it may have been six or seven – seven years – he was working as a clerk for a shopkeeper or doing some other job and he had lodgings in a house in the town, you know, a place where he ate and drank and slept.

SÓS: *Yes.*

On this particular day, however, he came to the house and the landlady had his dinner ready for him. But he was hanging around and when he went ...

'Oh,' said the landlady, 'look,' said she, 'what was in the whiting's gut, in his belly.'

SÓS: *Imagine that! There was something there.*

Yes.

'Something hard,' said she, 'and I was very surprised by it.'

He took the gut and split it, you know, and through God's providence, what was it but the shiny key, beautifully clean without rust or stain.

SÓS: *By God's miracle!*

Yes, by God's miracles.

'This could be a sign,' said the disguised priest. The landlady didn't know he was a priest or what his business was.

'This could be a sign,' said he, 'but even if it isn't, do you have any use for the key, my good woman?'

SÓS: *Yes, yes.*

'Not really,' said she, 'I don't have any use for it.'

'I would be grateful and indebted to you if you gave it to me and if I was ever to succeed in life, I would take care of you in the future,' said he.

SÓS: *I see.*

'However, if I don't get on, I won't be able to help you.'

'Fair enough,' she said.

She gave him the key and he set off gleefully to go to the Pope. When he found him, he handed him the key.

'Thanks be to God that you got that,' said the Pope, 'and now that you have it, I make you a doctor of divinity and a parish priest for the rest of your life.'

SÓS: *He did!*

He came back home and his mother, a poor old woman, had lived through all these events.

SÓS: *The poor creature.*

She didn't know a thing about any of his adventures from start to finish. But thanks be to God, he was able … and he was now free. It is difficult for a poor person and a sinner to go through this world.

SÓS: *That's for sure! That's the end of the story.*

It is.

SÓS: *That's a fine story!*

I haven't put it together very well, Seáinín, because I'm not able.

SÓS: *Who did you hear it from?*

I heard it from my husband, God rest his soul!

SÓS: *Your husband.*

Yes.

2. TOM SMITH'S ROOM

He also had another little story like that one – if you ever heard tell of Tom Smith's Room.

SÓS: *I don't think so.*

Tom Smith was somebody called by that name and he was the master and overseer of the spirits.

SÓS: *I see. Would you be able to remember the story?*

It isn't so long ago since I had it, in any case.

On a certain day, a curate was coming as if from Dún Chaoin to Baile an Fhirtéaraigh, after he had gone to say Mass, you know.

SÓS: *Going some place.*

Yes. He hadn't travelled far when a fine slip of a beautiful young woman came out from beside the fence and stood close to him. He looked over his shoulder at her and she kept on walking behind him.

'Get away from me, woman,' said he, 'I have no business having you beside me at this time of the day. I have something else entirely to do – clear off!'

'Oh, I didn't come here to clear off,' she said, 'but to be your partner, to be your partner,' she said, 'and now, you can't get rid of me.'

SÓS: *I see.*

The poor priest was embarrassed and angry. But, however, he went to the parish priest and then told him of his sad predicament.

SÓS: *I see.*

But the parish priest was unable to help him.

'I can do nothing for you,' said the parish priest, 'unless maybe the bishop can find a solution …'

SÓS: *I see.*

'Or give you some guidance.'

SÓS: *Yes, yes.*

He got himself ready and went to the bishop.

'Oh God help us!' said the bishop, 'there is absolutely no way that I can ever do anything to help you.'

SÓS: *I see.*

'But,' he said, 'if you could go to the Pope, he might be able to do something for you.'

SÓS: *I see.*

'And here's another thing,' said he, 'I don't think there's anyone in the whole world who could rescue you or do more for you than Tom Smith, if you knew of him or could manage to get any information about him.'

SÓS: *Tom Smith, who is he?*

Yes, that was the problem.

SÓS: *Yes, that was the problem.*

'Oh dear, I don't have a clue where in this wide sinful world he is,' said the priest.

'Until you find this man,' said the bishop, 'there is no one who will release you from this spell.'

Well, the priest journeyed on and he was sorely tormented. Nobody knew the cause of his trouble and the woman was all the time with him. She was beside him day and night.

SÓS: *I see.*

One day, however, he was walking along the road and he was approaching a crossroads – as if coming up from Dingle.

SÓS: *I see.*

And he saw a bevy of young women coming towards him but they didn't come right up to him. After a while, in any case, this strapping man came walking quickly after them, keeping an eye on them.

SÓS: *Minding the girls?*

Yes. And the young priest spoke to him.

'Who are you, my good man?' said he.

'I am the one they call Tom Smith or Dónall Ó Donnchú,' he replied. 'Why do you ask?'

'Oh, thanks be to God,' said the priest. 'You might have the solution to my problem.'

SÓS: *I see.*

'It has been many years now,' said he, 'since I was given the job of finding you, as you are the one who could completely cure me.'

SÓS: *I see.*

'Fair enough,' said he. 'Come on, come on. You are welcome.'

He took the young priest with him and he didn't stop until he brought him in somewhere – I'm sure there was plenty of room and scope in the place where he brought him. Be that as it may, however, he was …

'Would you recognise the woman who was annoying you?' he asked.

SÓS: *I see.*

'Yes, my good man,' said the young priest, 'I would recognise her if I saw her.'

Well! That mansion didn't have just one room – it had many of them. Tom Smith started to call the women one by one by their name and surname but no one resembling the woman who was interfering with the priest came forward. In the second or third room, however, she finally presented herself.

SÓS: *I see.*

'Do you intend to stop bothering this good man?' Tom Smith asked her.

'No,' said she, 'not until I am torn asunder. He is now my lover.'

SÓS: *I see.*

He began to threaten her with every kind of torture and pain – that he would put her in this place and that, and punish her in all sorts of ways. But she was willing to undergo every punishment he could inflict on her rather than be separated from the priest. But finally he asked:

'Are you prepared to let go of him or else be sent to Tom Smith's room?'

SÓS: *I see. That shook her!*

That shook her.

'Oh,' she said, 'anything but that.'

SÓS: *I see.*

'Very well then.'

He continued with his task, working away relentlessly on her, until he had freed the priest from her clutches.

That evening the priest and Tom Smith were happy in each other's company.

'Well,' said Tom Smith, 'the prophecy has been fulfilled at last – that I was to save you from eternal damnation and you to save me from that same fate.'

SÓS: *Imagine that!*

'You have come across me,' said he, 'to free me from my own afflictions and I have come across you,' said he, 'to free you from yours, thanks be to God!'

'And how can we manage to do that, my good man?' asked the priest.

'It is possible,' he answered. 'Yes, we can do it. You are now in the clear, and you are free of anything that could be at variance with God's grace, and your soul will be in the presence of the Trinity whenever it takes off. But,' said he, 'you must now do this for me: you must come and lay me down on a table, and beginning at my right ear ...'

SÓS: *I see.*

'... you must fillet out with a knife every piece of my flesh, from my right ear down to the heel of my foot, taking every second piece of flesh from alternative sides as I lie on the table, until all that remains is my bare skeleton. Then,' he said, 'continue cutting, bit by bit until you reach my heart. When you get to it and to the soul inside it, and that flies away, the moment the last piece of my flesh is gone and you have drawn the last drop of my blood, I will then be free like you.'

SÓS: *It was a huge punishment.*

It was and the priest said:

'I couldn't endure it; you couldn't endure it and I wouldn't be able to inflict it.'

'Bear in mind, my man,' said he, 'that it would be a meagre torment for you compared to the loss of two souls for all eternity. Is it not a noble deed you have to perform,' said he, 'in bringing my lost soul to salvation, just as I have performed a similar feat in saving you?'

'Oh, my good man,' said the priest, 'that room must be really terrible.'

SÓS: *Indeed, Tom Smith's room.*

Yes, Tom Smith's room.

'That is my very own room,' said he, and God help us, it seems it was dreadful. The priest would not be happy until he placed his eye at the keyhole ... to see what terror was inside. But when he placed his eye at the keyhole an arrow shot through the hole and took the eye out through the back of his head.

SÓS: *In a bolt of fire.*

Yes, right through the back of his head. This made him realise what was in store for him and it worried him and made him eager to set ...

SÓS: *The other man.*

… the other man free. They killed each other. Their two poor souls went together. The priest and Tom Smith died together at each other's hands.

SÓS: *Well, he endured the torment …*

He endured the torment, indeed he did.

SÓS: *God save your health, Peig.*

3. FIONN IN SEARCH OF YOUTH

Fionn and some of his warriors were hunting and giving chase one day in a place that was far away from any habitation. It so happened as the day wore on, that a fog came down and was so thick about them that they couldn't tell east from west. As they peered about, trying to make their way, they thought they saw a bothy ahead of them, a hovel – you know – on the wayside where it wasn't seen before that. But they knew nothing about it as they were all, every one of them, so enveloped in fog that they couldn't see beyond their shoes.

However, they approached the house and went inside and as they did they sat themselves down on seats here and there. There was nobody in the house when they came in but an extremely old man ridden with rheumatic pains, covered in body hair and whiskers with a long flowing mane. I imagine that even Conán was frightened when he saw his appearance. A fine slip of a young beautiful girl was busy with the household chores and as soon as she completed preparing food for the Fianna, she disappeared into an adjoining room.

SÓS: *I see.*

Because it seems the Fianna were full of devilment – they were all trying to outwit each other in their eagerness to be close to the young woman, to have some fun with her and enjoy her company and conversation. However, she kept away from them. She had prepared the dinner then and laid out the table for them and had placed the chairs and everything in a fitting and proper manner as a servant in a royal court of this kind would do for nobles.

There was what looked like a big strong wether tied by some kind of chain to the far wall of the house. But when the men had sat down at the table, this wether sprang up, broke loose from the tie on its neck and attacked the table.

SÓS: *I see.*

He turned it upside down and scattered all the food and drink that was on it.

SÓS: *I see.*

'Tether the sheep, Conán,' said Fionn.

Fionn, or rather Conán, got up and went and caught the sheep by the ear and dragged it to the post where it was tethered. But even if he had twenty more such as himself to help him, he couldn't tether the sheep. Each one of the Fianna who accompanied Fionn tried to tether the sheep but none of them was able to do it.

In the end, they were hungry and annoyed with the situation. They couldn't sit at the table, for as soon as the food was placed on it ready to be eaten, the brute of a sheep turned it upside down …

SÓS: *On the floor.*

On the floor. Finally, a voice spoke to this old man who had spent all his life in the corner:

'Tether the sheep, you decrepit fellow.'

SÓS: *I see.*

He got up and when he left his nook in the ashes, almost seven pounds of ash fell from the seat of his trousers – he had spent such a length of time there himself …

SÓS: *In the ashes.*

In the ashes and in wretchedness as it were. And he was wasted away but he taught the Fianna a lesson. Anyway, he got up and walking with a feeble gait he caught the wether firmly by the ear without any difficulty and tied it.

'Now,' said he, 'he'll stay put and you need have no fear.'

They carried on and had the rest of the evening to themselves. They ate and drank and thanked the young woman and were pleased with themselves. Then she said a few words:

'There isn't now a man among you of the Fianna who will not be granted a request – but just one request for each of you!'

SÓS: *I see.*

Very well then. She was down in the room and one by one each of them in turn went down to her. Well, Diarmaid Ó Duibhinn went down and she asked:

'What is your request?'

'That I be given a love spot,' said Diarmaid, 'that I be given a love spot so that any young woman who saw it would fall in everlasting love with me.'

Well, he came back up ... and every one of them, you know, was given his own gift. When Fionn went down to get his, she asked:

'What do you want, Fionn?'

'This much, oh stately maiden,' said he, 'that the smell of death be taken from me because I sinned with a dead woman.'

SÓS: *That was a strange request to make.*

It was and it was granted to him. Yes. What was it then that Oscar got? He got a thong. That may have been what he asked for – a thong that would last forever in his flail.

SÓS: *Yes indeed.*

It is said that he is ... He has plenty to do with his flail if he is still at the gates of hell with it. And he is busy there!

In the heel of the hunt, what Oisín asked for was God's grace. And the old saying has it since, that it was for this reason he went – was taken – to the Land of the Young and spent all the time there until Christianity, until the priest was available to him. You know – that he stayed there all the time until St Patrick was here to meet him.

SÓS: *I see.*

215

That's it.

SÓS: *That was a great favour to get from God. Yes indeed. That's a lovely story. The young woman …*

'Tether the sheep, Conán …' And there was another man to whom she said: 'You had me before but you won't have me again.'

SÓS: *Yes. Then he asked the woman who she was.*

Yes, and what's that her name was?

SÓS: *Youth.*

Youth. She was youth.

SÓS: *The woman was youth.*

She was.

SÓS: *He had her previously.*

He had her previously.

SÓS: *He would never again have her.*

'You had me before,' she said, 'but you won't have me again.'

4. THE FARMER WHO LOST HIS SONS

SÓS: *One other little story, Peig! Do you remember the one about the farmer whose three sons died and he couldn't understand why God ...*

All praise to him!

SÓS: *... would inflict such a punishment on him. Do you remember the story?*

I remember it.

SÓS: *You remember it well. If you can tell that now, we won't bother you any further, God bless you!*

Yes, that was a nice story indeed! I kept it in my head as a shopkeeper's wife told it to me one time by way of advice. It was when my fine boy had fallen off the cliff, Seán, and I was desolate, devastated and distraught.

SÓS: *Oh, was that the time?*

It was. I had gone to Dingle and it was the mistress I had when I was a young girl who told it to me.

SÓS: *I see.*

She was Mrs Curran and she was trying to bring me to my senses, you see, and get me to understand, and be patient and all that, and this is what she came out with.

SÓS: *Really?*

Yes!

'Do you know,' says she, 'that there was a man long ago who was devout and religious, and he kept a priest, a scholar, under his patronage in his house in those days who taught and looked after his children. He had three sons,' says she, 'and each of them was instructed in behaviour and learning according to the schooling of the time.'

SÓS: *I see.*

'They were filled with faith and joy but one day, in the fullness of time, something happened,' says she, 'and the eldest son was taken from him. And God save us, he was dejected and unhappy, and I suppose he found it strange that fortune smiled on many others who weren't half as devout as him. But his sorrow for his first son had not yet left him when something else happened and his second son was taken from him.'

SÓS: *The poor man!*

That was worse again! That was worse again! He was getting impatient and probably heedless of religion and conscience as he was being pestered by life. But it wasn't very long until he lost the third son and there was nobody else then ever to look forward to.

SÓS: *That was the worst of all.*

Yes, it was. I suppose he didn't even wait to bury the body. Away he went. He took off to a place where he might do away with himself, in turbulent water or a river or a torrent or the like. He was there to harm himself as he had decided never again to return home. He had lost his mind. He kept on walking in a lonely locality – as if he were on the slope of Márthain Hill to the east – and as he was hurrying away he saw a man coming towards him. The man raised his arm and he noticed, you know, that the man's raised arm was pointing in his direction. The man came straight to him and asked him a question.

'I see, my good man,' says the stranger, 'that you are up to no good right now. You look sullen and grumpy and you are not happy in your mind. Is something bothering you?'

'Yes indeed, my good man,' he said, 'and you must live far away from here seeing you have no knowledge of my trouble and grief.'

Apparently, of course, he was an important well-off man.

'Something is bothering me,' he said. 'Not a day has passed since I grew up that I haven't had a priest celebrating God's Mass in my house for my wife, my family and myself, and I have lived accordingly,' said he, 'in every way. I had three sons as loveable as could be,' said he, 'and they were all taken from me, one by one. The last one has gone and I am not returning home now or ever again.'

SÓS: *That was a heavy burden for the poor man.*

It was.

'No, no,' said the stranger he had met, 'come back with me,' he said. 'Walk with me and I will show you something that will be helpful to you.'

Well and good. He went with him and they walked in the direction of a wooded nook.

SÓS: *I see.*

They spent some time then walking and talking.

'Now,' said the man, the messenger who had come his way, 'now,' said he, 'stand nine paces behind me, behind my right shoulder.'

He did so.

'And now turn your gaze carefully over my right shoulder and tell me if you see anything.'

He stood there and did as he was told, and if he did, very soon he caught sight of his eldest son who had died earlier. He had committed a very serious crime and he had been shot or killed by bullets. He had committed a very serious crime.

SÓS: *I see. I see.*

But the farmer said nothing at all then.

'Did you see anything?' asked the stranger. 'If you did,' said he, 'say nothing now, but walk on!'

He took him away then and they walked for another little while and he did as before, making the farmer stand behind

219

him in the same position. And he saw his second son and he was hanged – his neck was in the noose and he was hanged. He was hanged on the gibbet for some shameful crime he had committed.

SÓS: *I see.*

Yes!

'Do you see anything now?' he asked.

'I do,' said he.

Well and good.

'Come along now,' said he. He walked with him a little further and told him stand and look again. And he saw the third son with a sheath-knife in his hand and he had stuck it in the side of another man and the knife had gone through his heart. He had stabbed and killed him.

SÓS: *God save us!*

'Oh God help us!' said the farmer, 'oh God help us!'

'Have you seen your three sons now?' he asked.

'I have,' said the farmer.

'Now,' said he, 'don't you shed a tear, but as long as you have sight in your eyes and you have speech and a heartbeat, be forever thankful to God who favoured you so much that he removed your family from the fate that was their destiny from birth.'

SÓS: *That was in store for them.*

'That is the fate,' said he, 'that faced each of your children. They would have to endure that cross,' said he, 'and God so favoured you,' said he, 'that he did not permit such disgrace to touch yourself or the children,' said he. 'He took them to himself,' said he, 'rather than let them endure such troubles. You go home now,' he said, 'and love God and continue living as you were or even better. Do you know,' said he, 'who I am?'

SÓS: *I see.*

'I do not,' said the farmer. 'I don't know who you are,' said he, 'because my mind is totally confused.'

'Go home now,' said he. 'I am Saint Luke and God sent me your way to direct you and guide you home. Take care of yourself,' said he, 'and I pray earnestly to God that your glory will be all the greater as you go to meet him in the company of your children.'

I can assure you that after that it would never occur to him to throw himself over the cliff.

SÓS: *Or down a slope. God save your health, Peig.*

5. SIT YOU DOWN, SEÁN

What I'm trying to think of now is the story of the poor scholar
who tussled with the old woman, trying to put her out …

    'What's your name?'
    'Sit you down, Seán.'
    'I will indeed
    with the woman of the house's permission.'

He sat down on the chair.

    'That's not what I said to you,' said she.
    'But that's what I understand from you,' said Seán.
    'Twice cursed be you, you hag,' said he,
    'if you are always that contentious.'

'What food do they have?' she asked then.

    'Russet wheat and barley', said Seán,
    'a peck of beans and [?]
    along with every grain like that;
    it's not enough for them without potatoes.'

[Old woman sarcastically]
    'Russet wheat and barley,
    a peck of beans and [?]
    along with every grain like that;
    it's not enough for them without potatoes.'

'Too bad my feet have brought me to this spot rather than any other place in Ireland.' [Laughter]

'You are not the better for being here,' said Seán.

'Blast you for a hag,' said he,
'if you are always that contentious!
What a fine church bell
your head and tongue would make.' [Laughter]

'May God torment your heart, scholar,' said she,
'despite your many books
and the time you have spent studying them,
your words are foul
and you have not learned manners.'

When the scholar then heard his manners being criticised, as it were, he took the bag of books, the satchel he had, and attacked the hag with it, striking her in the ear and sending her reeling around the kitchen.

She was quite confused and she began searching, and what did she find but a beetle the old people – the old women – used for beetling flax long ago. And then they had blow for blow – he with the satchel of books and the old woman with the beetle – until they had worn each other out and were both exhausted.

The old woman's breathing was failing her. Seán had youth and he was too good for her.

'I'm exhausted, student,' said she.

'That's how you deserve to be, of course,' said Seán then, 'and that's how I prefer you to be.'

'You have beaten me,' said she. 'We could have a pleasant night now were it not for four or five miserable calves around the house making a disturbance, and if hay was twisted into a

223

halter, we could put it about their necks and tie them,' said she. 'Then we could have a pleasant night.'

'That will be done, woman of the house,' said Seán, 'but you bring the hay.'

She brought an armful of hay and a crook to twist it. Then she handed it to him.

'Ah, ah, ah,' said she.

'Here, twist it now,' said Seán, 'and I'll feed the hay to you.'

'Ah,' she said, 'I am old, an old woman full of cramps and your arms are young, energetic and agile; you hold the crook and twist the hay and I'll feed it to you.'

She sat on the chair, and if she did – it's unlikely that there was any dullness in one of her eyes as there is on mine – she kept her eye on the door to see when he would reach the threshold. He was twisting and twisting and twisting and she was feeding the hay to him until he reached the threshold.

'It's long enough now, woman of the house,' said he.

'Ah, it is not; a few feet more, son,' said she, 'a few feet more!'

He was twisting away until he had gone out over the threshold. And as soon as she had him out over the threshold, her cramps were gone and with a standing jump she went to the door and bolted it.

'Clear off now, boy!' she said, 'with all your cunning. You thought you had trumped me but you had not. You have lost it now in this round,' said she, 'off with you!'

SÓS: *Off with you!*

But ever after that poets would say in the song, when composing a song or anything ... 'The old woman put me out when twisting the little hay rope.'

SÓS: *Do you remember who you heard that from, Peig?*

Oh it was on the Island ... I heard it from my husband. He heard it from a man from Uíbh Ráthach, the best storyteller there was – Seán Ó Sé was his name, from Uíbh Ráthach. They used to come fishing lobster to the Great Blasket and they were great fun, full of lovely songs and stories. And there wasn't a song composed by Diarmaid na Bolgaí that was not in his head.

SÓS: *Is that so, really?*

Yes and all those stories.

6. TOMÁS SAYERS AND THE WISE WOMAN

SÓS: *Do you remember, a minute ago, we were talking about your father, God rest him, when he was looking for a wife.*
I remember I heard him talking about it.

One day, it was a Sunday of all days, and he had to stay looking after the house as his family, his mother, father and sister, had gone to Mass. There would have been nobody then to look after the house; someone had to stay at home.

He was just kindling the fire when a travelling woman came in the door to him and greeted him. He returned her greeting. Then she sat down on a little stool by the fire. The day was rather cold. She was talking to him and they were conversing away but eventually then, he sat down.

'You are a young man,' said she.

'I am,' said my father, said he, 'and I would like to know what kind of a wife is in store for me.'

'I am an Ulster woman,' said she.

SOS: *An Ulster woman?*
Yes.

'I am an Ulster woman.'

'They say,' said my father, 'that people of your sort have a lot of knowledge.'

'Sometimes,' said she.

'If you can help in some way, or if you have any information available to you, I would like to see the woman I'd be married to,' said my father – as would any young boy for a bit of amusement.

SÓS: *Yes.*

Yes. After a while she said: 'Bring me a saucepan, a new saucepan with some water in it.'

He brought her the saucepan and she placed it in the middle of the fire.

SÓS: *To boil?*

Yes, and she took a little box with tea in it out of her pocket and she put all her three fingers would hold, the fill of her three fingers of tea, on the water in the saucepan. When the saucepan was boiling then he got a bowl – he had to get a bowl from the dresser and he brought it up to her. And she poured the tea in the saucepan into the bowl, both leaves and water and put a cover on it. But after a while, you know, when she wanted to remove it, she took away whatever paper or covering she had put on it, and poured tea and leaves and all behind the fire, behind the burning coals and the ashes, all of it except what stuck to the bowl. She continued to stare at it then, trying to make sense of it for a while. But ...

'Stand now,' she said, 'by the chair over there.'

He did so.

'And be careful, look out for yourself.'

She was sitting on her hunkers by the fire after throwing the tea into it. My father wasn't looking at the door or anything else but keeping an eye on the old woman for fear she might fall on her face into the fire. [Laughter] However, he could see nothing until he spotted a slip of a girl, like she'd be sixteen years of age, coming in the door to him without mantle or hood in her figure dressed like a little schoolgirl. And she swept past him and went up to the fire and turned on her heels, on her two heels. [Hiccup] I beg your pardon, I have the hiccups.

SÓS: *Take it easy.*

She turned her heels to the fire and all she did then was look around at the hearth and she went off out the same way

227

without speaking at all or greeting him or anything. She got as far as the door but when she was only a few feet from it the wise woman spoke:

'Did you see anything?' said she.

'I did,' said my father.

'Did you see that girl?' said she.

'I did,' said he.

'She is your wife,' said she, 'wherever she is.'

SÓS: *Imagine that!*

'She is your wife now,' said she, 'wherever she is.'

SÓS: *He didn't recognise her at all?*

Oh, he didn't know anyone like her was anywhere in the world. For all he knew, Seán, she could be over in Australia.

'What a mess!' said my father. 'Why didn't you say so at first? Sure if I knew … I'd hold on to her when I had her and I wouldn't have to go looking for her now. What the hell good is it for me to look for her now,' said he, 'when she has gone off and I haven't a clue how to search for her.'

'Oh, wherever she is, she is the wife you'll have.'

And she was right, he said. Three years later he got to know her.

SÓS: *I see. Where was she living?*

She was behind in Com Dhíneol and he lived in Cill Mhic an Domhnaigh.

SÓS: *Imagine that! There were many of that sort travelling around.*

My father used to say there was a great number of them travelling around.

SÓS: *I see.*

Yes.

SÓS: *And how did they make a living? Going from house to house?*

From house to house; they used to collect alms, you know.

SÓS: *As beggar women?*

Yes. They were beggars but they gave people a great amount of hidden knowledge.

SÓS: *Do you remember any other story about any of them?*

No, I don't.

SÓS: *Well, isn't that an amazing story! Did your mother live long?*

She was sixty-three when she died.

SÓS: *Is that so? Did she bury your father?*

Indeed she did not. He survived in very good health after her death. He lived to be a hundred.

SÓS: *Did he really? That was a great age.*

A great age.

SÓS: *A hundred years!*

He lived to be within two months of a hundred.

SÓS: *Within two months of a hundred. Imagine that! God rest his soul!*

And during that time he never had to receive the last rites.

SÓS: *What was that?*

He was never given the last rites and neither did he take a purgative, medicine or anything else.

SÓS: *Or spend a day in bed?*

Or spend a day in bed.

SÓS: *He had good health.*

Oh, yes, he was very healthy.

7. AN EERIE HAPPENING AT SEA

SÓS: *Of course fishermen would often see a man or something like a man rising from the sea beside the boat.*

It happened frequently, I suppose, although I seldom heard it spoken of except for the day he rose up at the back of the boat in which my father was fishing.

SÓS: *Is that so?*

He rose at the back of the boat from his waist up. And the man who saw him tried hard then to get them to pull in the lines and … stop fishing and go home.

SÓS*: I see.*

But they were reluctant to do so because the fish were biting at that time. But he was urging them and urging them, yet he didn't tell them it was because of something he had seen, or anything like that, because of course, if he had told them this at the beginning, they would not have delayed.

SÓS: *Of course.*

He was south in Cill Mhic an Domhnaigh on a fine day when they went fishing in a boat given them by their mistress … their landlord then was Bess Rice. She had given the fishermen the boat to do her own work in whatever way she needed, and after that they had the use of the boat for themselves.

SÓS: *In between times.*

In between times. In any case, they went west with the boat on a fine day close to the Tiaracht or the Sceilg, to a spot known as Áthbháithí or Hake Bay.

SÓS: *Hake Bay?*

Yes, where the fishermen used to catch hake at that time. However, as it approached twelve o'clock at noon, this man was taking a hake off a hook when he saw the spectre rising up at the back of the boat, right in front of him, you know.

SÓS: *Out of the sea!*

Out of the sea. He rose up as high as his waist at the back of the boat ... But the man dropped the fish and the line and hook fell from him and he told them to haul in and head for home as the best part of the day had passed.

SÓS: *I see, yes.*

It was always said by the old people, you know, that a storm or foul winds or a swell would come at sea when anyone saw something like that.

SÓS: *Shortly after that?*

Yes, shortly after. But they paid no heed to him for a long time. In the end they moved off, and take it from me, they strained the oars and their arms. They hadn't come too much at all of the bay from the south when the gale blew up and the sea got rough and rose high, yes, and it swelled and roared, and they were only barely able to reach the pier at Cathair.

SÓS: *I see.*

People had keened them. The women were up on the hillside crying and keening as the boat was being swamped by the storm at sea. But they made it. However, when the man who saw the spectre got out of the canvas boat ... the boat, he wasn't able to put his right leg forward.

SOS: *I see.*

The boat's captain, Seán Ó Foghlú was his name, said to him:

'What happened to you, Darby?', said he – he was known as Darby, you see. Diarmaid Mac Cárthaigh was his name.

'What happened to you?' he said.

'Oh, this is what happened, Seán,' said he.

231

'You slob,' said Ó Foghlú, 'why didn't you say that first so that we could do something about it.'

SÓS: *I see, yes, yes.*

'I didn't like to,' he said, 'but I'm done for now. The priest won't find me alive.'

Well, they brought him home to his house – however long or short was the distance from the house to the pier ...

SÓS: *Yes.*

... with the help of other men. Two went to fetch the priest. He came and Darby was prepared for death and then the priest left. I think the priest was Father Dónall O'Sullivan who was at that time the curate, the canon in Dingle. Shortly after he had left the house Darby started to decline.

SÓS: *I see.*

And it was a huge tragedy – a fine young man, only eighteen months married, leaving his wife and a child – their first little child had died. His wife was sitting in the corner clapping her hands in sorrow. A neighbour came in, a man from the village ... because there is great commotion in the countryside and everywhere else when these things happen, and that was especially so in former times; not half as much notice is taken of them nowadays.

SÓS: *No.*

No.

SÓS: *People are not as compassionate.*

They are not as compassionate. But when Pádraig Ó Mainín, a middle-aged man from the neighbourhood, who was always in and out to him, heard that he was dying, he left the garden where he was looking after five or six cows he had, and headed into the house. He made a loud long keening cry as he came in the door, calling out all the time to Darby – why had he left them, he being such a fine young man. Darby was stretched on the bed in the corner and he stood over him crying out all the time and talking. Soon Darby opened an eye and stirred himself.

'Good on you man, alive and well,' said Pádraig Ó Mainín to him.

SÓS: *Yes.*

He was a strong reckless man. 'Oh Paddy,' he said, 'oh Paddy, too bad you didn't let me keep going.'

SÓS: *Too bad what … ?*

Yes, too bad you didn't let me keep going.

SÓS: *That you didn't let me keep going. Yes.*

'Why?' said Ó Mainín.

'Ah, because I had travelled the worst of the journey,' he said. 'When you spoke I had to answer.'

SÓS: *Imagine that! Imagine that!*

'Did you see anything on the journey?' said Ó Mainín – he was a rough strong man, you know.

SÓS: *I see.*

'I saw nothing but a little light outside the door in front of me,' said he. 'It was like a little lamp outside the door in front of me and it was guiding me and staying with me.'

'Do you know,' said his wife, 'if it was your Máirín?' – as if the light might be their child, their little girl.

'Woman,' said he, 'I don't know if she was your Máirín; I saw nothing but the light.'

SÓS: *I see.*

'But had you gone far?' said Ó Mainín.

'I had gone as far as the wooden gate.'

SÓS: *The wooden gate?*

'Yes. I had gone as far as the wooden gate when I had to return.'

'Was the mastiff on your path when you turned back?' asked Paddy.

'He was,' said he, 'but he was sleeping; they were sleeping.'

SÓS: *I see, yes.*

He lingered on but, oh, the hardship, my father used to say – hardship beyond belief – and he was unable to die.

SÓS: *I see.*

He survived Sunday, and on Monday Fr Dónall Ó Súilleabháin had to be sent for …

SÓS: *Again.*

… again and he forbade him to speak as much as a single word from his mouth about anything he heard or saw, even if he was minded to do so, until God deemed it appropriate. He lived, Seán, under great affliction until the same time again on Sunday.

SÓS: *I see.*

Yes, then he went off quickly.

SÓS: *He died then, the poor man. That's a very good story.*

8. THE STURDY YOUTH OF MOORE'S CASTLE

The knowledgeable old people used to say that this man lived in Moore's castle, to the north in the parish of Moore. He was a man of great substance and wealth and had the entire locality under his own control and sway. He was married, but if he was, he had no child, no offspring. However, he was carrying on so that should he have a child, that child would be independent and never have any impoverished relative. In any case, he built the castle and the buildings around it, giving rise to the saying 'the building of Moore's castle on you'.

Wherever his wife was from since the day she first got married, she used to go for a swim every day down to Dúinín, Dúinín an Mhúraigh.

One calm sunny day, in the fullness of time, she was swimming and whatever glance she gave in the water she thought she saw the shadow of a man swimming beside her in the sea and she went helter skelter on to the dry land.

SÓS: *She was alone.*

She was alone and she legged it over the sand onto the beach. However, when she reached dry land, her clothes were a little distance away from her and she collapsed on the spot as if overcome by weakness or faintness or something. She remained there a good while before she awoke and when she awoke she could see no one. She dressed herself and went home timidly. She didn't give any inkling of her secret, her story, to her husband or anybody else but kept the scare and fright she experienced to herself.

But even though she was married for fifteen or sixteen years before that and had no family, not much of that year had passed when she happened to be pregnant. And so it was, that when the time came, the child came. He was growing by day and by night so that he was becoming a fine sturdy young man who wanted for nothing. There was nothing a gentleman ever desired from market or fair or outing or horse riding or racing that he lacked.

And he was growing up but despite all the comfort and wealth he enjoyed there was one thing he was didn't have, namely, that he never fell asleep. And when all the rest of world snored, enjoying and benefitting from sleep, the poor lad used to sit beside the fire with his head bowed not having any share in the joys of life.

SÓS: *Did he feel like sleeping even an odd time?*

No, because if he did, he would have been able to asleep. But one fine evening a travelling man came in and asked for the night's lodgings. If he did, the young man was delighted – glad that he would have company for the night; whoever wanted him to stay, certainly the young man did. But when they had spent the night in each other's company, talking and conversing until bedtime had passed, the travelling man said:

'We have spent the night talking and you haven't slept because of me.'

'Never mind me, my good man,' said he, 'but now we have the whole place to ourselves here, they are all gone to bed, servant boys and girls as well, all except the two of us. And you are a poor scholar and are knowledgeable about many things from your books. We'll spend the rest of the night now trying to find out if there exists under the sea or over it or in any place, a tribe or a family or a breed of people who have never slept by day or by night?

SÓS: *Yes, yes, it was a big question!*
It surely was.

'Get to work now,' said he, 'and your labour will be richly rewarded.'

And that's how it was. He started on his book – he had two or three – oh, I suppose he had a lot of them. But approaching the second cockcrow he said: 'By gor, son, I have it. I have the book now,' he said, 'and there's a group of people related to you living under the sea,' said he, 'who have never closed an eye in sleep, day or night.'

'It would appear, scholar …' said the son, the son of the house, 'it would appear,' said he, 'that I am one of them!'

'How could you ever be like them, young man?' said the travelling man.

'There's something about me,' said he, 'that makes me different from everyone else in the world.'

But in the morning, he stood up and grabbed a gun that was on the wall. He took it down and went up to the room where his mother was sleeping:

'Are you asleep, mother?' said he.

'No, my son,' said she.

'Sit up now,' said he, 'and confess openly to me. Your time, your secret is up now. Here now,' said he, 'this is what's bothering me. I have been thirty years with you by now, and in that time my two eyes have never closed in a cradle, on a board or a bed. And you must have some secret information about the matter, and if you have, say it out.'

But she was reluctant, you know.

'Don't be evasive now,' said he, 'or you'll surely get the full of this gun if you don't tell me the truth.'

He caught her by the shoulder and lifted her up on her backside in the bed.

'Speak now,' said he, 'and confess fully.'

'Well son,' said she, 'this is how it is. I and your father got married here,' she said. 'We were married many years and you weren't born and we had no expectation of you nor of any other child. And now do you see this house we're living in? It was being built for you, in case you might come along, which you didn't, so that Moore's castle would be remembered for ever. Since I came to the place, I had a habit of going swimming in the fine weather. And on a certain day,' said she, 'I set off after dinner and went down to the shore and went for a swim. And I was a good while in the water, as I usually was, when it seemed to me from whatever glance I gave over my shoulder that a spectre of a man was swimming beside me in the sea. And naturally this frightened me,' said she, 'and I hurried out of the water. But I had only barely reached dry land,' said she, 'when I collapsed on the shore. I don't know, son,' said she, 'if I was a little while or a long time lifeless there. I don't know if there was a man,' said she, 'or seven men or none at all there with me. But when I came to my senses there was no one to be seen but myself.'

SÓS: *To my senses?*

Yes.

'When I became conscious. But I'll tell you this much,' said she, 'you were born to me nine months from that day.'

SÓS: *Really, imagine that.*

'That's all the information I can give you,' said she.

'Look now, my good man,' said the son to the travelling man below …

SÓS: *To the scholar.*

To the scholar.

'Do you hear now, my good man, how there is something different in my case?'

'It was easy to tell there was,' said the student.

Well, he went down to the room.

'Get up now,' said he, 'and put on your clothes. You have nothing to fear from me anymore. Look after yourself as well as you can, you will want for nothing but you won't have me and neither will the father who is here have me because he is not my father, and he has nothing to do with me.'

SÓS: *His father was alive, I suppose?*

Yes, he was.

'He has nothing to do with me,' said he, 'I don't belong to his people or his line, but I will go in search of my own people.'

And I think Eoghan Sullivan used to say that he rewarded the poor scholar well with a fee for his labour.

SÓS: *Of course.*

The following morning after breakfast he set off. He washed and tidied and shaved himself and then put on his fine suit of clothes and set off for Dúinín, a place there to the north. They call it Bodach's Creek. That son was called Bodach ever since he was born as he was a stout strong sturdy child and that is what a neighbouring woman called him when she came to visit his mother, you know, after his birth. When she saw the little child and how strong and sturdy he was:

'Well my dear friend,' she said, 'isn't he the sturdy little fellow [*bodach*]! [Laughter]

And the name Bodach stuck to him after that and it stuck to the name of the place where he lived and to the creek from where he left – Bodach's Creek.

SÓS: *I understand, yes.*

But he set off down for Bodach's Creek, and your man [Eoghan Sullivan] used to say people maintained that while he was heading down to the shore a man was seen to stand up in the sea and continue walking towards the land while the Bodach was walking into the sea to meet him until they hugged each other above water and then sank down and there wasn't sight or news of them ever after.

SÓS: *Ever more.*

And Eoghan said the old people maintained that it was probably his father who had come to fetch him.

SOS: *And indeed it probably was.*

It probably was. They hugged each other in the sea and disappeared ...

SÓS: *Yes.*

In Bodach's Creek.

SÓS: *I see. I suppose there is probably is a group of people like that under the sea who don't have it in their nature to sleep.*

There probably is.

SÓS: *Did you ever hear, Peig, that he was an otter – you know the otter, or did you ever see one? He never sleeps, a water dog – the breed of the otter.*

I never heard that.

SÓS: *You never heard it?*

No.

9. THE MERMAID

SÓS: *Did you hear any story, Peig, about a man who married a woman from the sea, a mermaid or such-like?*

I think I heard that story all right. I used to hear it from the old people in the Island.

SÓS: *We have tired you.*

I'm not tired. But this woman the man took away with him from Cuan, you know, and he kept her …

SÓS: *What story is that?*

… who took away the mermaid.

SÓS: *Oh, yes, yes.*

Sure, I wonder would she ever sleep.

SÓS: *I don't know that. I never heard it said in the story. She stayed with him for a number of years.*

She stayed some little while, some while…

SÓS: *I wonder did he have any children with her – one or two?*

I didn't hear.

SÓS: *I think so, yes, yes.*

Maybe so.

SÓS: *It doesn't matter!*

It doesn't. She was the best servant in every way who was ever in a house – be it an ordinary house or the house of a gentleman – but she never spoke a single word.

SÓS: *Is that so? She was dumb?*

She was dumb. But I think, Seáinín, she wasn't married to him at all.

SÓS: *Maybe so.*

She wasn't.

SÓS: *Maybe so.*

Ah, he didn't like to treat her badly …

SÓS: *Of course, yes.*

… or anything …

SÓS: *Yes.*

… or that her family or the people would find out or there would be some rumour about her. Yes.

SÓS: *Yes.*

I don't think they were married, but he loved her in his heart because she was a young woman, a beautiful young woman.

SÓS: *I see.*

And he couldn't bear being away from the house for any length of time and not be able to sit beside her. But what was the good of that?

SOS: *Just looking at her!*

Just looking at her. And what good would it be for him just to look at her? [Laughter]

SÓS: *It would be cold comfort.*

It would be cold comfort just looking at his sweetheart. However, let that be. An uncle of his who was a blacksmith said to him one day:

'Seáinín, isn't it strange that this young woman hasn't a word of talk. I'm certain,' said he, 'if she could be got to make any sound at all that she could talk and have something to say,' said he, 'and that she is able to talk but it can't be had from her. If you were to let me use my expertise to force her well, I'd guarantee you,' said he, 'I'd find out if she can talk.'

SÓS: *I see.*

'Use your expertise on her, uncle,' said Seán, 'to the best of your ability but don't abuse or humiliate her,' said he, 'any more than you absolutely have to. Carry on!'

Well, the following day, the uncle came to the house and he had warned Seán, the lad, and all of them not to be around.

SÓS: *Of course.*

She sat down. She was sitting up in the corner when she had finished her work and the smith came and sat on a chair below her. She was between him and the hob. He began to find fault with and belittle her family, the people and community she came from – that they were completely worthless – and so on. He couldn't have gone any further with it than he did. In the end, the noble blood rose up in her breast and she could put up with it no longer.

'Not so,' said she, 'my people are not like that and neither is their dwelling house,' she said, 'but it is embellished with satin, lattices, wood and windows:

> It is not a house of hazel nor a house of rowan
> Nor is it a house built on high ground;
> But an extended bright and gleaming structure
> Where Mass is frequently celebrated.
>
> In it dwell in-laws from Ireland, from Árainn
> And from Cúl na Seabhac;
> They are entertained in Ó Ceallaigh's house
> And every weekday there is like Christmas.'

It seems she was an Ó Ceallaigh.

SÓS: *Yes, certainly.*

> They are entertained in Ó Ceallaigh's house
> And every weekday there is like Christmas.

Yes. She found her speech then.

'Welcome to you, in the whole of your health,' said the old man, 'we have you and your speech now,' said he.

'Yes,' said she.

And she had her speech and was as good as she ever was.

SÓS: *Yes. And did she stay with him?*

She stayed for seven or eight years. She had three or four children – that's when she had them, according to the story. The cloak he took from her on the first day, you know, he had hidden it up in the tie beams.

SÓS: *I see, hidden.*

Hidden in a place where she could never go and get it. But whatever sorting he was doing, the eejit – he was up there one day looking for something [Laughter] and when rummaging about he went to where the cloak was. Well, what happens, happens.

SÓS: *Yes.*

The cloak fell down. As soon as ever it fell on the floor she gave one jump and the old people used to say that the eerie sorrowful scream she uttered could be heard a great distance away. And then he had to do without her.

SÓS: *She left him there?*

She left him there.

SÓS: *I see. That's it. I suppose he got another wife!*

No, he didn't. He didn't, son.

SÓS: *There isn't an old stocking that doesn't somewhere find an old shoe!* [Laughter]

10. ORAL HISTORY

10.1 The Blasket population

PÓS: *Turning now to the Great Blasket, how many people lived there, or what is the greatest number of people you remember there? How many households?*

There were two score and ten houses. Yes.

PÓS: *And were all those houses occupied?*

There were people living in all of those houses. You see, some of them, as is always the case, had only one or two in them. There were lots of children in others. I know the year I married and went there, young children were being rocked in sixteen cradles on the Island that year.

PÓS: *What were the prevalent surnames there?*

There were Sullivans, Connors, Guiheens, Keanes and Carneys.

PÓS: *And Dunleavys?*

And Dunleavys and Sheas.

10.2 Marriage

PÓS: *What age were you Peig when you went to the Island, when you married?*

Nineteen years.

PÓS: *Quite young. People married young in those days.*

Some of them, I suppose.

PÓS: *Many of them.*

SÓS: *Was there a big celebration the day you got married?*

Oh dear! To tell the truth Seáinín, I don't know how it was. [Laughter] Seriously, I went to get married and had no idea where I was heading, no more than if going down to Dingle to get a shilling's worth of sweets.

SÓS: *Really? How did that happen?*

Ah, lack of understanding. People were not nearly as knowledgeable then as they are now; they lacked information, and were not practical or discerning.

PÓS: *And do you really think that people are more knowledgeable today in those matters than they were back then?*

They try to be, in any case.

PÓS: *Are they … can people endure as much today?*

No, they don't have the same endurance.

PÓS: *Do they have the same perseverance?*

No, they don't.

PÓS: *Are people nowadays frivolous?*

Yes, they are. They don't have the same resilience.

10.3 Storytelling and singing

PÓS: *How did you spend the time at night, in the winter nights?*

Well, the young people who were grown up used to be in a particular house; they had particular houses throughout the village where they enjoyed themselves, having their own fun, as you might say. The old people then used to visit together.

PÓS: *What did the adults, the married folk, do when they got together?*

The married folk … The young people who were not married used to dance and sing and have fun and banter.

PÓS: *Was there storytelling and singing?*

Yes, in the houses where the adults were. On certain nights of the week and of the year there was always singing and fun in some house.

PÓS: *Were certain houses chosen for this entertainment?*

No.

PÓS: *It went from house to house?*

Yes. A particular house would be chosen as there were no big, fine, spacious houses on the Island.

PÓS: *Were there any good storytellers on the Island who told the old tales in your time?*

No, there was only one storyteller who was able to tell any of those Fenian stories, my own husband, Pádraig Ó Guithín. He was wonderful. And where did he get his stories? He got them from Uíbh Ráthach people, O'Sheas from Uíbh Ráthach, who used to come to the Island in those days fishing lobster.

PÓS: *Sheas are plentiful in Uíbh Ráthach.*

They had a little house made up in Beiginis during the summer while they were fishing and they always had fun and chat there.

PÓS: *They had stories.*

Yes, they had stories and everything. The Islanders also had stories and songs. Some of them were very good singers. It was said some of the Sullivan family there had fairy voices.

PÓS: *Fairy voices?*

Yes.

PÓS: *Can you remember the songs they sang?*

Ah, I can't.

PÓS: *What were the names of the songs – 'Reilly an Chúil Bháin' [Fair-haired Reilly]?*

They had 'Reilly an Chúil Bháin', 'Éamonn Mhágáine' and so on.

PÓS: *And the songs of Seán Ó Duinnshléibhe, I suppose, 'An Chaora Odhar' [The Black-faced Sheep]?*

'An Chaora Odhar.'

PÓS: *'Asal an Chlúimh' [The Long-haired Donkey].*

'Asal an Chlúimh' and 'An Chuilt' [The Blasket Quilt] and …

PÓS: *Well, were many of them able to perform a song, stand up by themselves and give it out?*

Ah, that's not how they did it at all.

PÓS: *When did they feel like singing a song?*

When they were in company and especially if there was a wedding or any entertainment going on.

PÓS: *Well, did they have the old-style weddings – with the entire company coming …*

Yes.

PÓS: *… to the wedding house …*

Yes, yes.

PÓS: *… and making merry?*

Making merry. That's when they really got into the singing.

PÓS: *Well, were the Island women good at singing for the children as they rocked the cradle by the fire?*

Yes, they were. As they rocked the cradle they had sweet lullabies for them. My own old mother-in-law used to say:

> 'Go to sleep now child,' she used to say,
> 'sleep now and sleep safely;
> from your sleep you will get your health;
> and it can never be said that your mother is a sonless woman.'

Somehow, they were very experienced.

PÓS: *I suppose you are getting tired now, Peig?*

No, when I'm lying down like this I'm under no strain.

PÓS: *Did you ever have a singing voice?*

Pork?

PÓS: *Not pork – a singing voice.*

No, I did not and that's the truth of it for you. One day there were many strangers on the Island, among them Father Séamas Ó Floinn, you probably know him.

POS: *Ó Floinn, I know him well.*

After a while, he turned on his chair in my direction:

> 'Peig,' said he, 'would you sing a song for me?

'Ah,' said I, 'the pity of it is that I am not able. I never sang a song.'

'Why is that?' said he.

'If God gave me the gift of talk with my tongue,' said I, 'he didn't give me the gift of song in my throat. [Laughter] I can't sing a song,' said I, 'because I don't have a voice.'

'But can you not recite it for me word by word?'

'A nice one, Father Séamas!' said I, 'so that you would have a laugh when I was choking myself like a drake [laughter] while you were laughing.'

'I won't laugh,' said he.

'By my soul', said I, 'some fine day you would probably be mocking me just like … do you remember,' said I, 'do you remember the fishermen, the fishermen who were at the race in Baile na nGall and the fun and amusement we got from them – when they were drunk and you couldn't understand a word from them – I would be in their shoes with "The Bright Dark Rose"', because Róisín Dubh was the song he asked me to sing. PÓS: *Of course.*

But he got a fit of laughing.

'Perhaps I might and perhaps I might not,' said he. 'But do you know,' said he, 'what a man said to me, a friend of mine, almost a neighbour of mine? I used to pass his way. I was going up to the place above,' said he, 'and I was hurrying on. Tomáisín was there,' he said, 'with his hammer breaking stones on the roadside as I approached. I was pressing him in talk and dragging out the conversation. He was a great talker,' he said.

The poor man was breaking stones on the road, you know.

'But I was pressing him hard in conversation,' said he, 'to enjoy him for about an hour. After a while,' said he, 'he looked up at me:

"Where are you going, Father Séamas?" said Tomáisín.'

"I'm going up there to the mental hospital," said he, the priest.

'"Ah dear," said Tomáisín, "That's exactly the place for you, Father," said he, [laughter] "there's no other suitable place for you," said he, "except there."'

10.4 Women's work

PÓS: *Well, what other work as well as cooking and so on did the women engage in – the housewives and the married women?*
The women had plenty to do because they had to do all the housework when the men were at sea, fishing.
PÓS: *Was wool spun, for instance?*
Yes, wool, flax and frieze were spun; women in those days did three kinds of spinning.
PÓS: *And where then did they send the thread, or before that the wool, to make it into rolls and so on?*
They did it with cards.
PÓS: *Themselves?*
Themselves.
PÓS: *They didn't send it to Dingle?*
No, never. It was quite recently that it was sent to the mill in Dingle to be carded.
PÓS: *What was the greatest use they made of the thread? Was it knitting?*
Knitting and flannel. Then when they spun the thread, a large piece of flannel, say, maybe eighty cubits, the woman of the house would have spun it where she had a large family to raise because flannel was the most widely used clothing ...
PÓS: *Was there a weaver? Did people there engage in weaving?*
There was a weaver on the Island.
PÓS: *And he worked the loom ...*
He worked the loom and indeed he was kept busy. When the woman of the house had a large piece of flannel carded, spun and

rolled up – along with her other household chores – and if she had a girl in the family or an old woman who would card for her, two carding boards – did you ever see them? Did you ever see …? –

PÓS: *Oh, I saw them. I saw them in Baile Móir.*

They would card for her and she would spin and work late until the cock crew.

PÓS: *Well, did a tailor come from the mainland to make clothes?*

Yes.

PÓS: *An he used to stay there while he …*

He used to stay there as long as there were clothes to be made. He was over there in Ceathrú … since I went to the Island, in any case, the tailor I remember coming here, was called Pádraig Ó Scannláin, the Ceathrú tailor.

PÓS: *Well, had the women anything to do with the fish that was caught, salting it or preparing it?*

They looked after it in every way once the fisherman had caught it and brought it to the house. The women did all the rest of the work – splitting and gutting it, washing and cleaning it out, salting it and putting it in the barrel.

PÓS: *But do you have any memory of hake and the ling being …*

I don't remember those fish at all. But I remember my father talking of them as he himself used to fish in a spot out west called Bá an Cholmóra [Hake Bay] when Bess Rice gave the tenants an eight-man boat for fishing and trolling. He was regularly in the boat, and one evening the fishermen came home carrying big loads of hake. The heads used to be cut off the hake and were never cured. People had fat pigs around the village – may the devil take them – and this particular woman threw away the heads, maybe a score or two of hake heads, and she put them away someplace where they could never be reached. But whatever rooting the pigs were at, when it got late, they found where the heads were, and whatever way they

251

were rooting, one of them grabbed a hake's head. But if it did, the head got stuck in the pig!

PÓS: *Hihii. There was squealing then!*

Squealing! The parish of Fionn Trá had to … I understand that the whole parish of Fionn Trá gathered around the pig. But twenty men couldn't control it; the pig was out of its mind, God save us, with the head stuck to it – the hake's head had stuck to it. He said that was the most troublesome evening they ever had trying to prevent the pig throwing itself down the cliff somewhere. I have no idea how they eventually got it off. I suppose in the end the pig was overcome by exhaustion.

PÓS: *I suppose she was overcome by exhaustion.*

I suppose so.

PÓS: *Well, were they strong and tough then to do work outside the house?*

I was nineteen years of age the day I got married, and I don't believe there is a woman today, if one searched from the top of Clasach to Tralee, for whom my work would not be good enough.

PÓS: *Well, did women have a lot of outside work to do in those days?*

In the tillage season they had to draw the manure with donkeys on to the land. The man would then do the …

PÓS: *The digging.*

He did the digging. He prepared the ground, you know, and there was hardly a woman who didn't plant the seed potatoes. When the land was laid out and the ridge prepared and all, the man came along then with his spade.

PÓS: *Well, did you have to go and collect seaweed from the sea?*

We didn't have to collect it in that way, but nonetheless, we had to bring it up to the cliff top.

PÓS: *On donkeys?*

Yes, on donkeys and also on our backs.

PÓS: *With creels, in creels?*

Yes, in creels on our backs.

PÓS: *That was fairly heavy work.*

That was heavy work.

PÓS: *Today's young women wouldn't do it!*

They would sooner go and drown themselves down there [laughter]… Can you imagine seeing a young woman coming against you on the road now with a creel of seaweed hanging down on her backside …

PÓS: *I could not imagine it.*

You couldn't imagine it but that's how it used to be.

10.5 Food

PÓS: *What do you think made them so strong in those days?*

I have no idea.

PÓS: *Was it being used to work?*

Being used to work, I suppose, and the kind of food they had was somehow doing them good. There was no experience …

PÓS: *It was healthy.*

It was healthy.

PÓS: *It was rough and sustaining.*

It was that. The yellow meal is what they had then. What was it the young lad used to say – and can you imagine how fed up he was with it a year before he went to America? He used to come in after the day's work and there two quern stones of baked yellow bread with no grain of flour in them would be standing at the bottom of the table. And what was beside the fire but a skillet, a small-sized pot, full of cooked yellow watery gruel and when he looked at this:

'Oh dear, God save my soul!' he'd say, 'isn't it a tough station – meal with meal.' [Laughter]

PÓS: *He was probably right. Well they wouldn't eat that kind of food at all now.*

No fear of them! He would go off then and dash through the door, grab his hook and line and find crabs somewhere back there under the stones – they were not too far from him. But before his mother had the cake on the fire, the second cake, baked, he'd be back with four wrasse, four fresh fish:

'Here girl,' he'd say, 'boil these. They're better than the gruel.'

PÓS: *Were the Islanders given to eating a lot of fish?*

They were. It was the only tasty bite they had.

PÓS: *And long ago when they had sheep and they didn't fetch a high price, I suppose they ate a lot of mutton?*

They did. Oh, it was … it was rare, it was a rare year, a rare day that there wasn't meat, fresh and salted, in houses that were in any way … just as is the case today.

PÓS: *Oh, that's how I remember it.*

There was a house, the Ó Catháin's family house, where they had meat at all times of the year. They had goats and sheep, and as there was no great price for livestock, they used to kill a good heifer, for example, or a cow that wasn't too old.

PÓS: *A stripper.*

Yes.

PÓS: *Did the Islanders ever make any use of oats for food?*

Oh, I never saw it …

PÓS: *They didn't grind oats or anything like that?*

I never saw them at any of that because those days were over when I went there.

PÓS: *Nobody there had wheat either?*

I think they used to plant wheat, and I suppose they had a quern to grind it.

PÓS: *Yes, they had.*

But I'm not certain. I never saw a quern there.

SÓS: *Did you go to the beach, Peig, to collect barnacles?*

Oh, we had limpets and periwinkles and everything – people lived on shore food.

SÓS: *Yes.*

Yes, on food from the shore.

SÓS: *Throughout the year?*

Yes, at times. There were times when it was no good, when it was out of season ...

SÓS: *At home, in my home place, in Tuath Ó Siosta, people didn't eat fish at all on Good Friday except for 'poor food' as they called it – shore food.*

Shore food, there were cockles, yes.

SÓS: *Only cockles?*

PÓS: *Limpets.*

Limpets. Oh, whether the day was good or bad on Good Friday, they'd have to go to the beach.

SÓS: *Yes.*

They'd have to.

10.6 Livestock

PÓS: *Well, do you remember if the Islanders always had sheep on the Island?*

My memory is that they had. But they only had, how should I say it, a hill portion. The hill was divided among them ...

POS: *A hill portion?*

Yes, a hill portion; the hill was divided among them and they all had their own share of it. And I often heard my mother-in-law say that nobody would be allowed to have as much as one lamb extra; and if he had no other use for that lamb, he would have to kill it.

PÓS: *Were there some people who had no right to graze sheep on the Island, or have any ownership of land?*

Oh, I suppose there were, as people came there during the bad times, you know. Many from the east and west travelled on until they reached the Island. Then they would have no land, you see, or no rights, the poor things, but had to survive on limpets and whatever else.

PÓS: *Well, you probably remember the Dalys living out on Inis Mhic Aoibhleáin.*

Back in Inis Mhic Aoibhleáin – I remember that. I remember it well. It is not so long ago they came here to the Island. There were many houses, many houses, on Inis Mhic Aoibhleáin as well as the Dalys. Yes. There was a village there. There was indeed.

PÓS: *Was there ever a house in Inis na Bró?*

I never heard anyone say there was.

PÓS: *There's no trace of it in any event.*

No.

PÓS: *There was some kind of a house structure on Beiginis, wasn't there?*

Oh there was always a house on Beiginis because it flourished one time under a landlord called Hussey, Old Hussey.

PÓS: *There was such a man.*

He put cattle on it and a dairy maid and a man along with her, a servant boy, to look after them. That young woman's name, Hussey's dairymaid in Beiginis, was Cáit, Cáit Ní Dhálaigh, Big Cáit from Beiginis.

PÓS: *Did they make butter from the milk there?*

They did.

PÓS: *And carried it over the water …*

And carried it across the water then when they had made it.

PÓS: *Did you ever have a cow on the Island, Peig?*

I had two and at one time had three.

PÓS: *Do you know if there are any cows there at present?*

None, because they probably sold any poor cow that was there, early last year, you know.

10.7 Lighting

PÓS: *What kind of lighting did people have when you were a little girl?*

They had fish oil, fish oil.

PÓS: *And the cresset?*

And the cresset.

PÓS: *Well, was that common then?*

It was the usual light at all times until Christmas came around.

PÓS: *Well, from which fish did they get the oil?*

From rock herring – scad or whatever they are called. There was fat in scad, oil, and when they were gutting them, removing the intestines, they took away a layer like you would from a sheep's intestine, and collected it, and when they had the full of the oven of it, they used to melt it on the fire and it turned to oil, good oil. Then there was pollock and they had a liver.

PÓS: *Liver, is it?*

And there was oil in ling – fish oil from ling. There was an amazing amount of oil in dogfish.

PÓS: *Did they make use of all those?*

They did; they'd take out the liver, you know.

PÓS: *Well, you probably remember seal meat being cooked to make seal oil?*

Seal oil …

PÓS: *To rub on aches.*

I remember it, and I remember it well, People roasted seal meat and some used to eat it.

PÓS: *Seal meat?*

Yes.

PÓS: *It was blubbery.*

It was nice when it was properly cooked. It was.

PÓS: *But seal oil was very plentiful when you were growing up?*

Oh, they got an amazing amount of oil from the seals.

PÓS: *Well, where did they do that – was it on an outside fire?*
No, but in the house.
PÓS: *Is that so? In pots?*
In pots.
PÓS: *Was there not a danger of it falling on the fire?*
There was not – but should it catch fire, a cover was placed on it.
PÓS: *Well, after the cressets and wicks, what was the next kind of lighting you got back there? Candles or lamps?*
Oh, small lamps, small tin lamps.
PÓS: *With a protruding spout?*
With a spout jutting out, and a little piece at the back that used to be hung on a nail. They were hung on the wall and had a long narrow pipe sticking out of them, and …
PÓS: *They used paraffin from Dingle, I suppose?*
Yes, from Dingle.
SÓS: *Do you remember any house on the Island ever catching fire?*
No, I don't.
SÓS: *Do you remember splinters being used for lighting in houses, splinters of bog deal?*
There was no bog deal in an Island house. No, but they had heather that was just as strong and as thick and as lasting as it.
PÓS: *Up on the cliffs?*
Yes, up on the hills to the west.

10.8 Fishing nets

PÓS: *Do you remember women making fishing nets at any time or do you remember any talk of that?*
I clearly remember seeing my own mother with her needle and gauge, knitting a piece of boat net.
PÓS: *Every fisherman had his own portion of the net?*
Yes, some would have a portion and others a half portion.

PÓS: *And they divided the catch accordingly?*

They divided the catch then in proportion to their rights.

PÓS: *And where did they get the thread for that?*

Oh, they got ... I think some of the old women long ago used to spin ...

PÓS: *Thread?*

Yes. Hemp, hemp.

PÓS: *And the women made ...?*

The women made the nets, bits of netting. I saw my mother do it and I clearly recall two, three, others do it below in Baile an Ghleanna. You knew Séamas Beag, I once saw his mother also doing it.

PÓS: *Séamas died three years ago.*

He did, the poor man.

PÓS: *And he was quite old, and healthy to boot. I thought he'd live longer.*

That boyo doesn't take long when he arrives.

[Laughter]

SÓS: *He was a great talker.*

Yes indeed, he was a great talker.

10.9 Fear for fishermen

PÓS: *I suppose the women were very worried when ...?*

Isn't that exactly what I'm saying. Once the fishing season began I wasn't able to sleep a night in my bed. Too true! In the evening, when the fishing season began, the nets were brought down – a huge heap of nets where there were two or three fishermen. They arranged them and fixed them up with all the paraphernalia that went with them. Then the oldest crew member would get a bottle of holy water and sprinkle it on the nets, on themselves and on the house.

Early in the season when they set out in God's name, when they went out the door with that load on their backs, neither I nor any other housewife, had any expectation of seeing them in the morning. There was nothing for it but somehow to commend them to God and the mercy of the sea. One eighth of an inch was all that kept them from disaster. Perhaps …

PÓS: *The canvas covering on the boat?*

The skin of the canvas boat, just the canvas. Some nights were fine and on other nights the gale that blew would knock a good strong man out of his standing – white waves hitting the rocks and flying in the air. Anyone who had someone dear to them at sea had no expectation of ever seeing them again. Then, with God's help, they'd come ashore maybe late in the morning, and they'd come back to you wet and weary and the eyes closing in their heads from exhaustion and sleep and …

PÓS: *The drudgery of rowing.*

The drudgery of rowing. When some tea was made then, my good man, they'd frequently fall asleep as they drank it, they'd fall …

PÓS: *I suppose so. They hadn't a wink of sleep, of course.*

None, nor the previous night, nor perhaps for the three previous nights except for a short catnap. When they drank the tea and had a bite – little good it did them – they'd get themselves ready again. They'd pull on dry boots, grab a creel and head off for the landing spot to set out with the catch – big or small – for Dún Chaoin or Faill Mhór. After their night's fishing they'd carry every single fish they caught on their backs from the landing spot below here to the cliff top. It was tiresome, exhausting work.

When that was done – perhaps even before they had all the fish brought to the cliff top, before they had time to say 'God save my soul' – the wind might shift north-west, or north-east or south-west against them, and white brine would fly off their oars into the air. When the sea swelled around them, no one watching them from dry land on the Island could have any hope of ever seeing their loved ones again.

Five or six little canvas boats used to return to the Island in the evening when they had left their catch on the mainland. And when a trough developed, and two huge waves swelled up from it, the boats fell down into the trough and you would think you would never again see them; then they'd rise up on the crest of another swell and you would imagine they were black crows. They were completely worn out. It's no wonder they were fed up of it. They were.

PÓS: *Did Islanders have a special prayer for people at sea in those circumstances.*

Yes, they had, Pádraig. The old women would often say it if the situation was very dangerous.

> As you pass over the waters deep
> May the King of Patience take you in hand,
> For fear of the strong-waved flood;
> Mary watch and do not foresake!

PÓS: *Yes. That's the Sea Charm, isn't it?*
It is.

> Passing over the waters deep
> Oh King of Patience take us in hand,
> Fearful of the strong-waved flood;
> Oh Mary watch and do not forsake!

I used to hear that from the old women on the Island.

10.10 The Island school

PÓS: *Well now, do you remember the school – and of course you do – on the Island? What was the greatest number of children attending it?*

A hundred and fifty. Some years there were a hundred and fifty children attending school on the Island.

PÓS: *And today it is big news that only one child ...*

Only one child.

PÓS: *That's all there is.*

That's all. Ah, that was not the case when Father Scannel was in Builtín [Baile an Fhirtéaraigh], however many years ago that was. They completely confused him, you see. The teachers used to send those children that were a bit advanced – those grown up, and well-prepared – to the landing place to welcome the priest. They were down with the school mistress and master until the priest's party came out of the canvas boats. Then when the priest came ashore, he was about ... he hadn't gone very far among the houses when a pack of dogs – there were two dogs in some houses and three in others – all rushed out, barking continuously. The priest was frightened out of his wits, Pádraig, afraid that the dogs would savage him. A woman standing there said:

'Don't be afraid, Father,' she said, 'they won't harm you. They are gentle and tame but they have a habit of barking like that at strangers. Don't be afraid.'

PÓS: *They would be excited.*

Yes.

'Indeed,' said he, 'I'd find nothing gentle about them if one of them took a bite from the calf of my leg. [Laughter] I see,' said he, 'I see,' said the priest, be he dead or alive now, 'I see,' said he, 'that there is nothing more plentiful on the Island than children and dogs.'

10.11 Keening women, the Trants and the Rices

SÓS: *Can you now remember, Peig, ever hearing keening women at a wake, composing verses over the corpse, over the dead person?*

Over the dead person ... no.

SÓS: *You don't remember it?*

No.

PÓS: *They would have the keen, the cry or the melody, but I don't think they'd have the verses in Peig's time.*

No. There was …

PÓS: *There were a few people in the parish of Cill, that little old woman who died – ah, what's that her name was? – she was blind, do you remember? She used do it and had made a kind of livelihood from it, do you understand … ?*

SÓS: *Yes.*

PÓS: *Do you see? She used to go around the locality and she'd compose verses.*

To compose verses.

PÓS: *Peig Eoinín.*

Peig Eoinín. Peig Eoinín. Oh, confound her!

PÓS: *She was rather giddy.* [Laughter]

Oh, botheration to her! She was as giddy as myself.

PÓS: *Oh Mary! If she had your intelligence, she'd be quite well-balanced.*

Oh, when the lady who was … you probably heard it, why wouldn't you – concerning Bess Rice, sure we know what she was like …

PÓS: *Sure we do, we know the entire story.*

We do. But they had a keening woman who was known as the Trants' keener.

PÓS: *Yes, a keening woman …*

Yes, the Trants' keener, because Bess's mother was a Trant.

PÓS: *Is that so? Was that the connection …?*

Yes, that was the friendship between them.

PÓS: *The Rices were in Dingle.*

Yes.

PÓS: *They were an old Dingle family.*

Yes, there were Rices and Trants; her mother, a sister of the Trants, was married to Rice. She was Bess Rice's mother.

PÓS: *That's something I didn't know before about her.*

That's a fact.

PÓS: *But Bess had a bad reputation.*

Yes, indeed she had.

PÓS: *She was harsh.*

'Oh, grief to her heart,' we used to say to my father, God be good to him, because she was always harassing him as he was under her control all the time beyond in Cill Mhic an Domhnaigh. But some of the lads used to say:

'Well, Tomás, you will probably have many scrapes with Bess when you are together in the next world!'

'Oh, my dear man,' he'd say, 'may the God of Glory and his holy grace stand between me and any sight of her. [Laughter] I saw enough of her when she was alive without her crossing my path again.'

PÓS: *But she was of local stock.*

Yes, she was. Oh, those Rices had a pedigree going back seven generations.

PÓS: *Ha?*

The Rices had a pedigree going back seven generations.

PÓS: *And especially the Rices of Dingle.*

Yes. I suppose they are all the same Rices.

PÓS: *Oh yes, they were all the one.*

Bess Rice's father and brother were hanged at Cnocán na gCaorach in Killarney.

PÓS: *Oh?*

In the time of the Fenians. There was one little boy, a brother of hers, who was maybe six or seven years old, and somehow he escaped, and stayed in the area and wasn't disturbed. For two or three years he lived there and grew up and waited his chance. But he went off and escaped on a ship somewhere and my father used to say she never got news of him, dead or alive, in any country or nation even though she searched everywhere for him.

The night that boy's mother was dead, Bess Rice's mother, the keening woman was busy keening. Three or four women from Fán, from Gleann Fán came in and she'd say when composing the keen:

'Ye women who set out from Fán
And have come to Cill Fearnóg,
Have you looked to the west or the south
To see if you could spot the ships approaching
With Johnny Rice aboard one?
That he might come tonight to visit his mother
And lay out and prepare a generous feast for her
And bring out a plentiful supply of wines.'

PÓS: *That's something now I never heard before, Peig.*
Really? [Laughter]
PÓS: *They lived down in Cill Fearnóg of course.*
In Cill Fearnóg.
PÓS: *In Cill Fearnóg; that's Cuan in Ventry.*
Yes. Cill Fearnóg is the name, the old name for Cuan.

Ye women who set out from Fán
And have come to Cill Fearnóg
Have you looked to the west or the south
To see if you could spot the ships approaching
With Johnny Rice aboard one?
That he might come tonight to visit his mother
And prepare a generous feast for her,
And bring out a plentiful supply of wines.

Because she never ... Johnny was his name, Johnny Rice, and the other two brothers and the father were hanged.
PÓS: *One of those Rices who was in Austria attempted to bring*

Marie Antoinette from France at the time of the revolution and intended to bring her to Dingle. And the house in Dingle was done up, and the house is still there – the priests live in it now – and it is still known as the Count's house.

SÓS: *Is that so?*

Imagine that.

PÓS: *The Rices owned that place.*

Yes indeed. They were gentry.

SÓS: *Lord Monteagle was once one of those Rices. Yes. They were Rices and previously they came from Dingle.*

Yes. There was another family in Dingle at the time of the Rices, oh, a very important family – the Fitzgeralds.

PÓS: *They had a big house in the Grove.*

They had. At this time in the old days they lived down where the spout is by the Protestant church.

PÓS: *Yes, behind that.*

Yes, that's where they were.

PÓS: *The place they now call the Grove.*

Yes.

PÓS: *Oh, there were important people in that town; they owned that town.*

The head of the family was called Muiris, Muiris an Chipín [the Wood Splinter].

PÓS: *Yes, correct, that's who he was. Isn't there some verse about him – when he died or when he married the second time, or something like that, or when his widow married the second time?*

11. PRAYERS

PÓS: *Well, were the Islanders devout?*

They were all of that. They were so … every one of them was so gracious.

PÓS: *Well, where did they learn the prayers? Who taught them the prayers?*

Oh, there were prayers on the Island long before I went there because there was a schoolmaster on the Island many years before my time by the name of Hanafin. He was the sort of teacher who had been a soldier and was wounded and had some bit of a small pension. He was moving from place to place, you know, and had no livelihood, the poor man. But there was this very young woman in Ceathrú, Dún Chaoin, a seamstress, and she herself had one dead leg and worked as a seamstress – needlework, quilts and such things, you know. And what do you think of them, as handicapped as they were – the soldier and the seamstress – didn't they take to one other and they got married. [Laughter] Be that as it may, they were getting by with little bits of work but the parish priest was sorry for them and took pity on them, and what did he do but send the soldier to the Island because he was well educated. That was the very first school on the Island. He sent them on the Island to teach in the school, teaching the children, and he was quite good at it with the result that he helped the children. They were twice as able as children of more knowledgeable teachers that came later.

PÓS: *But didn't the people themselves have old prayers?*

They did.

PÓS: *Prayers not learned in school?*

Oh, they had old prayers they hadn't learned in school. I suppose they used to learn them from each other, from the family.

PÓS: *I suppose so.*

SÓS: *Were the old women better for the prayers than the men?*

Oh, the old women were better.

SÓS: *Is that so?*

Yes, they were.

SÓS: *Did they say the rosary every night?*

Oh, they used to say it every Christmas.

SÓS: *Every Christmas?*

Every Christmas.

SÓS: *I see.*

And then when Easter came, and all during Lent they used to say the rosary.

PÓS: *And was it not said during the week throughout the year?*

It was, sometimes. They kept together, but at times circumstances prevented them from coming together, do you see?

PÓS: *The men were at sea frequently, I suppose.*

Yes, they were.

SÓS: *Did they say the rosary, Peig, when they were unable to go to the mainland for Mass, at the time …*

Oh, they did.

SÓS: *Together?*

They'd say the rosary together.

SÓS: *Who would lead it?*

A schoolteacher we had. He used to start it off somehow, himself, Pádraig Ó hUalltacháin, if you knew of him. He was a school teacher in Muiríoch, God rest him.

PÓS: *I remember him.*

You do indeed.

SÓS: *Was it in the house they said the …?*

No, but in the schoolhouse.

SÓS: *In the schoolhouse.*

In the schoolhouse. There's a statue of the Virgin Mary in the schoolhouse.

SÓS: *Yes.*

No one knows who put it there.

PÓS: *Well, who was the first bishop you can remember? Do you remember Bishop Moriarty.*

No, but ...

PÓS: *Coffey, I suppose?*

But, do you remember was there a Higgins?

PÓS: *I think so. Perhaps it was him.*

I think it was him. I think it was Bishop Higgins ...

PÓS: *Can you remember at all who confirmed you?*

I can't remember now.

PÓS: *Well, where were you confirmed? In Dún Chaoin or in Baile an Fhirtéaraigh?*

It was in Baile an Fhirtéaraigh

PÓS: *You had to travel east there?*

We had to go to Baile an Fhirtéaraigh.

SÓS: *Listen, Peig, before we end this, would you please recite a few prayers for us on to the recording machine – those lovely old prayers of yours, I mean?*

I have a prayer now, Seáinín, in English and I don't know if it is in Irish ...

SÓS: *It doesn't matter, it doesn't matter.*

I don't think it is because it was the great Irish scholar who wrote it down for me ...

SÓS: *I see.*

And he is Father Pádraig de Brún.

SÓS: *I know.*

He wrote it down one day ...

SÓS: *For you.*

Yes. But it is very common in English, you know.

SÓS: *I see. Is it long?*

It is fairly long.

SÓS: *You have prayers in Irish, of course, a prayer you might say going to bed, or at the beginning of the rosary or something like that.*

Oh, yes, I have. I don't know what anybody else does, but when I myself get into bed, I cross myself and say:

> I lie on the bed as if lying in the grave.
> I earnestly confess to you, oh God
> and seek forgiveness from you
> for all my deeds, past and future.
>
> May the cross of the angels be on the bed where I lie,
> may the apostles' cloak cover me.
> My love to you, oh Child born in a stable,
> my heart's love to you, Mother Mary.
>
> You are at all times my enabling support;
> my healing doctor in illness or in health;
> a hundred thanks I give you
> oh bright Mother Mary.
>
> Between me and all the enemies
> who pass about me
> I set Mary and her Son,
> Brigit's cloak,
> Michael's shield,
> and God's right hand.
> God's right hand beneath my head.
> God and Mary be with me.
> Should anything whatsoever threaten to injure me

I set God's dear Son between me and it. Amen!

SÓS: *That's a beautiful prayer! You'd have a prayer, then, on rising in the morning?*
Yes.
SÓS: *On waking, say, or any other prayer that might occur to you.*
I do. Little prayers that occur to me – when I wake in the morning or sometimes when I cross myself, I'd say:

> I thank you God, who kept us safe from the dark death of night! Just as you brought us safely through the night may you keep us and our people wherever they are, safe in body and soul, from an evil fate, from hardship, danger and all daily calamities, now and at the hour of our death. Amen!

SÓS: *Did you say a particular prayer on entering the church or on Sundays?*
There was a prayer for Sunday which I often heard from my mother indeed, but I have probably forgotten it as my mind didn't hold on to it well.

> You are most welcome, oh holy Sunday,
> oh splendid Sabbath made for Christ and the church!
> Stir my foot early towards Mass,
> loosen my tongue for the holy words,
> open my heart and free it of all malice.
>
> So that I'll raise my eyes to the Son of the Nursing Mother,
> since he is my unsurpassed redeemer,
> may he be with me in life and in death.

271

My love to you, oh Child born in a stable,
my heart's love to you, Mother Mary.
You are at all times my enabling support;
my healing doctor in illness or in health,
a hundred thanks I give you
oh bright Mother Mary.

Between me and all my enemies
of body and soul
who pass about me,
within and without
now and at the hour of my death;
I set Mary and her Son,
Brigit's cloak,
Michael's shield
God and his right hand.

COMMENTARY

Passages from Irish-language sources are given in English translation provided by the editors in these notes; the original passages are given in the corresponding notes in Tráchtaireacht.

1. THE DEVIL'S SON AS PRIEST

This is a composite version of two folktales known in many European storytelling traditions, ATU 811, *The Man Promised to the Devil Becomes a Clergyman,* and ATU 756B, *Robber Madej* (previously *The Devil's Contract*). There are 119 Irish versions of the tale noted in Ní Fhearghusa 1994–1995: 94.

Other versions from Peig:
1. NFC 984: 212–220. Ediphone recording by Robin Flower c.1930 and transcribed by Seosamh Ó Dálaigh in 1947. It is also found in Flower's own transcription (edited by Séamus Ó Duilearga) in *Béaloideas* 25: 66–70 under the title 'An Scoláire Bocht agus an Sagart' [The Poor Scholar and the Priest]. There are minor differences between the two transcripts.
2. NFCS 418: 171–176. Written down from dictation in 1937 by the Blasket schoolteacher Máire Nic Gearailt ('Minnie Fitz'), and entitled 'Seanscéal' [Folktale].
3. NFC 701: 231–2. Written down from dictation by Seosamh Ó Dálaigh on the Blasket 20 June 1940 entitled 'Mac an Diabhail' [The Devil's Son]. Seosamh Ó Dálaigh comments:

273

Níl anso ach acomaireacht den scéal [This is merely a summary of the tale].

4. Wagner and McGongale 1983:#56; written down in phonetic script by Heinrich Wagner in 1946.

Versions from Mícheál Ó Gaoithín:

1. NFC 858: 295–306. Ediphone recording by Seosamh Ó Dálaigh, 1 February 1943; heard by Mícheál c. twenty years previously from Eoghan Ó Súilleabháin, Great Blasket, stated to have been c. seventy at the time.
2. NFC 1478: 297–322. Written from his own memory 1957. He states he heard the story from his father, who learnt it from Old Tomás Criomhthain, Com Dhíneol, Dún Chaoin; combined with the story of Tom Smith's Room (see item no.2 below).
3. NFC Almqvist: tape 1966:3:1. 23 June 1966. Stated to be learnt from his mother, Peig Sayers; also combined with the story of Tom Smith's Room (see item #2 below).

Versions from Mícheál Ó Gaoithín, Peig's son, of this and other items are noted in these notes to exemplify generational transmission of tales within a family. Another version of the story is given in Ó Súilleabháin 1951-1952# 35A. An accompanying note says Seosamh Ó Dálaigh collected it from one Mícheál Ó Guithín, Baile an Bhiocáire, Dún Chaoin, 27 October 1936. This is not Peig's son Mícheál, 'An File' [The Poet], but a neighbour of his who moved to Co. Meath shortly afterwards. However, his version is remarkably like those told by 'An File'.

Literature: Eiríksson 1979: 129–130; Eiríksson 1992: 118–119; Ní Fhearghusa 1991; Ní Fhearghusa 1994–1995; Ó Coileáin 1990; Ó Duilearga 1940.

... 'Oh,' said the landlady, 'look,' said she, 'what was in the
whiting's gut...'

For other instances in Irish tradition of the motif involving
a precious object found in the belly of a fish ('The Ring of
Polycrates') see Cross 1952: N211.1–N211.1.5.

2. TOM SMITH'S ROOM

This tale, having many similarities with tale type ATU 756B,
Robber Madej (previously *The Devil's Contract*), is classified
under the rubric 756B in TIF; yet a motif central to the tale
type, a contract with the devil (cf. Thompson 1955–1958: M
211, Man sells soul to devil) is not specifically referred to in
the story.

For other Irish versions of the tale type see Ó Súilleabháin
1951–1952:#33, #34 and Ó Duilearga 1948:#24 and references
pp. 420–421. In her version here Peig says she got the story
from her husband, Pádraig Ó Guithín.

Other version from Peig:
CBÉ 967: 386–400. Seosamh Ó Dálaigh collected this on
Ediphone, 7 February 1945 and transcribed it. Here too, Peig
states she learned the tale from her husband forty years earlier,
he being aged fifty at the time.

Seeing that the story of Tom Smith's Room comes to Peig's
mind here immediately after she had told the story of The
Devil's Son as Priest, it is interesting to note that Mícheál Ó
Gaoithín in his two versions of the latter story, also combines it
with the story of Tom Smith's Room; see notes on the previous
item.

Literature: Ó hÓgáin 2006: 395–397; Ó hÓgáin 1974–1976,
especially pp. 250, 253–4.

I am the one they call Tom Smith or Dónall Ó Donnchú
From this one might get the impression that Dónall Ó Donnchú is another name for Tom Smith. However, Dónall Ó Donnchú is not mentioned in the version Seosamh Ó Dálaigh collected. This Dónall Ó Donnchú was an otherworldly figure in Munster folklore where he is also referred to as Dónall na nGeimhleach, having the role of hero assigned to him in Kerry versions of the Barbarossa legend (Thompson 1955–1958: motif D1960.2, Kyffhäuser. King asleep in mountain will awake one day to succour his people). This latter legend formed part of Peig's repertoire and was recorded from her a number of times. Pádraig Ó Braonáin collected a version from her in 1934 (NFC 35: 32–38); Seosamh Ó Dálaigh transcribed a version from her in 1946 (NFC 983: 226–232) from an Ediphone recording by Robin Flower 'years previously on the Island', and an English translation of yet another version from her is in Mason 1936: 96–100. Seosamh Ó Dálaigh collected a version from her son, Mícheál, in 1943, who said he got the story from his father (NFC 859: 354–372).

Dónall na nGeimhleach was closely linked in Irish literary and oral tradition to Donn, the god of the dead, and it appears likely that Dónall is really Donn in another guise (Ó hÓgáin 1974–1976: 254). It is indeed very probable that it is this connection between Dónall Ó Donnchú and the lord of the otherworld that leads Peig to mention him here as an alternative for Tom Smith, the warden of evil spirits. In the version of Tom Smith's Room collected from her by Seosamh Ó Dálaigh (NFC 967: 386–400), she states Dónall na nGeimhleach took over the role of custodian of the evil spirits 'with a bone whip' after Tom Smith died and went to heaven. In this version she explains Tom Smith's role as follows: 'He was the master of all the female spirits that went around the country in the old days, and he probably needed a whip with supernatural powers to control them when they opposed him.'

Are you prepared to ... be put in Tom Smith's room

Christian folklore has long presented hell as a place rather than a state and posited a range of severity in its punishments – notions given classical expression in Dante's *The Divine Comedy.* Not surprisingly, in Irish folk tradition also, hell is presented as a place, and the notion of variation in the severity of its torments features in religious tales such as those that speak of a room of extreme torments. Given that Christ himself stated a more severe punishment awaited hypocritical religious teachers (Mk 12:38–40; James 3:1), it is interesting to note that this special room in Irish tales is frequently associated with a cleric such as Seán Bráthair, Brian Bráthair, Father Seán Ó Briain, Father Seán Ó Daibhín (see Ó Súilleabháin 1951–1952:#33, notes).

In the version Seosamh Ó Dálaigh recorded from Peig (NFC 967: 386–400) she states the expression 'Tom Smith's room' was a by-word in conversation: '"It's worse than Tom Smith's room" is an old saying people use. It was said of a house someone might have, a leaking hovel, cold, wet and draughty.'

3. FIONN IN SEARCH OF YOUTH

This is ranked among the most popular Fenian tales in oral tradition in Ó Súilleabháin 1942, where it is summarised on p.502:#12. Power 1985 notes 91 versions collected from 79 informants. The story seems to have been one of Peig's favourites. It is mentioned by Pádraig Ua Maoileoin (1991: 54) as one of the stories he had heard Peig tell and refers to it as 'Conas mar Fuair Diarmaid an Ball Searc'[How Diarmaid Received the Love Spot].

Other versions from Peig:
1. IFC 984: 227–234. Collected on Ediphone by Robin Flower c.1930; transcribed by Seosamh Ó Dálaigh in 1947; English translation in O'Sullivan 1966:#14.

2. IFC 35: 213–216. Taken down from dictation by Pádraig Ó Braonáin in 1934.

3. Jackson 1938:#9. Taken down in phonetic script by Kenneth Jackson 1932–1937.

4. NFC 911: 310–315. Taken down from dictation by Seosamh Ó Dálaigh, December 1943; Peig says she learnt it from her father, Tomás Sayers, who often told it.

Versions from Mícheál Ó Gaoithín:

1. NFC 1462: 366–373. Mícheál Ó Gaoithín written from his own memory, 1956.

2. NFC Almqvist tape 1966:1:6; 6 June; Mícheál states he learnt the story from Peig Sayers.

3. NFC Almqvist tape 1966:9:1; 18 August; Mícheál does not mention from whom he learnt the story.

Literature: Chesnutt 1989: 45–50; Power 1985.

... *'There isn't a man among you of the Fianna who will not be granted a request!'*
The bestowing of wishes is an additional element in the tale; for the nature and distribution of these gifts see Power 1985: 267–272.

4. THE FARMER WHO LOST HIS SONS
This is a version of ATU 759, *God's Justice Vindicated*. TIF lists 112 versions but many of these do not conform to the description given in ATU.

Other versions from Peig:

1. NFC 984: 469–474. Recorded by Robin Flower on Ediphone c.1930; transcribed by Seosamh Ó Dálaigh in 1947.

2. NFC 966: 467–477. Recorded by Seosamh Ó Dálaigh on Ediphone, 5 December 1944.

There are no known recordings from Mícheál Ó Gaoithín.

Literature: Ó Héalaí 1989a: 59–62; Ó Héalaí 1989b: 26–27.

... a shopkeeper's wife gave it to me one time by way of advice.
Flower's version gives no information about the person
from whom Peig learnt her tale or the circumstances in
which it was learnt. Ó Dálaigh's version agrees with the item
presented here in that it states Peig learnt the story from Mrs
Curran, an elderly lady in Dingle, her old mistress in whose
service she was in her youth. Peig gives an account of her
time in service in this lady's household in her autobiography
(*Peig,* chapters 8–12). Ó Dálaigh's version also agrees with it
in stating the reason for the story being told by Mrs Curran
twenty five years previously, (she being then about 75), was
to comfort Peig on the death of her son, Tomás, who fell
over a cliff in 1920 (see Sayers 1936: 214–217; Sayers 1973:
180–184; Sayers 1998: 158–160). Her reason is expressed in
Ó Dálaigh's recording in quite similar words to those of the
present item:

> And the reason she went on to tell the story in broad
> daylight in the middle of the day – the house was full
> of people – was because she had pity for me as I was
> sad and broken-hearted at that time, because that was
> when my fine boy had fallen over the cliff and I was
> devastated.
>
> She knew the state I was in and was trying to give
> me sense, teaching me, so to speak, and instructing me
> to be composed. And because of that she started telling
> this story so that I might learn something about my own
> grief from the farmer's grief for his three sons and what
> was laid out for him.

From the words 'in broad daylight in the middle of the day' it could be inferred that it was unusual for stories of this kind to be told during the day and that the story was told on this occasion because of the special circumstances to which Peig refers.

If we are to rely on Peig's word, which we have good reason to do in view of the specific situation involved, it was, in this instance, sufficient for her to hear the story once in order to be able to retain it for several decades and retell it faithfully. There is ample evidence that some storytellers had such an ability (see e.g. Delargy 1945: 26, 34; Ó Duilearga 1948: xx; Póirtéir 1993: xv; Ó Sé 2001: 65–66), even though one has to take into account that assertions of this type may sometimes be boastful.

he kept a priest, a scholar, under his patronage in his house ... Peig spoke elsewhere of the great respect people had for poor scholars in former times, e.g.:

> In those days there were no national schools anywhere in the country. Monks and students used to give instruction in learning Many's the family had a student staying with them who taught their children and raised them. These students were held in exceedingly high esteem. (Wagner & Mac Congáil 1983: 133)

> In days gone by that will never again be seen, education in schools was not available to any pupils or children but instead teachers lived in the house instructing the children of farmers and well-off people who were able to pay them handsomely ... There were also students or poor scholars as they were called who were as clever as priests are today. They used read Mass in these big

houses where one of them taught the children of rich
people. (NFC 966: 567–568)

That was worse again! That was worse again!
From this point on Peig takes over the narrator's role from
Mrs Curran and tells the story directly.

'I am Saint Luke and God sent me your way'
In the version recorded by Seosamh Ó Dálaigh the messenger
declares himself to be Saint Anthony (NFC 966: 475).

5. SIT YOU DOWN, SEÁN

This story has some affinity to the type listed in ATU 1544,
The Man Who Got a Night's Lodging, an Irish form of which
is described in TIF 1544 as follows: *A beggar, when asked what
his name is replies 'John Sit Down'; the miserly owner of the
house repeats this in surprise, so the beggar sits down and
eats his fill.* The rope-twisting escapade is a central component
in Peig's telling of this story, but it does not feature in type
ATU 1544. This trick frequently features in Irish oral tradition
and a song mentioning it, 'Casadh an tSugáin' [The Rope
Twisting] is known from 1792 (Ó Conghaile, Ó Tuairisg, Ó
Ceannabháin 2012: 320–321, 724). The song provided the
inspiration for Dubhglas de hÍde's play, *Casadh an tSúgáin,*
first published in the magazine *Samhain* October 1901: 20–38,
and first produced in the Gaiety Theatre 21 October 1901; it
was published with an English translation in book form by
Lady Gregory in 1905 (Dunleavy & Dunleavy 1991: 34–53; Ó
Glaisne 1991: 209–212, 217–218).

Other versions from Peig:
1. NFC 985: 12–17. Collected on Ediphone by Robin Flower
   c.1930, transcribed by Seosamh Ó Dálaigh.

2. NFC: 834: 439–445 Collected on Ediphone by Seosamh Ó Dálaigh November 1942 and subsequently transcribed by him.
3. NFC 934: 42–50. Written down by Seosamh Ó Dálaigh in January 1944 from Peig, who said she often heard it from her father.

Version from Mícheál Ó Gaoithín:
NFC Tape Almqvist 1972:1:2; collected 31 March 1972.

Do you remember who you heard that from, Peig?
Peig states here she got the story from her husband, Pádraig, and that he in turn got it from Seán Ó Sé from Uíbh Ráthach. In Ó Dálaigh's recording in 1942 she again states she learnt it from her husband, but in Ó Dálaigh's recording from 1944 she mentions her father as the person from whom she learnt it. In the version Robin Flower collected from her, she does not mention her source for the story.
For other versions from the Blasket, see Ó Criomhthain 1977b: 153–4; Ó Criomhthain 2004: 70–71

Diarmaid na Bolgaí
For this poet see Ní Mhurchú & Breathnach 1999: 133, 136; Ní Mhurchú & Breathnach 2007: 200; Seán Ó Súilleabháin published a collection of his poems in Ó Súilleabháin 1937.

6. TOMÁS SAYERS AND THE WISE WOMAN
Apparently, Peig's father told this story as an account of an event that actually happened to himself and Peig seems to have accepted it as a factual description. In reality, however, this is an international migratory legend, see Almqvist & Ó Healaí 2009: 277–278, where reference is also made to Pádraig Ua Maoileoin's handling of the story in his novel *Bríde Bhán*.

Other versions from Peig:

1. Robin Flower recorded a version on Ediphone c.1930; published in Flower 1957: 81–83. A transcript by Seosamh Ó Dálaigh of the Ediphone recording is in NFC 984: 219–313.
2. Flower 1944: 51–53. The wide variation in details points to this version being based on another telling of the story heard by Flower from Peig.
3. A version from her was recorded in 1947 for the BBC, published in Almqvist & Ó Héalaí 2009: 55–56; translation *ibid.,* 207–208.
4. A version from her was recorded in 1947 for Radio Éireann in 1947 published in Almqvist & Ó Héalaí 2009: 77–79; translation *ibid.,* 228–230.

Versions from Mícheál Ó Gaoithín:

1. NFC Almqvist tape 1970:3:17.
2. Ní Chonchúir 1998: 47–49.

'I am an Ulster woman'
In the South of Ireland powers of healing and knowledge were attributed to women who came from northern parts of the country and were commonly referred to as Ulster women; see *Béaloideas* 10 (1930), 300–301; *Béaloideas* 16 (1936), 280; Ó Duilearga 1948:#107, 108 and references page 436.

He lived to be a hundred years
Tomás Sayers was a healthy man and was long lived, see Almqvist & Ó Héalaí 2009: 57, 209, where Peig states he was ninety-eight years old when he died.

7. AN EERIE HAPPENING AT SEA
For a comprehensive treatment of sea-related supernatural narratives, including the genre to which this item belongs,

namely, legends of supernatural warnings of impending disaster, see Mac Cárthaigh 2015. The supernatural manifestation in this item from Peig warns of an imminent storm but also presages a fisherman's death. For international distribution of related narratives, see ML 4055 Grateful Sea-Sprite Gives Warning of Approaching Storm, and Thompson 1955–1958: B81.13.7 Mermaid appears as omen of catastrophe; F420.5.1.1 Water spirits protect and warn sailor against storm.

Other versions from Peig:
1. NFC 847: 529–534. Seosamh Ó Dálaigh recorded this from her dictation 6 January 1943. She told him she had often heard this story from her father.
2. NFC 910: 211–213. Seosamh Ó Dálaigh recorded this from her dictation in September 1943. Peig says she heard the story on the Great Blasket.

No version of this story is known from Mícheál Ó Gaoithin.

Literature: Mac Cárthaigh 2015: 109–138; 352–408.

The boat in which my father was fishing
In NFC 702: 551 it is stated Bess Rice's boat was named 'Galway', and it is similarly named by Peig in her version of this story in NFC 847: 529–534.

He saw the spectre rising up at the back of the boat
In NFC 910: 211–213 Peig also states the spectre was 'out of the water from the waist up', while in her version in CBÉ 847: 529–534 she says the spectre rose 'as high as the soles of his feet from the water.'

It was always said by the old people …
The belief that supernatural manifestations precede tragedy
at sea is central to narratives of this type. Such a belief was
beneficial in making it easier to accept the calamity by
removing it from the realm of senseless random happenings.
To the extent that its occurrence was foreseen by supernatural
beings or forces, it was perceived as part of a plan and could be
viewed as the workings of either fate or providence.

The priest won't find me alive
The notion that contact with the supernatural causes weakness
in humans is frequently encountered in oral tradition; see in
Cross 1952 and Thompson 1955–1958: F262.37 Fairy music
causes weakness; F362.3 Fairies cause weakness; F402.1.6 Spirit
causes weakness.

Father Dónall Ó Súilleabháin
A plaque on the wall in St Mary's Church, Dingle, commemorates
this priest, declaring him to be a diligent pastor who 'during a
long missionary career was distinguished for his zeal.' He died
in his eighty-second year in 1898, and it is likely Peig would
have heard of him during her time in service in Dingle. She
also mentions him in relation to supernatural events in other
stories of hers, see Ó Gaoithín 1970: 22–25; Ó Gaoithín 2019:
15–17; Almqvist 2012a: 264–6.

I saw nothing but a little light …
Children who had died young were said to appear as lights
guiding their parents to heaven when their time came to
die, see O'Connor 1991: 75–80; O'Connor 2005: 125–131; Ó
Héalaí 1989a: 62–63. In her autobiography Peig indicates her
belief in this tradition when she says she was pleased that four

of her children had predeceased her (Sayers 1936:208; Sayers 1973: 176; Sayers 1998: 154). In another story of hers, she has a priest declare that a predeceased child was a much greater benefit to a parent's prospects of salvation than the prayers of all the priests in the world (NFC 910: 237).

I had gone as far as the wooden gate
Gates are a feature of the Biblical imagery associated with heaven and hell (e.g. Gen. 28:17; Job 38:17; Isa. 60:11; Mt. 16:18; Apoc. 21:21). In Irish oral tradition 'the wooden gate(s)' was a critical marker on the road to the other world. Peig, for instance, in speaking of measles, says the illness 'sends some people as far as the wooden gates' (NFC 965: 157). Another story of hers tells of two men who journeyed through the other world until 'they reached a large ornate railing with a fine gate at its centre' (Flower 1930:203).

Was the mastiff in your way ...?
According to tradition fierce dogs lie in wait for the soul on its way to eternity, see Ó Duilearga 1948:#94; Cross 1952: A673 Hounds of hell. An account in NFC 39: 329–330 states that the reason the remains of the last meal of a dying person were thrown on a high tree or fence was to draw the attention of the wild dogs from the deceased journeying to the otherworld.

8. THE STURDY YOUTH OF MOORE'S CASTLE
This is a version of the story classified in TIF as 2412D, *The Man Who Never Slept,* where twenty-five other versions are also listed. The text of this recording from Peig, together with translation, has previously been published in Almqvist 1991: 225–233.

There are also literary treatments of the theme by Pádraig Ua Maoileoin in his novel *Bríde Bhán* (Ua Maoileoin 1968) and by Nuala Ní Dhomhnaill in her poem 'Parthenogenesis' (Ní Dhomhnaill 1984: 105–106). It seems very likely that both

Ua Maoileoin and Ní Dhomhnaill were familiar with Peig's story from Jackson's version, and Ua Maoileoin may also have heard it directly from Peig. There are clear indications that Ní Dhomhnaill was familiar with Ua Maoileoin's novel. Hillers 1989 and Hillers 1991 contain a full list of all the versions recorded in Ireland with particulars about when, by whom and by what methods they were collected. Also addressed is the interesting distribution of the story whose first and only manifestation outside of Ireland occurs in the medieval French *Lai de Tydorel.*

Other versions from Peig:
1. *Irish Independent* 15 April 1929. P.Ó.S. (i.e. Pádraig Ó Siochfhradha). The storyteller's name is not given, but there are so many similarities between this version and the others taken down from Peig, that there can be little doubt that this version is derived from her.
2. Flower 1944: 103–106. Robin Flower heard this from her some time between 1910 and 1930.
3. Jackson: 1938: 77–79. Kenneth Jackson wrote this down in phonetic script sometime between 1932 and 1937.

Versions from Mícheál Ó Gaoithín:
1. NFC 1606: 323–329. Written down in 1961 from his own memory.
2. NFC Almqvist 1966 tape: 4 June.
3. NFC Almqvist 1966 tape: 29 June.

Literature: Hillers 1989; Hillers 1991.

Moore's castle, to the north in the parish of Moore
For this castle, said by local tradition to be the most shapely in Ireland, see Cuppage 1986: 378–379; Ó Siochfhradha 1939: 125. The parish of Moore is also known as the parish of

Cill Chuáin (Ó Héalaí 2000: 521–525; Ó Siochfhradha 1939: 125).

Dúinín an Mhúraigh
A ringfort known by this name was situated on the cliff above the harbour in the townland of Glaise Bheag but has now fallen in (Ó Siochfhradha 1939: 121).

Neither will the father who is here have me ...
In the version Jackson recorded from Peig she states the mother's husband had died young.

He set off for Dúinín ... they call it Cuas an Bhodaigh
Seemingly, Peig did not distinguish Dúinín in the townland of Glaise Bheag from Cuas an Bhodaigh in the townland of Baile an Chnocáin, see Ó Siochfhradha 1939: 133.

Did you ever hear, Peig, that he was an otter ...?
In what Hillers terms the Northern oicotype of *The Man Who Never Slept*, the mother is impregnated by an otter. Seán Ó Súilleabháin was well aware of the story in this form and curiosity about its distribution very likely led him to ask this question.

9. THE MERMAID
This is a version of a story classified in Christiansen 1958 as ML 4080, The Seal Woman. The text of this recording has been previously published in Almqvist 1990: 70–74.

Other versions from Peig:
1. NFC *Nachlass* Flower. Robin Flower took this down in the early 1930s.
2. Jackson 1938: 70–7. Kenneth Jackson wrote this in phonetic script some time between 1932 and 1937.

Versions from Mícheál Ó Gaoithín:
1. NFC Mícheál Ó Gaoithín *Nachlass* I, copybook 5, no date.
2. NFC Almqvist tape 1966:8.3; 14 August 1966.
3. NFC Almqvist tape 1970:2.6; 3 July 1970.

Literature: Almqvist 1990; Almqvist 1991: 270; Mac Cárthaigh
2015: 172–199, 437–504.

He began to find fault with and belittle her family …
For stratagems to overcome dumbness in traditional narratives
see Cross 1952: F954 Dumb person brought to speak.

They are entertained in Ó Ceallaigh's house
It may well be that the mention of O'Kelly's house in this
verse reflects the influence of the proverbial expression
fáilte Uí Cheallaigh [O'Kelly's welcome]. This expression
most likely had its origin in the great feast celebrated in
the poem of Gofraidh Fionn Ó Dálaigh, 'Filidh Éireann go
haointeach', to which the chieftain Uilliam Ó Ceallaigh
invited all the poets, brehons, musicians and other
performers of Ireland to his castle at Christmas 1351; see
O'Rahilly 1922: #411.

10. ORAL HISTORY

10.1 The Blasket population
For families and population on the Island at various periods
see de Mórdha 2012: 190–219, 357–8; de Mórdha 2015: 184–
210, 347–8; Mac Cárthaigh & O' Reilly 1990: database #1051,
#1064; Ní Laoithe 1990; Ó Criomhthain 1956: 262–263; Stagles
1980: 33–40; Ua Maoileoin 1993: 7.

For the structure and number of houses on the Island see
Almqvist & Ó Héalaí 2009: 105, 141, 253, 288; Flower 1944: 41–46;
Mac Cárthaigh & O'Reilly 1990: 16–36; Ó Criomhthain 1929:

33–36; Ó Criomhthain 1973: 33–34; Ó Criomhthain 2002: 331–333; Ó Crohan 1934: 34–37; O'Crohan 2012: 300–302; Stagles 1980: 63–78, 87–89; Stagles 1982: 12; Ua Maoileoin 1993: 15–18.

Sixteen young children were being rocked in cradles
According to what Peig states in her autobiography (Sayers 1936: 202; Sayers 1973: 170; Sayers 1998: 149) the number of cradles was fourteen while in the Radio Éireann recording of 1947 she told Seán Mac Réamoinn and Séamus Ennis it was fifteen (Almqvist & Ó Héalaí 2009: 105, 252).

Surnames
See de Mórdha 2012: 190–219; de Mórdha 2015: 184–210; Matson 2005; Mac Cárthaigh & O'Reilly 1990: database #1053–#1956; Ní Laoithe 1990; Ó Criomhthain 1956: 262–263; Stagles 1980: 33–41.

10.2 Marriage
I went to get married and had no idea where I was heading …
For Peig's espousal and marriage see Sayers 1936: 176–193; Sayers 1973: 150–156; Sayers 1998: 130–135; Ó Cearnaigh 1992: 29–30; Ó Gaoithín 1970: 137–142; Ó Gaoithín 2019: 75–99. Peig herself, in later years told people that she first saw her husband on the day of her marriage, see Mahon 1998: 29; Ó Héalaí 2019: 16–7; Sayers 1962: x; in speaking of matchmaking, she had this to say to Seosamh Ó Dálaigh in 1952:

> I was never present when any marriage was being arranged except my own. And the man I married, I never set eyes on him until that night – may the good Lord be merciful to his soul and to the souls of all the departed. (NFC 1201:69)

Can people endure as much today?

It is clear from her autobiography Peig had long held the view that women in former times were far more resilient than contemporary women:

> Old Nick himself wouldn't kill the women who lived then ... those women were as hardy and as strong as any man. But that's not the way with the women nowadays – they couldn't hold candlelight to those I've mentioned. (Sayers 1973: 196; cf. Sayers 1936: 231–232; Sayers 1998: 171–172.)

10.3 Storytelling and singing

For music and storytelling on the Island, see Mac Tomáis 1977: 5–7; Ní Shéaghdha 2015: 173–179; Ó Criomhthain 1929: 58–61, 65–68; Ó Crohan 1934: 64–67, 72–76; Ó Criomhthain 1973: 56–58, 63–65; Ó Criomhthain 2002: 46–49, 54–58; O'Crohan 2012: 44–46, 51–55; Ó Súilleabháin 1933: 37–39; Ó Súilleabháin 1976: 28–29; O'Sullivan 1933: 26–28; Thompson 1982: 15–18; Thompson 1987: 25–28; Ua Maoileoin 1993: 26–29; Uí Aimhirgín 2000: 54–55; uí Ógáin 1988 ; uí Ógáin 1989; uí Ógáin 1990; uí Ógáin 1992; uí Ógáin 2009.

Were there any good storytellers on the Island...?

Peig seems to have taken An Seabhac's question to refer especially to hero tales such as those about Fionn and the Fianna. There were of course several others on the Blasket in Peig's time who could tell stories; among the women, Gobnait Ní Chinnéide, Eibhlís Uí Chearna and Méiní Uí Dhuinnshléibhe, and among the men, Eoghan Ó Súilleabháin and Pádraig Ó Guithín her own husband. Peig often referred to his skill as a storyteller, and apart from her father, he seems to be the one from whom she learnt most of her stories. It is also the case that Tomás Ó Criomhthain's repertoire of traditional narratives extended beyond local legends to include a number of stories of the Fianna (Ó Héalaí 2015). In a letter to Fionán Mac Coluim in 1928 he declares he frequently passed the night telling one of these which he entitled 'Fionn mac Cumhaill' *(ibid.,* 198). Another Blasket storyteller was Seán Óg Ó Duinnshléibhe about whom Peig spoke admiringly as a terrific storyteller who probably knew two hundred stories (NFC 968: 270).

Gobnait Ní Chinnéide, Eibhlís Uí Chearna and Méiní Uí Dhuinnshléibhe, like Peig herself, all came from the mainland and Seosamh Ó Dálaigh often expressed the opinion that mainland storytellers were superior to those on the Blasket (cf. Ó Dálaigh 1989: 107–108; Matson 1996: 109–10). On the other hand, the evidence seems to suggest there was much more music on the Island than on the mainland; cf. *An Caomhnóir* 24 (2003): 5; Tyers 2009: 19; Tyers 1982: 69–78; Ua Maoileoin 1993: 28–29.

Uíbh Ráthach fishermen

Peig's husband learned some of his stories from Uíbh Ráthach fishermen and one of these, Seán Ó Sé, was the source for his version of item 5 in this publication, 'Sit You Down, Seán'. For the interaction of Uíbh Ráthach fishermen with the Islanders and their influence on Blasket tradition, see NFC 968: 270: 'The Island fishermen used to go to Uíbh Ráthach and the people there had good long stories of the Fianna, and the fishermen picked them up' (trans.); NFC 1201: 485: 'The Islanders picked up all the Uíbh Ráthach songs from the fishermen' (trans); see also Almqvist & Ó Héalaí 2009: 17, 170; Ó Criomhthain 1929: 206; Ó Crohan 1934: 249–250; Ó Criomhthain 1956: 257; Ó Criomhthain 1973: 199–200; Ó Criomhthain 1977a: 267–268; O'Crohan 1986: 100;

Ó Criomhthain 2002: 249–250; O'Crohan 2012: 227–229; Ó Dubhshláine 2007: 104–106; uí Ógáin 2009: 106.

It was said some of the Sullivan family there had fairy voices. One of the noted singers in that family was Máire Ní Shúilleabháin who passed on her songs to her daughter, Máiréad Mhic Dhonncha. Several of these are found on the the CD *Bun an Bhaile* (Mhic Dhonncha 2003); and for Máire see *An Caomhnóir* 24 (2003): 5.

Reilly an Chúil Bháin [Fair-haired Reilly]

A wife's lament for her husband who was drowned on their wedding day; Kenneth Jackson took down a text of this song from Peig's recitation (Jackson 1948–1952). For other texts of the lament see 'ac Gearailt 2007: 268–269; Gunn 1984: 127–8; Murphy 1948–1952: 19–22; Ó Concheanainn 1978: 15–16, 77; Ó Conghaile, Ó Tuairisg, Ó Ceannabháin, 2012: 415, 769.

Éamonn Mhágáine

As far as is known, this song has not been recorded from Peig, but being a favourite both on the Blaskets and in Dún Chaoin, she must have been familiar with it. Tomás Ó Criomhthain in *The Islandman*, for instance, mentions singing it on New Year's Day (Ó Criomhthain 1929: 155; Ó Crohan 1934: 186; Ó Criomhthain 1973: 146; Ó Criomhthain 2002: 167; O'Crohan 2012: 157). For text of the song see Ó Duláine & Ó Néill 1973: 32; Ó Concheanainn 1978: 45, 95; 'ac Gearailt 2007: 110–111; Ó Conghaile, Ó Tuairisg, Ó Ceannabháin 2012: 371, 746; a sung version is featured in Mhic Dhonncha 2003.

Seán Ó Duinnshléibhe

For him see Breathnach & Ní Mhurchú 1994: 113; Flower 1944: 92–100; Mac Cárthaigh 1990; Mac Cárthaigh 1991;

Matson 2005: 172–6; Ní Mhurchú & Breathnach 2007: 190; Ó Beoláin 1973: 131–133; Ó Beoláin 1985: 110–116; Ó Criomhthain 1929: 98–101; Ó Crohan 1934: 113–117; Ó Criomhthain 1973: 92–94; Ó Criomhthain 2002: 341–342; O'Crohan 2012: 309–310; Ó Criomhthain 1956: 247–248. There are poems attributed to him in Ó Dubhda 1933: 55–84 and also (with translations) in Ó Scannláin 2003: 14–15, 67–97.

Peig, doubtlessly, was familiar with several of Ó Duinnshléibhe's compositions. A version of the verse, 'An Blúire Tobac' [The piece of tobacco], which is attributed to Ó Duinnshléibhe (Ó Dubhda 1933: 85) has been recorded twice from her (NFC 847: 61, Wagner & Mac Congáil 1983: 116). One of the best known of his compositions, 'Beauty Deas an Oileáin' [The Island Beauty], commemorates a canvas boat race won by a Blasket crew of which her husband, 'Patsy Flint', was one of the members (Almqvist & Ó Héalaí 2009:9, 163). For text of this song see 'ac Gearailt 2007: 270–273; Ó Criomhthain 1977b: 91; Ó Dubhda 1933: 76–77; a sung versions are featured in Mhic Dhonncha 2003 and uí Ógáin 1992.

An Chaora Odhar [The Black-faced Sheep]
For the background and text of this song see Ó Criomhthain 1929: 98–101; Ó Crohan 1934: 114–117; Ó Criomhthain 1973: 93–4; Ó Criomhthain 2002: 102–107; O'Crohan 2012: 95–100; Ó Criomhthain 1956: 31–44, 249; Ó Criomhthain 2004: 55–56; Ó Dubhda 1933: 56–8; Ó Scannláin 2003: 72–77 (including translation).

Asal an Chlúimh [The Long-haired Donkey]
For text see 'ac Gearailt 2010: 304–6; Ó Dubhda 1933: 73–5.

Cuilt an Oileáin [The Blasket Quilt]
For text see Ó Criomhthain 1956: 35–39, 249; Ó Dubhda 1933: 66–70; Ó Scannláin 2003: 88–95 (with translation). Peig informed Seosamh Ó Dálaigh that Eoghan Ó Súilleabháin's grandfather (who she said was related to Aodhgán Ó Rathaille) composed a poem disparaging the quilt and she recited two stanzas from it (NFC 1201: 156). Peig gives an account of quilt-making in NFC 1201: 159.

When did they feel like singing a song?
There are several descriptions in the Blasket literature of occasions at which singing regularly featured, such as gatherings in a pub on a fair day in Dingle, wedding celebrations, Christmas festivities, special family events as well as parties with visitors; for song on the Blasket see uí Ógáin 1989, 1990, 1992, 2009 and for occasions of song generally in traditional Irish communities see Ó Madagáin 1985.

Were the Island women good at singing for the children ...?
See uí Ógáin 2009: 117–121; for children's rhymes and songs in Corca Dhuibhne see Ó Cathasaigh 1998.

My own old mother-in-law
She was Máire Ní Shúilleabháin (b.1841) a daughter of Mícheál Ó Súilleabháin and a sister of 'Daideo' in Muiris Ó Súilleabháin's *Twenty Years A-Growing*. She and Peig seem to have got on particularly well from the beginning (Matson 2005: 236) and she features in Peig's autobiography (Sayers 1936: 180–181, 187, 189, 194, 200; Sayers 1973: 153–154, 159, 160, 164–165, 168; Sayers 1998: 133, 138, 139, 143, 147).

Pork?
The similarity in pronunciation between the Irish for a singing voice (*guth ceoil*) and pork (*muiceoil*) caused Peig to misunderstand the question.

Father Séamas Ó Floinn
This was the well-known Cork priest, Father O'Flynn 'of the Loft' (Breathnach & Ní Mhurchú 1986: 72; O'Donoghue 1967; Smith 1964); he was very active in the promotion of the Irish language and was a frequent visitor in the Gaeltacht areas of Munster and particularly attached to Dún Chaoin and the Blaskets (O'Donoghue 1967: 42).

Did you ever have a singing voice
As is apparent from the preserved recordings of her singing on the CDs in Almqvist & Ó Héalaí 2009, Peig had no singing voice. This she admitted herself, comparing her own voice to that of a crow (*ibid.*: 44, 197). However, she was very fond of listening to songs, as evidenced from many passages in her autobiographical writings and she knew very good versions of the texts of an amazingly high number of them (uí Ógáin 2009).

Róisín Dubh [Dark Rosaleen]
This was a very popular traditional song, see Ó Tuama & Kinsella 1981: 308–310; de Brún, Ó Buachalla, Ó Concheanainn 1975: 84, 134; 'ac Gearailt 2007: 112–113; Ó Conghaile, Ó Tuairisg, Ó Ceannabháin 2012: 529, 819. Father O'Flynn had a keen interest in traditional song as may be gathered from his own words in O'Donoghue 1967: 47, 45:

I went about the Gaeltacht areas of Waterford, Cork and Kerry listening to traditional singers and learning from them their songs. I was like the man

in the gospel parable who went about seeking pearls
... Every day I was absorbing food from a tradition
that no other nation in Europe can boast of – a
thing that has come more from heaven than from
earth. I got from the old songs the same stirrings of
heart and soul that Shakespeare must have got from
his observations of the human scene and it was the
enchantment of the music that set me on the track of
the poets and bards.

I was going up to the place above
Father O'Flynn served as chaplain to Our Lady's Hospital,
Cork, an institution for the treatment of mental disorders,
from 1910–1920.

10.4 Women's work

For women's work on the Blaskets see, e.g., Ní Chéileachair
1989: 326; Ní Dhuinnshléibhe 1989: 340; Ní Shéaghdha 2015:
113, 116–117; Ó Criomhthain 1977a: 63; Tyers 1982: 52–53;
Tyers 1998: 59–61; NFC 701: 246; NFC 1602: 437; NFC 1645:
252.

Was wool spun ...?
Peig was well accustomed to the work involved in spinning as
is clear from this account she gave of it to Seosamh Ó Dálaigh:

A spinning woman is called a spinster. Every spinster
had a carding woman tending on her. The wool would
previously be rid of entangled objects, teased and
washed and the amount to be carded was emptied from
a bag on to the floor and some rapeseed oil sprinkled
on it to make it sleek. The carding woman would then
work her two cards and place the rolls in a pile for the

spinster's use. Two piles were made, one large and one small and a hoop about two inches high would surround them. There are not many now who could make a pile like that. (NFC 1201: 141–143)

Did people there engage in weaving?
Peig speaks of weavers on the Island in Almqvist & Ó Héalaí 2009: 117–118, 265; in NFC 1201: 147–152, 161–162, she speaks to Seosamh Ó Dálaigh of weaving in Dún Chaoin and the Great Blasket. Additional data on weaving on the Great Blasket is provided in Mac Cárthaigh & O'Reilly 1990: 45–47.

Well, did a tailor come from the mainland ...?
Máire Ní Ghaoithín describes this tailor's work on the Blasket:

> The tailor, Ó Scanláin, from Ceathrú in Dún Chaoin used come to the Island long ago and stay there for a fortnight making flannel britches for the men and small boys, and sleeved waistcoats for the old men. Women used also wear flannel, full-pleated black skirts on the outside and red flannel petticoats underneath. (Ní Ghaoithín 1978:80)

Peig tells of tailors visiting the Island in NFC 1201: 182–188 and mentions them making seal-skin waistcoats for the Island men in Almqvist & Ó Héalaí 2009: 113, 261; additional information on tailoring on the Great Blasket is provided in Mac Cárthaigh & O'Reilly 1990: 45–47.

had the women anything to do with the fish ...
In NFC 1201: 468–470 Peig describes to Seosamh Ó Dálaigh how women gutted, cleaned and salted fish.

Bess Rice

For her see notes on item 10.11 below.

Well, did you have to go and collect seaweed ...?

Lysaght 2001: 130 describes women's role in relation to the use of seaweed as fertiliser; Peig told Seosamh Ó Dálaigh in NFC 1201: 409–410 how women filled creels with seaweed and lifted them on to men's backs who carried them from the shore.

10.5 Food

Healthy food

For Blasket food usages see Lysaght 2000a & b and Lysaght 2001.

Contrary to what many might have believed, Peig was a good housewife and she possessed a surprising store of knowledge about food and culinary matters. The material collected by Seosamh Ó Dálaigh from her on these topics has been brought together and analysed in O'Neill 1989.

Oats/wheat

Peig tells of grain being ground in Almqvist & Ó Héalaí 2009: 116–117, 264–265. For tillage on the Island see Mac Cárthaigh & O'Reilly 1990: 19–21.

Seal meat

In Almqvist & Ó Héalaí 2009: 113, 261, Peig states she often ate seal meat and says when cured, it tasted like bacon.

Shore food on Good Friday

The custom of collecting shore food on Good Friday was widely observed on the Island, see Lysaght 2001: 134–136; Ó Criomhthain 1977a: 67–69; Ní Shúilleabháin 1978: 59, 82.

Peig describes cooking the shore food in NFC 1201: 325–326. There are no accounts in Blasket sources of singing being part of this activity although it was a prominent feature of the custom on the mainland opposite as reported in Ó Dálaigh 1933: 66:

> Many of the women and girls burst into tuneful song down on the beach as they busily gather limpets. It being the day it is, religious songs about the passion and crucifixion of the Saviour are the only ones they sing. If you were up on the cliff while they were below you on the beach singing as they gathered limpets, it would lift your heart and remind you of the emotional and solemn nature of the day. The women and girls vie with each other in singing the songs, and it frequently happens that the women outdo the girls as they know more of the religious ones.

10.6 Livestock
A hill portion
Ua Maoileoin 1993: 8 explains the expression as follows:

> The entire hill was commonage which all shared and were free to cut turf on and hunt rabbits. However, when it came to grazing sheep, the principle of 'hill law' was applied – twenty-five sheep were allowed per grass of cow and anyone who didn't have the grass of a cow was not entitled to graze any sheep on the hill.

Seán Ó Cearna explains how the 'hill portion' on the Blaskets worked in practice:

There was a quota set in this village, so many sheep per grass of cow or amount of rent. When you had your sheep on the hill and you still had some quota remaining you could let someone who did not have any quota avail of it or get more sheep from Dún Chaoin. (CBÉ:702: 549)

For the division of land on the Island see Mac Cárthaigh & O'Reilly 1990: 23–24; Stagles 1980: 79–92; NFC 1645: 100, 185–187.

Well, you remember the Dalys living out on Inis Mhic Aoibhleáin
For habitation on this island see An Seabhac 1939: 87–90; Cuppage 1986:#845, #257, #362; Foley 1903: 73–74, 84–85; Ó Criomhthain 1956: 184–197; 255–257; Ó Dubhshláine 2007 *passim*, especially 64–81; Matson 2005: 157–170; Stagles 1980: 118–122.

Was there ever a house in Inis na Bró?
For traces of early settlement and occasional seasonal habitation on this island see An Seabhac 1939: 86–87; Cuppage 1986:#1383, #1522; Foley 1903: 74, 85–86; Ó Dubhshláine 2007: 247–249; Stagles 1980: 122.

There was some kind of a house structure on Beiginis
See Ó Criomhthain 1956: 251–252.

Cáit Ní Dhálaigh, Big Cáit from Beiginis
Peig gives further information on Big Cáit in Sayers 1939: 195–210; Sayers 1962: 94–101, and tells a story in NFC 910: 512 of three men who had just been drowned coming into Big Cáit's house in Beiginis; the harshness of her life there is described in NFC 701: 266.

A landlord called Hussey, Old Hussey

The Husseys were a Norman family who came early to West Kerry and held lands and the town of Dingle under the Earl of Desmond (King 1931: 176–177; McKenna: 1985: 38–44). For an autobiographical account of a Hussey landowner and agent, see Hussey 1904.

Did you ever have a cow on the Island, Peig?

Matson 2005: 239 mentions that Peig and her husband, Patsy, had three cows in the early days of their marriage, 'which was above the average for the Blaskets.' For the number of cows owned by Blasket families see de Mórdha 2012: 177; de Mórdha 2015: 171; Mac Cárthaigh & O'Reilly 1990: 23–25, 37; Ní Shéaghdha 2015: 36.

10.7 Lighting

What kind of lighting did people have when you were a little girl?

For lighting appliances on the Blasket see Mac Cárthaigh & O'Reilly 1990: 43–44; Ó Criomhthain 1929: 39–40; Ó Criomhthain 1973: 37–38; Ó Criomhthain 2002: 335–336; Ó Crohan 1934: 41; O'Crohan 2012: 305; Ua Maoileoin 1993: 24–25; CBÉ 1201: 498, 258; further information on these has been provided by Peig in Almqvist & Ó Héalaí 2009: 114, 262; and in NFC 1201: 258 as follows:

> The oldest means of lighting I saw was the cresset. The women who were spinning used to have it up on the corner of the hob. It rested on a little roll of hay to keep it from toppling over; their cresset was a piece of the bottom of an old pot. This would be full of fish oil and have one or two or perhaps three reeds for wicks.)

For traditional lighting appliances in general see Danaher 1985: 48–52; Evans 1957: 89–91; O'Neill 1977: 30–32.

10.8 Fishing nets
The women made the nets
Peig in CBÉ 1201: 256 gives this account of women's work with nets:

> I never saw mackerel or herring nets being knitted here but I often saw seine nets being knitted. All the housewives used to knit them when the seine boats were here. They had a flax needle and a measure. The measure was a little piece of wood used to standardise the mesh. The seine net was made from hempen tread. The proverb has it: the measure speaks the truth.

For fishing nets see Ó Curraoin 1977–1979: 123–129 and Mac Cárthaigh 2008 (*passim);* for seine boats in the South-West of Ireland see Mac Cárthaigh 2008: 331–342.

Séamas died three years ago
Séamas Beag Ó Lúing, Baile an Ghleanna, Dún Chaoin, was well-known as a gifted speaker and storyteller; for his life and verbal artistry see de Mórdha 2013. Given that Séamas died 7 November 1947, An Seabhac's assertion that he died three years ago is not too wide of the mark.

10.9 Fear for fishermen
I suppose the women were very worried …
Peig also speaks of the anxiety she felt when the men were at sea in difficult weather in Almqvist & Ó Héalaí 2009: 104, 252; Tyers 2009: 13–14.

One eighth of an inch was all that kept them from disaster
For the type of boat used by these Island fishermen see Ó
Duinnín 2008.

You would imagine they were black crows
Peig also employs the simile of black crows for the canvas boats
in Sayers 1936: 224; Sayers 1973: 190; Sayers 1998: 166.

The sea charm
The text of this charm is given again by Peig in Sayers 1936:
224; Sayers 1973: 190; Sayers 1998: 166; for other versions see
Almqvist & Ó Cathasaigh 2010: 180, 214; Ní Shéaghdha 2015:
48–49; Ó Laoghaire 1975: #221; uí Bhraonáin 2008: 96.

10.10 The Island school
Well now, do you remember the school?
For the Island school, see Ní Dhuinnshléibhe-Uí Bheoláin
2000; Ní Shéaghdha 2015: 181–187; Ó Cathasaigh 2000; Ó
Mainín 1989; Ó Mainín 2000.

Only one child
Gearóid Ó Catháin was the only child in the school then and
was referred to in the press as 'the loneliest child in the world';
he is photographed with his grandfather, Muiris Ó Catháin, in
Stagles 1980: 32. Matson 2005: 26–28 gives an account of him
and he himself has described aspects of his youth in Ó Catháin
1989, Ó Catháin 2003 and principally in Ó Catháin 2014.

Father Scannell
Father Conchúr Ó Scannail was a curate in the parish of Baile
an Fhirtéaraigh from 10 April 1891 to 18 September 1895 (Ó
Mainín 1973: 32).

10.11 Keening women, the Trants and the Rices

Can you now remember, Peig, ever hearing keening women ...?
For the custom of keening, see Ó Madagáin 1978; Lysaght 1997;
for the keen in Corca Dhuibhne, see Ó Siochfhradha 1928: 49;
Matson 1996: 160; Ó Cinnéide 1981: 31; Tyers 1992: 104–142.

Rices and Trants

The Rices were a Welsh Norman family who held lands around
Dingle from the Earl of Desmond, see Kenna 1985: 37–43;
Neligan 2017: 15–33; Ó Conchúir 1973: 91. The Trants also
were Normans who settled very early in West Kerry with the
Fitzgeralds, see An Seabhac 1939: 62; King 1931: 325–326;
Ó Conchúir 1973: 92.

Bess Rice

Bess was a land-agent for Lord Ventry and held lands from
him which are listed in Griffith's Valuation; she is mentioned
twice in the records of the Catholic parish of Dingle – as
witness to a marriage in 1832 and as a baptism sponsor
in1838; for her see Foley 1903: 44–47; Ó Criomhthain 1929:
51; Ó Criomhthain 1935: 61–62; Ó Criomhthain 1973: 50; Ó
Criomhthain 2002: 38; Ó Crohan 1934: 55; O'Crohan 2012:
35; Ó Criomhthain 1956: 247; Ó Dubhda 1944: 36, 40–42;
Ó Siochfhradha 1939: 68; Sayers 1939: 21–26; Sayers 1962:
8–11; NFC 702: 551; NFC1478: 7–19; NFC 1602: 468–473;
NFCS 426: 127.

I saw enough of her when she was alive

Peig has another account, very similarly worded, of her father's
dread of encountering Bess Rice in the afterlife in NFC 1201:
393–4; Mícheál Ó Gaoithín mentions it again in much the
same language in NFC 1478: 4.

Those Rices had a lineage going back seven generations
Peig heard from her father that the nose-bleeds Bess had
whenever she was angry were an indication of her lineage
(cf. Thompson 1955-1958: H41 Recognition of royalty by
personal characteristics or traits; H71.8 Tears of blood sign
of royalty). She quotes him in NFC 908: 347 as saying: 'Bess
Rice's nose bled profusely. Bess had a pedigree going back
seven generations and seemingly that is trait of lineage – her
nose bled profusely when angered.' Peig's father employed
colourful imagery in describing these nose bleeds, as for
instance in telling of her anger on hearing men had cut sea-
weed without her permission, he described how blood gushed
from her nose on to her night dress and down on to the
floor resulting in a pool of blood gathering by the door (NFC
1201: 395–396). On another occasion he compares Bess's
nose-bleed to a gush of blood streaming from her nostrils
like the flow of milk from two cow teats (NFC 908: 347).

*Bess Rice's father and brother were hanged at Cnocán na
gCaorach*
Peig gave another account of the Rices's hanging in NFC 1201:
394:

> My father used to say Stephen Rice and his two sons
> were hanged at Cnocán na gCaorach in Killarney, and
> I can't say for sure whether or not another son of his
> was drowned. But he had still another son and two
> daughters, and that other son would also have been
> hanged but he was too young when his father and two
> brothers were put to death. One of the daughters got an
> illness that lasted for five years before she died. There
> remained then only Bess and this other young brother,
> Johnny Rice. When he grew up he didn't stay long in

Cuan. He set out for foreign parts and there was never
a word from him from the day he left the house.

Detailed enumeration of all those involved in the Fenian
Rising from Co. Kerry is given in Ó Conchubhair 2011: 187–
244. None of the Rice family from Dingle is listed among
them, and, as Prof. Declan Downey kindly pointed out to us,
neither could Cnocán na gCaorach have served as a place of
execution at that time, since it had been in the possession of
the Franciscans from 1853.

Cnocán na gCaorach, however, was where Piaras
Feiritéar, the West Kerry noble man and militant opponent
of Cromwellian forces was hanged in 1653. His fame and
especially the story of his death lives on in local folklore
(Ní Mhuircheartaigh 2019; Ó Duinnín 1934: 20–22)
and Peig would have been well acquainted with it. The
emergence of a tradition that the leader of the Rice family
was hanged at Cnocán na gCaorach for participating in
an uprising is probably best interpreted as an attempt
to add credibility to that family and enhance its status
among tenants by associating its leader with the heroic
Piaras Feiritéar. Oral tradition also had it that two others
were hanged together with Piaras at Cnocán na gCaorach
(Ní Mhuircheartaigh 2019: 82; Ó Duinnín *1934: 20-22*)
and it is likely that this tradition inspired the story of
his two sons being hanged with Stephen Rice. Peig also
asserts in Sayers 1939: 27 and Sayers 1962: 11 that Bess
Rice's father was hanged but mentions only one son being
hanged with him. Mícheál Ó Gaoithín again mentions that
Bess's father, 'a truly noble hero', was hanged at Cnocán
na gCaorach but does not mention his sons in this context
but instead states all the gentlemen who fought by his side
were hanged along with him (NFC 1478: 350).

One of those Rices ... attempted to bring Marie Antoinette from France
For the attempt to secure the escape of Marie Antoinette see Mac Kenna 1985: 48–56; Neligan 2017: 215–236; Purcell 1985: 18–19.

and the house is still there – the priests live in it now
The priests moved from the Rices's house to a new presbytery built in 1979; the old house is now an adult education centre administered by the Kerry Education and Training Board.

The Fitzgeralds
Dingle was a stronghold of the Desmond Geraldines from the thirteenth century and the home of the Knight of Kerry until the death of Maurice, the sixteenth Knight in 1780 (McKenna 1985: 37–43).

11. PRAYERS
Well, were the Islanders devout?
For Islander's spirituality see de Mórdha 2013; Ní Ghaoithín 1978: 51–58; Ni Ghuithín 1986: 78–81; Ó Criomhthain 1929: 258–259; Ó Criomhthain 2002: 343–344; Ó Crohan 1934: 314–315; O'Crohan 2012: 311–312; Ó Fiannachta 1992; Ó Héalaí 1989a; Tyers 1982: 37–51, 144–6.

A schoolmaster on the Island ... by the name of Hanafin
This was Mícheál Ó hAinifín who taught in the Island school from 13 June 1870 to 31 March 1876; see Ó Mainín 1989: 38–39; Ó Dubhshláine 2000a: 106–7; Ó Dubhshláine 2000b: 67. Peig speaks of him in Almqvist & Ó Héalaí 2009: 120, 267–268, 289, and he is referred to in Ó Criomhthain 1929: 69–72; Ó Criomhthain 1973: 66–69; Ó Criomhthain 2002: 59–63; Ó Crohan 1934: 77–80; O'Crohan 2012: 56–58.

Oh, they had old prayers ...
Mícheál Ó Gaoithín provides a selection of Blasket prayers in NFC 1478: 285–296; for traditional prayers see Ó Héalaí 1979; Ó Laoghaire1989: 286–304; Ó Laoghaire 1975, 1995; uí Bhraonáin 2008.

The rosary
It seems Peig did not correctly understand the question about the frequency of saying the rosary on the Island or else was interrupted before she could fully answer it. On hearing Peig associate the rosary exclusively with the Christmas season, it is not surprising that An Seabhac was taken aback, something that is clear from his tone of voice. In fact, the rosary and some accompanying prayers were said daily in Island households as a rule, as is vouched for by Máire Ní Ghuithín, herself an Islander, in NFC 254: 290, where she gives the texts of prayers said 'every night' before and after the rosary. In addition, it was also recited in homes and in the school house on Sundays and other holy days at Mass-time in the church in Dún Chaoin. An Island teacher, Nóra Ní Shéaghdha, recalls:

> On Sundays, if the weather was stormy and I couldn't go to Mass, all the children gathered in the school, and together we used to say the rosary to God to help us all. There was never one of them absent as their mothers ensured they came even though they had the rosary at home as well. The mothers were on their knees at home while we were on our knees in the school' (Tyers 1982: 144)

For Peig's devotion to the rosary see Almqvist & Ó Héalaí 2009: 284. Seosamh Ó Dálaigh revealing another aspect of her personality tells how in later years she enjoyed playing a prank on visitors who came to her house when the rosary was in progress by deliberately continuing the prayer session until the kneeling visitor was visibly discomfited:

> The decades had been said when Bréanainn Ó Ruanaí came in; he was about to turn and go out again but he was signalled to come in. He did so and was put on his knees and Peig continued on. She often deliberately keeps people in that position for the fun of it. (NFC 934: 348–349)

For the custom of praying the rosary see Lysaght 1998; Ó Cearnaigh 1992: 47, 92; Ó Criomhthain 1929: 61; Ó Crohan 1934: 67; Ó Criomhthain 1973: 58–59; Ó Criomhthain 2002: 49; O'Crohan 2012: 46; Tyers 1982: 144.

a prayer you might say going to bed
For other versions of this prayer and accompanying note see Almqvist & Ó Héalaí 2009: 83, 234–235, 284–285.

Pádraig Ó hUallacháin
He was a teacher in the Island school from 3 July 1895 to 31 December 1898 (Ó Dubhshláine 2000b: 67); for him see Ó Dubhshláine 2000a: 276–277 and Ó Mainín 1989: 40–41. In NFC 1201: 17 Seosamh Ó Dálaigh records this account of him from Peig:

> Houlihan used to lead the rosary in the Island. He taught there and every Sunday he said the rosary in the school. Eventually the priest was displeased with him as he reckoned he kept the young people from going to Mass because on fine Sundays not all of them came out

310

but would go the rosary led by Houlihan. He used also read a passage of scripture and explain it to them. He knew the special mysteries that accompany the rosary.

Peig gives a version of a traditional prayer ('The Little Resurrection') in NFC 1201: 362–363 which she states Pádraig Ó hUallacháin said with the rosary.

There's a statue of the Virgin Mary in the schoolhouse.
Peig's assertion here and (see a similar assertion in Ó Cearnaigh 1992: 94), is somewhat surprising given that it is now widely said in the locality that Robin Flower bought this statue in Clerys department store in Dublin and presented it to the Island school, see Mac Gearailt 2015. The statue is now housed in the primary school in Dún Chaoin.

Well, who was the first bishop you can remember?
Bishop David Moriarty presided over the diocese of Kerry from 1856 until his death in 1877, and not surprisingly, Peig could not remember him as she was only four years of age when he died. Bishop John Coffey held that office from 1889 to 1904 and Bishop Andrew Higgins from 1881 to 1889.

Father Pádraig de Brún
For him see Breathnach & Ní Mhurchú 1994: 23–26; Breathnach & Ní Mhurchú 2007: 168.

A prayer for Sunday I often heard from my mother
For other version of this prayer see Almqvist & Ó Cathasaigh 2010: 172, 212; An Seabhac 1932:#241; Ó Laoghaire 1975:#59; uí Bhraonáin 2008:#6.

FOINSÍ / SOURCES

Noda / Abbreviations

ATU   Hans- Jörg Uther, *The Types of International Folktales: a Classification and Bibliography. Based on the System of Antti Aarne and Stith Thompson*, I-III, FF Communications 284–6. Helsinki 2004

CBÉ   Cnuasach Bhéaloideas Éireann. Lámhscríbhinní an Phríomhbhailiúcháin i Lárionad Uí Dhuilearga do Bhéaloideas na hÉireann, An Coláiste Ollscoile, Baile Átha Cliath

CBÉS   Cnuasach Bhéaloideas Éireann. Lámhscríbhinní na Scol in CBÉ

DIL   *Dictionary of the Irish Language.* Dublin 1913–1976

ML   Christiansen 1958

MLSIT   Almqvist 1991

NFC   National Folklore Collection. Main Manuscripts in The Delargy Centre for Irish Folklore, University College Dublin

NFCS   National Folklore Collection. Schools manuscripts in NFC

PÓS   Pádraig Ó Siochfhradha (An Seabhac)

SÓS   Seán Ó Súilleabháin

TIF   Seán Ó Súilleabháin & Reidar Th. Christiansen, *The Types of the Irish Folktale,* FF Communications 188. Helsinki 1963

Foilseacháin / Publications

'ac Gearailt, Breandán 2007: *An Blas Muimhneach*. Baile Átha Cliath

2010:   *An Blas Muimhneach*. II. Baile Átha Cliath

Almqvist, Bo 1979: 'Dream and Reality. Notes on the Guntrum legend in Irish tradition'. *Sinsear* 1: 1–22

1990:   'Of Mermaids and Marriages. Séamus Heaney's 'Maighdean Mara' and Nuala Ní Dhomhnaill's 'An Mhaighdean Mhara' in the light of folk tradition'. *Béaloideas* 58: 1–74

1991:   'Crossing the Border. A sampler of Irish migratory legends about the supernatural'. *Béaloideas* 59:209–278

2012a: 'Lísa Ní Shé Abducted by the Fairies: A Folk Legend Told by Peig Sayers'. Eag. Ríonach uí Ógáin, William Nolan, Éamonn Ó hÓgáin. *Sean, Nua agus Síoraíocht. Féilscríbhinn in ómós do Dháithí Ó hÓgáin*. Baile Átha Cliath: 263–279

2012b: 'C.W. von Sydow agus Éire'. *Béaloideas* 70: 1–49

Almqvist, Bo & Ó Cathasaigh, Roibeard 2010: *Coiglímis an Tine*. Baile an Fheirtéaraigh

Almqvist, Bo & Ó Héalaí, Pádraig 2009: *Peig Sayers. Labharfad le Cách. I Will Speak to You All*. Dublin

Anonymous 1976: *St Anne's Hospital down through the Years*. Dublin

An Seabhac vide *Ó Siochfhradha*

Breathnach, Diarmuid & Ní Mhurchú, Máire 1986: *1882–1982 Beathaisnéis A hAon*. Baile Átha Cliath

1994:   *1882–1982 Beathaisnéis a Ceathair*. Baile Átha Cliath

1997:   *1882–1982 Beathaisnéis A Cúig*. Baile Átha Cliath

Briody, Mícheál: 2007: *The Irish Folklore Commission 1935–1970: history, ideology, methodology.* Studia Fennica Folkloristica 17. Helsinki

Caomhánach, Seán (An Cóta) *s. a.: Croidhe Cainnte C[h]iarraighe.* An Leabharlann Náisiúnta: lsí G601–629; leagan digiteach: https://www.forasnagaeilge.ie/wp-content/uploads/2016/06/8fddae92ae307b022d964ebe73d45df6.pdf

Chesnutt, Michael 1989: 'The Beguiling of Thorr'. Ed. Rory McTurk & Andrew N. Wawn. *Guðbrandur Vigfússon Centenary Essays.* Leeds: 35–63

Christiansen, Reidar Th. 1958: *The Migratory Legends.* FF Communications 175. Helsinki

Cross, Tom Peete 1952: *Motif-Index of Early Irish Literature.* Bloomington

Cuppage, Judith, Isabel Bennett, Claire Cotter, Celie O Rahilly, *et al.:* 1986. *Archaeological Survey of the Dingle Peninsula. Suirbhé Seandálaíochta Chorca Dhuibhne.* Ballyferriter

Danaher, Kevin 1985: *The Hearth and Schools and All!. Irish rural households.* Cork

de Brún, Pádraig, Ó Buachalla, Brendán, Ó Concheanainn, Tomás 1975: *Nua-Dhuanaire* I. Baile Átha Cliath

Delargy, James H. 1945: 'The Gaelic Story-Teller with Some Notes on Gaelic Folk-tales'. *The Proceedings of the British Academy* 31:3–47 = University of Chicago Reprint 1969: 1–47

de Mórdha, Dáithí 2013: *Scéal Shéamais Bhig: saol, seanchas, scéalta agus teanga Shéamais Bhig Uí Lúing.* An Daingean

de Mórdha, Mícheál 2012: *Scéal agus Dán Oileáin.* Baile Átha Cliath

2013: Eag. *Ceiliúradh an Bhlascaoid 15. Cúrsaí creidimh ar an mBlascaod*

2015:   Transl. Gabriel Fitzmaurice. *An Island Community. The Ebb and Flow of the Great Blasket Island.* Dublin

Dinneen, Patrick 1927: *Foclóir Gaedhilge agus Béarla. An Irish-English Dictionary.* Dublin

Dunleavy, Gareth W. & Dunleavy, Janet Egleson 1991: *Selected Plays of Douglas Hyde 'An Craoibhín Aoibhinn' with translations by Lady Gregory.* Irish Drama Selections 7. Gerrards Cross, Bucks

Eiríksson, Hallfreður Örn 1979: 'Magnús Pétursson, Parson, Poet and Sorcerer'. *Arv* 35: 127–140

1993:   'Some Icelandic Ghost Fabulates'. *Arv 49* (1992), 117–22

Evans, E. Estyn 1957: *Irish Folk Ways.* London

Foley, Patrick 1903: *The Ancient and Present State of the Skelligs, Blasket Islands, Dunquin and the West of Dingle.* Baile Átha Cliath

Flower, Robin 1930: 'Sgéalta ón mBlascaod'. *Béaloideas* 2:97–111, 199–209, 373–380

1944:   *The Western Island or The Great Blasket.* Oxford

1957:   'Measgra ón mBlascaod'. *Béaloideas* 25: 46–106

Gunn, Marion 1984: *A Chomharsana Éistigí agus Amhráin Eile as Co. an Chláir.* Baile Átha Cliath

Hillers, Barbara 1989: *'The Man Who never Slept'* – *An Irish Migratory Legend and its Relation to the 'Lai de Tydorel'.* MA thesis. Irish Studies. University College Dublin

1991:   'The Man Who Never Slept (MLSIT 4082). A survey of the redactions and their relation to the *Lai de Tydorel'. Béaloideas* 59: 91–105

Hussey, Samuel Murray 1904: *The Reminiscences of an Irish Land Agent. Being those of S. M. Hussey.* Compiled by Home Gordon. London

Jackson, Kenneth 1934: 'Dhá scéal ón mBlascaod'. *Béaloideas* 4: 202–211

1938:   *Scéalta ón mBlascaod.* Baile Átha Cliath [= *Bealoideas* 8: 3–96]

1948–1952: 'A Blasket Version of the Lament for Reilly'. *Éigse. A journal of Irish studies* 6: 112–113

King, Jeremiah 1931: *County Kerry Past and Present. A handbook of the local and family history of the county.* Dublin

Lysaght, Patricia 1997: 'Caoineadh Os Cionn Coirp: The Lament for the Dead in Ireland'. *Folklore* 108: 65–82

1998:   'Attitudes to the Rosary and Its Performance in Donegal in the Nineteenth and Twentieth Centuries'. *Béaloideas* 66: 9–58

2000a: 'Food-Provision Strategies on the Great Blasket Island: Livestock and Tillage'. Ed. T. M. Owen. *From Corrib to Cultra: Folklife Essays in Honour of Alan Gailey.* Belfast: 195–216

2000b: 'Food-Provision Strategies on the Great Blasket Island: Sea-bird Fowling'. Ed. Patricia Lysaght. *Food from Nature: Attitudes, Strategies and Culinary Practices.* Uppsala: 333–363

2001:   'Food-Provision Strategies on the Great Blasket Island: Strand and Shore'. In Ó Catháin 2001: 27–40

2002:   'In Memoriam: Caoimhín Ó Danachair (1913–2002)'. *Béaloideas* 70: 219–226

Mac Cárthaigh, Críostóir 1990: 'Filí an Bhlascaoid' In Mac Cárthaigh & O'Reilly 1990: 82–90.

1991:   'Beatha agus Saothar Sheáin Uí Dhuinnshléibhe'. *Ár bhFilí. Iris na hOidhreachta* 3: 118–136

2008:   Ed. *Traditional Boats of Ireland. History, folklore and construction.* Cork

2015:   *Supernatural Maritime Narratives in a West Kerry Fishing Community: Problems of Genre Classification, Context and Interpretation.* Ph.D. thesis. University College Dublin

Mac Cárthaigh, Críostóir & O'Reilly, Barry 1990: *Na Blascaodaí: Tuarascáil Oidhreachta.* Atlantic European Research. Cartlann Ionad an Bhlascaoid Mhóir

2001:   'Ó Bhun go Barr an Bhaile. Recent Settlement on the Great Blasket Island'. In Ó Catháin 2001: 148–64

Mac Gearailt, Breandán M. 2015: 'Léirmheas: Turas fiúntach ar bhóithrín na smaointe'. <tuairisc.ie> Eanáir 20

Mac Tomáis, Seoirse 1977: *An Blascaod Mar A Bhí.* Má Nuad

Mahon, Bríd 1998: *While Green Grass Grows. Memoirs of a folklorist.* Dublin

Mason, Thomas H. 1936: *The Islands of Ireland. Their scenery, people, Life and antiquities,* London

Matson, Leslie 1996: *Méiní The Blasket Nurse.* Cork

2005:   'Blasket Lives. Biographical accounts of one hundred and twenty five Blasket people'. Cartlann Ionad an Bhlascaoid Mhóir

McKenna, Jack 1985: *Dingle.* Killarney

Mhic Dhonncha, Máiréad 2003: *Bun an Bhaile. Amhráin ón mBlascaod. Songs from the Blasket.* Baile an Fhirtéaraigh

Murphy, Gerard 1948–1952: 'Three Poems Recorded from Pádraig Ó Míleoin, An Clochán Dubh, Corca Dhuibhne, Co. Kerry'. *Éigse. A journal of Irish studies* 6: 16–22

Neligan, Pat 2017: *The Knave of Trumps. The life and times of Count James Louis Rice of Dingle.* Dingle

Ní Chéileachair, Máire 1989: 'Mná i Litríocht an Bhlascaoid'. In Ó Muircheartaigh 1989:321–333

2000:   Eag. *Ceiliúradh an Bhlascaoid 6. Oideachas agus Oiliúint ar an mBlascaod* Mór. Baile Átha Cliath

Ní Chinnéide, Máire 1959: 'Peig Sayers.' *Feasta.* Eanáir: 2, 9

Ní Chonchúir, Ailín 1998: *Seanchas an Bhlascaoid Mhóir le Mícheál Ó Gaoithín.* Tráchtas MA. Roinn na Gaeilge. An Coláiste Ollscoile, Baile Átha Cliath

Ní Dhomhnaill, Nuala 1984: *Féar Suaithinseach.* Maigh Nuad

Ní Dhuinnshléibhe, Máirín 1989: 'Saol na mBan'. In Ó Muircheartaigh 1989: 334–345

Ní Dhuinnshléibhe-Uí Bheoláin, Máirín 2000:'Cur Síos ar Scoil an Oileáin'. In Ní Chéileachair 2000: 13–20

Ní Fhearghusa, Jacqueline 1991: *Mac an Diabhail ina Shagart.* Tráchtas MA. Roinn na Gaeilge. Ollscoil na hÉireann, Gaillimh
1994–95:   'The Devil's Son as Priest. Distribution, form and function of a story on the borderline between folktale and folk legend'. *Béaloideas* 62–63: 89–108

Ní Ghaoithín, Máire 1978: *An tOileán A Bhí.* Baile Átha Cliath

Ní Ghuithín, Máire 1986: *Bean an Oileáin.* Baile Átha Cliath

Ní Laoithe, Cáit 1990: 'Ginealach: bunachar sonraí.' Atlantic European Research. Cartlann Ionad an Bhlascaoid Mhóir

Ní Mhuircheartaigh, Éadaoin, 2019: 'Laoch Duibhneach: Léiriú an Bhéaloidis ar Phiaras Feiritéar'. Ceiliúradh an Bhlascaoid 23:59–88

Ní Mhurchú, Máire & Breathnach, Diarmaid 1999: *1782–1881 Beathaisnéis a Sé.* Baile Átha Cliath
2003:   *1983–2002 Beathaisnéis.* Baile Átha Cliath
2007:   *Beathaisnéis A Naoi: Forlíonadh agus Innéacsa.* Baile Átha Cliath

Ní Shéaghdha, Nóra 2015: *An Blascaod Trí Fhuinneog na Scoile.* Eag. Pádraig Ó Héalaí. An Daingean

Ní Shúilleabháin, Eibhlís 1978: *Letters From the Great Blasket.* Dublin

Ó Beoláin, Art 1973: 'Filí agus Filíocht Chorca Dhuibhne'. In Ó Ciosáin 1973: 129–146.

1985: *Merriman agus Filí Eile,* Baile Átha Cliath

Ó Catháin, Gearóid 1989: 'An Leanbh Is Uaigní.' *An Caomhnóir* 6 . Meán Fómhair: 9

2003: 'An Leanbh Deireanach.' *An Caomhnóir* 24. Fómhar:20–21

2014: *The Loneliest Boy in the World. The Last Child of the Great Blasket Island.* With P. Ahern. Cork

Ó Catháin, Séamas 2001: Ed.. *Northern Lights. Following Folklore in North-Western Europe. Aistí in adhnó do Bho Almqvist. Essays in honour of Bo Almqvist.* Dublin

2008: *Formation of a Folklorist.* Dublin

Ó Cathasaigh, Roibeard 1998: Eag. *Rabhlaí Rabhlaí. Rogha rannta traidisiúnta don aos óg.* Baile an Fheirtéarigh

2000: 'A Mhuintir an Bhlascaoid, Anois nó Riamh!' In Ní Chéilleachair 2000: 79–110

Ó Cearna, Seán Pheats Tom 1989: 'Mo Shaolsa ar an Oileán'. In Ó Muircheartaigh 1989: 346–56

Ó Cearnaigh, Seán Pheats Tom 1992: *Fiolar an Eireabaill Bháin.* Baile Átha Cliath

Ó Cinnéide, Tomás 1981: *Ar Seachrán.* Baile An Fhirtéaraigh

Ó Coileáin, Seán 1990: 'Echtrae Nerai and Its Analogues'. *Celtica* 21: 427–440

Ó Ciosáin 1973: Eag. Mícheál Ó Ciosáin. *Céad Bliain 1871–1971.* Baile an Fheirtéaraigh

Ó Conaire, Breandán 1992: Eag. *Tomás an Bhlascaoid.* Baile Átha Cliath

Ó Concheanainn, Tomás 1978: Eag. *Nua-Dhuanaire* III. Baile Átha Cliath

Ó Conchubhair, Pádraig 2011: *'The Fenians were dreadful men'. The 1867 Rising.* Cork

Ó Conchúir, Doncha 1973: *Corca Dhuibhne. Aos Iorruis Tuaiscirt agus Uí Fhearba,* Baile Átha Cliath

Ó Conghaile, Micheál, Lochlainn Ó Tuairisc, Peadar Ó Ceannabháin 2012: *Leabhar Mór na nAmhrán.* Indreabhán

O'Connor, Anne 1991: *Child Murderess and Dead Child Traditions.* FF Communications 249. Helsinki

    2005:   *The Blessed and the Damned. Sinful women and unbaptised children in Irish folklore.* Oxford

Ó Criomhthain, Tomás 1928: Eag. An Seabhac [Pádraig Ó Siochfhradha]. *Allagar na hInise. Blogha as cinnlae.* Baile Átha Cliath

    1929:   *An tOileánach.* Eag. An Seabhac. Baile Átha Cliath

    1935:   *Dinnsheanchas na mBlascaodaí.* Baile Átha Cliath

    1956:   *Seanchas ón Oileán Tiar.* Eag. Séamus Ó Duilearga. Baile Átha Cliath

    1973:   *An tOileánach.* Eag. Pádraig Ua Maoileoin. Baile Átha Cliath

    1977a: *Allagar na hInise.* Eag. Pádraig Ua Maoileoin. Baile Átha Cliath

    1977b: *Bloghanna ón mBlascaod.* Eag. Breandán Ó Conaire. Baile Átha Cliath

    2002:   *An tOileánach.* Eag. Seán Ó Coileáin. Baile Átha Cliath

    2004:   *Scéilíní ón mBlascaod agus Blúirín as 'Cin Lae Eibhlín Ní Shúilleabháin.* Eag. Nollaig Mac Congáil. Báile Átha Cliath

Ó Crohan, Tomás 1934: *The Islandman.* Transl. Robin Flower. Dublin

O'Crohan, Tomás 1986: *Island Cross-Talk*. Transl. Tim Enright. Oxford

2012: *The Islander. Tomás O'Crohan*. Transl. Garry Bannister & David Sowby. Dublin

Ó Cuív, Brian 1947: *Cnósach Focal ó Bhaile Bhúirne, i gCo. Chorcaí*. Baile Átha Cliath

Ó Curraoin, Seán 1977–1979: 'I Líonta Dé ' *Béaloideas* 45–47: 118–157

Ó Dálaigh, Seán 1933: *Timcheall Chinn Sléibhe*. Baile Átha Cliath

Ó Dálaigh, Seosamh 1989: 'Béaloideas an Oileáin'. In Ó Muircheartaigh 1989: 100–108

Ó Danachair, Caoimhín 1981: 'Sound Recordings of Folk Narratives in Ireland in the Late Nineteen Forties'. *Fabula. Journal of Folktale Studies* 22:311–5

Ó Danachair, Liam 1947: 'Memories of My Youth'. *Béaloideas* 17: 58–72

Ó Dónaill, Niall 1977: *Foclóir Gaeilge-Béarla*. Baile Átha Cliath

O'Donoghue, Richard 1967: *Like a Tree Planted*. Dublin

Ó Dubhda, Seán 1933: Eag. *Duanaire Duibhneach*. Baile Átha Cliath

1944: 'Cogadh na Talmhan i gCorca Dhuibhne'. *Leabhrán an Oireachtais. Duais-iarrachtaí*. 33–70. Baile Átha Cliath

Ó Dubhshláine, Micheál 2000a: *An Baol Dom Tú?* Baile Átha Cliath

2000b: 'Scoil an Bhlascaoid Mhóir 1864–1940'. *Oideachas agus Oiliúint ar an mBlascaod Mór*. Ceiliúradh an Bhlascaoid: 6: 38–71

2007: *Inis Mhic Uibhleáin*. Daingean Uí Chúis

Ó Duilearga, Séamus 1940: 'Nera and the Dead Man'. Ed. John Ryan. *Essays and Studies Presented to Professor Eoin*

Mac Néill. Dublin: 522–534

1948:   Eag. *Leabhar Sheáin Í Chonaill. Sgéalta Agus Seanchas ó Íbh Ráthach.* Baile Átha Cliath

1963:   'In Memoriam, "An Seabhac " '. *Béaloideas* 31: 171–172

1981:   *Seán Ó Conaill's Book. Stories and Traditions from Iveragh.* Trans. Maire MacNeill. Baile Átha Cliath

Ó Duinnín, Pádraig 1934: Eag. *Dánta Phiarais Feiritéir maille le réamh-rádh agus nótaí.* Baile Átha Cliath

Ó Duinnín, Pádraig 2008: 'The Kerry Naomhóg'. In Mac Cárthaigh 2008: 557–578

Ó Duláine, Mícheál & Ó Néill, Pádraig 1973: Eag. *Binsin Luachra: Cnuasacht de Fiche Dó Amhrán ó Chorca Dhuibhne.* Dún Chaoin, Co. Chiarraí

Ó Fiannachta, Pádraig 1992: 'Creideamh an Bhlascaoid Má Bhí A Leithéid Ann'. *Léachtaí Cholm Cille* 22:55–80

1992-1993:   'Finscéalta faoin Osnádúr i Nualitríocht na Gaeilge: Freagra a Trí'. *Béaloideas* 60–61:47–56

Ó Gaoithín, Mícheál 1970: *Beatha Pheig Sayers.* Baile Átha Cliath

2019:   *Beatha Pheig Sayers.* Eag. Liam P. Ó Murchú. An Daingean

Ó Glaisne, Risteard 1991: *Dubhglas de h-Ide (1860–1949).* Baile Átha Cliath

Ó Héalaí, Pádraig 1979: 'Na Paidreacha Dúchais'. *Léachtaí Cholm Cille* 10: 131–152

1989a: 'Is Mairg a Báitear in Am an Anaithe: na hOileánaigh i nGleic leis an dTubaist'. In Ó Muircheartaigh 1989:45–79

1989b: 'Fiúntas an Bhéaloidis do Phobal Chorca Dhuibhne in Aimsir Jeremiah Curtin'. *Thaitin Sé le Peig. Iris an hOidhreachta* 1: 17–30

2000:   'Cillmaolcéadair agus Cill Chuáin, Corca Dhuibhne.' Eag. Gearóid Ó Tuathaigh, Liam Lillis Ó Laoire, Seán Ua Súilleabháin. *Pobal na Gaeltachta. A scéal agus a dhán.* Indreabhán: 521-535

2015:   'Trí Scéal Fiannaíochta ó Thomás Ó Criomhthain'. *Irisleabhar Mhá Nuad*: 195–24

2019:   'Seoladh Bheatha Pheig Sayers'. *Feasta*, Nollaig: 15–17

Ó hÍde, Tomás 2019: *Seáinín Tom Sheáin: from Árainn to the Silver Screen.* Dublin

Ó hÓgáin, Dáithí 1974–1976: ' "An É an tAm Fós É?" Staidéar ar fhinscéal Barbarossa (Móitíf D1960.2) in Éirinn'. *Béaloideas* 42–44: 213–308

2006:   *The Lore of Ireland. An Encyclopaedia of Myth, Legend and Romance.* Cork

Ó Laoghaire, Diarmaid 1975: Eag. Ár bPaidreacha Dúchais. Baile Átha Cliath

1989:   'Prayers and Hymns in the Vernacular'. Ed. James P. Mackey. *An Introduction to Celtic Christianity.* Edinburgh: 286–304

1995:   'Ár bPaidreacha Féin'. *An Sagart.* Geimhreadh: 33–45

Ó Madagáin, Breandán 1978: Eag. *Gnéithe den Chaointeoireacht.* Baile Átha Cliath

1985:   'Functions of Irish Song in the Nineteenth Century'. *Béaloideas* 53: 130–16

Ó Mainín, Mícheál 1973: 'Na Sagairt agus a mBeatha i bParóiste an Fhirtéaraigh'. In Ó Ciosáin 1973: 1–35

2000:   'Scoil Phrotastúnach an Bhlascaoid'. In Ní Cheilleachair 2000: 11–137

Ó Mainín, Seán 1989: 'Scoileanna an Oileáin'. In Ó Muirchearaigh 1989: 31–44

Ó Muircheartaigh, Aogán 1989: Eag. *Oidhreacht an Bhlascaoid.* Baile Átha Cliath

O'Neill, Áine 1989: 'Peig's Food Needs in the Great Blasket.' BA Extended Essay. Department of Irish Folklore. University College Dublin

O'Neill Timothy 1977: *Life and Tradition in Rural Ireland.* London

O'Rahilly, Thomas F. 1922: A Miscellany of Irish Proverbs. Dublin

Ó Scannláin, Séamus 2003: *Poets and Poetry of the Great Blasket.* Dublin

Ó Sé, Caoimhín 2001: *Traidisiún na Scéalaíochta i gCorca Dhuibhne.* Baile Átha Cliath

Ó Sé, Diarmuid 2000: *Gaeilge Chorca Dhuibhne.* Baile Átha Cliath

Ó Siochfhradha, Pádraig (An Seabhac) 1926: *Seanfhocail na Muimhneach.* Baile Átha Cliath

    1928:   'Nósa Bhaineas le Bás agus Adhlacadh'. *Béaloideas* 1:49–53

    1932:   *An Seanchaidhe Muimhneach.* Baile Átha Cliath

    1939:   *Triocha-Céad Chorca Dhuibhne.* Baile Átha Cliath

    2014:   *Beir Mo Dhúthracht.* Eag. Caitríona Ní Chathail agus Pádraig Ó Siochfhradha. Baile an Fhirtéaraigh.

Ó Súilleabháin, Muiris 1933: *Fiche Bliain Ag Fás.* Baile Átha Cliath

    1976:   *Fiche Bliain Ag Fás.* Eagrán nua. Má Nuad

Ó Súilleabháin, Seán 1937: *Diarmuid na Bolgaighe agus A Chómhursain.* Baile Átha Cliath

    1942:   *A Handbook of Irish Folklore.* Dublin

    1951-1952: *Scéalta Cráibhtheacha* (= *Béaloideas* 21). Baile Átha Cliath

1965:	'An Seabhac agus An Béaloideas'. *Feasta.* Feabhra: 16–17
1970:	'Peig Sayers.' *Éire-Ireland*: 86–91
1992:	'Tomás agus na Prócaí Meala.' In Ó Conaire 1992: 166–167

O'Sullivan, Maurice 1933, *Twenty Years A-Growing*. Trans. Moya Llewelyn Davies & George Thompson. Oxford

O'Sullivan, Seán 1966: *Folktales of Ireland*. London

Ó Tuama, Seán & Kinsella, Thomas 1981: *An Duanaire 1600-1900. Poems of the Dispossessed*. Dublin

Póirtéir, Cathal 1993: *Micí Sheáin Néill. Scéalaí agus scéalta.* Baile Átha Cliath

Power, Rosemary 1985: 'An Óige, an Saol agus an Bás, Feis Tighe Chonáin and Thorr's Visit to Útgarda – Loki'. *Béaloideas* 53: 217–294

Purcell, Mary 1985: 'Richard Ferris 1754–1828'. *Journal of the Kerry Archaeological and Historical Society.* 18:5–77

Sayers, Peig 1936: *Peig .i. A scéal féin.* Eag. Máire Ní Chinnéide. Baile Átha Cliath

1939:	*Machtnamh Seana-Mhná.* Baile Átha Cliath
1962:	*An Old Woman's Reflections.* Transl. Séamus Ennis. Oxford
1973:	*Peig. The Autobiography of Peig Sayers of the Great Blasket.* Transl. Brian MacMahon. Dublin
1998:	*Peig. A Scéal Féin.* Eag. Máire Ní Mhainnín & Liam P. Ó Murchú. An Daingean

Sjoestedt Marie-Louise 1931: *Phonétique d'un parler irlandais de Kerry.* Paris

1932:	'Deux contes en dialect de l'Isle Blasket.' *Revue Celtique* 49: 406–436

1938:   *Description du un parler irlandais de Kerry.*
           Paris: 188–204

Smith, Raymond 1964: *The Well of Love.* Dublin

Stagles, Joan and Ray 1980: *The Blasket Islands: Next Parish America.* Dublin

Stagles, Ray 1982: *Day Visitors Guide to the Great Blasket Island.* Dublin

Thomson, George 1982: *The Blasket That Was.* Maigh Nuad
    1987:   *Island Home. The Blasket Heritage.* Dingle

Thompson, Stith 1955–1958: *Motif-Index of Folk Literature.* I-VI. Copenhagen

Tyers, Pádraig 1982: Eag. *Leoithne Aniar.* Baile an Fhirtéaraigh
    1992:   Eag. *Malairt Beatha.* Dún Chaoin
    1998:   Ed. *Blasket Memories. The life of an Irish island community.* Dublin
    2000:   *An tAthair Tadhg.* An Daingean
    2009:   *Scéal Trí Scéal.* Baile Átha Cliath

Ua Maoileoin, Pádraig 1968: *Bríde Bhán.* Baile Átha Cliath
    1991:   *Iomairí Críche.* Baile Átha Cliath
    1993:   *Na Blascaodaí. The Blaskets.* Baile Átha Cliath

Ua Súilleabháin, Seán 1994: 'Gaeilge na Mumhan'. Eag. Kim McCone, Damian MacManus, Cathal Ó Háinle, Nicholas Williams, Liam Breatnach. *Stair na Gaeilge. In ómós do Phádraig Ó Fiannachta.* Maigh Nuad:479–583

Uí Aimhirgín, Nuala 2000: *Ó Oileán go Cuilleán. Ó Pheann Mhuiris Uí Shúilleabháin.* Baile Átha Cliath

uí Bhraonáin, Donla 2008: *Paidreacha na Gaeilge. Prayers in Irish.* Baile Átha Cliath

uí Ógáin, Ríonach 1988: 'Ceol ón mBlascaod'. *Béaloideas* 56: 179–219
    1989:   'Ceol, Rince agus Amhráin'. In Ó Muircheartaigh 1989: 109–127

1990: 'Tuairisc faoi Cheol, Amhránaíocht agus Rince ón mBlascaod'. In Mac Cárthaigh & O'Reilly 1990: 141–143

1992: Eag. *Beauty an Oileáin: Music and Song of the Blasket Islands*. Ceirníní Cladaigh, Dublin [CC56CD]

2009: ' "Baineadh ramsach astu" – Amhráin agus Dánta Pheig Sayers', *Béaloideas* 77: 103–21

2015: 'An Seabhac – Ceannródaí i mBailiú an Bhéaloidis'. Eag. Deirdre Ní Loingsigh, Lísa Ní Mhunghaile, Ríonach uí Ógáin. *'Rí na Gréine': Aistí i gCuimhne an tSeabhaic*. Báile Átha Cliath: 146–161

Wagner, H. & Mac Congáil, N. 1983: *Oral Literature from Dunquin, Co. Kerry*. Studies in Irish Language and Literature 6. Belfast

Wagner, H. & McGongale, N. 1987: 'Phonetische Texte aus Dunquin, County Kerry'. *Zeitschrift für celtische Philologie*. 42: 219–241

1991: 'Phonetische Texte aus Dunquin, County Kerry'. *Zeitschrift für celtische Philologie*. 44:#200–235

Whitaker, T. K. 1983: *Interests*. Dublin

The Chapel Royal, Dublin Castle
An Architectural History

For our friends and colleagues at Dublin Castle

First published in 2015 by
The Office of Public Works
Head Office
Johnathan Swift Street
Trim
Co. Meath
Ireland

Front cover: Chapel Royal, Dublin
Castle, detail (photograph by David
Davison)

Back cover: Chapel Royal, Dublin
Castle (photograph by David Davison)

OPW
The Office of Public Works
Oifig na nOibreacha Poiblí

ISBN: 978-1-4064-2890-2

Editors: Myles Campbell and William Derham
Project Coordinator: Mary Heffernan
Project Manager: Marie Harpur
Photography: David Davison
Design: Ciarán Murphy
Print: Printrun

Contents

Editors' Note

The chief governor of Ireland was variously styled lord lieutenant, deputy, justiciar, lord justice, lord deputy or viceroy. In the interests of clarity, the term viceroy is used throughout this volume, except with reference to the medieval period, or where an alternative appears in an original quotation.

The terms Castle Chapel and Dublin Castle chapel are used to refer to the various chapels that formed part of the Dublin Castle complex over the centuries, including the present chapel, which was erected between 1807 and 1814. The term Chapel Royal is intended to refer exclusively to the present chapel.

Irregularities and inconsistencies in spelling, grammar and punctuation, where they appear in direct quotations, have been allowed to remain in their original form.

Every effort has been made to credit the photographers and sources of all illustrations in this volume; if there are any errors or omissions please contact the Office of Public Works so that corrections can be made to any subsequent edition.

Foreword

There is over a millennium of history to absorb at Dublin Castle and each year the Office of Public Works welcomes about a quarter of a million visitors through its gates with this objective in mind. We also provide major conferencing facilities for Government and commercial customers and our banqueting arrangements are the location of choice for State banquets.

It is important that the information we provide to visitors is accurate and soundly based. Such research is doubly important to ensure that our conservation specialists have the correct information to inform the appropriate decisions in the undertaking of works to preserve the fabric of buildings such as the Chapel Royal.

This year, 2015, has provided an ideal occasion, during the bicentennial celebrations of the construction of the Chapel Royal, to undertake such research, the culmination of which is this excellent publication containing richly illustrated essays.

The Chapel Royal is available to be visited by guided tour throughout the year. Why not take the time, with this excellent book in hand, to explore this Irish Gothic Revival masterpiece? You will not regret it.

John McMahon
Commissioner
Office of Public Works

Preface

The bicentenary of the first service at the Chapel Royal, Dublin Castle on Christmas Day, 1814 provided the occasion for the making of this book. John McMahon, OPW Commissioner with responsibility for Heritage requested ideas for suitably marking the bicentenary. Several concerts, lectures, an exhibition on the Chapel Royal and this book are amongst the projects that have been undertaken.

What is probably most remarkable is that this book was not conceived before now. The several contributors, all experts in their fields, have unearthed a wide breadth of previously unpublished material and new research, all of which brings our understanding of the Chapel Royal to a new level; our most heartfelt thanks to each one of you. I am particularly pleased at the diverse nature of the subjects covered, from music and liturgy, to the art of book binding and stained glass, and from stuccowork to plate, pinnacles and carved stone. The book is all the richer for the intimate details revealed about the people who designed, commissioned, made and used the Chapel Royal. Far from a dry and worthy account of the building of the chapel this research is pulsing with life and rich with detail.

Having worked alongside Dr Róisín Kennedy in the production of *Dublin Castle Art* I am really delighted now to see another groundbreaking publication produced by the Office of Public Works being made available. It is only through a full understanding of the design, construction, uses and history of the buildings in our care that we can show them at their best, for the enjoyment of present and future generations.

My two colleagues Dr Myles Campbell and William Derham deserve our highest praise and congratulations and we owe them both an enormous debt for bringing into being this rich and enlightening book. They have undertaken this endeavour with enormous vigour, dedication, skill and the utmost professionalism. Our thanks also to the Director of National Historic Properties, George Moir, for his commitment to ensuring that Dublin Castle continues to be presented to the highest standards. Our thanks are also due to John Cahill, Assistant Principal Architect, who in the 1980s undertook the very sensitive conservation of the Chapel Royal with David Wall and who now, with his team, leads the conservation of the buildings of this key historic site in the care of the OPW. Led by John McMahon our work at this site serves our diverse stakeholders best the more we understand it.

Mary Heffernan
General Manager
Dublin Castle
National Historic Properties

Acknowledgements

First and foremost, our thanks are due to Mary Heffernan, General Manager of Dublin Castle. From the first whispers of the idea for this book, to the cheers of encouragement as it finally took shape, she has provided constant support. We thank her sincerely.

The Chairman, Commissioners and Management Advisory Committee of the Office of Public Works deserve very special thanks for producing this book, as do Marie Harpur, who turned word and image into print, and Ciarán Murphy, who turned disorder into design. To Sarah Maguire, we offer our deep gratitude for maintaining unflagging good spirits in the face of endless stray commas, split infinitives and errant hyphens. Her meticulous eye for detail and for bad grammar has been invaluable throughout the editing process. So too has the all-round trouble-shooting of Celine Kennedy, whom we thank for her enormous energy and good cheer. For their patience and skill we thank David and Edwin Davison, who produced a wonderful photographic record of the chapel and its associated artefacts.

We are very fortunate in sharing our workplace at Dublin Castle with so many hard-working and good-humoured individuals, without whom this book might never have been completed. In particular, we would like to thank George Moir; Hugh Bonar; John Fitzgerald; Angela Cassidy; Jenny Papassotiriou; Cormac Molloy; Joanne Bannon; Dave Cummins; and Dr Jane Fenlon for their practical and moral support.

Of the numerous archives, libraries and repositories visited and consulted in the course of the research for this book, we gratefully acknowledge the assistance of the Office of Public Works; the Irish Architectural Archive; the National Archives of Ireland; the Royal Society of Antiquaries of Ireland; the National Library of Ireland; the National Museum of Ireland; the Irish Georgian Society; Castletown House; the National Irish Visual Arts Library; the Ulster Museum; National Museums Northern Ireland; Christ Church Cathedral; the Representative Church Body Library; the Irish Military Archives; the National Gallery of Ireland; Trinity Irish Art Research Centre; the Royal Irish Academy; Trinity College, Dublin; Dublin City Library and Archive; St Werburgh's Church, Dublin; the Public Record Office of Northern Ireland; the British Library; Castle Howard, Yorkshire; Staffordshire Record Office; the National Maritime Museum, Greenwich; and the National Archives of the United Kingdom.

Particular gratitude is due to those who went out of their way to grant us access to the collections, resources and buildings in their care. We would like to acknowledge our indebtedness to Rev. Canon Roy Byrne; Glascott and Adrienne Symes; John J. O'Connell; Dr Rachel Moss; Aideen Ireland; Julia Cummins; Niamh McCabe; Clifford Harkness; Anne Orr; Michelle Ashmore; Msgr Eoin Thynne; Colum O'Riordan; Dr Eve McAulay; Anne Henderson; Aisling Dunne; Simon Lincoln; Dr Christopher Ridgway; Sean Rainbird; Anne Hodge; Louise Morgan; Philip Roe; Sandra McDermott; Matthew Cains; Máire Ní Chonalláin; Justin Furlong; Berni Metcalfe; Laura Egan; Mary Broderick; Dr Marie Kennedy; Siobhán Fitzpatrick; Philip and Augusta Shirley; Dr Jennifer Fitzgibbon; Eve Parnell; Donna Romano; Aisling Conroy; Brian Kelly; Aisling Ní Bhriain; Ruth Sheehy; Colette O'Flaherty; Lar Joye; Nuala Canny; Linda Kearns; Jacquie Moore; Donough Cahill; and Dr Raymond Refaussé.

We are grateful for the care with which several artefacts were conserved and handled in order to facilitate the production of images for this book and would like to thank Adrian Kennedy, Pat McBride, Ciara Brennan and Tony Magennis for the high standard of their work in this regard.

The helpful advice, observations and information offered by Prof. Alistair Rowan; Dr Christine Casey; Dr David Caron; Dr Paula Murphy; Dr Nicola Figgis; David Wall; Alexis Bernstorff; Robert Byrne; David Lawrence; and our intern, Isabella Canal, is warmly acknowledged.

Last but not least we thank all those who helped to make life that little bit lighter during this process, especially Rafael Cathoud, and our wonderful friends in the guiding section at Dublin Castle, particularly S.B. We owe a large debt of gratitude to the Dublin Castle constables who tolerated our irregular hours and midnight conclaves, always with a smile. To the amusing lady with whom we inadvertently shared a taxi in Co. Laois, thank you for becoming an accidental but memorable player in this production. We hope the wedding went ahead. Our near-exclusive diet of tea and cake in the closing stages of the project was made all the richer thanks to the Queen of Tarts, which is surely the best cake shop in Dublin. Long may it continue to reign. Finally, we each express our deep and abiding gratitude to our parents. Their contributions are too many and varied to enumerate.

Contributors

William Derham studied architecture at the Dublin Institute of Technology and holds a postgraduate qualification in building repair & conservation from Trinity College, Dublin. For the past eight years he has worked at Dublin Castle as a guide and curator. He is the author of the forthcoming book *Lost Ireland* (2015) and is currently joint curator of an exhibition at Dublin Castle entitled *Pinnacles, Pomp and Piety: 200 years of the Chapel Royal.*

Rachel Moss is an assistant professor in the Department of History of Art and Architecture at Trinity College, Dublin. She has written and lectured widely on the medieval art and architecture of Ireland. She was editor and principal author of volume one of the Royal Irish Academy's *Art and Architecture of Ireland* series; *Medieval Art and Architecture* (2014), published by Yale University Press. She is Principal Investigator on the 'Monastic Ireland: Landscape and Settlement' project, which is funded by the Irish Research Council. Dr Moss is the current President of the Royal Society of Antiquaries of Ireland.

Judith Hill is an architectural historian and author of six books, including *Irish Public Sculpture* (1998), *Lady Gregory: An Irish Life* (2005) and publications on Limerick city and county for the National Inventory of Architectural Heritage. She has written for *The Irish Times, Irish Architectural and Decorative Studies* and volume three of the Royal Irish Academy's *Art and Architecture of Ireland* series; *Sculpture 1600–2000* (2014). She is currently undertaking a PhD at Trinity College, Dublin, on Gothic Revival architecture in post-Union Ireland, to be completed in 2016.

Rita Larkin worked as a research assistant for volume three of the Royal Irish Academy's *Art and Architecture of Ireland* series; *Sculpture 1600–2000* (2014). A retired secondary school teacher and art historian, she was awarded the Michael McCarthy Medal from University College Dublin, in 2006, for her work as a postgraduate student in the School of Art History and Cultural Policy. Her MA thesis examined the output of the Dublin sculptor John Smyth.

Angela Alexander is a furniture historian who holds a PhD from University College Dublin. Her doctoral thesis, completed in 2006, is entitled 'Dublin Cabinetmakers and their Clientele in the Period 1800–1841.' She has written for periodicals including *Irish Architectural and Decorative Studies* and the *Irish Arts Review* and is conducting ongoing research into Irish cabinetmakers, with a view to publishing a study of Irish furniture in the post-Union period.

Joseph McDonnell is the author of several books on Irish stuccowork and bookbinding, including *Irish Eighteenth-Century Stuccowork and its European Sources* (1991) and *Five Hundred Years of the Art of the Book in Ireland* (1997). He was a contributor to volume three of the Royal Irish

Academy's *Art and Architecture of Ireland* series; *Sculpture 1600–2000* (2014), and has published widely in periodicals such as *Irish Architectural and Decorative Studies* and *Apollo*.

David O'Shea studied at the Dublin Institute of Technology Conservatory of Music and Drama and at the University of Cambridge. He is currently enrolled as a doctoral student at Trinity College, Dublin, researching the history of music at the Chapel Royal, Dublin Castle. He is active as an organist, choral conductor and singer, and is Director of Music at Sandford Parish Church, Ranelagh and St Philip's, Milltown, both in Dublin. He is also chorusmaster of the Culwick Choral Society.

Roy Byrne is the rector of Drumcondra and North Strand in North Dublin and is a canon of Christ Church Cathedral, Dublin. He is a long-serving member of the cathedral's library and archives committee, with special responsibility for the care of the cathedral plate. In 2014 he compiled a full inventory of the cathedral plate collection and that of the cathedral grouped parishes. He has lectured on various aspects of the plate collection and on other ecclesiastical subjects, and has also curated several exhibitions at Christ Church Cathedral.

Myles Campbell holds a PhD on Tudor-Revival architecture in Ireland from Trinity College, Dublin, where he served for several years on the teaching staff of the Department of History of Art and Architecture. He has recently contributed to volumes two and three of the Royal Irish Academy's *Art and Architecture of Ireland* series (2014), published by Yale University Press. He is a council member of the Royal Society of Antiquaries of Ireland and works at Dublin Castle, where he is currently joint curator of the exhibition *Pinnacles, Pomp and Piety: 200 years of the Chapel Royal*.

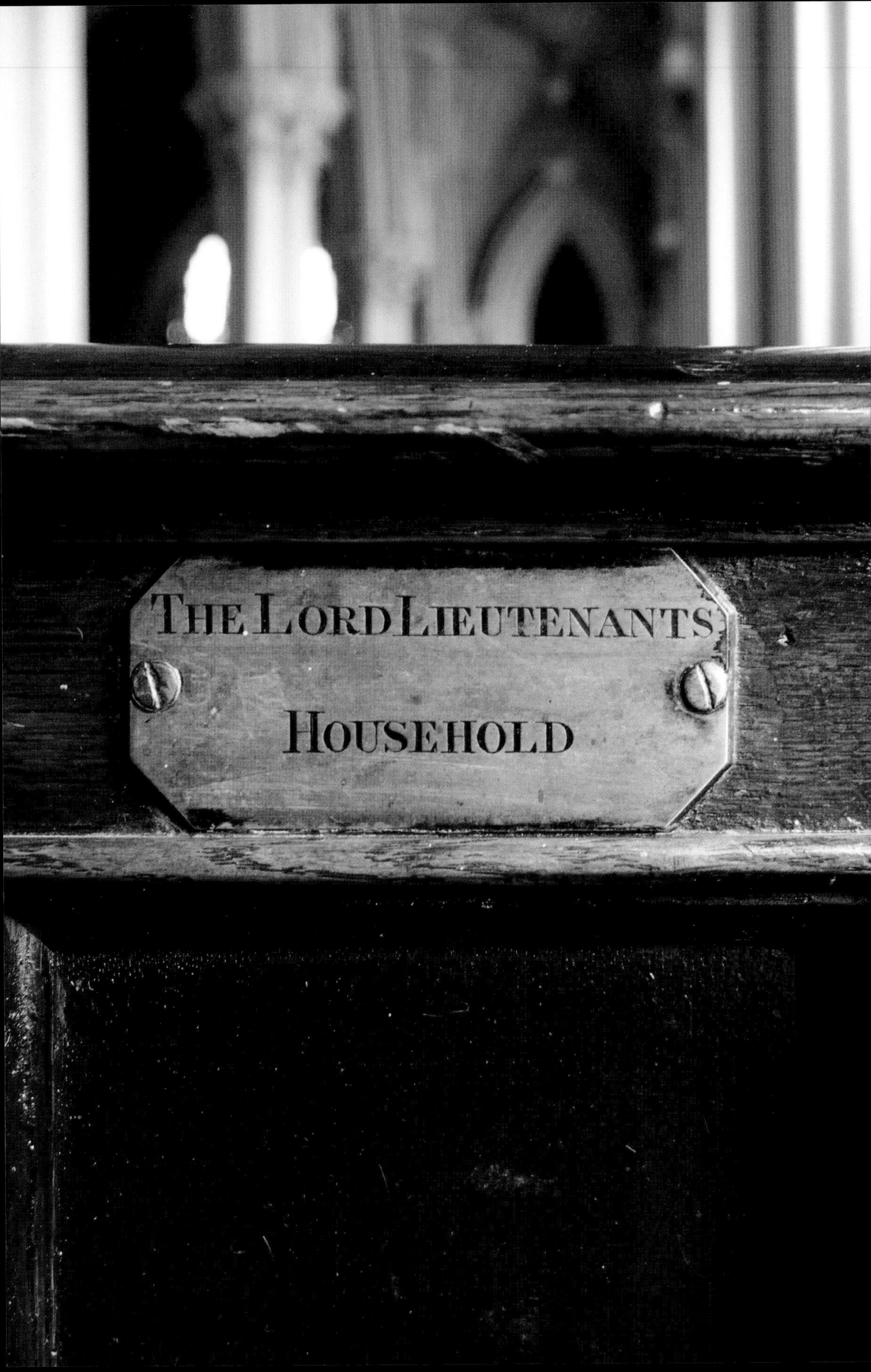
THE LORD LIEUTENANTS
HOUSEHOLD

Introduction

William Derham

'*Sacred to the Glorious Memory of King William III who on the*
1st July 1690 passed the river near this place to attack James II at the
head of a popish army advantageously posted on the south side of it and did on that day by
a successful battle secure to us and to our posterity our liberties and religion. In consequence
of this action James II left this Kingdom and fled to France. This memorial of our
deliverance was erected in the 9th year of the Reign of King George II, the first stone being
laid by Lionel Sackville, Duke of Dorset, Lord Lieutenant
of the Kingdom of Ireland, MDCCXXXVI.'[1]

So read the inscription on one side of a large obelisk erected on the banks of the River Boyne in 1736, by 'the grateful contributions of several Protestants of Great Britain and Ireland.'[2] It commemorated the opening of a new act in Irish history. The question of religion had been a source of contention in Ireland since Henry VIII split from the Roman Catholic Church in 1534. If the Williamite Wars, which climaxed with the Battle of the Boyne, did not answer the question definitively, they successfully smothered it for the best part of the following century. The settlement that followed William's victory established beyond doubt the primacy of the Protestant church within the Kingdom of Ireland. Catholics, and others, who had been penalized for their faith up until then, were subject to many more restrictions, especially in relation to owning land and holding official positions. As the monument made abundantly clear, life was viewed and acted out through the prism of religion. The Protestant Church of Ireland was to become 'the fountain of privilege in Ireland', membership of which 'gave exclusive rights to political power.'[3] If a person wished to find himself a leading role on the public stage he could only do so as a member of the Church of Ireland, and particular effort went into consolidating its position as the established church. One form this took was the creation of imposing architectural settings for worship, dressed with expensive decorations. They helped to create a reassuring backdrop of self-confidence, which was required by its members in a country where they formed a small religious minority. This minority filled the leading roles of public life at the time, with the rest of the population serving merely as the audience. Indeed the key role of viceroy, who was the monarch's representative at Dublin Castle, was invariably held by a Protestant in this period.

It is in this context that the Chapel Royal at Dublin Castle can, perhaps, be best understood. The importance of this context is exemplified by the presence, on the chapel's east gable, of a very early example of the revival of a ringed, or Celtic, cross, which perhaps served to link the building, and the relatively new Anglican faith, with the ancient Christian heritage

---

1. Christine Casey & Alistair Rowan, *North Leinster* (London, 1993), p. 446. **2.** Ibid. The monument to the Battle of the Boyne was blown up in 1923. **3.** R.F. Foster, *Modern Ireland, 1600–1972* (London, 1990), p. 156.

of Ireland. Celebrating the chapel's two-hundredth year, this volume of essays is the first devoted exclusively to its architectural history. The editors have interpreted the scope of this architectural history with some latitude, which has allowed for the inclusion of essays on subjects such as music, bookbinding and communion plate. If architecture is a stage to the life that unfolds around it, then the impermanent trappings associated with it might be seen as its props. In this light, a consideration of these trappings, whether permanent or ephemeral, can only help to deepen our understanding of the role of the building. The theme of theatre is especially appropriate for a chapel that, independent of the Church of Ireland parish structure, was not bound by the usual aesthetic conventions of a typical Protestant church. As such, it was relatively free to serve as an exuberant and theatrical backdrop to the quasi-monarchical displays of the viceregal court. Much of this sense of theatre disappeared with the departure, in 1922, of the viceroy and the British administration.

Rachel Moss, in the first essay in this volume, records the presence of a chapel at Dublin Castle as far back as 1225 and, through contextual references and historical parallels, allows us to imagine it as an important and impressively decorated space. It was obliterated by an accidental fire in 1684, following which a replacement chapel was constructed adjacent to the Wardrobe Tower, now known as the Record Tower, in the Lower Castle Yard. This second chapel was later characterized as a 'mean structure, built of brick.'[4] It would, however, have been home to some elaborately bound prayer books, several of which are given fresh attention by Joseph McDonnell in his essay on the bookbinders' art at the chapel. It may also have been home to a glittering collection of plate presented by William III. However, as Roy Byrne notes in his discussion of the plate, the original recipient of the King's generosity has been the subject of bitter dispute, with the dean of the Chapel Royal even being branded 'disloyal to the Church of Ireland' as the controversy unfolded.[5] Despite being endowed with such treasures the second chapel seems to have fared little better than its predecessor and, in the wake of the Emmet Rebellion of 1803, thought was given to converting it into a barracks.[6]

That the old chapel was no longer considered fit for purpose is demonstrated by Judith Hill, who sets out the circumstances of its replacement between 1807 and 1814. Hill suggests a new impetus for the rebuilding of the chapel following the Act of Union in 1800, and a need by the viceregal court to consolidate its post-Union position. Francis Johnston, as architect to the Board of Works, was called upon to produce plans, which resulted in the building we know today as the Chapel Royal. What Johnston produced perfectly mirrored the viceregal court of the time, an institution much less robust than its external appearance suggested. It was a tour de force of dramatic artifice, to all intents and purposes a theatre in which the piety, example and importance of the viceroy was to be the main act. At first sight the chapel appears quite convincing but there is more to it than meets the eye.

From every approach this stage is expertly set, but it is still a stage. The chapel sits atop a crypt, mitigating the changing ground levels north and south, with an imposing entrance door below the chancel window in the east wall. The so-called crypt, however, is a device, never considered integral to the chapel except from the outside. In this respect it is merely an extension of the massive brick foundations that prevent it, and the chapel above, from sinking into the River Poddle.[7] It was an architectural expedient. Originally it was intended to house clerks from the State Paper Office and later it became the permanent home of the chapel caretaker. Bowing further to the constraints of the site, and particularly the adjoining Record Tower, the chapel lacks a suitably grand entrance. The obvious contender is that ostensibly leading into the crypt, on the east wall but, deceptively, it only ever allowed access to the service spaces below the chapel. The viceroy's entrance is subtle and discreet, a passage skirting around the drum of the Record Tower and linking the chapel to the viceregal apartments. General access to the chapel proper is therefore through the less imposing door on the north elevation, beneath the carved heads of St Peter and Jonathan Swift, two of the many that animate the exterior.

The first impression of the chapel is of a robust and imposing composition made of solid stone, but this is not entirely the case. The viceregal entrance passage to the south appears as solid as the medieval tower it curves around. It is, however, a timber-framed structure, filled in with brick and finished externally in plaster, to match the limestone ashlar that forms the exterior cladding of the rest of the building. The impressive tracery of the windows is also of wood, cleverly carved and painted in imitation of tooled masonry. So too is the interior, where plaster and paint deceive the visitor into believing the construction is of creamy-coloured Caen stone. The interior columns and walls are all of timber, covered over in plaster, and painted – as a light tap on any part of them soon reveals. The medieval-inspired vaulting over the nave and aisles is also plaster on wood, fashioned by the Dublin stuccodore George Stapleton.

This clever conceit, a 'stone' chapel on a brick foundation, supported by an internal wooden structure, does nothing to detract from the talents of Johnston: in fact, quite the opposite. His choices were dictated by structural necessity rather than economy, to which the final bill attests and the end result is the work of an arch magician of space, material and effect. Something of his 'engineering black magic' can be seen in the spiral staircases that run from crypt to parapet in the towers either side of the chancel.[8] These are small, elegant service spaces, never intended for public use or view. Here, however, the working of his magic is blatantly exposed, where in several places the treads of the cantilevered stairs run across the window openings, without any clue as to how they are supported. They quite literally appear to float.

Johnston's magic was not limited to the transformation of plaster, wood and brick into 'medieval' masonry. It extended to the ingenuity he brought to bear on the layout and planning of the chapel, as well as to the programme of decoration. The problem of allotting the viceroy due prominence, without detracting from the religious service in the chancel, is explored by Hill. The bold projections of the viceregal box and the clerics' box opposite add to

---

4. H.J. Lawlor & M.S. Dudley Westropp, 'The Chapel of Dublin Castle', *Journal of the Royal Society of Antiquaries of Ireland*, 13:1 (30 June 1923), 54. **5.** Copy of letter to Dean Charles Mease from Dean James Walsh, 27 Feb. 1914, Papers relating to the Chapel Royal, Dublin Castle 1822–1922, Public Record Office of Northern Ireland, MIC 448/109. **6.** Order to Jonathan Woodgate from Town Major Sirr, 26 Aug. 1803, Board of Works Minute Book, National Archives of Ireland, OPW 1/1/1/1. **7.** In conversation with David Wall, formerly architect to the Office of Public Works, it was revealed that during exploratory works in the 1980s, prior to the renovation, the brick foundation was excavated to a level of over 3m without finding its base. **8.** In conversation with Aisling Ní Bhriain, architect, Office of Public Works.

the sense of drama, suggesting an actual theatre, while in its decoration the space is certainly more redolent of an opera house than of a Protestant chapel. Every surface is enlivened. The galleries are adorned with viceregal coats of arms and dynamic foliage, deftly carved by Richard Stewart. Spread across the walls – atop pillars, below drip moulds, over windows and terminating the ends of pendants – are a veritable audience modelled in stucco, just as keen to partake in the spectacle as the congregation below. These figures are the virtuoso work of the Smyths, father and son, whose contribution to the chapel is rightly described in Rita Larkin's essay as forming a corps de ballet. That the chapel was so ebulliently embellished when compared with similar Church of Ireland chapels of the period perhaps reflects that, by the time of its construction, it was intended to consolidate both the established church and the office of the viceroy itself. In this respect it provided a much-needed stage for the piety and righteousness of the ruling elite.

As with all theatres it hosted a variety of performances. In addition to its use for regular services attended by the viceroy, the chapel was occasionally dressed for more singular events. Angela Alexander, in her essay, provides a glimpse of one such event in 1819, when the chapel was bedecked in mourning for the funeral of the Countess Talbot, wife of the then viceroy. Her essay also offers an insight into the little-known relationship between cabinetmaking and undertaking that existed at that time. Just two years later the scenery was again changed as the chapel played host to one of its most celebrated events, the visit of King George IV, whose attendance served to reinforce the regal associations of the building. Soon after, it began to be more commonly known as the Chapel Royal. Under the direction of the Earl of Carlisle, who was installed as viceroy in 1855, the chapel was subject to a vigorous overhaul. As revealed by Myles Campbell, this reordering did not meet with everyone's approval, verging as it did on the Roman Catholic. This, however, was how it remained for most of the next hundred years. Despite all the changes, music remained a constant and integral part of the religious services at the chapel, as David O'Shea points out. The chapel had been endowed with an organ by Johnston in 1815, which was replaced with an even larger instrument in 1857. In his essay, O'Shea throws light on the larger musical establishment of the building, of which the organ was only one part.

Despite all its importance, it appears that the Chapel Royal was only as useful as its role in state ceremony allowed. When the curtain came down on the viceregal administration in 1922 such spectacle was no longer required, nor indeed, was it affordable. The void created by the loss of viceregal pageantry and display from the national stage was, to an extent, filled by the Catholic Church, through events such as the Eucharistic Congress of 1932. A similar substitution was to take place at the Chapel Royal. In June of 1943 Johnston's chapel saw its first Catholic Mass, under the auspices of the Archbishop of Dublin, John Charles McQuaid. It was an opportunistic appropriation by McQuaid of the machinery of the viceregal court, given the close associations between the Roman Catholic Church and the recently established independent Irish state. Amid all the pomp of a guard of honour and the presence of political dignitaries, the church was blessed. The following year it became the Church of the Most Holy Trinity, perhaps a deliberate appropriation of the official name of the Protestant Christ Church Cathedral, just a short distance away. The newly-named chapel was used as a garrison church for the Irish Defence Forces and in this way became the stage where the birth of the Irish state was remembered and commemorated – somewhat at odds with its royal past. Masses were celebrated in memory of individual brigades of the old IRA and of the Four Courts Garrison of 1922.[9] In 1959 it hosted an official ceremony during which the French Government presented the Irish President with flags marking the contribution made by the Irish Brigade within the French Army. On occasions such as this it would have been easy to see it as an official state chapel, should such a thing have existed.

In 1983 the Chapel Royal once again shut its doors, this time due to structural necessity. Earlier in its history vents had been cut into the brick vaults between the crypt and the nave to allow for a new heating system. The heavy traffic passing around the building when the nearby Stamping Office was under construction in the 1970s contributed to a weakening of the structure, to the extent that large cracks began to appear in the floor. From 1983 to 1990 the chapel underwent a rigorous and impressive restoration aimed at consolidating its original fabric. The diligent work was unveiled during another event of state ceremony, an ecumenical service that marked the opening of Ireland's European Presidency in 1990 under Taoiseach Charles Haughey. At the time, it was anticipated that religious services would resume thereafter, and those who had held memorial masses there in the past made applications to do so again. However, it appears that Haughey had different ideas. A note at the end of a memo concerning one such request, from 1991, reads: 'Permission not granted by Taoiseach' (the word Taoiseach is underlined twice), and continues 'Also, no other applications will be granted until Taoiseach makes up his mind as to state of Church: Dublin Castle.'[10]

Since that time the chapel has played host to a variety of events including concerts, theatrical performances and film-making but, unusually, not to any religious services. Its appropriation for state ceremony in an independent Ireland was initiated by Archbishop McQuaid in 1943 and perpetuated, although to a lesser degree, by Taoiseach Charles Haughey, in 1990. Haughey evidently felt strongly about the use of the chapel, given his personal involvement in its affairs. Yet it is odd that despite the strength of these feelings, he did not resolve its fate while he had the power to do so. Marking its two hundredth year, this collection of essays attempts to refocus attention on the chapel, both as a building of great architectural merit and one that served an important political role, both before and after 1922. It is hoped that these essays will shine a spotlight on the history of that role, as the curtain rises on the chapel's next century.

---

9. Undated memo headed 'Public Commemorative Masses Church of the Most Holy Trinity', listing the commemorations of the years 1960 & 1961, File on the Church of the Most Holy Trinity, Irish Military Archives.

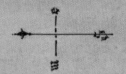

Chapel Royal

· scale 16 feet ·

Lower Floor Plan

· Gr

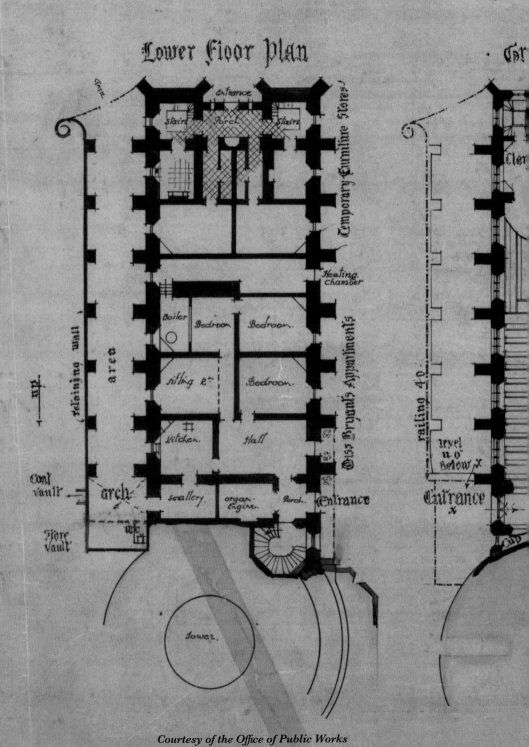

lower
Castle
Yard

Courtesy of the Office of Public Works

blin Castle. :

s one Inch ·

Floor ·

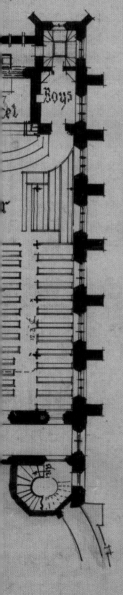

Chapel

Boys

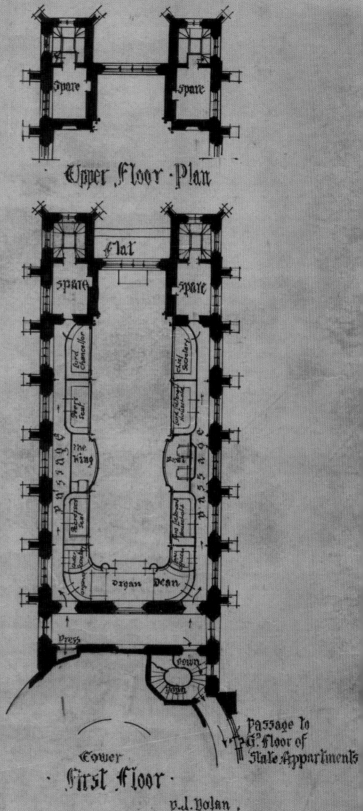

Spare   Spare

Spare   Spare

Flat

Lord Chancellor   Chief Secretary

Royal Seal   Lord School Household

The King   Royal

Household Secretary   Two School Household

Chancellor Secretary   Two School Official House

Organ   Dean

Press

Gown

Crown   Gown

Passage to
Grd Floor of
State Appartments

Tower

First Floor

P. J. Dolan .
Office of Public Works .
Dublin
May 1928

'The Chapel of the King in the Castle of Dublin'
The Dublin Castle Chapel before 1807

Rachel Moss

Throughout the Middle Ages most castles of any size accommodated a chapel; an architecturally distinguished space that housed a fixed altar for the celebration of Mass. In many cases these were small, intimate spaces located close to bedrooms or withdrawing chambers, set aside for the exclusive use of the head of the household and/or members of his family. In larger castles distinct structures big enough to accommodate the household or retinue were constructed, and maintained by a dedicated chaplain. From early on in its long history the castle at Dublin incorporated a chapel. The history of its development provides an interesting glimpse into the devotional concerns of the monarch and his representatives in the key military and administrative building of the country.

Work on the construction of the stone castle at Dublin commenced around 1213 and continued to around 1230.[1] The initial pragmatic, military, function of the castle is confirmed by an inventory of about 1224 listing goods contained within the three royal castles in Ireland at that time.[2] At Dublin these included household utensils, weaponry, and chains for the restraint of prisoners. While the inventory for the castle at Athlone included the contents of a small chapel, no such goods were listed for Dublin, suggesting, albeit through negative evidence, that the Castle Chapel had yet to be established. It was in the following year that the first reference to a castle chaplain, one William de Radeclive, appeared in the exchequer accounts.[3]

Together with its defensive role, Dublin Castle was the primary residence of the chief governor of Ireland and potential royal residence, should the English monarch choose to visit.[4] It was Henry III (r. 1216–72) who showed most direct concern for this, more domestic, aspect of Dublin Castle. A patron of the arts almost to the point of obsession, Henry invested vast sums in creating a courtly environment in his castles, spending large amounts on private chambers and brightly lit halls that were richly decorated with imagery intended to reflect power and status.[5] Dublin was no exception, and in 1243 he specified his intentions for a new hall there:

> 120 feet in length and 80 feet in breadth, with glazed windows after the [archbishop's] hall in Canterbury; and … in the gable beyond the dais a round window 30 feet in diameter … [and] … painted beyond the dais a king and queen seated with their baronage; and a great portal … at the entrance to the hall.[6]

1. Conleth Manning, 'The Building of a Royal Castle in Ireland', *Château Gaillard*, 18 (1998), 119–22. **2.** Henry Savage Sweetman (ed.), *Calendar of Documents relating to Ireland, 1171–1251* (London, 1875–86) vol. 1, p. 187, no. 1227. **3.** Ibid., no. 1309. **4.** James Lydon, 'Dublin Castle in the Middle Ages' in Seán Duffy (ed.), *Medieval Dublin III* (Dublin, 2002), pp. 115–27. **5.** John Goodall, *The English Castle* (London, 2011), pp. 187–92; Howard Colvin, *The History of the King's Works: The Middle Ages* (London, 1963), vol. 1, pp. 93–159; Tancred Borenius, 'The Cycle of Images in the Palaces and Castles of Henry III', *The Journal of the Warburg and Courtauld Institutes*, 6 (1943), 40–50. **6.** *Calendar of the Close Rolls*, 1242–47 (London, 1916), pp. 23, 152.

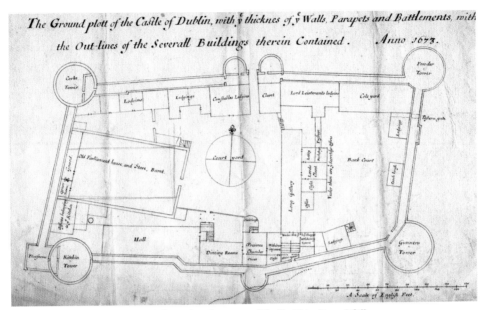

Fig 1.1: Plan of Dublin Castle, 1673. Reproduced courtesy of Staffordshire Record Office.

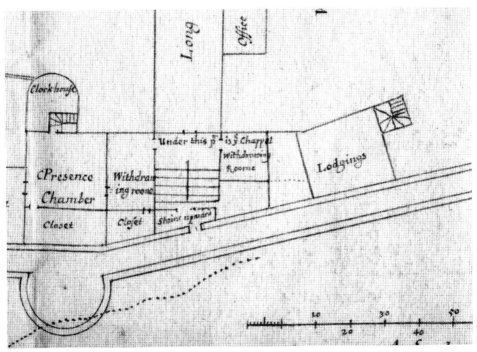

Fig 1.2: Plan of Dublin Castle, 1673 (detail). Reproduced courtesy of Staffordshire Record Office.

Henry was characterized by contemporary chroniclers as particularly devout and across his kingdom he maintained at least fifty chapels for his, and his households', exclusive use.[7] Many were old inherited structures but he was also responsible for building at least eighteen entirely new chapels, and there are numerous references to his embellishment of them with stained glass, wall paintings and religious statuary. Unfortunately no detailed description survives of the decoration or building of a chapel or chapels in Dublin at the time. However, in 1242 the King ordered his treasurer, Geoffrey de Turville, to have glass windows made for 'the chapel of the king's castle of Dublin.'[8] This work was paralleled in the chapel at Oxford Castle, where in 1243 the King ordered that the lead grilles in the windows be replaced with glass, which suggests that the Dublin work probably represented improvements to an existing structure, rather than the construction of a new building.[9]

Around the same time we also learn that the chapel was dedicated to St Edward the Confessor, with the King's request that the archbishop of Dublin celebrate the feast of the saint with 800 lighted tapers in the royal Victorine Abbey of St Thomas, Dublin, the Cathedral of the Holy Trinity and 'the chapel of that saint in the castle.'[10] Henry III was a particular promoter of the cult of St Edward.[11] As a royal predecessor of Henry's, St Edward was promoted as a means of legitimizing Plantagenet rule, and by 1241 Henry was engaged in plans for a new shrine to the saint at the royal abbey in Westminster. Images of St Edward's coronation, together with those that stressed his virtues – his charity, dressed as a pilgrim, his wisdom and virtues of temperateness and moderation – all featured in the decoration of royal halls and chapels across the kingdom.[12] Promotion of the cult in three Dublin institutions was, by extension, promotion of the royal dynasty and Henry III himself.

That a chapel was maintained in regular use in Dublin over the following decades is documented in surviving exchequer accounts listing regular payments made to castle chaplains, the purchase of altar plate and vestments 'for the king's use' and repairs to liturgical books.[13] The accounts of the castle's keeper of works, John Bouwet, dating from between 1300 and 1302, shed a little more light on its form; including a sum for repairs to the 'oriel between the chamber of the Justiciar and the chapel' and the 'covering' (possibly re-roofing) of the chapel.[14] In the fourteenth century the term oriel was used to refer to either a porch or a passage, suggesting a direct entry into the chapel from the private chambers of the justiciar. This type of arrangement was quite typical for chapels in royal castles. It was found, for example, at Westminster, where a chapel was built between 1237 and 1238 at the southern end of Queen Eleanor's chamber, which was entered through an 'oriel' of two moulded doorways.[15] Together with a private entrance, chapels of this type would typically have had a private room or balcony from which the head of the household could sit and view the altar, separated from the other people in the chapel. At Dublin this was probably also the case, with

7. Colvin, *King's Works*, vol. 1, p. 124. **8.** Sweetman, *Calendar of Documents*, vol. 1, p. 385, no. 2581. **9.** Louis Francis Salzman, *Building in England down to 1540: A documentary history* (Oxford, 1952), p. 174. **10.** Sweetman, *Calendar of Documents*, vol. 1, p. 198, no. 1309, p. 373, no. 2497. Two years later the order was repeated (Sweetman, *Calendar of Documents*, vol. 1, p. 385, no. 2581). **11.** Paul Binski, 'The Cult of St Edward the Confessor', *History Today*, 55:11 (November, 2005), 21–27. **12.** See, for example, Colvin, *King's Works*, vol. 2, p. 945. **13.** Philomena Connolly, *Irish Exchequer Payments, 1270–1446* (Dublin, 1998), vol. 1, p. 293; Sweetman, *Calendar of Documents*, vol. 2, pp. 309–10, no. 1570. **14.** *Public Record Office, Ireland, Report of the Deputy Keeper* (Dublin, 1869–1928), vol. 34, p. 25. **15.** Colvin, *King's Works*, vol. 1, pp. 501–02.

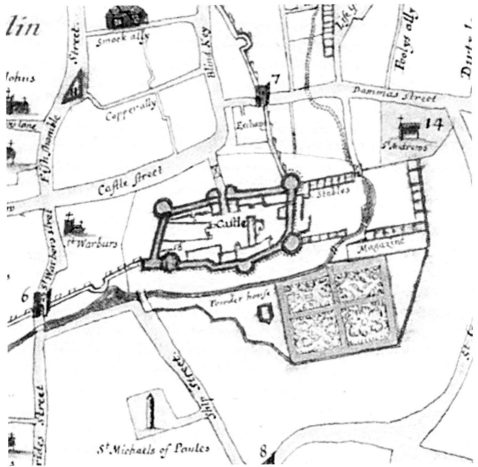

Fig 1.3: Map of Dublin by Bernard de Gomme, 1673 (detail of Dublin Castle). © National Maritime Museum, Greenwich, London.

a reference appearing some years later to work on a 'closetta' in the chapel.[16]

Sometime between 1358 and 1361 the interior of the chapel at Dublin Castle received a decorative overhaul.[17] Perhaps most significant was the purchase of 600 lb of glass for the windows. This has been estimated as sufficient to glaze an area of approximately 200 sq ft, or about nine lancet windows of average size for the thirteenth century.[18] A new crucifix was made and painted for the altar, together with a rood (a suspended crucifix marking the entry to the sanctuary area) and two devotional statutes, one depicting Mary, and the other St Thomas the Martyr, the latter referred to as the chapel's patron saint.[19] In addition, the chalice was repaired, and both it and the paten re-gilded. The purchase and repair of vestments is also documented. The nature of the works, the apparent complete re-glazing (rather than just repairs to the glass) together with the commissioning of new statues suggests a devotional re-ordering, linked perhaps to a change in dedication, from St Edward the Confessor to St Thomas the Martyr.[20]

Following the death of Henry III royal promotion of St Edward had waned, and Henry's son, Edward I (r. 1272–1307), demonstrated a greater interest in St Thomas. By the time of Edward III's reign (1327–77) the cult of the militaristic St George was deemed more appropriate for royal devotion; seen, for example, with the re-dedication of the royal chapel of St Edward at Windsor Castle to St George in 1348.[21] Although the cult of Thomas had always enjoyed royal support, the motivation behind the re-dedication may be a reflection of more localized interests, as the English monarch became increasingly preoccupied by his military efforts in the Hundred Years War. In March 1359, James Butler, 2nd Earl of Ormond was appointed justiciar, with his official residence at Dublin Castle.[22] The Butler family claimed collateral descent from St Thomas, and so held him as their patron and were actively involved in the promotion of his cult. The works at the Castle Chapel were, therefore, more likely an expression of the justiciar's faith and familial promotion, than that of the sovereign he represented.[23]

That the refurbishment may have reflected a quite personal expression of devotion might explain why, sometime between 1364 and 1366, under the viceroyalty of Edward III's son, Lionel of Antwerp, 1st Duke of Clarence, the integrity of the liturgical space in the chapel was compromised, with the installation of the books and shelving that had formerly occupied the Dublin exchequer.[24] The move probably coincided with the transfer of the exchequer to Carlow town; the choice of the Castle Chapel as an alternative storage space was possibly because of its size, condition and relative security within the walls of the castle.[25] Whatever the logic, it does not appear to have caused too much disruption, as the building continued to function not only as a chapel but also as a place used to host meetings of the privy council, where, in 1442, an agreement was reached in 'the Council Chamber viz the Chapel of the King in the Castle of Dublin.'[26]

History remains almost totally silent regarding the chapel for much of the fifteenth and sixteenth centuries and, like the rest of Dublin Castle, it may also have become 'ruineous, foul, filthy and greatly decayed' by the late 1560s, when Sir Henry Sidney, as lord deputy, undertook the restoration and rebuilding of the castle complex.[27] Sidney's household accounts give a reasonably detailed outline of the works carried out, but there is no contemporary

---

16. J.T. Gilbert, *History of the Viceroys of Ireland* (Dublin, 1865), p. 547. For a discussion of the various forms of chapel closets see Goodall, *The English Castle*, pp. 29–30. **17.** *Report of the Deputy Keeper*, vol. 43, p. 57; Connolly, *Exchequer Payments*, vol. 1, p. 396. **18.** H.J. Lawlor & M.S. Dudley Westropp, 'The Chapel of Dublin Castle', *Journal of the Royal Society of Antiquaries of Ireland*, 13:1 (30 June 1923), 40. **19.** Gilbert, *Viceroys of Ireland*, pp. 544–46. **20.** By the fourteenth century altars were typically equipped with statues of the blessed virgin, a crucifix and the patron saint, see Richard Marks, *Image and Devotion in Late Medieval England* (Stroud, 2004), pp. 73–75. **21.** Binski, 'St Edward the Confessor.' **22.** T.W. Moody, F.X. Martin & F.J. Byrne, *A New History of Ireland* (Oxford, 1989), vol. 9, p. 474. **23.** *Report of the Deputy Keeper*, vol. 47, pp. 33, 58; Colmán Ó Clabaigh & Michael Staunton, 'Thomas Becket in Ireland' in Elizabeth Mullins & Diarmuid Scully (eds), *Listen, O Isles, Unto Me: Studies in the medieval word and image in honour of Jennifer O'Reilly* (Cork, 2011), p. 98. **24.** Gilbert, *Viceroys of Ireland*, pp. 546–48. **25.** Lawlor & Dudley Westropp, 'The Chapel of Dublin Castle', 44–45. **26.** Edward Tresham (ed.), *Rotulorum Patentium et clausorum Cancellariae Hiberniae Calendarium, Hen. II–Hen. VII* (Dublin, 1828), p. 263, no. 25 (intimating that it was in use for both). **27.** Raphael Holinshed, *The first and second Volumes of Chronicles … newlie augmented and continued ... to 1586 by John Hooker alias Vowell* (London, 1586), vol. 1, pt. 4, p. 152.

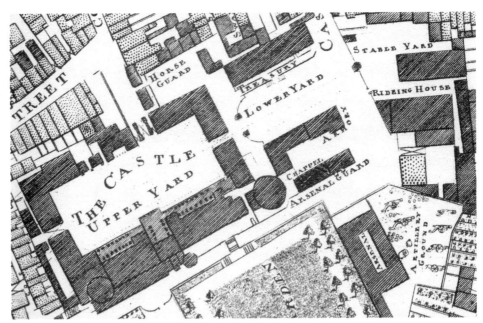

Fig 1.4: Map of Dublin by John Rocque, 1756 (detail of Dublin Castle).

Fig 1.5: Unknown artist, *View of Dublin Castle*, c. 1761–1807, oil on canvas. Reproduced by permission of the Royal Society of Antiquaries of Ireland, photograph by David Davison.

reference to works on the chapel.[28] It appears, however, that he did either restore or rebuild the chapel, as a narrative written by Robert Ware in 1678 describes the south range of the castle as incorporating an 'ancient piece of building, wherein upon the ground is a Chappell, over which a stately drawing room built in the time of Henry Sidney his government whose arms are placed theron.'[29] An additional marginal note clarifies matters by refering to 'The Chappell built by Sir Henry Sidney.'[30] A plan of the castle, roughly contemporary with Ware's description, clearly locates the chapel on the ground floor of the eastern part of the south range of the castle, with a drawing room over it (figs 1.1, 1.2).[31]

This chapel was probably the same one that was damaged by fire in 1638, described by Mrs Alice Thornton, a cousin of Lord Deputy Thomas Wentworth, 1st Viscount Wentworth:

> [the fire destroyed] … that room called the chapell chamber above the chapell, which was most richly furnished with black velvet, imbroidered with flowrs of silke work in ten stich; all fruit trees and flowers, and slips imbroidered with gold twist; and it burned the statly chapel built by my lord.[32]

Given that this description pre-dates that of Ware, the fire probably did not affect the structure of the chapel, and was limited to the interior fittings installed by Wentworth, which may be what Mrs Thornton is alluding to when she mentions the chapel 'built by my lord.'

It is clear that during the seventeenth century successive viceroys added their own personal mark to the furnishings of the chapel, just as James Butler had done in the mid-fourteenth century. An inventory of 1677 describes the seat of the viceroy's wife, Lady Essex, in the chapel, as of red baize hangings and flooring of cloth, with two chairs and curtains of grey kidderminster.[33] Following James Butler, 1st Duke of Ormond's resumption of the viceroyalty in that year, this was replaced by his Duchess's chair with crimson taffeta curtains, an elbow chair with six damask cushions and a Persian carpet.[34] The Duke's seat had curtains of crimson taffeta, an elbow chair covered with crimson velvet and silver and gold fringe, and a Persian carpet, while the altar cloth and carpet were made of crimson taffeta and purple mohair.[35]

These fittings were, however, to meet a similar fate as those installed by Lord Deputy Wentworth. On 7 April 1684 a large fire broke out in the lodgings immediately to the west of the chapel.[36] The fire was discovered by Ormond's son, Lord Arran, who, in order to stem the spread of the flames to the Bermingham Tower, where the records were kept, and the Gunpowder Tower, blew up a number of the castle structures, including the chapel.[37] This, it

28. C.L. Kingsford (ed.), *Report on the Manuscripts of Lord De L'Isle and Dudley preserved at Penshurst Place* (London, 1925), vol. 1, pp. 398–99. **29.** Robert Ware, 'History and Antiquities of Dublin', Dublin City Library and Archive, MS 1678, f. 23, quoted in J.B. Maguire, 'Seventeenth-Century Plans of Dublin Castle', *Journal of the Royal Society of Antiquaries of Ireland*, 104 (1974), 9–10. **30.** James L.J. Hughes, 'Dublin Castle in the Seventeenth Century', *Dublin Historical Record*, 2:3 (1940), 87. **31.** Plan of Dublin Castle, 1673, Dartmouth Collection, Staffordshire Record Office, MS D(W) 1778/III/85. **32.** Charles Jackson (ed.), 'The Autobiography of Mrs Alice Thornton of East Newton, Co. York', *Surtees Society*, 62, (Durham, 1873), 11–12. **33.** Jane Fenlon, *Goods and Chattels: A survey of early household inventories in Ireland* (Dublin, 2003), p. 93. **34.** Ibid., p. 103. **35.** Ibid., p. 102. **36.** Rolf Loeber, 'The Rebuilding of Dublin Castle: Thirty critical years, 1661–90', *Studies*, 69 (Spring, 1980), 60, 62 **37.** F.E. Ball (ed.), *Calendar of the Manuscripts of the Marquess of Ormonde, preserved at Kilkenny Castle* (London, 1912), vol. 7, pp. 218–19.

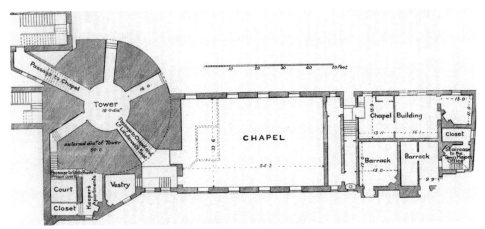

Fig 1.6: Plan of the chapel at Dublin Castle, c. 1802. From H.J. Lawlor & M.S. Dudley Westropp, 'The Chapel of Dublin Castle.'

would seem, was little lamented, Arran commenting that the king had lost 'nothing except six barrels of powder, and the worst castle in the worst situation in Christendom.'[38]

Even before the fire, there had been plans to develop the castle into a residence more fitting for the king's representative in Ireland, and within a couple of months work had commenced on its rebuilding.[39] Given the levels of destruction in the south-east corner, this was the first area attended to by the architect appointed to the work, Sir William Robinson (1645–1712).[40] An anonymous plan of about 1684, probably executed by Robinson, shows what was intended to replace the missing range, including a passage at the east end of the new south-east range, which is marked as 'to ye chapel.'[41] Bernard de Gomme's map of Dublin of about 1673 (fig. 1.3) shows that a range of buildings projecting eastward from the Wardrobe Tower was already in place at the time of the fire, so it is unclear whether this plan simply represented a conversion of existing fabric to liturgical use, or whether an entirely new chapel structure was built.[42]

Soon after the appointment of Richard Talbot, 1st Earl of Tyrconnell as lord deputy in 1687, he took over the Castle Chapel for Roman Catholic service, spending a total of £789 on the manufacture of new furnishings and plate in London.[43] However, perhaps due to a delay in the completion of building work, in March of 1687 he received royal consent to have divine service said in the new chapel at Kilmainham. It was only in the following year that he returned to the castle to live when, according to an anonymous diarist, 'the new building in the Castle was finished.'[44]

In contrast with the new viceregal lodgings, the new chapel appears to have been quite a modest structure. It was located outside the original medieval curtain wall abutting the Wardrobe Tower. In 1696 it was described by the London bookseller John Dunton as being next to the office of the ordnance, 'near where the king's gunsmiths and armourers were.'[45] John Rocque's map of 1756 shows it next to the 'Arsenal and Guard' (fig. 1.4). A painting of the chapel, made probably towards the end of the eighteenth century, now in the collections of the Royal Society of Antiquaries of Ireland, shows a modest structure with an almost domestic aspect, built of brick and abutted by the arsenal building (fig. 1.5).[46]

By the late eighteenth century it was felt that both the external appearance and internal decoration of the chapel were 'little consistent with its attachment to a royal palace' and plans were initiated for a new, more suitable building.[47] In August 1790 the *Dublin Evening Post* reported the rumour that a new chapel was 'much wanted' and was to be built in the castle garden, but by the following year this idea had apparently been abandoned.[48] A decade later, the project to replace the chapel was renewed and the chief secretary approached architect James Gandon (1743–1823) to draw up suitable designs.[49] One of the associated drawings shows the plan of the existing building (fig. 1.6).[51] The viceroy's seat was elevated at the west end and could be directly accessed via passages cut through the walls of the Wardrobe Tower.[51] The interior of the entire space was only fifty-four feet west to east, and lit by four windows facing north and four facing south. Gandon produced seven designs for the new chapel (now lost). However, as no formal arrangement for him to work within the existing Board of Works structure was forthcoming, he did not proceed with the job. It was not until 1807 that the lacklustre eighteenth century chapel was demolished to make way for Francis Johnston's new Chapel Royal, the magnificent Gothic Revival building that occupies the site today.[52]

38. Lawlor & Dudley Westropp, 'The Chapel of Dublin Castle', 50. **39.** Loeber, 'The Rebuilding of Dublin Castle', 45–69. **40.** Ball, *Manuscripts of the Marquess of Ormonde*, vol. 7, pp. 234–35, 257–58. **41.** J.B. Maguire, 'Dublin Castle: Three centuries of development', *Journal of the Royal Society of Antiquaries of Ireland*, 115 (1985), 13–39. **42.** The Wardrobe Tower was alternatively known as the Gunners' Tower and is today known as the Record Tower. **43.** Lawlor & Dudley Westropp, 'The Chapel of Dublin Castle', 45. **44.** Ball, *Manuscripts of the Marquess of Ormonde* , vol. 8, p. 354. **45.** Edward MacLysaght, *Irish Life in the Seventeenth Century* (Cork, 1969), p. 386. **46.** That it was a brick-built structure is also recorded in the *Irish Builder*, 38 (1 Mar. 1896), 48. **47.** James Malton, *Picturesque and Descriptive View of the City of Dublin* (London, 1794), letter press of great court yard, Dublin Castle. **48.** *Dublin Evening Post*, 19 Aug. 1790, 22 Sept. 1791. **49.** Edward McParland, *James Gandon: Vitruvius Hibernicus* (London, 1985), p. 106. **50.** Lawlor & Dudley Westropp, 'The Chapel of Dublin Castle', pl. iv. **51.** Conleth Manning, 'The Record Tower, Dublin Castle' in John R. Kenyon & Kieran O'Conor (eds), *The Medieval Castle in Ireland and Wales* (Dublin, 2003), pp. 72–95. **52.** Christine Casey, *Dublin* (London, 2005), pp. 358–60.

'A stile more suited to Vice-regal splendor'
The building of the Chapel Royal, 1807–14

Judith Hill

The Chapel Royal is gloriously unique. There is only one chapel in Ireland that was designed to enable the viceroy and his entourage to privately worship in public. When it was completed in 1815, no other Irish Gothic Revival church displayed such close kinship with medieval architecture, and no other was so richly decorated. It would never be emulated. When, following the work of A.W.N. Pugin (1812–52), the use of medieval models became established practice, standards of authenticity rose too, so that the lath and plaster vaulting of the interior of the Chapel Royal and the Baroque character of its sculpture were no longer tolerated. The distinctiveness of the Chapel Royal was celebrated by contemporary commentators. James Brewer described it in 1825 as 'the richest modern casket of pointed architecture to be witnessed in the British Empire.'[1] Its fall from grace was articulated as late as 1949 by John Harvey, who dismissed it as 'a peculiar style of gingerbread Gothic which has little to recommend it except … novelty.'[2] However, in 1970 John Cornforth, visiting long after it had lost its viceregal role, was willing to engage with the spirit in which it had been built, remarking that inside there was still the 'feeling of a court building with a sense of theatre.'[3] The aims of this essay are to try to establish the motivations behind the building of the Castle Chapel, and to reassess its architecture in terms closer to those of the early nineteenth century.[4]

There had been a short-lived proposal to replace the dilapidated seventeenth-century Castle Chapel in the Lower Castle Yard in 1790.[5] It was re-ignited in 1801 by the first viceroy of the Union, Philip Yorke, 3rd Earl of Hardwicke and his Chief Secretary, Charles Abbot. A brief was written, and James Gandon, the architect of Dublin's most prominent Neoclassical public buildings was employed to draw up designs.[6] The project was shelved, probably due to lack of funds, to be revived by the succeeding viceroy, John Russell, 6th Duke of Bedford in 1806. This time the Board of Works architect, Francis Johnston (1760–1829) was the designer. The foundation stone was laid on 4 April 1807, seven days before Charles Lennox, 4th Duke of Richmond succeeded Bedford as viceroy.[7] Most of the construction work was carried out during Richmond's incumbency, but the chapel was completed during the administration of Charles Whitworth, 1st Viscount Whitworth (fig. 2.1).[8]

1. J.N. Brewer, *The Beauties of Ireland* (London, 1825), vol. 1, p. 63. **2.** John Harvey, *Dublin, a Study in Environment* (London, 1949), p. 47. **3.** John Cornforth, 'Dublin Castle – III', *Country Life*, 148:3826 (20 Aug. 1970), 460. **4.** In documents relating to the new chapel and in reports in the contemporary press it is always referred to as the Castle Chapel, rather than the Chapel Royal, an appellation that would be acquired later in the nineteenth century. **5.** *Dublin Evening Post*, 19 Aug. 1790, 22 Sept. 1791. **6.** Letter to unidentified clergyman from James Gandon, 30 Mar. 1802, Hardwicke Papers, British Library, Add MS 35733, f. 312, brief enclosed with letter, f. 314. **7.** *Freeman's Journal*, 6 Apr. 1807. **8.** The chapel was ready for divine service on Christmas Day 1814 (*Faulkner's Dublin Journal*, 27 Dec. 1814), but was not completed until just over a year later (Commissioners for Auditing Public Accounts in Ireland, *The fifth Report of the Commissioners for Auditing Public Accounts in Ireland* (London, 1817), vol. 8, p. 133).

Fig 2.1: After Thomas Lawrence, *Charles, 1st Earl Whitworth*, c. 1803–72, oil on canvas. Collection of Dublin Castle, photograph by David Davison.

There were many problems facing Hardwicke in 1801 as he grappled with the aftermath of the 1798 Rebellion and the implications of the Union. One directly threatened the existence of his office: some in the British establishment argued that the office of viceroy in Ireland, which had been maintained by default, was unnecessary.[9] Hardwicke needed to justify his position. One solution was suggested by the Bishop of Meath, Thomas O'Beirne who wrote to Chief Secretary Abbot arguing that the new viceroy should play a key role in reforming and strengthening the Church of Ireland.[10] He advocated that the viceroy publicly support the church and give a good example in his own religious practice. His proposals for the employment of public chaplains of merit and, to raise liturgical standards, for the installation of an organ and establishment of a choir, had physical implications. A new chapel building was needed with public access, more space and an enhanced architectural presence within the castle precincts. This was reflected in the succeeding brief, which stipulated a building double the size of the old brick chapel, on the existing site – translated in practice into a galleried building – to contain an organ for cathedral-standard service.[11]

Even before the Union the role of the viceroy had been changing. Traditionally, the viceroy was symbolically and functionally the king's representative and the castle was both royal fortress and royal palace.[12] However, from the early eighteenth century, increasing emphasis was placed on the administrative role of the viceroy; on him as a person rather than as a proxy.[13] In this scenario the castle was becoming ever more synonymous with the viceregal administration and British interest. Despite the change in emphasis, the idea of monarchical magnificence remained strong in the public imagination, so that in 1801 *The Times* was reporting that the Castle Chapel was about to be rebuilt 'in a stile more suited to Vice-regal splendor.'[14] But the viceroys themselves, although attuned to quasi-monarchical pomp as accounts of viceregal processions and ceremonial testify, had the option to identify more closely with their administrative role. The role suggested with some urgency by O'Beirne, of giving a good public example in his personal religious practice, focused on the person of the viceroy and the operation of his household, effectively adapting an existing trend to suit the post-Union situation.

During the final six months of Hardwicke's viceroyalty (September 1805 to March 1806) the position of chief secretary was held by Sir Charles Long, a politician of modest ambition, but a passionate patron of the arts. He would later become an extremely influential arbiter of taste in England, chairing the committee that supervised the repair of Henry VII's Chapel at Westminster in 1809 and, as artistic advisor to George IV, writing the brief for the refashioning of Windsor Castle in 1824. No evidence has yet been found to show that Long was involved in reviving the project for the new Castle Chapel in Dublin. However, a significant change in the project in 1807 points to his possible involvement.

9. Charles, Lord Colchester (ed.), *The Diary and Correspondence of Charles Abbot, Lord Colchester, Speaker of the House of Commons, 1802–1817* (London, 1861), vol. 1, p. 275. **10.** 'State of the Church in Ireland, 1801': A manuscript statement to Charles Abbot from the Bishop of Meath, 1801, Colchester Papers, National Archives of the United Kingdom, PRO 30/9/163, ff. 149–64. **11.** Letter to unidentified clergyman from James Gandon, 30 Mar. 1802. **12.** Robin Usher, *Protestant Dublin, 1660–1760: Architecture and iconography* (Basingstoke, 2012), p. 21. **13.** Ibid., p. 142. **14.** *The Times*, 22 Aug. 1801.

Fig 2.2*:* Chapel Royal, Dublin Castle, 1807–14, north elevation. Photograph by William Derham.

Fig 2.3*:* Chapel Royal, Dublin Castle, 1807–14, nave. Photograph by David Davison.

The seventeenth-century chapel had been connected to the viceroy's private apartments through the Wardrobe Tower (see fig. 1.6), a strongly built, circular tower of considerable diameter.[15] This was the only substantial part of the medieval castle to have survived rebuilding programmes that followed a large fire in 1684, albeit in a neglected and depleted condition. The 1801 brief had alerted James Gandon to that connection and had stipulated that the tower be preserved, demonstrating a newly conceived appreciation for this historic fabric which, regarded as incompatible with the classical elegance of the rest of the castle, had, in 1793, been due for demolition.[16] When the project was revived, with Francis Johnston as architect, plans for the new chapel were submitted to the Board of Works in March 1807. It was noted in their minute book that the old tower was to be ornamented to 'correspond with the Elevation of the Chapel.'[17] Johnston would greatly increase its height, add a new top storey with large tripartite windows, and give it machicolated battlements resting on four-tiered corbels. The new work to the tower was to be read as contemporary Gothic Revival, reflecting the style of the new chapel. It betrayed a Picturesque approach to design, composing chapel and tower in a pictorial group that could be appreciated within the Lower Castle Yard. However, it also referred to the medieval tower, and suggested that there was an intention to link the new chapel visually with that structure, and thus semantically with the medieval roots of Dublin Castle.

Long would take a similar approach in his brief for Windsor Castle, explained in detail in a memo of 1824. Here he advocated that the keep be raised thirty feet so that it would become the dominant feature within the castle complex. One reason given was Picturesque impact: it would improve 'the general effect of the whole building.'[18] But he also wrote that such a feature was 'suitable for an old castle.'[19] This tied in with his general approach to create an image of 'simplicity and grandeur' for Windsor, which for Long characterized the late fourteenth-century fabric and which he thus deemed to be historically appropriate.[20] Suitability was the rationale behind his suggestions for the use of medieval models from other castles in the proposed reconstruction. The idea that historic buildings could be regarded as having an image that should be reinforced by new additions and modifications was overturned later in the nineteenth century, when style became the all-consuming passion of patrons and architects. By then, there was either a desire for stylistic consistency, or recognition of stylistic development and change. In the early years of the nineteenth century medieval style was less well understood, and image, which could convey ideas and associations, was a more powerful vehicle for the conception of buildings. This concern for the appropriate type of image and effect is the context in which medieval models were used in Windsor and in the Castle Chapel in Dublin.

Francis Johnston, who had become the Board of Works architect in October 1805, had, by 1807, a reputation as a designer of buildings in both classical and Gothic Revival styles. If the new approach to the Castle Chapel had not emanated from Long it could have been suggested by Johnston, who was working on a number of castles when the Castle Chapel project was re-ignited. Charleville Castle was conceived by its patrons, Lord and Lady Charleville, within

---

15. The Wardrobe Tower is known today as the Record Tower. **16.** *Dublin Evening Post*, 3 Sept. 1793. **17.** Minute of letter to the Board of Works from Francis Johnston, 10 Mar. 1807, Board of Works Minute Book, National Archives of Ireland, OPW 1/1/1/2. **18.** For the brief and memo see J. Mordaunt Crook & M.H. Port (eds), *The History of the King's Works, 1782–1851* (London, 1973), vol. 4, pp. 380–83. **19.** Ibid. **20.** Ibid.

Fig 2.4: Attributed to Francis Johnston, *Elevation for Chapel Royal, Dublin Castle*, c. 1807, watercolour on paper. Collection of Dublin Castle, photograph by David Davison.

Fig 2.5: John Smith, *View of Westminster Hall*, 1807, engraving. From John Smith, *Antiquities of Westminster*.

Fig 2.6*:* Chapel Royal, Dublin Castle, 1807–14, south gallery. Photograph by David Davison.

Fig 2.7: Joseph Halfpenny, *Boss in the Cathedral Church of York*, 1795, engraving. From Joseph Halfpenny, *Gothic Ornaments in the Cathedral Church of York* (pl. 5). Reproduced courtesy of Alistair Rowan.

Fig 2.8: Chapel Royal, Dublin Castle, 1807–14, chancel (detail of Faith, Hope and Charity). Photograph by David Davison.

a Picturesque context as an image of an 'old British castle.'[21] Killeen Castle, an extension of an existing tower house for the Earl of Fingall, had presented Johnston with the challenge of bringing old and new together to form a single integrated structure. His experience of Gothic Revival ecclesiastical design was largely confined to commissions of the 1780s and 90s for spatially simple hall-type churches with single west-end towers, flat ceilings and sparse decoration. Such churches were typical of those built with Board of First Fruits finance from the late 1770s.[22] Johnston's diary from his visit to England in 1796 reveals an architect who appreciated the aesthetic qualities of medieval architecture but who had a limited knowledge of style.[23] However, he had an interest in medieval detailing, revealed by his possession of Joseph Halfpenny's compendium of sculptural ornaments in York Minster, and a book of drawings of the architectural details of Lavenham parish church, Suffolk.[24] In addition, there is evidence that by 1807 he was keeping abreast of contemporary advances in knowledge of medieval architecture. He had acquired recently published antiquarian books disseminating scholarship on the origin, definition and characterization of styles in medieval architecture to non-specialists.[25] The most significant trend in medieval antiquarianism was the publishing of measured surveys of churches and cathedrals. Although Johnston did not possess John Carter's masterpieces of this genre, he did have the first volume of John Britton's *Architectural Antiquities of Great Britain*.[26]

Johnston wrote a description of the Castle Chapel, which reveals that he thought of the building in terms of contrast. 'The outside', he wrote, 'appears plain and simple', while the words he used most frequently to describe the interior were 'rich' and 'highly ornamented.'[27] This is indeed the impression today. Despite the fact that there are 103 carved heads on the exterior, the stark progression of the stepped buttresses on the long north and south elevations, the square east-end towers, the plain battlements and the outline of the pinnacles give the exterior of the chapel a robust character (fig. 2.2).[28] Inside, on the other hand, the eye is carried to the east end along the densely carved line of the undulating balcony (fig. 2.3). At a higher level, it engages with the moulded arcade of pointed arches and the tierceron vault, where it can leap from foliated capital to angel-decorated corbel, and, at the apex of the roof, travel across a succession of large ornamented bosses.

The exterior character was in part Johnston's response to the medieval Wardrobe Tower, for the forbidding, regular structure extends naturally from its great drum. An unusual feature of the chapel is the pair of battlemented and buttressed towers that flank the east end (fig. 2.4). It is likely that these were suggested by the west façade of the medieval

21. 'A letter from Francis Johnston', *Quarterly Bulletin of the Irish Georgian Society*, 6:1 (Jan.–Mar. 1963), 4. **22.** The Board of First Fruits was a Church of Ireland body founded in 1711 with responsibility for building and improving churches and glebe houses. **23.** 'Diary of Francis Johnston architect, 25 March to 14 April 1796', National Library of Ireland, MS 2722, photocopy, original in Armagh County Museum. **24.** Joseph Halfpenny, *Gothic Ornaments in the Cathedral Church of York* (York, 1795–1800); Anon, *Specimens of Gothic Ornaments selected from the Parish Church of Lavenham in Suffolk* (London, 1796); 'Francis Johnston: Sale of architectural library (portion of) by Charles Sharpe, 10 May 1843', copy made by Christine Casey of TCD, original not located. **25.** T. Warton, J. Bentham, F. Grose & J. Milner, *Essays on Gothic Architecture* (London, 1800); James Dallaway, *Observations on English Architecture, Military, Ecclesiastical, and Civil* (London, 1806). **26.** John Britton, *The Architectural Antiquities of Great Britain* (London, 1806), vol. 1. **27.** Francis Johnston, 'Castle Chapel', *Irish Builder*, 38 (1 Mar. 1896), 48–50, manuscript dated May 1823. **28.** There are four heads at the base of each pinnacle, and thirty-one decorating the label stops and keystones to the windows and doors.

Fig 2.9: Chapel Royal, Dublin Castle, 1807–14, chancel (detail of evangelist). Photograph by David Davison.

Fig 2.10: Chapel Royal, Dublin Castle, 1807–14, chancel (detail of Moses). Photograph by David Davison.

Fig 2.11: Chapel Royal, Dublin Castle, 1807–14, south gallery (detail). Photograph by David Davison.

Westminster Hall, which had been revealed with the demolition of surrounding post-medieval buildings in 1806 (fig. 2.5). It was discussed in *The Gentleman's Magazine* in January 1807 when Johnston was designing the east façade.[29] The reference to Westminster Hall may have been associative – its history as a royal palace and as the location of British government linking it to Dublin Castle – but Johnston felt no obligation to replicate the towers, designing them to fit the specific situation. The detailing is different, and instead of rising above the eaves line to define the silhouette of the east end as the Westminster Hall towers do, the Castle Chapel towers drop below the gable as part of a composition which falls away from the Wardrobe Tower, made dominant by the additional floor and projecting battlements.

In his description Johnston frequently pointed to the accuracy and regularity of his Gothic architecture: the buttresses were of 'good proportion', the 'monastic battlement' was 'properly decorated', the windows were divided into 'well-formed Gothic compartments.'[30] Although the project to visually combine chapel and tower was formulated within a Picturesque context, ecclesiastical Gothic Revival architects in the period rarely valued Picturesque irregularity or informality for church buildings and new early nineteenth-century Gothic Revival churches were overwhelmingly symmetrical and formal.[31] The Castle Chapel reflects this, and the regularity of Johnston's details stressed his insistence on the good and proper. He seemed to be following what he considered to be best medieval practice, to produce a church of the right image.

29. For Westminster Hall see *Gentleman's Magazine* (Jan. 1807), 15; Crook & Port, *King's Works*, p. 516; *The Times*, 23 Oct. 1806. **30.** Johnston, 'Castle Chapel', 48. **31.** Simon Bradley, '"The Gothic Revival" and the Church of England 1790–1840' (PhD, Courtauld Institute of Art, 1996), ch. 5.

Fig 2.12*:* St.Werburgh's Church, Dublin, pulpit, 1807–14 (formerly in Chapel Royal, Dublin Castle). Photograph by David Davison.

The final expenditure on the chapel of £42,000 was over four times the original estimate of £9,532.[32] Given that parliamentary grants were awarded annually, Johnston's original estimate had perhaps been deliberately conservative, and arguably the viceregal administration had anticipated a larger final figure from the beginning of the project.[33] However, this did not prevent the costs being discussed in a public expenditure review in 1812 by which time £17,367 had been spent. The resulting report revealed that part of the additional cost arose from the fact that instead of constructing the walls in rubble stone finished with Roman cement and modelling the sculptured heads in cement, as proposed, Johnston had used cut limestone from Co. Dublin quarries laid in regular courses for the walls, and Tullamore limestone shipped by canal for the sculpture.[34] The parliamentary commissioners were sanguine, commending the change in plan 'on account of the permanence and durability of the materials.'[35] Thus the intention formulated in 1801 that the Castle Chapel be an important building of the early post-Union period was realized.

Johnston's interior was a unique solution to a problem with potentially conflicting strands. Apart from the need to accommodate and represent the viceroy, there was the requirement that the chapel embody a reforming Church of Ireland. There were several ways of interpreting this. Liturgical reform, begun in the late eighteenth century, aimed at allowing every member of the congregation to see and hear the sermons and sacramental rites. This had resulted in single, galleried rooms with flat ceilings, usually designed in classical styles, with minimal use of pillars, and, ideally, a concentration of liturgical centres – pulpit, reading desk and altar – in one place. Johnston was at the forefront of this in his contemporary designs for St George's, Hardwicke Place, Dublin. However, in O'Beirne's 1801 letter there had been particular emphasis on acts of devotion – the viceroy's – as a stimulus to reform. This had stylistic implications, for there was an element of ecclesiastical and aesthetic thinking, especially in England, which regarded Gothic architecture as the perfect medium for the experience of religious feeling. Two of the antiquarian books that Johnston possessed advocated medieval styles because of this. John Milner wrote that with the 'second pointed order' (Decorated Gothic) seen in York Minster, 'every part is ornamented, and yet no ornaments appear redundant or crowded … and [all are] subordinate to the proper effects of the sacred fane, namely, awfulness and devotion.'[36] James Dallaway preferred the Perpendicular, advocating St George's Chapel, Windsor for 'the beauty of holiness', and King's College Chapel, Cambridge for sublimity.[37] Reform could also refer to the Reformation. The Church of Ireland was a child of the sixteenth-century Reformation and in his letter O'Beirne had included a brief history of the church, highlighting the role of English and Irish clerics such as William Laud, the archbishop of Canterbury, and John Bramhall, the bishop of Derry in

---

32. For original estimate see minute recording estimate from Francis Johnston, 10 Mar. 1807, Board of Works Minute Book, National Archives of Ireland, OPW 1/1/1/2. The figure of £42,000 was given by J. Warburton et al., *History of the City of Dublin* (London, 1818), vol. 2, p. 1150. **33.** Judith Hill, 'The Uses of Gothic in Irish Domestic and Ecclesiastical Architecture, 1785–1829' (PhD, TCD, to be completed 2016). **34.** Commissioners Appointed to Enquire into the Fees, Gratuities, Perquisites, and Emoluments … in Ireland, *The twelfth Report of the Commissioners Appointed to Enquire into the Fees, Gratuities, Perquisites, and Emoluments … in Ireland; Board of Works* (London, 1812) vol. 5, p. 30. **35.** Ibid., p. 10. **36.** John Milner, *A Treatise on the Ecclesiastical Architecture of England during the Middle Ages* (London, 1806–11), p. xiv. **37.** Dallaway, *Observations*, p. 83.

Fig 2.13: Chapel Royal, Dublin Castle, 1807–14, north elevation (detail of Elizabeth I). Photograph by David Davison.

the interpretation of Protestantism.[38] Such figures might also be expected to have a presence in the new chapel.

There were several conflicts entwined in these issues. A single liturgical centre was not compatible with a chapel that must also prioritize the viceroy. An open classical design with the slenderest of pillars and a flat ceiling that would ensure audibility and visibility, was not going to deliver a sublime religious experience dependent on the soaring heights and rich decoration of Gothic architecture. Johnston's solution to the problem of focus was original. He placed the projecting viceregal seat in the centre of the gallery on the south side opposite a similar seat for the church hierarchy on the north. To the east, at the same level, he set the pulpit above the reading desk, directly in front of the altar. Instead of a single focus he had created a three-sided figure that held the attention of the congregation (see fig. 4.2).

To make the contemporary liturgical arrangements compatible with a greater emphasis on devotion called for innovative thinking. The liturgy itself incorporated a balance between the sermon and sacrament, word and mystery, rational understanding and spiritual experience. The stress on devotion was in effect a favouring of mystery over clarity. Within the confined dimensions of the site, Johnston created a nave that was relatively wide compared to the galleried aisles and taller than a medieval nave would have been without a clerestory.[39] It set the desired sublime tone and travelled towards a chancel raised by three steps and defined as a narrower space by the flanking east towers. However, there was no chancel arch. Instead, the nave ceiling continued into the chancel as if it was a single space and a ceilure band gestured to an absent rood screen. This was the influence of contemporary liturgical thinking, and it was reinforced by the position of the pulpit and reading desk directly in front of the altar.

Decoration elaborated on the architectural message. The pervasive effect of richness was derived from the intricate plasterwork detailing executed by George Stapleton and the many sculptured heads modelled by John Smyth on designs he had developed with his father Edward Smyth.[40] It is likely that Johnston's choice of styles was based on the opportunities they gave for decoration; his treatment of them certainly exploited the possibilities they offered for ornamentation. The fan vaulting over the galleries and aisles, inspired by that found in Henry VII's chapel at Westminster, was particularly rich in geometric forms, while the ogee gable decorations above the nave arcade were an unusual elaboration (fig. 2.6). The bosses for the nave roof, derived from Halfpenny's book on York, were proportionately larger than was normal in a medieval building (fig. 2.7).[41] The Smyths' figures included busts of angels supporting the nave vaulting, male and female heads representing piety and devotion positioned between the vaulting and colonettes in the galleries and, above the east window, figures of Faith, Hope and Charity (fig. 2.8). All were large, prominent and modelled to produce highly animated, singularly expressive sculpture. Their presence, and the themes they represented, upheld the emphasis on spirituality. However, about the altar space were the four evangelists, and in the ceilure Moses pointed to the Ten Commandments (figs 2.9, 2.10). This emphasis on the word was reflected in the panels above the altar, now gone, which Johnston described as 'chastely decorated', and which were inscribed with the Ten Commandments, Lord's Prayer and Apostles' Creed.[42]

The decoration that gestured to the viceroy was given an historic theme. The oak panels of the gallery front between each nave column were divided into five square bays, each decorated with the arms of a viceroy in the centre of an eight-leaved border of medieval derivation, with dates inscribed above and titles below (fig. 2.11).[43] Together they presented a sequence of selected incumbents from Hugh de Lacy (1173), positioned in the chancel, to Bedford and Richmond, positioned on either side of the royal coat of arms at the west end below the organ. That the arms of Charles, Viscount Whitworth, were positioned at the centre of the panel below the viceregal seat suggests that the gallery front was finished after he became viceroy in June 1813. Historical iconography also linked the chapel to the Reformation, to subsequent reform within the church and to the monarchy. It could be found in the panels of the octagonal pulpit carved with the coats of arms of the monarchs and clerics who presided over the Reformation (fig. 2.12, now in St Werburgh's Church, Dublin), and in the stone busts carved on the label stops of the windows on the exterior: Dean Swift, Archbishop Robinson and Queen Elizabeth I (fig. 2.13). A final, prominent and provocative historical note was to be found at the east door, which was decorated with heads of Brian Boru and St Patrick, linking the chapel and its reformed religion with the early Irish church.[44]

---

38. 'State of the Church in Ireland, 1801': a manuscript statement to Charles Abbot from the Bishop of Meath, 1801, Colchester Papers, National Archives of the United Kingdom, PRO 30/9/163, ff.149r–150v. **39.** Observation from Roger Stalley of TCD. **40.** Johnston, 'Castle Chapel', 48. **41.** Halfpenny, *Ornaments*, bosses illustrated on plates 5, 32 and 79 were reproduced on the ceiling of the Castle Chapel. **42.** Johnston, 'Castle Chapel', 51. **43.** Johnston's likely source is Anon, *Specimens*, pl. 26. **44.** Significance discussed in Hill, 'The Uses of Gothic.'

The figurative ornament of Edward and John Smyth

Rita Larkin

The proliferation of heads at the Chapel Royal, sculpted from stone on the exterior and modelled in stucco within, constitute one of the finest flourishings of artistic creativity in early nineteenth-century Ireland. They were created by the remarkable father and son partnership of Edward (1749–1812) and John (c. 1773–1840) Smyth. The elder, Edward, is best known for the fourteen carved keystones personifying the rivers of Ireland, that adorn Dublin's Custom House. The younger, John, lived and worked in the shadow of his more famous father and his work, less well known, has often been conflated with that of Smyth senior. Their combined output, for they collaborated frequently, ranged from busts and figurative carving to stucco ornament, church memorials and statuary on public buildings. In the fate of their work it is possible to read the often troubled history of Ireland over a period of more than two hundred years. Some of their works did not survive the ravages of time. Edward Smyth's interior sculptures at Dublin's Four Courts were destroyed during the Civil War. John Smyth's statue of George Walker atop a column at the Derry walls was toppled during the Troubles in the early 1970s. His weathered and damaged figures of Hibernia, Mercury and Fidelity at the General Post Office (GPO), which was the headquarters of the Easter Rising of 1916, have now been replaced by copies. In this context, their work at the Chapel Royal is all the more remarkable for having survived intact, especially given the colonial associations of Dublin Castle, and consequently merits particular attention.

Edward Smyth was born in Co. Meath, the son of a stuccodore, and was described later in life as being 'modest in pushing his own interests.'[1] His son John appears to have conducted his working life with the same reserve. The large Smyth family lived in the area of Dublin surrounding St Thomas's Church, to the north-east of Sackville Mall.[2] This was a mixed community dispersed around the major thoroughfares of Marlborough Street, Mecklenburgh Street and Montgomery Street.[3] It was home to a large population of craftsmen, builders, engineers, architects and stuccodores who were directly involved in the shaping of Georgian Dublin. Edward Smyth was the pupil of Simon Vierpyl (c. 1725–1810) and his reputation as a sculptor was established by his celebrated statue of Charles Lucas for the Royal Exchange (now City Hall). The city merchants had held a competition for the commission and Smyth defeated his own master Vierpyl and the respected John Van Nost, the younger (d.1780).[4] Smyth senior was by all accounts a genial man who enjoyed the friendship of the miniaturist John Comerford (c. 1770–1832), the architect James Gandon (1743–1823) and many others who were active in the creative life of Dublin. A portrait miniature of him by Comerford depicts a cultivated and refined gentleman sitting at his desk with the compass, charts and

---

1. C.P. Curran, 'Mr Edward Smyth, Sculptor, Dublin', *The Capuchin Annual* (1948), 393; Walter G. Strickland, *A Dictionary of Irish Artists* (Dublin, 1913), p. 390. *2.* Sackville Mall occupied the northern portion of what is now O'Connell Street. *3.* Mecklenburgh Street has been subsumed by later development and Montgomery Street is now Foley Street. *4.* Viola B.M. Barrow, 'Edward Smyth', *Dublin Historical Record*, 33 (1979–80), 56.

Fig 3.1: Henry Hoppner Meyer, *Edward Smyth, Sculptor,* n.d., engraving. Courtesy of the National Library of Ireland.

implements of a craftsman. He is wearing the fashionable dress of the time but more in the style of a respectable, urbane gentleman than an artisan.[5] A later image of him conveys a similar impression (fig. 3.1). His social status was highlighted in a contemporary account of him as a man whose 'respectable family entitled him to mix with the best society.'[6]

Living in such a household in the milieu of such friends must have been an education in itself for the young John. In the absence of a portrait of the son it can be assumed that he presented the same civilized face to the world as his father. John Smyth entered the drawing school of the Dublin Society at the age of 17.[7] No school of modelling existed until 1811, when his father was appointed its first master. John Smyth is recorded as a pupil in the Society's School of Figure Drawing in 1791 and 1793, and was awarded a medal in 1794.[8] Dublin Society medal winners were considered to have 'respectable credentials' by prospective employers.[9] To have been commended by a society so bent on raising standards suggests that the younger Smyth was a diligent pupil. From the 1760s, premiums were awarded for 'the best drawings of human figures or heads by boys under the age of eighteen years.'[10] It can be assumed that such training contributed significantly to John Smyth's later skill in portraiture, so evident at the Chapel Royal. In this area, Smyth moved in the direction of his own individual brand of realism. Since the formal instruction he underwent was mainly in drawing, the most useful part of his training as a future sculptor must have been received alongside his father. By 1791, the date of his entry to the Dublin Society schools, young John Smyth would already have seen his father carry out his finest work, at the Custom House.

Collaboration with his father would seem to have been routine for John Smyth until Edward's death in 1812. Important commissions at the King's Inns and the Bank of Ireland were underway in the first decade of the nineteenth century. He assisted his father on the caryatids of the doorcases at the King's Inns and on the external statuary of the Bank of Ireland, when it was converted by Francis Johnston (1760–1829) from its former use as the Irish Houses of Parliament.[11] The bank statuary was executed to designs by the English sculptor John Flaxman (1755–1826), much to the annoyance of Johnston who had put forward the name of Edward Smyth.[12] That this came after Edward Smyth's triumph at the Custom House, offers some insight into the preference for British skill and example, which still persisted among some Dublin patrons. It is of interest that on this occasion, when Johnston wrote to the bank directors pressing for the employment of Edward, he referred to him as 'Mr Edward Smyth who has abilities if he would exert them.'[13] The directors found him 'a nervous unpretending man.'[14] In these circumstances it is possible that the elder Smyth might have been more dependent on the support of his son in the execution of commissions than has been hitherto appreciated.

5. Paul Caffrey, *John Comerford and the Portrait Miniature in Ireland c. 1620–1850* (Kilkenny, 1999), p. 14. **6.** John Warburton, James Whitelaw & Robert Walsh, *History of the City of Dublin* (Dublin, 1818), p. 1186. **7.** Later the Royal Dublin Society. **8.** Gitta Willemsen, *The Dublin Society Drawing Schools Students and Award Winners 1746–1876* (Dublin, 2000), p. 41. **9.** John Turpin, *A School of Art in Dublin since the Eighteenth Century: A history of the National College of Art and Design* (Dublin, 1995), p. 22. **10.** Ibid., p. 20. **11.** Christine Casey, *Dublin* (London, 2005), p. 159. **12.** Patrick Lenehan, 'Edward Smyth, Dublin's Sculptor', *Irish Arts Review Yearbook*, 4 (1989–90), 73. **13.** Ibid., 72. **14.** Ibid.

Fig 3.2: Edward and John Smyth, *Francis Johnston*, c. 1810, marble. Collection of Ulster Museum, © National Museums Northern Ireland.

The close association between Francis Johnston and the Smyths continued with John after Edwards's death in 1812. It is possible that the younger Smyth also assisted with the external carvings on Johnston's St George's Church, Hardwicke Place, Dublin, given that the church was finished in 1813. The themes on the keystones at St George's – Faith, Hope and Charity – repeat the figures from the Chapel Royal of about the same time. John's work also appears on monuments within churches designed by Johnston, such as St Peter's, Drogheda, Co. Louth and St George's, Goresbridge, Co. Kilkenny. The Smyths carved busts of Johnston and his wife, the former 'a lively baroque portrait' (fig. 3.2) resting on volumes by the mathematical and architectural pioneers Euclid (fl. 300BC), Vitruvius (c. 80BC–c. 15BC) and Andrea Palladio (1508–80).[15] It is possible that their work embellished Johnston's private house in Eccles Street; the low reliefs on the façade of the house, now badly weathered, are comparable to the output of Edward Smyth. It is difficult to state with certainty whether the heads of George III and Queen Charlotte, set in alcoves in the rear garden are by either or both of the Smyths. However, given the similarity between the Queen Charlotte sculpture and some of the heads in the Chapel Royal, and the resemblance of the depiction of George III to their collaborative bust of him, now in the National Gallery of Ireland, it is likely that one or both created the alcove heads.

By far the Smyths' most extensive work for Johnston was that at the Chapel Royal. The interwoven programme of carving, stained glass and plasterwork that produced the chapel's jewel-box effect, comparable to the Sainte Chapelle in Paris, has given a visual complexity to the whole that makes it difficult to appreciate the workmanship of the Smyths. Within the work that can be identified as theirs, it is even harder, as at Eccles Street, to distinguish between their individual contributions. Edward Smyth's death in 1812 was sudden, so it can be assumed that he was engaged on the chapel sculpture right up to that time.[16] John Smyth then continued working alone until the ornament was complete. As C.P. Curran speaks of Edward's appearance in his late years, from an engraving after the Comerford portrait, as 'by no means robust', it is quite likely that the younger man had done the lion's share of the modelling throughout.[17]

Given that the interior would normally be the last element to be completed, it is conceivable that John had the greater input there and that Edward was more involved with the exterior work. Johnston made two declarations about the authorship of the chapel sculpture. Speaking of the exterior figures at the east window and door, he recorded that they 'were modelled and executed by the late Mr Edward Smyth and his son, the present Mr John Smyth, sculptors of this city.'[18] On the subject of the interior work he stated that 'all of the sculptural figures and heads' were 'by the present Mr Smyth, after the death of his father, who assisted him in the designs and models at the commencement of the work.'[19] Here the father is spoken of as assisting the son rather than vice versa. Kim-Mai Mooney makes the point that there may be a distinction between the 'carving' referred to in payments made to the Smyths in the earlier years and the 'sculptured ornament' mentioned in later payments: the former being intended

15. Paula Murphy, *Nineteenth-Century Irish Sculpture: Native genius reaffirmed* (London, 2010), p. 49. **16.** Lenehan, 'Edward Smyth', 76. **17.** Curran, 'Mr Edward Smyth', 425. **18.** Francis Johnston, 'Castle Chapel', *Irish Builder*, 38 (1 Mar. 1896), 48, manuscript dated May 1823. **19.** Ibid.

Fig 3.3: Chapel Royal, Dublin Castle,1807–14, east elevation (detail of Faith, Hope and Charity). Photograph by David Davison.

Fig 3.4: Chapel Royal, Dublin Castle, 1807–14, south elevation (detail of pinnacle). Photograph by William Derham.

to denote Edward's work in stone on the outside and the latter indicating John's work in stucco on the inside.[20]

There is a rich profusion of sculpture on the chapel exterior; 100 heads, along with three half-size figures of Faith, Hope and Charity, make a total of 103 external figurative sculptures. Both north and south façades are divided into six bays, punctuated by tall pinnacles carved in Tullamore stone. There are four sculpted heads at the base of each buttress pinnacle while others act as paired label stops on each of the side windows, on the chancel window and at the east door. Johnston spoke of these heads as 'some historical and some fanciful.'[21] His acknowledged passion for such figures suggests that he was responsible for the overall decorative programme, which was then designed by one or both of the Smyths.[22] Some heads, such as Brian Boru and St Patrick, have a similar vigour to the Custom House masks, which suggest the hand of Smyth senior. Douglas Scott Richardson found the heads at the chapel 'larger than life' and 'especially powerful.'[23] Edward Smyth himself placed a high value on them. In January 1809 he petitioned the Board of Works for 'an increase of one guinea per head more than the price he contracted to do them for', one of the reasons being that they were 'inimitably executed.'[24] The largest of the figures, Faith and her two companions over the east window, resemble their counterparts in the interior, which are more likely to have been by John (fig. 3.3).

The carvings at the base of the pinnacles were described by Johnston himself as 'grotesque' figures (fig. 3.4).[25] Each one is different but, being high up, they have suffered the most from weathering, which has compromised the original sense of variety. The label stops at the windows and doors are larger; they appear more like busts than heads, but they are equally varied. Arranged in pairs of kings, queens, apostles, scholars and divines, interspersed with angels, they enliven an otherwise ponderous exterior. The rhythm of alternating pairs of male and pairs of female heads is occasionally broken by the surprise of a male/female pairing. Heads tilt inwards or gaze outwards while headdresses, ruffs, coifs and braids heighten the sense of theatre. Brian Boru is identified by the stylized shamrock pattern on his diadem (fig. 3.5). William the Conqueror is paired with a Plantagenet of uncertain identity while Elizabeth I (see fig. 2.13) can also be located, twinned with a supplicant Mary Queen of Scots (fig. 3.6). Johnston spoke of two of the bishops being Robinson and Ussher.[26] A large cross around the neck of one of the female figures may suggest the staunchly Catholic Mary I (fig. 3.7). Swift, over the window above the north door, wears clerical garb and more than a slight expression of stern indignation (see fig 8.1). Both St Patrick and St Peter have fittingly furrowed brows. The iconographic programme expresses Johnston's loyalty to the establishment and the unity of church and state, since here British history is invoked alongside Irish saints and scholars and Ireland's most legendary king. The rhythmic, choreographed movement of the regal figures is moderated by the more stolid stares of the churchmen. The figures at the lower levels around the doors afford the opportunity to examine the Smyths' deep tooling and baroque flourishes. In the treatment of beards, hair and veils there is a strong fluidity while the stiff ruffs of clerics provide a relieving contrast to this sense of movement. St Patrick's head, positioned at the door on the east façade, where one side of it has been more protected from the elements, reveals the detailed modelling of a careworn, wrinkled face (fig. 3.8).

The figure of St Peter clutching his key quite fiercely, is poised fittingly at the main entrance, which, unusually, faces north (fig 3.9). The visitor is ushered into an interior of exuberant stucco for which the exterior sculpture has been merely the overture. Some of the angels have been extended to half-length and they twist and contort in varied poses, some bordering on the histrionic (fig. 3.10). The more pliable medium of stucco makes for greater animation. Casey argues that these 'expressive, gesticulating figures would not be out of place in a chapel of the 1750s and are strangely at odds with Johnston's pattern book Perp[endicular], which derives from standard models such as Westminster Hall and Gloucester Cathedral.'[27] Individual figures, which might seem excessively contorted had they appeared singly on a church monument, here function more satisfactorily as part of a grander corps de ballet. The viewer is transported by the sheer numbers that make up the heavenly host (figs 3.11, 3.12). Cherubs' heads populate the underside of the galleries in the aisles, clustered in groups of four (fig. 3.13). They form the pendant drops at the centre of plasterwork tracery by the Dublin stuccodore George Stapleton (1777–1844). Further cherubs are located in the galleries and adorn the walls to the left and right of the chancel.

The eye is drawn towards the chancel area by the gesturing and swaying half-figures that punctuate the nave at the springing points of the arches; those closest to the entrance gaze

20. Kim-Mai Mooney, 'The Dublin Castle Chapel' (BA, TCD, 1982), p. 45. **21.** Johnston, 'Castle Chapel', 48. **22.** Douglas Scott Richardson, *Gothic Revival Architecture in Ireland* (London, 1983), vol.1, p. 54. **23.** Ibid. **24.** Minute recording memorial from Edward Smyth, 27 Jan. 1809, Board of Works Minute Book, National Archives of Ireland, OPW 1/1/1/2. **25.** Johnston, 'Castle Chapel', 48. **26.** Ibid. **27.** Casey, *Dublin*, p. 359; Perpendicular Gothic is an historical division of English Gothic architecture of c. 1332–c. 1630.

Fig 3.5: Chapel Royal, Dublin Castle, 1807–14, east elevation (detail of Brian Boru). Photograph by William Derham.

Fig 3.6: Chapel Royal, Dublin Castle, 1807–14, north elevation (detail of Mary, Queen of Scots). Photograph by David Davison.

Fig 3.7: Chapel Royal, Dublin Castle, 1807–14, north elevation (detail of Mary I). Photograph by David Davison.

Fig 3.8: Chapel Royal, Dublin Castle, 1807–14, east elevation (detail of St Patrick). Photograph by William Derham.

Fig 3.9: Chapel Royal, Dublin Castle, 1807–14, north elevation (detail of St Peter). Photograph by David Davison.

Fig 3.10: Chapel Royal, Dublin Castle, 1807–14, nave (detail). Photograph by David Davison.

Fig 3.11: Chapel Royal, Dublin Castle, 1807–14, chancel (detail). Photograph by David Davison.

Fig 3.12: Chapel Royal, Dublin Castle, 1807–14, chancel (detail). Photograph by David Davison.

Fig 3.13: Chapel Royal, Dublin Castle, 1807–14, aisle (detail). Photograph by David Davison.

at the visitor, while one individual angel points to the chancel. This rhythm is occasionally broken by the pairing of an angel with a female figure. At the chancel vault Moses points to the Ten Commandments (see fig. 2.10). On the chancel walls are the four evangelists, one gesturing to prepare the viewer for Faith, Hope and Charity above the window, described in the nineteenth century as a 'fine group' (see fig. 2.8).[28] This is a classical, triangular composition where the virtues are personified with formulaic attributes including Faith's cross, Hope's anchor and Charity's flaming heart (fig. 3.14). They conform to standard types prescribed in pattern books such as Cesare Ripa's *Iconologia, or Moral Emblems*, first published with illustrations in 1603. The Smyths would have used Ripa as a reference when designing church monuments. The figures of Hope and Charity, recumbent, in classical mode, incline towards Faith, one leg of each figure crossing in front of the other, as in so many of the Smyths' church monuments. These have been characterized as 'a Gothick version of a Medici tomb.'[29] There is the slightest hint of Charity's foot and Hope's elbow spilling out over the window edge, thereby giving depth to the two side figures. The central figure of Faith is supported by Hope and Charity and is more upright and solid, the central focus of all the chapel decoration. There are similarities here to the composition of the monument to John Boardman in St Patrick's Cathedral, Dublin, by John Smyth.

At gallery level the pattern of figures as paired label stops, established on the exterior, is resumed. While the decorative scheme of the chapel stucco represents the spiritual, the wood carvings and glass, with their viceregal armorials, represent temporal authority. All three elements together present a cohesive programme, again suggesting the unity of church and state, which is appropriate to the chapel of the viceregal court. However, Richardson quotes a Victorian commentator who did not find the sculpture 'in the spirit of the popular religion of Irish "Protestant" platforms.'[30] Richardson thought the 'profusion, opulence, vitality and integration' of the scheme was such that Johnston and his craftsmen had fashioned 'an Hibernian version of Bavarian Rococo.'[31]

Homan Potterton in his *Irish Church Monuments* claimed that Walter Strickland gave John Smyth 'summary treatment' when focusing on the work of his father, whom Potterton felt was extremely poor as a tomb sculptor in comparison with his more competent son.[32] Neither Edward nor John Smyth had the opportunity to travel as part of their sculptural education. Working in a provincial milieu John Smyth, even more than his father, experienced the stifling constraints of conventional classicism long after his contemporaries further afield had freed themselves from some of its restrictions. Nevertheless, Smyth's church monuments, busts and portrait statuary demonstrate a prodigious sculptural talent. A statue of George Ogle in St Patrick's Cathedral and portrait busts in Dublin's Royal College of Surgeons communicate character in a sophisticated manner. The tiny plaque *Venus and Cupid* in the members' bar of the Royal Dublin Society has a lightness of touch that contrasts with the weighty sobriety of the figures of Aesclepius, Hygeia and Athene on the pediment of the College of Surgeons.

Tracing his artistic pedigree through his father and Simon Vierpyl, it can be said that John Smyth was linked to a provincial Baroque that became only moderately diluted towards

28. Thomas Bell, *Gothic Architecture in Ireland* (Dublin, 1829), p. 251. **29.** Richardson, *Gothic Revival*, p. 60. **30.** Ibid., p.61. **31.** Ibid. **32.** Homan Potterton, *Irish Church Monuments* (Belfast, 1975), p. 81.

Fig 3.14: Chapel Royal, Dublin Castle, 1807–14, chancel (detail of Faith, Hope and Charity). Photograph by David Davison.

the close of his career. This is demonstrated by a move towards Neoclassicism in some of his later church monuments. From the evidence of most of his work Smyth appears to have been content to emulate his father where possible. The subordination of his own work to his father's greater celebrity did not appear to cause him any difficulty and there are indications that he may even have been keen to pay tribute to his father's genius. The existence of a set of wax models of the Custom House riverine heads, possibly by the younger man, now in the National Museum of Ireland, suggests this.[33] However, such was the fame of Edward Smyth, that much of his son's work was subsequently attributed to him. Indeed, were it not for Potterton's high regard for John Smyth's talent as a monumental sculptor, and his recognition of his influence through what he called 'the Smyth school', his reputation might have receded further.[34]

The sculpture of John's son George Smyth can be seen in a happily restored state in St Mel's Cathedral, Longford and in other ecclesiastical locations in Armagh, Cavan, Cork and Westmeath. A descendant of the Smyths restored the rod and cap of the figure of Liberty at the Bank of Ireland as late as the 1940s. Two centuries of public sculpture in Ireland by members of the same family must rank as truly unique. It is fitting that the bicentenary of the Chapel Royal at Dublin Castle should draw attention to the Smyths, particularly the somewhat overlooked John, and to the surprising variety of the work they produced in an era that had not yet fully embraced the creative emancipation of the craftsman. It can only be hoped that their work will continue to embellish the buildings of Dublin for the next two hundred years, enlivening interiors and, externally, in the words of C.P. Curran, 'mixing sky with stone.'[35]

33. Strickland, *Dictionary*, p. 386. **34.** Potterton, *Church Monuments*, p. 82. **35.** Curran, 'Mr Edward Smyth', 416.

'Funerals Furnished'
Cabinetmaking, upholstering and undertaking at the viceregal chapel

Angela Alexander

The years leading to the passing of the Act of Union in 1800 were filled with tension and uncertainty. Economic conditions in Ireland deteriorated in the 1790s and confidence was at a low ebb after the blood letting of the 1798 Rebellion. However, in the early years of the nineteenth century Ireland's economy benefitted from increasing trade to England and its colonies, especially while England was at war with France up until 1815. Within Ireland the requirement for furniture, necessitated by this brief return to prosperity, was largely satisfied by indigenous production, and cabinetmakers benefitted from the renewed building activity in both city and country. Dublin once again supported a vibrant social life and shopping facilities expanded, making a wider range of goods available. Despite snide commentary on the calibre of guests attending events at Dublin Castle following the aristocratic exodus from Dublin after the abolition of the Irish Parliament in 1800, the viceroys continued to entertain and spend lavishly. The growing likelihood of a royal visit resulting from the union of Britain and Ireland added to the flurry of activity at this time, and cabinetmakers were busily engaged in Dublin city and in several country houses. This activity peaked when George IV eventually visited Ireland in 1821, the first monarch to do so since William III in 1690. As the epicentre of British rule in Ireland, Dublin Castle found itself the focus of this much-anticipated spectacle. His visit culminated in a service in the Chapel Royal, where the lavish spending of the viceregal court was finally shown to full effect. The rich and varied work that had been carried out there by cabinetmakers in the previous two decades offers a fresh insight into the mutually rewarding relationship between the craftsman and the viceregal court.

The numbers of cabinetmakers listed in the Dublin directories rose from seventy–five in 1798 to eighty–five in 1830.[1] Their names represent the masters, who, as well as being employers and property owners, were also the managers of workshops and retail outlets. Cabinetmakers were trained as apprentices for seven years and were thus generally literate, educated and multi-skilled.[2] They offered a wide range of services such as supplying furniture to many private and public clients. Of these, the Board of Works offered particularly fruitful patronage. The Board was the state body responsible for the maintenance and construction of public buildings, under the guidance of a government-appointed architect. Its system of patronage allowed the viceroy to spend abundantly, to the benefit of many craftsmen in the early years of the nineteenth century.[3]

Letters from the cabinetmaker Thomas Gibson give an insight into the process of achieving patronage with the Board of Works. In 1819, Gibson wrote to Charles Grant, the Chief Secretary for Ireland, seeking an appointment as cabinetmaker to the Board. He

---

1. Angela Alexander, 'Dublin Cabinetmakers and their Clientele in the Period 1800–41' (PhD, UCD, 2006). **2.** Angela Alexander, 'The Post-Union Cabinetmaking Trade in Ireland, 1800–40: A time of transition', *Irish Architectural and Decorative Studies*, 17 (2015), 54–55. **3.** Joseph Robins, *Champagne & Silver Buckles: The viceregal court at Dublin Castle 1700–1922* (Dublin, 2001), p. 98.

Fig 4.1: Anne La Touche, *The Chapel at Bellevue, Co. Wicklow,* 1840, drawing (medium unknown). Courtesy of the Irish Architectural Archive.

stated that the Board's architect, Francis Johnston (1760–1829), would give a favourable recommendation of his work, claiming that he had erected 'all the mahogany work of the Bank of Ireland' under Johnston's direction.[4] He also included a letter of recommendation from a minister in Inverness, Scotland where he was originally from, which confirmed that Gibson was now 'a Respectable Inhabitant in Dublin.'[5] A letter to the cabinetmaker John Mack from the Commissioners of the Board of Works, dated 18 May 1807, emphasizes the importance of securing their patronage, in this instance at Dublin Castle. 'Your supplying the Castle with Furniture', they wrote, 'gives you every ground for claiming the desire you mention – and … there cannot be any objection to your putting up the Kings Arms.'[6] Thus John Mack would have placed the royal coat of arms over his shop door at 39 Stafford Street.[7]

In early records of expenditure by the Board of Works, John Mack is listed as a supplier of furniture and upholstery work to the viceroy's household and other living quarters in Dublin Castle, and the Viceregal Lodge. The Board remained remarkably faithful to its suppliers and its accounts show the value of its patronage, both in terms of the steady employment and the ample financial rewards it provided. The accounts demonstrate the increasing value of orders from the Board to John Mack. Between 1802 and 1803 payments to him totalled £265 9s. 11d., which increased to £2,925 7s. 7d. in the period from 1803 to 1804.[8] John Mack is first listed in the Dublin trade directories as a cabinetmaker at 188 Abbey Street from 1784 to 1800. During this period he advertised frequently in the *Dublin Evening Post* as an upholder and auctioneer. The description upholder was used in the eighteenth century to describe an artisan who could supply both cabinet work and upholstery. In March 1803 John Mack registered the purchase of 40 Stafford Street, next door to his house and business at number 39.[9] In about 1805 he entered into a partnership with Robert Gibton, with whom he appears to have worked since 1801.

By 1812 Robert Gibton was dead but his son William, together with one Zachariah Williams, had joined with John Mack.[10] In 1814 the firm, now trading as Mack, Williams and Gibton, provided upholstery work for the newly completed Chapel Royal. This was the first major commission awarded to the new partnership by the Board of Works. Between December 1814 and December 1815 they received three payments for their work at the chapel. The first, dated 31 December 1814, amounted to £1,053 0s. 11d. It was followed on 11 March 1815 by the sum of £522 1s. 8d., and again on 8 December 1815, by £18 10s. 7d.[11] The opulence of the new chapel's interior, including its luxurious upholstery, surely contributed to its 'astonishing final cost.'[12]

A bill for the decoration of the interior of the chapel at Trinity College, Dublin, although of an earlier date, gives an idea of the type of upholstery that Mack, Williams and Gibton

---

4. Letter to Charles Grant from Thomas Gibson, 7 Jan. 1819, Chief Secretary's Office: Registered Papers, National Archives of Ireland, CSO/RP/1819/377. **5.** Letter to Charles Grant from Rev. Alexander Fraser, 20 Nov. 1818, Chief Secretary's Office: Registered Papers, National Archives of Ireland, CSO/RP/1819/377. **6.** Letter to John Mack from the Board of Works, 18 May 1807, Board of Works Letter Book, National Archives of Ireland, OPW 1/1/2/1. **7.** Stafford Street is today known as Wolfe Tone Street. **8.** Angela Alexander, 'A Firm of Dublin Cabinet-Makers: Mack, Williams & Gibton', *Irish Arts Review*, 11:142 (1995), 143. **9.** Ibid., 142. **10.** Ibid., 144. **11.** Ibid., 147. **12.** Christine Casey, *Dublin* (London, 2005), p. 358.

Fig 4.2: George Petrie, *Interior of the Chapel Royal, Dublin Castle*, c. 1814–49, watercolour on paper. Reproduced by permission of John J. O'Connell, photograph by David Davison.

might have supplied for the Chapel Royal. The reading desks were covered in scarlet cloth affixed with brass nails, and were trimmed with lace.[13] Feather cushions with crimson silk tassels were supplied for seating.[14] This order was for the installation of John Russell, 4th Duke of Bedford as chancellor and was supplied by the upholsterer William Beckford. Private chapels of the period also displayed similar furnishings. A charming drawing by Anne La Touche shows the interior of Bellevue, Co. Wicklow, dating from 1840 (fig. 4.1).[15] The chapel has simple pew benches but elaborate upholstery work decorates the altar end and the entrance, with curtains edged by a Greek key pattern. This chapel was designed for Peter La Touche in 1803 by Richard Morrison (1767–1849) and was described by James Brewer as 'conspicuous for symmetry and delicacy of embellishment.'[16] For the private chapel at Castle Coole, Co. Fermanagh, the firm of Preston supplied eight reeded mahogany chairs, eight hassocks and scarlet moreen curtains trimmed with black lace.[17] This order gives some indication of the type of upholstery required for seating and pews in a church and suggests that red continued to be the most popular colour. This is borne out in the earliest known illustration of the interior of the Chapel Royal by George Petrie (1790–1866). The watercolour, dating from sometime between when the Chapel was opened in 1814 and when it was depicted in *The Illustrated London News* in 1849, shows a carved baldacchino with red curtains forming a canopy over the viceregal seat (fig. 4.2). The entire length of the gallery, as well as the top of the pulpit, also appears to have been richly upholstered in red.

Petrie's depiction includes several Regency-style pew benches furnishing the chapel's nave, six of which survive in the State Apartments at Dublin Castle (fig. 4.3). The benches bear the cipher 'G.R.' referring to either George III or George IV, thereby dating them to no later than 1830 (fig. 4.4). They had been supplied by Mack, Williams and Gibton, although it must be pointed out that, by 1830, John Mack had died and William Gibton and Zachariah Williams were now trading under the new name of Williams and Gibton. The inspiration for the benches is clearly found in the published work of Charles Heathcote Tatham. He published drawings in 1799 of antique marbles in *Etchings Representing the Best Examples of Ancient Ornamental Architecture: Drawn from the originals in Rome, and other parts of Italy, during the years 1794, 1795 and 1796*. Tatham drew marble benches, stools and friezes in Rome and sent them in a series of illustrated letters to Henry Holland (1745–1806), architect to the Prince of Wales, later George IV. The source for these benches is overtly archaeological, thus contrasting with the flamboyant Gothic Revival style of the chapel interior. These designs were translated from marble into mahogany creating an exuberant effect, which although stylistically at odds with the chapel, nonetheless sat comfortably within it.

The other main involvement of cabinetmakers in the life of the church was when they were engaged to direct a funeral. Traditionally there was a union between cabinetmaking and undertaking. In 1772 England's leading cabinetmaker, Thomas Chippendale (1718–79), was responsible for furnishing and directing the funeral of Lady Bridget Heathcote. Several

13. Bill to Trinity College, Dublin from William Beckford, 6 Sept. 1768, TCD Manuscripts, Trinity College, Dublin, Mun/P/4/56/2. **14.** Ibid. **15.** Location of original unknown. Photograph of drawing in Irish Architectural Archive. **16.** J.N. Brewer, *The Beauties of Ireland* (London, 1825), vol. 1, p. 295. **17.** The chapel is thought to have been in a room in the attic, information provided by John Armar Lowry-Corry, 8th Earl Belmore.

Fig 4.3: State Apartments, Dublin Castle, pew bench, c. 1814–30 (formerly in Chapel Royal, Dublin Castle). Photograph by David Davison.

Fig 4.4: State Apartments, Dublin Castle, pew bench, c. 1814–30 (formerly in Chapel Royal, Dublin Castle). Photograph by David Davison.

Fig 4.5: Unknown artist, *Funeral Hearse of Daniel O'Connell*, 1847, engraving. Courtesy of the National Library of Ireland.

cabinetmakers, inscribing their trade cards with the words 'funerals furnished', offered this service, as it required expertise in both joinery and upholstery.[18] On their trade label Mack, Williams and Gibton listed 'Funerals Attended to.' One of the most elaborate funerals to which they attended was that of Frances Thomasine, Countess Talbot, the wife of Charles Chetwynd-Talbot, 2nd Earl Talbot who was then serving as viceroy. Her death on 30 December 1819 aroused considerable public interest. Despite claims in the press that 'it was not in the pomp of grandeur and the parade of Courts that the Countess Talbot sought … felicities' the arrangements for her funeral, entrusted to Mack, Williams and Gibton, were nonetheless ostentatious.[19] A payment dated 19 April 1820 was made to the firm 'for fitting up the Castle Chapel on account of the Countess Talbots death', and they received two separate payments of £37 8*s.* 8*d.* and £91 0*s.* 2*d.* for their work.[20] A description in the *Dublin Evening Post* outlined the extensive upholstery supplied for the funeral:

> The Coffin was of oak, studded with gilt nails, over the coffin a covering of crimson velvet, bearing a black cushion, on which rested a coronet. The head of the Coffin was in contact with a black velvet screen, raised perpendicularly and bearing the Escutcheons, with the Talbot Arms. Four standards, with mourning decorations, were placed, one at each corner of the bier, which supported the body, which was also enclosed by black silk ropes.[21]

18. Ambrose Heal, *The London Furniture Makers, from the Restoration to the Victorian Era, 1660–1840* (London, 1953). For Irish trade cards see Desmond FitzGerald, 'Dublin Directories and Trade Labels', *Furniture History*, 21 (1985), 258–283. **19.** 'Frances Thomasine Countess Talbot', *The Gentleman's Magazine, and Historical Chronicle*, 90:1 (Jan. 1820), 86. **20.** Entry recording payment to Mack, Williams & Gibton, 19 Apr. 1820, Board of Works Day Book, National Archives of Ireland, OPW 2/2/3/8. **21.** *Dublin Evening Post*, 4 Oct. 1820.

Fig 4.6: Unknown artist, *William Gibton,* c. 1830s, oil on canvas. Reproduced by permission of Glascott and Adrienne Symes, photograph by David Davison.

The article also described the pulpit having been covered with black cloth, as was the viceregal seat, which also temporarily bore the family arms. This mourning cloth covered the red upholstery of daily use. The ceremony was described as 'solemn and melancholy which attracted immense crowds of all the better classes of society' and a special funeral anthem was composed for the occasion.[22] Lady Talbot's remains were afterwards taken from the chapel to Dublin port for transportation to England. As a mark of respect the shops in the city were closed as the procession passed, and hundreds of carriages proceeded to the waterside. For her final journey Mack, Williams and Gibton had also prepared the Uxbridge packet steamer at a cost of £34 15s. 2d.[23] Even in death, style was not to be neglected by the viceregal court.

A bill, dated 1837, from George Gillington for the funeral expenses of the late Rev. Bartholomew Lloyd, the provost of Trinity College, Dublin, underlines the protocol involved in similarly high-profile public funerals.[24] Lloyd was appointed provost in 1831. During his tenure he implemented important administrative and educational reforms in the college and was greatly admired. Gillington supplied an elaborate 'Suit of Coffins', the outer one made of lead and the inner one of cedar.[25] His firm also supplied mourning cloaks, crêpe hats and gloves. Gillington, on his bill-head, promoted the services he offered, styling himself as upholsterer, cabinetmaker, auctioneer and valuator, who conducted funerals 'to any part of the Kingdom.'[26]

Funerals during this period were often a very elaborate reflection of a person's status. In 1835, Williams and Gibton were commissioned to direct the funeral of the late Thomas Pakenham, 2nd Earl of Longford for a grand total of £636 15s. 4d.[27] The cortège took two days to make the journey from his house in Rutland Square, Dublin to Westmeath.[28] The family members travelled in four mourning coaches, which were each pulled by four black horses with black plume feathers. The funeral made its way, on a narrow country road, up the hill to the church at Killucan, Co. Westmeath. The road was lined with the deceased Earl's tenants who were provided with black scarves, gloves and hatbands. Large numbers were expected as several hundred scarves in various qualities were purchased. The twelve chief mourners were also supplied with black cloaks, as were eleven attendants who, along with the directors, organized the movement of the cortège. A sense of the drama of this event can be gleaned from a print showing the hearse of Daniel O'Connell making its way through the streets of Dublin in 1847 (fig. 4.5).

An even grander and more highly organized funeral was conducted in 1837 by Williams and Gibton for the executors of Matthew Forde of Seaforde House, Co. Down. The bill illustrates the level of expense lavished on the proceedings. The total came to the very sizeable sum of £1,059 10s. 8d.[29] The cabinetmakers sent attendants and directors to accompany the cortège on its five-day journey. It departed Sackville Street, Dublin, going via Ashbourne, Co. Meath and Castlebellingham, Co. Louth before finally reaching Seaforde.[30] Williams

---

22. Ibid. **23.** Entry recording payment to Mack, Williams & Gibton, 19 Apr. 1820. **24.** Bill to Trinity College, Dublin from George Gillington, 1837, TCD Manuscripts, Trinity College, Dublin, Mun/P/4/214/17. **25.** Ibid. **26.** Ibid. **27.** Voucher, 11 June 1835, Pakenham Papers, Tullynally Castle, Co. Westmeath, vol. 2, appendix 6, 7. **28.** Rutland Square is today known as Parnell Square. **29.** Records of payments, in three installments, to Williams & Gibton, October 1837, January & May 1838, Forde Papers, Seaforde House, Co. Down, vol. 2, appendix 7, 8. **30.** Sackville Street is today known as O'Connell Street.

Fig 4.7: Chest insert and tools stamped 'Gibton', 19th century. Reproduced by permission of Glascott and Adrienne Symes, photograph by David Davison.

Fig 4.8: Tool chest of William Gibton, 19th century. Reproduced by permission of Glascott and Adrienne Symes, photograph by David Davison.

and Gibton supplied a 'lined padded and stuffed' mahogany inside coffin, with pillow; a 'remarkably strong lead coffin' and 'an extra-large … oak coffin, bound with iron plates covered with black velvet … and Britannia plate engraved.'[31] The hearse was drawn by '6 long tailed black horses' with rich feather plumes.[32] Williams and Gibton even supplied twenty-five scarves and pairs of gloves for the female servants, 100 scarves for labourers and 411 fine scarves and hatbands for the Seaforde tenants. Such large bills underline how lucrative it could be for cabinetmakers to extend the repertoire of their skills in this way. The extent of the organization required for some of these occasions is attested to by descriptions such as those of the funeral of Charles Montagu-Scott, 4th Duke of Buccleuch. The Duke, who died in Portsmouth in 1819, was buried in the family vault over a hundred miles away, following a procession of 'Aida-like grandeur.'[33] Such occasions were designed to bring all classes together in mourning, with the ultimate goal of reaffirming the elevated social position enjoyed by a privileged few.

In life, as in death, the viceroy and his circle had much to gain by engaging the services of skilled cabinetmakers for the enrichment of prominent public spaces like the Chapel Royal. Whether covered by the Board of Works or drawn from the private purse, the considerable outlay on the furnishings and trappings of ceremony appears to have been offset by the gains to be made through the reinforcement of social status. Perhaps more than in any other part of the United Kingdom, such displays were important in Ireland, where the landed class maintained a grip on society that was not quite as firm as elsewhere. However, the benefits were not entirely one-sided. The cabinetmakers, too, could profit, as demonstrated by the monies and reputation garnered by Mack, Williams and Gibton. A portrait of William Gibton painted towards the end of his life shows him not as a humble craftsman but as a successful, confident gentleman, as does the surviving collection of personalized tools stamped with his name and preserved in their fine original chest (figs 4.6, 4.7, 4.8).

---

31. Records of payments to Williams & Gibton, Forde Papers. **32.** Ibid. **33.** Giles Ellwood, 'James Newton', *Furniture History*, 31 (1995), 134–5, 202–4.

DUBLIN CASTLE CHAPEL.

1814.

'Divine Service ... every day in the week'
The bindings of the service books for the Dublin Castle Chapel

Joseph McDonnell

Among the requirements for the celebration of divine service in the various royal chapels, following the restoration of the monarchy in England in 1660, was the provision of suitably bound bibles and prayer books. The prominent stationer and bookseller, Samuel Mearne (1624–83) was appointed bookbinder to the king and supplied the royal household and chapel with binding work at regular intervals. The service books produced in Mearne's bindery were bound in turkey leather and tooled in gold; the most magnificent and costly examples were reserved for the king's own use in the royal pew of the chapel at the Palace of Whitehall.[1] Several of these rank among the supreme accomplishments of the binder's art, an achievement only surpassed by the superb series of bindings executed in Dublin in the eighteenth century, for the manuscript journals of both houses of the Irish Parliament. Regarded as 'probably the most majestic series of bound volumes in the world', their destruction in the bombardment of Dublin's Four Courts during the Irish Civil War, in 1922, was one of the greatest losses in the history of the decorated book.[2] The Civil War was the ultimate chapter in a series of violent episodes surrounding the birth of the Irish Free State. Dublin Castle, although the administrative headquarters of British rule in Ireland up until 1922, was fortunate not to suffer the same fate as the Four Courts and other prominent landmarks. Consequently, many of its valuable artefacts survived the upheaval, if only to be dispersed soon afterwards. Among the artefacts associated with the castle in the period before Irish independence, four surviving prayer books from the Chapel Royal help to shed new light on the accomplishments of the bookbinder in Ireland.

The history of European bookbinding is synonymous, to a certain extent, with that of the early Christian church. Since the scroll was superseded by the codex as the preferred format, in the early Christian period, for reading the scriptures, the covers of these precious volumes became increasingly highly decorated, as demonstrated by surviving Coptic books preserved by the Egyptian sands. With the introduction of gold tooling, learned from Islamic binders, European bookbinding flourished in different centres over the last five hundred years. Decorated bookbinding involves two principal operations, forwarding and finishing. Firstly, folded sheets of paper are sewn together and then attached to pasteboard covers (or wooden boards in early examples). The pasteboard covers, including the spine, are then usually covered with leather. The binding is now ready for decoration, or finishing, which involves the use of tools which are typically made of brass with wooden handles. These are heated and pressed onto a sheet of gold leaf covering the leather leaving a decorative gold mark, which is also referred to as a 'tool.' Owing to the heat required, bookbinder's tools are

---

1. Cyril Davenport, *Samuel Mearne, Binder to King Charles II* (Chicago, 1906); H.M. Nixon, *English Restoration Bookbindings* (London, 1974), pp. 10–33, pls 1–33; H.M. Nixon & M.M. Foot, *The History of Decorated Bookbinding in England* (Oxford, 1992), pp. 62–72. **2.** G.D. Hobson, quoted in Maurice Craig, *Irish Bookbindings 1600–1800* (London, 1954), pls 1–9.

Fig 5.1: *The Book of Common Prayer*, Dublin, 1750, bound 1770 by 'Smith' for Dublin Castle Chapel. © The British Library Board.

Fig 5.2: *The Book of Common Prayer,* Dublin, 1750, bound 1770 by 'Smith' for Dublin Castle Chapel (detail).
© The British Library Board.

not cast, but engraved by hand. This makes it possible to discern minute differences in a tool when it is copied, as frequently occurred when a fashionable motif made its appearance.

The cosmopolitan splendour and patronage of the restored court of King Charles II left its mark on Ireland through the influence of the viceroy, James Butler, 1st Duke of Ormond. His lasting legacy was the founding, in 1680, of the Royal Hospital at Kilmainham, Dublin, for veteran soldiers. The chapel at the Royal Hospital, in particular, attests to the quality of Ormond's patronage, with its remarkable ceiling, originally of stucco, but replaced in 1901 with a facsimile in papier mâché. The ceiling is complemented by a magnificent French Baroque reredos, communion table and altar rail, all carved in oak by the Huguenot craftsman, James Tabary (fl. 1680s) and his team.[3] The chapel was consecrated in January 1686 and was dedicated to the memory of King Charles I, the Martyr. A surviving lectern bible and prayer book, sumptuously bound by the royal binder Samuel Mearne, were presented by the viceroy, the Duke of Ormond and exemplify the splendid furnishings of the Kilmainham chapel.[4]

Almost a century separates Ormond's service books in the Royal Hospital and the earliest extant book bound for the chapel at Dublin Castle; the George Grierson edition of the Book of Common Prayer, of 1750, which was bound in 1770. The eighteenth-century Castle Chapel, in comparison with the splendours of the Royal Hospital, was by all accounts a fairly modest affair and was demolished in 1807 to make way for the present Chapel Royal (see fig. 1.5).

The chaplain who ministered in the chapel at Dublin Castle was chosen by the government and was independent of the archbishop of Dublin. The longest-serving chaplain was Rev. Alexander Staples, who held the office from 1764 to 1816. He was the son of Rev. Thomas Staples, rector of Derryloran, Co. Tyrone, and younger brother of the MP and patron of

3. C.P. Curran, *Dublin Decorative Plasterwork* (London, 1968), pp. 4, 14–16, fig. 9; Joseph McDonnell, 'Baroque and Rococo Stuccowork' in Paula Murphy (ed), *Sculpture 1600–2000: Art and Architecture of Ireland* (London, 2014), pp. 520–25, fig. 495. **4.** E.S.E. Childers & Robert Stewart, *The Story of the Royal Hospital, Kilmainham* (London, 1921), p.37. The lectern bible does not, in fact, appear to have been presented by Charles II, as previously thought. The arms on the covers have been deliberately erased and were most likely those of James Butler, 1st Duke of Ormond. The companion prayer book still has Ormond's armorial devices intact. Both volumes were bound in the Mearne bindery and tooled in gold and blind. They have not been previously recorded and will be included in a forthcoming study of the Duke of Ormond's decorated bindings by the author. **5.** *Freeman's Journal*, 18 Sept. 1764. **6.** The Lying-In-Hospital is today known as the Rotunda Hospital. Rutland Square is now Parnell Square.

Fig 5.3: *The Book of Common Prayer,* Dublin, 1750, bound 1788 for Dublin Castle Chapel. Courtesy of the National Library of Ireland.

Fig 5.4: The Book of Common Prayer, Dublin, 1750, bound 1788 for Dublin Castle Chapel (detail). Courtesy of the National Library of Ireland.

the arts John Staples, of Lissan House in the same county. Alexander completed his studies in Trinity College, Dublin, in 1764 and in the same year, aged 25, was made chaplain of the Dublin Castle chapel.[5] His salary in 1771 amounted to £208 19s. 6d. per annum, which compared very favourably to the £54 offered to the chaplain of the Lying-In Hospital on Rutland Square, Dublin.[6] The chaplain's principal duty was the celebration of divine service, which appears to have taken place frequently in the latter half of the eighteenth century. On 17 January 1764 *Sleator's Public Gazetteer* announced that 'for the future Divine Service' would be performed 'every day in the week at 11 in the forenoon and three in the afternoon.'[7]

The four surviving prayer books from the Dublin Castle chapel were acquired at different times during Staples's long tenure as chaplain. The earliest, as noted above, was the folio Book of Common Prayer bound in 1770 (fig. 5.1). This volume is covered in red goatskin and tooled in gold with a broad border, which is curved at the corners (430 x 290 x 50mm). The border is composed of a repeated impression of two alternating tools, a crested sunflower and a double curl tool. The crowned cipher of King George III appears in the corners and

7. H.J. Lawlor & M.S. Dudley Westropp, 'The Chapel of Dublin Castle', *Journal of the Royal Society of Antiquaries of Ireland,* 13:1 (30 June 1923), 56. **8.** Currently in the possession of the British Library, C.66.K.4; Craig, *Irish Bookbindings,* p. 33, no. 109; P. King, 'Irish Bookbinding', *Antiquarian Book Monthly Review,* 3:3 (March, 1976), 81; Joseph McDonnell & Patrick Healy, *Gold-Tooled Bookbindings Commissioned by Trinity College Dublin in the Eighteenth Century* (Leixlip, 1987), p. 82, no. 18, where the signature in gilt lettering was first noted.

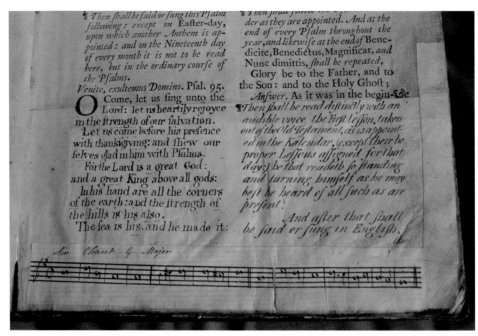

Fig 5.5: *The Book of Common Prayer*, Dublin, 1750, bound 1788 for Dublin Castle Chapel (detail). Courtesy of the National Library of Ireland, photograph by Joseph McDonnell.

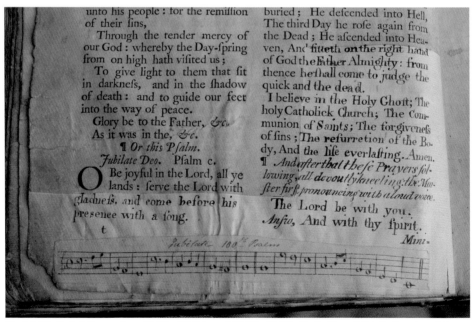

Fig 5.6: *The Book of Common Prayer*, Dublin, 1750, bound 1788 for Dublin Castle Chapel (detail). Courtesy of the National Library of Ireland, photograph by Joseph McDonnell.

the royal arms, encircled by the gilt inscription 'Dublin Castle Chapel 1770', forms the centrepiece within a circle of flame-shaped tools. The re-backed spine has six raised bands forming seven gold-tooled compartments. The pastedowns, or lining papers, and the facing leaves are of a glazed, dark-blue paper. The edges of the boards and turn-ins are tooled in gold and the turn-in of the lower cover is signed in gold lettering: 'SMITH FECIT' (fig. 5.2). This is the only known eighteenth-century Irish binding signed in this manner.[8] It may have been the work of the bookbinder Patrick Smith of High Street, Dublin, whose will was proved in the diocesan court in 1791.[9] William McKenzie, the well-known Dublin stationer and bookseller, occasionally signed his bindings with an engraved label inside the front cover, while three other Irish binders of the period also signed their work with labels. By the early nineteenth century the practice of signing bindings, either by tooled lettering or labels had become universal.[10] That Smith saw fit to record his name on the binding of the chapel prayer book long before this was standard practice speaks of the sense of pride he took in his work.

Two other bindings can be traced to Smith's bindery on the basis of tool comparisons. The first is an Irish manuscript of verse in the National Library of Ireland, written by the scribe Muiris O'Gorman and dated 1767.[11] It is bound in white vellum over pasteboard, with gold tooling on the spine and on the borders of the covers. The pastedowns and facing leaves are stained red and comb marbled, while the edges of the leaves are sponged red. The manuscript was bound for the renowned book collector John Rawdon, 1st Earl of Moira and contains his bookplate. He employed at least four different Dublin binders on the manuscripts and printed books in his collection of some 30,000 volumes.[12] The second, a set of volumes of Alexander Pope's works, printed in London in 1750, now in a private collection, is also bound in white vellum over pasteboard and decorated with gold tools on the spine, while the sides are finished with a 'W' roll. The inside covers have blue comb-marbled paper pastedowns and facing leaves.

By the mid-eighteenth century the skill of the Dublin binders in vellum had reached the ears of Horace Walpole, son of the first British prime minister, Sir Robert Walpole, and creator of one of the earliest Gothic Revival houses at Strawberry Hill, near London. In December 1761 Walpole wrote to his friend George Montagu, who was then visiting Dublin, asking him to bring back an example of the art of the Dublin bookbinders. 'I am told', he wrote, 'that they bind very well there in vellum.'[13] Montagu duly returned with a small duodecimo volume of George Grierson's edition of Virgil, of 1724, bound in vellum and tooled in gold. It was later inscribed in Walpole's hand as a gift from George Montagu of Roel, Gloucestershire, and dated 1763. It is now part of the Farmington collection at Yale University.

9. Mary Pollard, *A Dictionary of Members of the Dublin Book Trade 1550–1800* (London, 2000), p. 534. **10.** Joseph McDonnell, *Five Hundred Years of the Art of the Book in Ireland* (Dublin, 1997), p. 151. A printed label by the Dublin binder, Hugh McDoole, is recorded in Pollard, *The Dublin Book Trade*, p. 384. A previously unrecorded eighteenth-century printed label of the Limerick bookbinder William Donnellan of Bow Lane, is in a private collection. **11.** National Library of Ireland, MS G.144. **12.** Craig, *Irish Bookbindings*, p. 45; McDonnell & Healy, *Gold-Tooled Bookbindings*, pp. 214–17; McDonnell, *Five Hundred Years*, p. 139. **13.** Craig, *Irish Bookbindings*, p. 18.

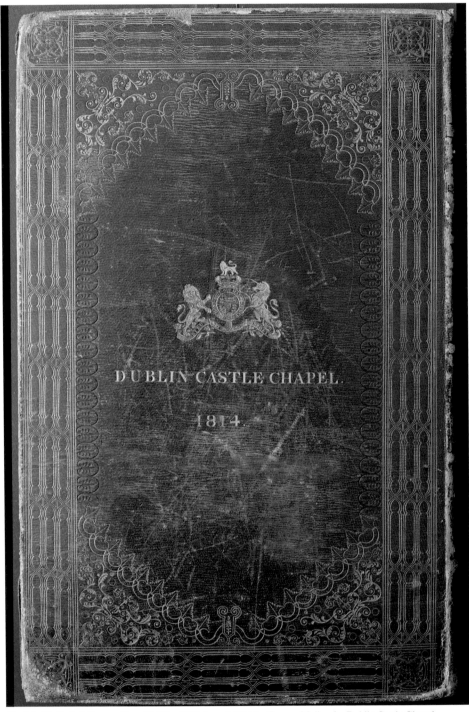

*Fig 5.7: The Book of Common Prayer, Dublin, 1750, bound 1814 by George Mullen for Dublin Castle Chapel. Courtesy of the National Library of Ireland.

Eighteen years after its appearance, Smith's Dublin Castle chapel prayer book of 1770 was replaced with another copy.[14] This too is elaborately covered in red goatskin (436 x 292 x 50mm) and tooled in gold with a wide border, curved at the corners, composed of a repeated impression of a 'broach' tool (fig. 5.3). It also bears the royal arms in the centre, surrounded by the inscription in gold letters: 'Dublin Castle Chapel 1788.' The spine has six raised gold-tooled bands and seven gold-tooled compartments of alternating designs, including a tool depicting two birds drinking from an urn, carelessly applied upside down by the finisher (fig. 5.4). The edges of the leaves are gilded and tooled, a process known as gauffering. The pastedowns and facing leaves are spot marbled. The remains of purple silk markers and red ties are still visible. From internal evidence it appears that the well-thumbed prayer book was in constant use as late as the viceroyalty of Charles Chetwynd Talbot, 2nd Earl Talbot, who took up office in 1817.[15] The section devoted to the order of morning and evening prayers shows the most signs of wear, with several leaves patched up and missing text added in by hand. This section also has strips of additional musical notations pasted down at the beginning of Psalms 95 and 100, for chanting (figs 5.5, 5.6). Manuscript annotations amend the text where the recently deceased members of the royal family were crossed out and replaced by the names of the current members, in the bidding prayers.

A number of other books bound in the same workshop are to be found in various collections, notably Charlotte Brooke's *Reliques of Irish Poetry*, printed by George Bonham in 1789, which is in the Dublin City Library and Archive.[16] This work is bound in green, straight-grain goatskin, and has a flat spine and gold-tooled border. It too features the distinctive tool of two birds drinking from an urn, in the corners. This tool is derived from an antique source from the Greco-Roman world. The motif had been used on English book bindings for some time before copies also began to turn up in Dublin.[17]

A third Book of Common Prayer associated with the chapel at Dublin Castle was printed in Dublin in 1778 by the executors of David Hay and survives in a private collection (275 x 200 x 30mm).[18] It is simply bound in brown speckled calf and lettered in gilt: 'Dublin Castle Chapel.' Since this volume lacks the royal arms on the cover and is bound in calf instead of the usual, more expensive goatskin, it is possible that it belonged to the clerk of the chapel.

The completion of the new Chapel Royal to the designs of Francis Johnston (1760–1829), in 1814, occasioned a fourth known prayer book, bound in the fashionable Gothic

14. 'The Book of Common Prayer', Dublin, George Grierson 1750, currently in the possession of the National Library of Ireland, LO.2629/Bd; inside the front cover is the round label of the Science and Art Museum, dated 1925; listed among the acquisitions in the report of the board of visitors to the National Museum of Ireland 1925–6, p. 6. Craig, *Irish Bookbindings*, p. 36, no 171. **15.** In the prayer for the chief governor of Ireland the following names are supplied in manuscript: George, Marquis of Buckingham; John, Earl of Westmorland; William, Earl Fitzwilliam; John Jefferies, Earl Camden; Charles Chetwynd, Earl Talbot. All but the last named are crossed out. **16.** Douglas Hyde & D.J. O'Donoghue, *Catalogue of Books and Manuscripts ... of Sir John T. Gilbert* (Dublin, 1918), p. 91. **17.** Other bound volumes from this bindery include a quarto Book of Common Prayer by Grierson (Dublin 1788), in red goatskin, now in the British Library, 1218.K.4., and a volume of T. Smollett's *The History of England* (Dublin, 1787), which includes the tool of the two birds drinking from an urn and is in the author's collection. **18.** This prayer book is in the collection of Rev. Canon Roy Byrne.

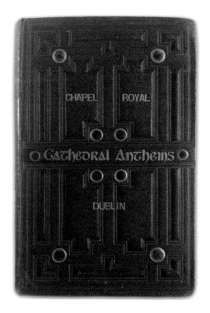

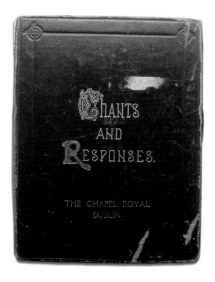

Fig 5.8: *Cathedral Anthems,* 1880, stamped for use in Chapel Royal, Dublin. Reproduced by permission of Rev. Canon Roy Byrne.

Fig 5.9: *Chants and Responses,* 1902, stamped for use in Chapel Royal, Dublin. Reproduced by permission of Rev. Canon Roy Byrne.

or 'cathedral style' (400 x 260 x 30mm). As in the two previous examples at the Dublin Castle chapel, the 1750 Grierson folio edition of the Book of Common Prayer was chosen. However, for reasons unknown, the psalter was omitted, which may indicate that, in this instance, the psalter was bound separately and has not survived. The only marking in the text occurs in the prayer for the viceroy, following the bidding prayers for the royal family, where the first prayer is scored through in favour of the alternative. It may be that this service book was ordered especially for the box pew of the then viceroy, Charles, Viscount Whitworth since, as noted above, the chaplain continued to use the old chapel prayer book, dating from 1788, until the time of the Earl Talbot.

The prayer book for the new Chapel Royal is bound in black, straight-grain goatskin and tooled in gold to a panel design with Gothic tracery along the borders (fig. 5.7). The corners are filled with outline and solid scrolling tools and bordered by cresting, while the centre is emblazoned with the royal arms, and lettered in gold, 'Dublin Castle Chapel, 1814.'[19] The paper pastedowns are pale green, as are the facing leaves, which are tooled in blind with gilt turn-ins. There are four gold-tooled bands and five tooled compartments on the spine, one of which bears the title. The edge of the upper cover is signed in gold lettering, 'Bound by Geo. Mullen.' Mullen's tooling on the spine can be compared to that on his binding of the Earl of Castlehaven's *Memoirs of the Irish Wars,* bound in Dublin, in 1815.[20]

The viceroy, Lord Whitworth was present at the consecration of the Chapel Royal on Christmas Day, 1814. His personal contribution to the decoration of the new building included the four lights of the central register of the east window, which he had reputedly sourced during his previous political postings on the continent. During his tenure as viceroy, Whitworth acquired a number of books in very fine bindings by George Mullen, which are now in the British Library. Mullen (or Mullens), together with his son, George junior, established the leading bookbinding business in Dublin in the first half of the nineteenth century. He was apprenticed to William McKenzie, bookseller, stationer and bookbinder, on 4 November 1782 and was freed of the city by service in 1790. Between 1803 and 1822 his address is recorded as being 27 Temple Bar. He received regular work as a binder to Trinity College, Dublin and to the government up to the time of his death in 1822, at which point his son took over and greatly expanded the business.[21]

The only known bible associated with the Chapel Royal, recorded in a sectional rubbing, is a Cambridge imprint, published by John William Parker in 1842 and bound in the 'cathedral style.' It too bears the royal arms, this time of Queen Victoria, and is stamped 'Dublin Castle Chapel 1842.' Finally, two choir books associated with the Chapel Royal survive in a private collection, one entitled 'Cathedral Anthems' (165 x 105 x 15mm), dating from 1880 and the other labelled 'Chants and Responses' (210 x 165 x 15mm), from 1902 (figs 5.8, 5.9). Both have simpler retail bindings, with the lettering 'Chapel Royal Dublin' having been stamped in gilt on their covers after they had been purchased.[22]

Taken as a whole, this disparate collection of books represents the prominence of liturgy within the viceregal court at Dublin Castle. The sumptuous bindings of the eighteenth-century service books reflect the importance attached to the viceregal chapel in the period, which is surprising given the dilapidated condition it was said to have been in at that time. The books of the present Chapel Royal at the castle indicate a move away from bespoke, one-off bindings, in the late Victorian and early Edwardian years. The disinclination to commission expensively bound service books may suggest a tightening of the viceregal purse strings or a decline in the importance of the viceregal chapel as an institution, following the disestablishment of the Church of Ireland in 1869. Either way, it heralded the end of an era both for bookbinding in Dublin and for the Chapel Royal at Dublin Castle.

19. Currently in the possession of the National Library of Ireland, LO.2227, acquired from Kenny's Bookshop in 1983. **20.** It was illustrated as no. 205 in a catalogue 1212 of the London booksellers, Maggs Bros., in 1996. **21.** Seymour de Ricci, *British and Miscellaneous Signed Bindings in the Mortimer L. Schiff Collection* (New York, 1935), vol. 4, pp. 41–43; Charles Ramsden, *Bookbinders of the United Kingdom (outside London) 1780–1840* (privately printed, 1954), p. 244, pl. XVI; McDonnell & Healy, *Gold-Tooled Bookbindings*, p. 69; Mirjam M. Foot, *The Henry Davis Gift, A Collection of Bookbindings* (London, 1983), vol. 2, p. 265; McDonnell, *Five Hundred Years*, cat. 65. **22.** The title page of the 'Cathedral Anthems' volume shows that it was published specifically for the cathedrals of Christ Church and St Patrick, Dublin, by Novello, Ewer and Co. of Queen Street, London. 'Chants and Responses' was published by the Association for Promoting Christian Knowledge, Dawson Street, Dublin. Both volumes are in the collection of Rev. Canon Roy Byrne.

'The service is chaunted and an anthem sung'
Music and liturgy at the Chapel Royal

David O'Shea

During little over a century of Anglican worship at the Chapel Royal, Dublin Castle, from 1814 to 1922, choral music remained a central part of its liturgies. Extant evidence shows that the choir was small, but that the repertoire was wide and varied. It drew on the musical traditions of both the English Chapel Royal, as the ancient body of clergy and musicians that provided the English monarch's private liturgies was known, and the Dublin cathedral choirs. However, in contrast to the Dublin cathedrals, services at the Chapel Royal were as much public occasions as acts of worship, and provided regular opportunities for interaction between the viceregal household and members of fashionable society.

The maintenance of high standards of music and liturgy at the chapel reflected the wider aspirations of the viceroyalty towards the establishment of a court in Dublin that would hold a mirror to the royal court in London. By referring to the chapel as 'Chapel Royal', the viceroyalty identified this institution with its English counterpart, in a manifestation of the quasi-monarchical pretensions of the viceregal court in Ireland.

The nature of the musical establishment at the chapel in its first two decades is difficult to define, but details in surviving documents suggest that a choir of boys and men was established around the time of the opening service on Christmas Day, 1814. A letter in *The Freeman's Journal* of 5 January 1815 mentions that efforts to establish a choir at the chapel had begun under Mr Barton (possibly John Barton, a member of the choir in the 1830s and 1840s). A letter to the chief secretary's office in 1818 from a former boy chorister, David Hastings, indicates that he had been one of a number chosen by the chapel's organist, one Mr Duncan, to be part of 'a new choir then forming.'[1]

John Finlayson's *Cathedral Anthems*, published in Dublin in 1852, lists the succession of organists, indicating that James Duncan was organist of the Chapel Royal from 1814 until 1833.[2] Mr Duncan is also mentioned as organist in a Board of Works letter book in April 1814, indicating that he had been appointed to the position prior to the opening of the new chapel.[3] The evidence for Duncan's involvement at the chapel contradicts the assertion by John Skelton Bumpus that the first organist of the chapel was the well-known composer and musician Sir John Stevenson (fig. 6.1).[4]

Stevenson's main contribution to the chapel in the early years seems to have been the composition of music for the choir. A manuscript book formerly in use in the chapel containing

---

1. Letter to the viceroy from David Hastings, Nov. 1818, Chief Secretary's Office: Registered Papers, National Archives of Ireland, CSO/RP/1818/322. **2.** John Finlayson, *A Collection of Anthems as Sung in the Cathedral of the Holy Trinity, Commonly called Christ Church* ... (Dublin, 1852), p. 31. **3.** Letter accompanying ten proposals to build a new organ at the Chapel Royal, 25 Apr. 1814, Board of Works Letter Book, National Archives of Ireland, OPW 1/1/2/2. **4.** John Skelton Bumpus, *Sir John Stevenson: A biographical sketch* (London, 1893). See also Kerry Houston, 'Music before the Guinness Restoration, 1750–1860' in Raymond Gillespie & John Crawford (eds), *St Patrick's Cathedral, Dublin: A history* (Dublin, 2009), p. 297.

Fig 6.1: Anthony Cardon, *Sir John Stevenson*, 1825, engraving. Courtesy of the National Library of Ireland.

several of Stevenson's services (with notes on their provenance) survives in the library of the Representative Church Body.[5] Of particular interest is a service in E major, 'composed for the occasion of the opening of the King's Chapel, Dublin' and a service in F major, 'composed expressly for the Choir of King's Chapel, Dublin' (fig. 6.2). If Stevenson had been appointed in some official capacity as composer to the new chapel, this would explain a perplexing reference to him in the correspondence of his friend and collaborator, the poet Thomas Moore. Moore wrote to Power, the music publisher, in a letter of 12 November 1814: 'Stevenson, I suppose you know, has been appointed to the new Castle chapel, and is continually busy with the Viceroy making arrangements about it.'[6] Moore does not elaborate on the nature of Stevenson's appointment, but it seems unlikely that he had been appointed organist, since James Duncan already held this post. It seems probable that Moore is referring to Stevenson's time being taken up with composing music for the new chapel rather than 'making arrangements' of an administrative kind so far in advance of the opening ceremony. The music of the E major service for the opening of the chapel is remarkable in that it contains challenging parts for two treble lines, which would have been sung by boy choristers. This suggests that, at least during this early period, the chapel choir must have had a number of good quality boy trebles, since few of Stevenson's compositions for the cathedral choirs contain such demanding treble parts.

The first organ of the chapel was built by William Gray of London, whose proposal was chosen from ten tenders.[7] The final cost of the instrument was in excess of £700.[8] The organ took a considerable time to complete and was not finished until many months after the opening of the chapel, being first played during a service by the chapel organist, Mr Duncan, on Sunday 13 August 1815.[9] This instrument was later considerably altered by William Telford and installed in St Mary's Church, Enniscorthy, Co. Wexford, where it remains today (fig. 6.3).

James Duncan was succeeded as organist of the chapel by John Smith (later Professor of Music in the University of Dublin, more commonly known as Trinity College). Smith was also composer to the Chapel Royal and retained this title after relinquishing his position as organist in 1835 in favour of his son, also John Smith, who died the following year at the age of 21.[10] A number of the elder Smith's compositions for the chapel choir were published in his collection *Cathedral Music* in 1837.[11] The younger Smith was succeeded by William Henry White in 1836, and it is in connection with White's tenure as organist, until 1845, that eyewitness accounts of music in the chapel proliferate.

In *The Musical World* of 3 May 1838, an unsigned article provided a detailed account of music at the Chapel Royal, Dublin. After briefly describing the architecture of the chapel, the author went on to state:

5. This book, formerly the property of one George Dallas Mills, was given to the Representative Church Body Library by H.J. Lawlor, the last subdean of the Chapel Royal. **6.** John Russell (ed.), *Memoirs, Journal, and Correspondence of Thomas Moore: Letters 1814–1818* (London, 1853), vol. 2, p. 52. **7.** Letter accompanying ten proposals to build a new organ at the Chapel Royal, 25 Apr. 1814. **8.** Letter to Francis Johnston from the Board of Works, 7 June 1814, Board of Works Letter Book, National Archives of Ireland, OPW 1/1/2/2. **9.** *Freeman's Journal*, 15 Aug. 1815. **10.** Finlayson, *A Collection of Anthems*, p. 31. **11.** John Smith, *Cathedral Music with an Accompaniment for the Organ or Piano Forte* (Dublin, 1837).

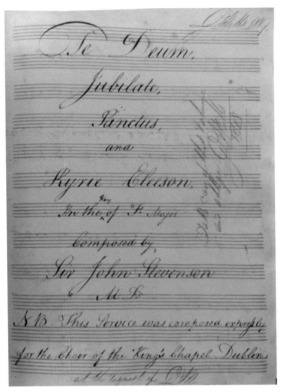

Fig 6.2: Title page of Sir John Stevenson's service in F major for 'King's Chapel, Dublin.' Courtesy of the Representative Church Body Library.

The choir consists of the following gentlemen:—Alto, Mr. Orr; tenors, Messrs. John Barton and Herbert; basses, Messrs. M'Ghie and Sapio, and six boys. The service performed here is not strictly the cathedral, as the clergymen do not chant. The choir chant the psalms of the day, the Te Deum, Jubilate, and the responses to the commandments, and also sing anthems and psalms in general very well, although at times their voices do not blend. The organist, Mr. White, is a most promising young man. The stipend each receives is about 40 or 50 pounds.[12]

This piece is the earliest and most detailed account of the music and liturgy of the chapel to have come to light so far. It seems that by the late 1830s choral services took place regularly in the chapel. How long the choir had existed as described here is difficult to say, though as noted above, John Barton had been in the choir since the beginning (presuming he is the same Mr Barton mentioned in *The Freeman's Journal* of 5 January 1815). Alto Robert Orr, later a lay vicar at St Fin Barre's Cathedral, Cork city, had been in the choir since at least 1833.[13] Antonio Sapio, a well-known singing teacher, had joined the choir more recently, since he had come to Dublin only two years earlier.[14] Of Mr Herbert no further details have yet come to light. Six boys may seem a very small number by today's standards, where cathedral choirs routinely have sixteen or more, but the choir of Christ Church Cathedral also had six in the same period, and St Patrick's Cathedral choir had eight.[15]

Though the correspondent writing in *The Musical World* noted that the clergy did not chant, the fact that a large part of the service was performed chorally at the Chapel Royal by 1838 shows that music there was ahead of the trends that only later began to take hold in the wider Church of England, as well as in the Church of Ireland, with the advent of the Anglican Choral Revival, an outgrowth of the Oxford Movement.[16] It seems that in establishing a cathedral-style choral service the viceroy aspired to endow his chapel with music and liturgy that raised it above the status of a mere household chapel.

Comparing the names given in another article in *The Musical World* from some months before, while all of the St Patrick's lay vicars were also members of Christ Church choir, not one member of either cathedral choir also sang in the Chapel Royal.[17] While it was possible for singers to hold concurrent positions in both cathedrals (the Sunday choral service in Christ Church being at 11am and the service in St Patrick's being at 3pm), it would have been difficult or impossible to maintain positions in both Christ Church and the Chapel Royal, since the morning services took place at similar times. In the early 1840s, the time of the Chapel Royal service fluctuated between 11am, 11.30am and 12 noon, as can be seen in various notices issued by the dean of the Chapel Royal in the newspapers.[18] Crossover between membership of the choirs of St Patrick's and the Chapel Royal would have been possible since the times of choral services did not clash, but names of solo singers in anthems, which appear frequently in newspapers of this period, suggest that this did not happen.

The Musical World of 16 January 1845 provides further details of the music at the chapel in an article from a correspondent who signs himself 'W.G.', making the following remarks, which are worth quoting at length:

> The service is chaunted and an anthem sung every Sunday, on Christmas-day, and on Good Friday; the whole is under the superintendence of the dean of the Chapel Royal, the Rev. Mr. Tighe. The choir consists of too few to be very effective, consisting of only four men and four boy-singers, who are paid; a few supernumerary boys (who wait for the first vacancy amongst the paid boys), and the organist. The names of the gentlemen employed are Mr. John Barton, Mr. William M'Ghie, the Messrs. Rossington, and Mr. William Henry White, the latter one of the cleverest and best organists and pianists that Dublin can produce … His salary is £52 a year, Irish currency. The salaries of the singers vary from £30 to £50 per annum. The boys receive £20 a year, together with instruction from Mr. M'Ghie, who is master. The duty of the choir is to attend every Sunday, for divine service, at twelve o'clock, for the Lord Lieutenant, his staff, household, and servants. The seats not occupied are free to the public, who avail themselves of the privileges to hear the services and anthems

12. *Musical World*, 3 May 1838. **13.** *Nenagh Guardian*, 15 Jan. 1868. **14.** Catherine Ferris, 'The Use of Newspapers as a Source for Musicological Research: A case study of Dublin musical life 1840–44' (PhD, NUIM, 2011), pp. 146–47. **15.** Barra Boydell, 'Music in the Nineteenth-Century Cathedral, 1800–1870' in Kenneth Milne (ed.), *Christ Church Cathedral, Dublin* (Dublin, 2010), p. 344; *Musical World*, 1 Sept. 1837. **16.** For further discussion of these trends see Bernarr Rainbow, *The Choral Revival in the Anglican Church, 1839–1872* (Woodbridge, 2001); Dale Adelmann, *The Contribution of Cambridge Ecclesiologists to the Revival of Anglican Choral Worship 1839–62* (Aldershot, 1997). **17.** *Musical World*, 1 Sept. 1837. **18.** Mostly in *Freeman's Journal*.

Fig 6.3: St Mary's Church, Enniscorthy, Co. Wexford, organ, 1815 (formerly in Chapel Royal, Dublin Castle). Courtesy of the Irish Architectural Archive.

performed. The choir are also obliged to attend on every Friday, to rehearse the chaunts, service, &c. for the following Sunday. The composers, from whose works the selections are made, are Purcell, Croft, Green, Nares, Boyce, Kent, Aldridge, King, Walsh, Sir John Stevenson, and Doctor John Smith, the state composer of music in Ireland, who enjoys a pension of £100 a year for the eminent services he has rendered to the cathedral, and his compositions for the church, in the way of anthems, services, &c. &c., which are daily heard in perfection at the Dublin Cathedral.[19]

W.G.'s account gives many more details than the 1838 article. It refers to the supernumerary boys, the salary of the organist, the Friday rehearsal (surely highly unusual for its time), the repertoire of the choir (which draws on the repertoires of both the English Chapel Royal and the Dublin cathedral choirs) and the pension paid to Dr Smith (presumably paid in part for his role as composer to the Chapel Royal). However, the tone of the piece is much more critical than that of the 1838 correspondent, and W.G. concludes his assessment of music at the chapel with a list of recommendations for its improvement, including the employment of several extra singers and the purchase of a new organ to replace the 1815 organ by Gray, which he brands 'a disgrace.'[20]

The change in the composition of the choir from the 1838 account is notable, as Messrs Orr, Herbert and Sapio have all departed from it. One of the Messrs Rossington must have been an alto, and the Mr Rossington first mentioned in *The Freeman's Journal* on 22 March 1842 is likely to have been Robert Orr's immediate successor. W.G.'s account of the number of singers seems not to be entirely accurate: contemporary newspaper reports make mention of a number of other singers not listed by W.G., including Mr Christian, mentioned in several reports between 1844 and 1851, and tenor John O'Rorke, first mentioned in 1842, and who was still in the choir twenty years later.[21]

Something must have attracted these singers to this small musical institution instead of the cathedrals, where both lay vicars and stipendiary singers could earn handsome salaries, far over and above those of their English counterparts.[22] It seems that the attraction of singing in the Chapel Royal choir was a combination of money and convenience, as the singers were handsomely remunerated for just a couple of hours of work per week (the Sunday morning service and Friday evening rehearsal). Though singers at the Dublin cathedrals received considerably higher salaries, the members of the choir were obliged to attend several weekday services in addition to those on Sundays.[23] As well as this, the cathedral authorities placed restrictions on what external engagements their choir members could undertake.[24] The small time commitment required as a member of the Chapel Royal choir must have been a strong attraction to those, like John Barton and Antonio Sapio, whose principal interests and income lay outside singing in church. In addition to singing at the Chapel Royal and at many public concerts, Barton was a singing teacher, clarinettist and conductor, and Sapio led a busy career as a singing teacher and bass soloist.[25]

As can be seen by its membership in this period, the Chapel Royal choir was not populated by second-rate singers, but rather attracted some of Dublin's finest musicians. Furthermore, as the details gleaned from *The Musical World* demonstrate, the choir was not an ad hoc ensemble drawn from cathedral singers but a thriving independent musical institution in its own right.[26]

William Henry White left the Chapel Royal in 1845 on his appointment as organist of St Patrick's Cathedral and was replaced by Henry Bussell. Bussell was co-proprietor of Robinson, Bussell and Robinson music-sellers of Westmoreland Street, Dublin, and conductor of the Dublin Philharmonic Society. Through his involvement in amateur music-making as well as music publishing, Bussell was well connected in the music world and though he was better

---

19. *Musical World*, 16 Jan. 1845. **20.** Ibid. **21.** In reports that have so far come to light, O'Rorke is first mentioned in the *Nenagh Guardian*, 16 Feb. 1842 and last mentioned in the *Irish Times*, 29 Dec. 1862, and appears frequently between those dates. **22.** Boydell, 'Music in the Nineteenth Century Cathedral, 1800–1870', p. 339. **23.** Ibid.; Boydell, *A History of Music at Christ Church Cathedral, Dublin* (Woodbridge, 2004), pp. 106–07. **24.** Boydell, *A History of Music*, p. 124. **25.** Ferris, 'The Use of Newspapers', pp. 81, 146–47. **26.** Houston, 'Music before the Guinness Restoration', p. 294; Boydell, *A History of Music*, p. 106.

Fig 6.4: Chapel Royal, Dublin Castle, organ, 1857. Photograph by David Davison.

known as a conductor, he had also been organist of Booterstown Church, Co. Dublin.[27] As part of his work as a publisher, he had co-edited *The Choralist*, a collection of music for congregational singing, which was later introduced to the Chapel Royal.[28] Bussell was the longest-serving organist in the history of the chapel, and though his activities there did not attract much press attention, judging by the varied choral repertoire reported in Chapel Royal music lists from *The Irish Times* during his tenure, he was a faithful custodian of the tradition that had been established by his predecessors.

Bussell oversaw the construction of a new organ to replace Gray's 1815 instrument, a three-manual and pedal organ by William Telford, which was completed early in 1857 and first played in January of that year.[29] The magnificent case, which still survives in the chapel, was carved by Zachariah Jaques of Upper Abbey Street, Dublin (fig. 6.4).[30] A minor controversy ensued when Robert Stewart, organist of St Patrick's and Christ Church cathedrals, came to see the new organ and *The Freeman's Journal* of 18 February 1857 reported that he had been invited by the viceroy to perform an opening recital on it. Bussell corrected this assertion in a strongly worded letter to the newspaper, which was printed on 21 February:

> It is not the fact that Dr. Stewart's attendance on Tuesday last was either suggested by or emanated from the Lord Lieutenant. Mr Telford, who built the organ, without any intimation to me, asked permission from the Dean for Dr. Stewart to try the instrument, which the Dean freely accorded; and when His Excellency learned that he had made the application he was happy to avail himself of the opportunity of hearing his performance.[31]

The usual choral service at the chapel was a service of choral matins, which took place on Sunday mornings, as well as on Ash Wednesday, Good Friday, Ascension Day and Christmas Day. The observance of matins as the main service was in keeping with the standard practice of the Church of Ireland in this period, and when a service of Holy Communion took place, it was usually celebrated adjunctly to matins.[32] This meant that musical settings of the morning canticles, Te Deum and Jubilate (and occasionally Benedictus), would have provided the mainstay of the chapel choir's repertoire.[33]

Evening services took place in the chapel during the period in which the viceroy was in residence in the Castle (usually from January to late March/early April). These were secondary services that were occasionally sung by the choir.[34] Surviving music lists are less detailed than those given for the morning services on the same days, and only the dean and

---

27. Ferris, 'The Use of Newspapers', p. 113. **28.** See Bussell's obituary, *Irish Times*, 5 Apr. 1882. *Choralist* is mentioned in several music lists in the *Irish Times* in the 1870s. **29.** *Freeman's Journal*, 21 Feb. 1857. **30.** Jaques's signature appears on the surviving drawing of the organ case (see fig. 8.5). See also letter from Jaques, *Freeman's Journal*, 26 Feb. 1815. **31.** *Freeman's Journal*, 21 Feb. 1857. **32.** In the late 1860s Dean Hercules Dickinson instituted a regular Holy Communion service on the second Sunday of the month, as well as on principal feast days: see Chapel Royal preachers' book, Representative Church Body Library, Dublin. **33.** The Book of Common Prayer appoints the Benedictus as the second canticle at matins, giving the Jubilate as an alternative, but few composers of earlier periods made musical settings of the Benedictus, preferring the more exuberant and less verbose text of the Jubilate; hence the common use of the alternative canticle Jubilate in choral services. **34.** Music lists for evening services are provided only sporadically. See *Irish Times*. **35.** See Chapel Royal preachers' book, Representative Church Body Library.

subdean preached at evening services, with visiting preachers attending only in the morning.[35]

In addition to settings of the canticles, the choir had a large repertoire of anthems, including music by earlier composers associated with the English Chapel Royal, such as William Croft, Maurice Greene and James Nares. Works by nineteenth-century English and continental composers such as Thomas Attwood, Felix Mendelssohn and Louis Spohr also featured, as did works by nineteenth-century Irish composers such as Sir John Stevenson and Sir Robert Stewart. The repertoire also included music composed by chapel directors of music, including John Smith, William Henry White and Henry Bussell.

James Culwick was appointed organist of the Chapel Royal in 1881, likely in direct succession to Henry Bussell.[36] Bussell is last mentioned in connection with the chapel in *The Irish Times* on 8 July 1871, and he died early in 1882.[37] Culwick was born in West Bromwich, England, and had been assistant organist at Lichfield Cathedral before coming to Ireland in 1866. He held the post of organist of St Ann's, Dawson Street from 1871 until his appointment to the Chapel Royal. He was a noted composer and he received an honorary doctorate in music from Trinity College, Dublin in 1893.[38] It was under Culwick's superintendence that a new organ was installed in the chapel by the firm Gray and Davison in 1900.[39] The new organ retained the case of Telford's 1857 instrument but the pipework was substantially new, with thirty speaking stops and tubular pneumatic action. The high specification would have allowed for much greater versatility in the accompaniment of the choir, and the plethora of orchestral sounds available on the organ reflected the change in fashions in church music since the 1850s. An article on the new organ by Dr Annie Patterson appeared in *The Irish Times* on 4 January 1901 and included a detailed description of the instrument together with a complete specification.

Following Culwick's death in 1907, Dublin-born George Hewson, previously organist of Zion Church, Rathgar, Dublin, and assistant organist of St Patrick's Cathedral, was appointed organist of the Chapel Royal. Like Culwick, Hewson was an accomplished composer as well as performer, and introduced a number of his own compositions to the repertoire of the chapel choir. After ten years as director, Hewson moved to Armagh Cathedral and was succeeded by Thomas Henry Weaving, who remained in the post for only three years before taking up an appointment as organist of Christ Church Cathedral in 1920. His successor, William Edmond Hopkins, was appointed in 1920 and later obtained letters patent appointing him Director of the State Musick [sic] for Ireland.[40] Hopkins was an active organ recitalist at home and abroad but his tenure as organist was cut short when Anglican worship ceased at the Chapel Royal at the end of 1922. His fate was shared by all those who made up the chapel's musical and liturgical establishment. Despite his official position, Hopkins swiftly found himself surplus to the requirements of the new Irish Free State administration, and was given his notice in January 1923.[41] His appeals to the government of Northern Ireland for employment there, fell on deaf ears.

It is clear from this history that the Chapel Royal was no mere household chapel, but an institution that saw itself as a paragon of liturgy and choral worship. The development of a cathedral-style liturgy from the early decades of the the nineteenth century, shows that subsequent viceroys and deans of the chapel kept abreast of the rapid evolution of Anglican liturgical practices that grew out of the Oxford Movement. Chapel services played an important part in maintaining the public image of the viceregal household, and so excellence in liturgy and music was paramount. Though the chapel choir was small in comparison with the choirs of the two local cathedrals, its wide and multifaceted repertoire shows that it was an ambitious musical institution that deserves to be counted among the most important liturgical choirs in Ireland in this period.

Organists of the Chapel Royal, Dublin Castle

1814–33: James Duncan (dates unknown)

1833–35: John Smith (1797–1861)

1835–36: John T. Smith (1814/15–36)

1836–45: William Henry White (d. 1852)

1845–81*: Henry Bussell (1809–82)

1881–1907: James Cooksey Culwick (1845–1907)

1907–17: George Henry Phillips Hewson (1881–1972)

1917–20: Thomas Henry Weaving (1881–1966)

1920–22: William Edmond Hopkins (1897/98–1951)[42]

*Bussell is last mentioned in connection with the chapel in *The Irish Times*, 8 July 1871. It is possible that another organist may have succeeded him before Culwick's appointment.

36. *Irish Times*, 4 Aug. 1900; Maggie Humphreys & Robert Evans (eds), *Dictionary of Composers for the Church in Great Britain and Ireland* (London, 1997), p. 81. **37.** *Irish Times*, 4 Apr. 1882. **38.** *Irish Times*, 4 Aug. 1900; Humphreys & Evans, *Dictionary of Composers*, p. 81. **39.** The organ was installed in March 1900, according to a note in the Chapel Royal preachers' book, Representative Church Body Library. **40.** *Irish Independent*, 15 July 1921. **41.** Letter to Dawson Bates from I.H.G. White of the Southern Irish Loyalist Relief Association, Papers relating to W.E. Hopkins, Public Record Office of Northern Ireland, MIC 523/10, p. 5. **42.** A memorial plaque in Mount Jerome Cemetery, Dublin, states that Hopkins was buried in Baltimore, USA.

'That is what began the controversy'

The Chapel Royal, Christ Church Cathedral and the silver-gilt altar plate

Roy Byrne

The collection of communion plate known variously as the Royal Plate, the Williamite Plate or the Chapel Royal Plate has been the subject of much speculation for more than a century. It is traditionally believed that the plate was presented by King William III as an act of thanksgiving following the Battle of the Boyne in 1690, but the recipient of the King's generosity is disputed. It has been argued that the plate was gifted to Christ Church Cathedral in about 1698 as, in that period, the cathedral also functioned as the royal chapel. This designation had been formalized in 1672 by a letter to the viceroy from Charles II, in which the King referred to the cathedral as being 'our cathedral church and royal chapel...'[1] When the present chapel in Dublin Castle was opened on Christmas Day, 1814 it is alleged that the plate was transferred to it on loan. However, a counter argument suggests that the plate was in fact presented by William III to the old Castle Chapel around 1698 which, along with the viceroy's State Apartments, was being substantially altered at that time. Neither the cathedral nor the castle records make any mention of a gift of plate by the King and it seems unlikely that the original recipient of the gift will ever be known. Despite the inconclusive proof of ownership, the early twentieth-century struggle for custodianshp of the plate offers an intriguing insight into the increasingly beleagured position of the Chapel Royal as Irish independence loomed.

The silver-gilt suite of plate comprises a large alms dish with a representation in the centre of the Supper at Emmaus, a footed paten, a smaller alms dish with royal arms, a chalice with matching cover, a pair of flagons and a pair of candlesticks (fig. 7.1). The large alms dish is a highly decorated piece with repoussé work, winged cherub heads and festoons of flowers and leaves (figs 7.2, 7.3). The centre silver panel, depicting the Supper at Emmaus is set into the dish and the royal cipher 'W.R.' indicates that the piece was made following the death of Queen Mary in December 1694. The dish is stamped with the maker's mark of Francis Garthorne, a London goldsmith, who was active from the late-seventeenth to the early-eighteenth century. A near-identical alms dish by Francis Garthorne was made for the church of St Peter ad Vincula in the Tower of London in 1691 and was described as being a 'silver Bason guilt and chased.'[2] This alms dish was ordered in a warrant dated 26 December 1691 but was not delivered until 14 April 1693.[3] The long production period was probably due to the amount of decorative work it required.

The footed paten is engraved with the royal arms of William III and bears the maker's mark 'Ga' – the mark of Francis Garthorne after March 1697 (fig. 7.4). The smaller alms dish engraved with the royal arms has a decorative rim of cherub heads, fruit and flowers, and also bears the maker's mark 'Ga' (fig. 7.5). The chalice and associated cover, described

---

1. Kenneth Milne (ed.) *Christ Church Cathedral, Dublin: A history* (Dublin, 2000), p. 259. 2. https://www.royalcollection.org.uk/collection/31744/altar-dish, accessed 7 Aug. 2015. 3. Ibid.

Fig 7.1: Collection of Williamite plate, c. 1694–99 (formerly in Chapel Royal, Dublin Castle). Courtesy of Christ Church Cathedral, photograph by David Davison.

by M.S. Dudley Westropp as a paten, are dated between May 1698 and May 1699 (fig. 7.6).[4] The candlesticks have saucer-shaped sconces, baluster stems and three cherub heads on each foot (figs 7.7, 7.8). Their original pricket tops, still visible in an illustration in 1923, were later removed.[5] An oval medallion contains the royal cipher 'W.R.' The candlesticks date from between May 1698 and May 1699 and were made by William Denny and John Backe of Lombard Street, London. A fine pair of flagons, featuring the arms of William III, completes the suite (fig. 7.9). These are also stamped with the maker's mark of Francis Garthorne, 'Ga' (fig. 7.10).

The suite of plate is noticeably decorative and impressive. On the one hand, this illustrates its importance as a royal gift to the king's chapel (whether that was Christ Church Cathedral or the Castle Chapel) and, on the other hand, it illuminates the role of the plate itself in the celebration of the Eucharist or Holy Communion. Altar plate today is generally plain and functional and for most Eucharistic celebrations the chalice and paten are covered by a burse and veil, while the alms dish and flagon are placed on an adjoining credence table out of sight of the congregation. The Chapel Royal suite of plate is highly decorated because it was designed to be seen in both aesthetic and liturgical terms, as is shown by a late nineteenth-century photograph of it in situ (fig. 7.11). The seventeenth and early eighteenth-century altar would usually have been covered in thick velvet or brocade. In larger parish churches and cathedrals a reredos behind the altar would have been used to display candlesticks and alms dishes. The candlesticks would have contained good quality beeswax candles, which would have been lit for the service. Between the candlesticks there would have been a large decorated alms dish, and the decorated flagons would frequently have remained on the altar during the celebration of the Eucharist. This arrangement, with the altar table against the reredos, allowed for an ostentatious display of plate. An illustration in Hilary Pyle's history of the Book of Common Prayer in the Church of Ireland shows a late seventeenth-century brocade-covered altar with flagons, alms dish and footed paten (fig. 7.12).[6] A comparable illustration in Percy Dearmer's *The Parson's Handbook* of 1931 shows a similar altar with candlesticks and large alms dish, which would typically be seen during a non-Eucharistic service such as matins or evensong (fig. 7.13).

Questions regarding the origin and history of the chapel plate seem to have arisen in the early 1900s. Following the theft, in 1907, of the insignia of the Grand Master of the Order of St Patrick, commonly called the Irish Crown Jewels, security in Dublin Castle, especially that of valuable artefacts, was considerably improved. In January 1908 a new safe for the storage of the chapel plate was installed in the sitting room of the chapel keeper, Charles Bryant.[7] According to Reginald Godfrey Michael Webster, who was dean of the Chapel Royal at the time, the keeper's duties included being in charge of the chapel and its contents, including 'furniture, books, plate, & c.'[8] Webster was advised to furnish the viceroy with a list of the church plate and suggestions as to 'the best course for adoption to ensure the proper care and safe custody of this plate.'[9] He wrote to the assistant under-secretary on 15 February 1908 and outlined the history of the plate as he knew it. 'The plate', he stated, 'was presented by King William III after the Battle of the Boyne, it is dated 1698. It was transferred from Ch[rist] Ch[urch] Cath[edral] about the year 1814.'[10] The next section of the dean's letter has been crossed out but reads 'I am surprised to learn that no record can be found of the transference of this plate from Ch[rist] Ch[urch] Cath[edral] to the CR [Chapel Royal] which I estimate happened about the year 1814.'[11]

On St Stephen's Day, 1913, the Rev. John Robinson, honorary clerical vicar of Christ Church Cathedral, gave a lecture on the history of the cathedral, which was reported in *The Irish Times* on 27 December. Robinson stated that 'King William of Orange presented to the Cathedral the splendid service of gold plate, bearing his Royal arms, which has since been lent to the Castle chapel.'[12] The Robinson lecture elicited some excitement in the press. A letter from one R.K.W. requested information as to when the plate had been lent to the Chapel Royal and observed:

> These splendid gifts worthy of the great Monarch, were not intended for the wretched apartment called a Domestic Chapel, which he [the king] never saw or heard of.

4. H.J. Lawlor & M.S. Dudley Westropp, 'The Chapel of Dublin Castle', *Journal of the Royal Society of Antiquaries of Ireland*, 13:1 (30 June 1923), 72–73. **5.** Ibid. pl. viii. **6.** Hilary Pyle, *You can say that again: Common prayer in the Church of Ireland* (Dublin, 1977), p.44. **7.** Copy of letter to H. Williams from Dean Reginald Webster, 31 Jan. 1908, Papers relating to the Chapel Royal, Dublin Castle 1822–1922, Public Record Office of Northern Ireland, MIC 448/109. **8.** Ibid. **9.** Copy of letter to Dean Reginald Webster from L.L. Dowdall, 14 Feb. 1908, Papers relating to the Chapel Royal, Dublin Castle 1822–1922, Public Record Office of Northern Ireland, MIC 448/109. **10.** Copy of letter to L.L. Dowdall from Dean Reginald Webster, 15 Feb. 1908, Papers relating to the Chapel Royal, Dublin Castle 1822–1922, Public Record Office of Northern Ireland, MIC 448/109. **11.** Ibid. **12.** *Irish Times*, 27 Dec. 1913.

Fig 7.2: Large alms dish, collection of Williamite plate, c. 1694–99 (formerly in Chapel Royal, Dublin Castle). Courtesy of Christ Church Cathedral, photograph by David Davison.

Fig 7.3: Large alms dish, collection of Williamite plate, c. 1694–99 (detail, formerly in Chapel Royal, Dublin Castle). Courtesy of Christ Church Cathedral, photograph by David Davison.

Fig 7.4: Footed paten, collection of Williamite plate, c. 1697–99 (formerly in Chapel Royal, Dublin Castle). Courtesy of Christ Church Cathedral, photograph by David Davison.

Fig 7.5: Small alms dish, collection of Williamite plate, c. 1697–99 (formerly in Chapel Royal, Dublin Castle). Courtesy of Christ Church Cathedral, photograph by David Davison.

Fig 7.6: Chalice and cover, collection of Williamite plate, 1698–99 (formerly in Chapel Royal, Dublin Castle). Courtesy of Christ Church Cathedral, photograph by David Davison.

How, and when, they [the plate] made their way from the Cathedral to the Chapel Royal no one seems to know... I presume Christ Church will never see again its legitimate plate.[13]

Also writing to *The Irish Times*, Charles Mease, who became dean of the Chapel Royal in 1913, noted that the plate was originally presented to Christ Church, which was then the designated place for royal worship, and in 1814 was moved to the new Castle Chapel. Dean Mease noted that although Robinson used the word 'lent' in his lecture, he personally would have preferred the word 'transferred' until some evidence was forthcoming that 'the transference was ever intended to be a loan.'[14] Robinson, in his response to the two letters, recalled that the architect Sir Thomas Drew (1838–1910) had informed him that the plate was given on loan to the Castle Chapel for the opening service on Christmas Day, 1814.[15]

On 2 January 1914, Morgan Hammick, who had been a minor canon of Christ Church Cathedral between 1896 and 1908 wrote to the editor of *The Daily Express* in an attempt to clarify matters:

> With reference to Christ Church there is no question whatever that the Cathedral was the Chapel Royal of Dublin down to the opening of the present Chapel in Dublin Castle, and all official functions were held within its walls. It was to Christ Church and no other that King William made his offering of plate. Whether an offering presented to any particular church can be alienated to another building is a question which I leave to others to answer. The late Sir Thomas Drew was always of opinion that the Royal plate was never officially given up by Christ Church but was merely lent on the authority of the then Dean for the opening service of the present Chapel. Some years ago I carefully examined the Chapter Acts of Christ Church but could find no reference or note of any kind on the subject. This so far bears out Sir Thomas's view, that one can hardly fancy that such a valuable possession as the Royal plate would be resigned to other keeping without some reference being made to such a transaction in the Cathedral records.[16]

It seems quite plausible that the appearance of numerous letters in the daily newspapers may have prompted the dean and chapter of Christ Church to suggest that the time had come to try to secure custody of the plate from the Chapel Royal. On 27 January 1914, Henry Herrick, who was clerical vicar of Christ Church Cathedral from 1913 to 1914, wrote to Dean Mease at the Chapel Royal on the instruction of the dean and chapter at Christ Church, seeking an assurance that the plate would return to the care of the cathedral. Herrick observed that it was 'far from being the desire of the Dean and Chapter to take any steps towards recovering the plate for the cathedral' so long as it was used 'in the Service of the Church of Ireland.'[17] He continued:

> In view of the possibility of a change in the political Government of Ireland, and also of the Church of Ireland Service being discontinued in the chapel of Dublin Castle,

---

13. *Irish Times*, 30 Dec. 1913. **14.** Ibid. **15.** *Irish Times*, 31 Dec. 1913. **16.** *Daily Express*, 2 Jan. 1914. **17.** Copy of letter to Dean Charles Mease from Henry Herrick, 27 Jan. 1914, Papers relating to the Chapel Royal, Dublin Castle 1822–1922, Public Record Office of Northern Ireland, MIC 448/109.

Fig 7.7: Candlesticks, collection of Williamite plate, 1698–99 (formerly in Chapel Royal, Dublin Castle). Courtesy of Christ Church Cathedral, photograph by David Davison.

the Dean and Chapter are of the opinion that, if such a regrettable event takes place, the Royal Plate should be restored to the Cathedral.[18]

Dean Mease was quick to hint at the fallacy of making a rash pledge based purely on speculation about the future status of Ireland within the United Kingdom. In reply, he observed that the discontinuance of the chapel services 'may never arise' and that, should it do so, it would then be appropriate to consider the matter.[19]

Correspondence between the Chapel Royal and Christ Church Cathedral continued, with the tone of the exchanges becoming noticeably fraught. On 21 February 1914, Mease appears to have blamed Robinson's lecture, and by association the Dean of Christ Church, who had invited Robinson to give it, for causing the consternation surrounding the plate. 'Additional weight', he complained, was given to Robinson's words by the fact that the Dean of Christ Church had 'introduced Mr Robinson to the assembled citizens of Dublin as one who knew as much of the history of the Cathedral as any man living. That is what began the controversy.'[20]

The cathedral responded on 3 March by attempting to force Mease's hand. Its chapter issued a resolution declaring that the matter was one of 'pressing urgency' and did not 'admit of postponement.'[21] Despite this pressure, Mease continued to prevaricate. His response was recorded on an undated letter drafted on headed paper from the Viceregal Lodge, Dublin, and stated that he had 'no power to give the pledge asked for by the Dean and Chapter of Christ Church', the carrying out of which would require 'further authority' than his own.[22]

On 9 March, in a bid to diffuse the situation, the chief secretary's office resolved to instruct James Mills, Deputy Keeper of the Records at the Public Record Office to conduct a search of relevant papers, in the hope of discovering how the plate had come to be in the Chapel Royal at Dublin Castle. Ten days later Mills responded, stating that no useful record had been found.[23] A note from the chief secretary's office to the viceroy, John Campbell Gordon, 7th Earl of Aberdeen, on 20 March 1914 confirmed that there was 'no evidence at all' within that office as to how the plate found its way to the Chapel Royal.[24] The viceroy was advised to take no further action unless Christ Church made 'some more of the matter.'[25]

A little over a year later it appeared that Christ Church was indeed preparing to make more of the matter. In April 1915 the dean and chapter commissioned a detailed report

18. Ibid. **19.** Copy of letter to Henry Herrick from Dean Charles Mease, [10] February 1914, Papers relating to the Chapel Royal, Dublin Castle 1822–1922, Public Record Office of Northern Ireland, MIC 448/109. **20.** Letter to Christ Church Cathedral from Dean Charles Mease, 21 Feb. 1914, Papers relating to the Plate of the Chapel Royal, 1913–23, Representative Church Body Library, Dublin, C6/5/5/3. **21.** Copy of resolution passed by the Dean and Chapter of Christ Church Cathedral, Dublin, 3 Mar. 1914, Papers relating to the Chapel Royal, Dublin Castle 1822–1922, Public Record Office of Northern Ireland, MIC 448/109. **22.** Copy of draft of letter to Christ Church Cathedral from Dean Charles Mease, undated [1914], Papers relating to the Chapel Royal, Dublin Castle 1822–1922, Public Record Office of Northern Ireland, MIC 448/109. **23.** Copy of letter to the Office of the Under-secretary from James Mills, 19 Mar. 1914, Papers relating to the Chapel Royal, Dublin Castle 1822–1922, Public Record Office of Northern Ireland, MIC 448/109. **24.** Copy of note to the viceroy from the Office of the Chief Secretary, 20 Mar, 1914, Papers relating to the Chapel Royal, Dublin Castle 1822–1922, Public Record Office of Northern Ireland, MIC 448/109. **25.** Ibid.

Fig 7.8: Candlesticks, collection of Williamite plate, 1698–99 (detail, formerly in Chapel Royal, Dublin Castle). Courtesy of Christ Church Cathedral, photograph by David Davison.

on the plate. The report concluded that no details could be found 'either as to its previous existence in this cathedral, or as to when it came into the possession of the castle chapel; or by what means it came there.'[26] It pointed out that the only reference to the plate was found in William Butler's guide book to the cathedral, written in 1901, which stated that 'when the present Chapel at the Castle was built & opened in 1814 Christ Church ceased to be used as the Chapel Royal and the plate was transferred to the new building.'[27] The authors of the report then noted that the information in the guide book, according to Rev. Robinson, came from the late Sir Thomas Drew.[28] Drew's source for this information is still unknown.

The matter of the royal plate appears to have lapsed following the 1915 report. It did not resurface again until 1922 when an undated memorandum from John Gregg, Archbishop of Dublin, posed several questions, the hasty phrasing of which may suggest a sense of urgency precipitated by the onset of Irish independence:

> What about the plate and is it safe at the present time where it is? Does H.E. [his Excellency, the viceroy] know anything about the future of the C.R. [Chapel Royal] & is it likely to be kept going & if closed to us, will the present officials be compensated[?] If H.E. gives permission to have the plate removed & approves it is claimed as belonging to the Church of Ireland[?].[29]

Shortly afterwards the viceroy, Edmund Bernard FitzAlan Howard, 1st Viscount FitzAlan, requested that the dean of Christ Church take charge of and safeguard the plate in the cathedral, where it would be in 'more secure keeping' than it was 'at present.'[30] He continued: 'Whether property in the plate is vested in His Majesty the King or whether it belongs to the Church of Ireland Body is a matter for authoritative decision which will be sought hereafter.'[31] The dean and chapter of Christ Church were advised that the viceroy would not stipulate that the plate had to be kept on the actual cathedral premises but that, if a decision were to be taken to move the plate to some other safe location, 'His Excellency would be glad to have an opportunity of considering as an alternative course the transfer of the plate to safe custody in London.'[32] On 7 June 1922, the dean of Christ Church wrote to Sir James MacMahon, the viceroy's private secretary, stating that he would be happy to receive the communion plate into the cathedral's care. He confirmed that he would personally receive the plate in the chapter house either on Thursday 8 June, or on the following day.[33]

Dublin Castle was formally handed over to the new provisional government of the Irish Free State on 16 January 1922. Despite the exodus of the old regime services continued to be held in the Chapel Royal until Christmas Day of that year. Discussions over the origins

26. Report on the King William Communion Plate, 6 Apr. 1915, Papers relating to the Plate of the Chapel Royal, 1913–23, Representative Church Body Library, Dublin, C6/5/5/9. **28.** Ibid. **29.** Copy of memo from Archbishop John Gregg, undated [1922], Papers relating to the Chapel Royal, Dublin Castle 1822–1922, Public Record Office of Northern Ireland, MIC 448/109. **30.** Letter to Dean Herbert Brownlow Kennedy from James MacMahon, 8 May 1922, Papers relating to the Plate of the Chapel Royal, 1913–23, Representative Church Body Library, Dublin, C6/5/5/11. **31.** Ibid **32.** Letter to Archbishop John Gregg from James MacMahon, 15 May 1922, Papers relating to the Plate of the Chapel Royal, 1913–23, Representative Church Body Library, Dublin, C6/5/5/11. **33.** Letter to James MacMahon from Dean Herbert Brownlow Kennedy, 7 June 1922, Papers relating to the Plate of the Chapel Royal, 1913–23, Representative Church Body Library, Dublin, C6/5/5/17.

Fig 7.9: Flagons, collection of Williamite plate, c. 1697–99 (formerly in Chapel Royal, Dublin Castle). Courtesy of Christ Church Cathedral, photograph by David Davison.

Fig 7.10: Flagons, collection of Williamite plate, c. 1697–99 (detail, formerly in Chapel Royal, Dublin Castle). Courtesy of Christ Church Cathedral, photograph by David Davison.

Fig 7.11: Interior view of Chapel Royal, Dublin Castle, 1860–62. Courtesy of the National Library of Ireland.

of the chapel plate continued long after services came to an end. On 15 May 1923, Hugh Jackson Lawlor, the last subdean of the Chapel Royal, read a paper to the Royal Society of Antiquaries of Ireland (RSAI), in which he noted that the plate had certainly been presented to 'some church in or after 1698.'[34] Five years later to the day, Lawlor read a supplementary paper to the RSAI. He noted that in 1687, James II gave a gift of plate to the 'Chapel Royal' in Dublin, and questioned whether this was Christ Church or the Castle Chapel.[35] He observed that when the cathedral was mentioned in contemporary accounts, he could not 'recall any document of authority in which Christ Church' was 'styled with this simple name [Chapel Royal].'[36] Based on this evidence, Lawlor suspected that James II's gifts of plate and ornaments went to the Castle Chapel rather than to Christ Church. He further suggested that, by the same convention, William III, when donating his set of plate to the place of royal worhip in Dublin, just eleven years later, in 1698, would likewise have selected the Castle Chapel rather than Christ Church Cathedral.

34. H.J. Lawlor & M.S. Dudley Westropp, 'The Chapel of Dublin Castle', *Journal of the Royal Society of Antiquaries of Ireland,* 13:1 (30 June 1923), 66. **35.** H.J. Lawlor, 'The Chapel of Dublin Castle', *Journal of the Royal Society of Antiquaries of Ireland,* 18:1 (30 June 1928), 45. **36.** Ibid, 49.

Fig 7.12: Unknown artist, *A Seventeenth-Century Altar with Plate,* undated, engraving. From Hilary Pyle, *You can say that again: Common Prayer in the Church of Ireland.*

Fig 7.13: Unknown artist, *Altar Table with Plate,* undated, engraving. From Percy Dearmer, *The Parson's Handbook.*

Following the Lawlor articles very little was written about the royal plate in Christ Church Cathedral apart from cursory notes in successive guidebooks. It is clear that the definitive account of the history of the plate may never be told due to a lack of documentary evidence. The general belief that the plate was presented by King William III to Christ Church Cathedral in or around 1698 cannot be upheld by any written proof in the cathedral or castle records. No documentary evidence has come to light to show that the plate was removed from cathedral custody in 1814 and sent to the newly built Castle Chapel; indeed it is puzzling that the cathedral dean and chapter would agree to hand over one of their finest treasures. The only account of this transaction is the oral testimony of Sir Thomas Drew. Whatever the truth, which may never be known, it is to the credit of the dean and chapter of the day and the last viceroy, Lord FitzAlan Howard, that one of the country's finest ecclesiastical treasures remained in Ireland and was preserved for all to admire and enjoy.

'Throw open those privileged pens'
The changing face of the Chapel Royal, 1815–2015

Myles Campbell

Dean Swift, I deem it somewhat hard,

Thy head should deck the castle yard!

... But, if thou'rt destined to remain,

Breathe, tho' in stone, the patriot strain;

... And guard thy Ireland, to the close,

From foreign and domestic foes.[1]

Conspicuous in countenance and prominently positioned, the stone head of Jonathan Swift high above the north doorway to the Chapel Royal at Dublin Castle has long been an eye-catcher (fig. 8.1). In 1831 it attracted the attention of the above commentator who helped to establish it as an architectural leitmotif for the entire castle: a watchful, inanimate Janus, sentinel of national interest. The parallel between Dublin Castle and Janus, the two-faced Roman god of doorways, is particularly resonant in relation to national interest. As a constituent part of the United Kingdom for some thirty years, Ireland had itself become a dualistic nation by 1831. Like Dublin Castle, it was now an entity with two faces, one of which was turned to London, the other to Dublin. Since the Act of Union of 1801 it had been ruled from Westminster via a proxy court, which centred on the viceroy at Dublin Castle. Throughout the eighteenth century the lacklustre setting of Dublin Castle had often been bemoaned and ridiculed, with one critic deriding it as nothing more than a 'sham court.'[2] However, in the years following the Union, it found that its Irish face came under increased scrutiny, particularly as it adapted to the novel prospect of regular royal visits.[3] Cosmetic improvements to the castle were called for. At least partly in response to this, the State Apartments were aggrandized and the present Chapel Royal was constructed between 1807 and 1814. From the first royal visit of King George IV in September 1821 to the departure of the last viceroy in January 1922, and beyond, the Chapel Royal has served as a mirror to the changing faces of Ireland's political administration.[4] Despite the originality of its current appearance, it has yielded to a surprising number of alterations over time. These developments can be examined as a means of understanding the changing face of Ireland, as it expressed itself across two centuries, beneath the unchanging gaze of Swift.

---

1. *Morning Chronicle*, 23 Aug. 1831. **2.** Edward McParland, *Public Architecture in Ireland 1680–1760* (London, 2001), p. 6. **3.** The union of Ireland and Britain had given licence to the kind of infrastructural improvements that would make royal visits more convenient and frequent. Significant improvements in transport and communications between Ireland and Britain included Thomas Telford's new 'Holyhead Road' from London to the port of Holyhead, which was completed in 1826; the introduction of the Uniform Penny Post across the United Kingdom on 10 January 1840; and the advent of rail transport in Britain and Ireland in the 1820s and 1830s respectively. **4.** For an account of the service attended by George IV in the Chapel Royal on 2 September 1821 see *Freeman's Journal*, 3 Sept. 1821.

Fig 8.1: Chapel Royal, Dublin Castle, 1807–14, north elevation (detail of Jonathan Swift). Photograph by David Davison.

Sufficiently complete though the new chapel was for its opening service on Christmas Day, 1814, it was unfinished. Records of Board of Works expenditure show that in addition to the £42,350 already spent on the chapel by the end 1814, a further £8,510 1*s.* 10*d.* was allocated to it in the following year.[5] Combined, the two figures brought the total cost of the building close to £50,000. That the expenditure on the new chapel was roughly equal to that of the new General Post Office on Sackville Street, a building several time its size, conveys the enormity of the statement intended to be made by the viceregal administration.[6] Through the novelty of its Gothic Revival style, the durability of its limestone façade and the richness of its interior, it spoke of innovation, permanency and pretension, albeit with the idiosyncratic accent lent by a timber interior disguised as stone.

The precise allocation of the additional expenditure of 1815 is not entirely clear. At least £540 12*s.* 3*d.* had been paid to the Dublin cabinetmakers Mack, Williams and Gibton for upholstery by 8 December.[7] Various stained-glass artists also received instalments for their work up until June 1816. While extensive sums had apparently been lavished on interior

Fig 8.2: Joshua Bradley (possibly with James Donavan), *The Four Evangelists*, east window, Chapel Royal, Dublin Castle, 1815, stained glass. Photograph by David Davison.

ornament during construction, a more parsimonious approach was taken to the provision of stained glass. A feature of this thriftiness was the use of transparencies, which were usually temporary painted-glass installations that provided a short-term aesthetic enhancement. £17 1s. 3d. was paid to J.J. Russell on 30 December 1814 'for 3 transparent Paintings in imitation of Stained Glass' and an additional £26 3s. 3d. was forwarded to him on 9 March 1815 'for Transparencies.'[8] Russell's work does not appear to correspond with any of the surviving glass in the chapel. It can be presumed to have been hastily erected in time for the opening of the building and later discarded.

The most easily identifiable glass provided for the chapel in 1815 and 1816 is that by the obscure glassmaker and china painter Joshua Bradley (fl. 1810s–20s). It makes up part of the great east window at the rear of the chancel. He is thought to have been responsible for the seven lights above and below the fifteenth-century continental glass in the central register of the window, which was donated by the then viceroy, Charles, Viscount Whitworth. Bradley's signature appears beneath the figure of St John, one of the four evangelists depicted in the lower register. It is accompanied by the date 1815. Bradley was paid a total of £182 for his work, a sizeable sum that has been thought to reflect his status as 'the most important stained-glass artist employed on the Castle Chapel.'[9] However, this sum more likely pertains to the quantity, and not the quality of his work, which, though bold in effect when viewed from afar, is somewhat

5. *Freeman's Journal*, 20 Aug. 1817. **6.** Sackville Street is today known as O'Connell Street. **7.** Angela Alexander, 'A Firm of Dublin Cabinet-Makers: Mack, Williams & Gibton', *Irish Arts Review*, 11:142 (1995), 147. **8.** Michael Wynne, 'Stained Glass in Ireland' (PhD, TCD, 1975), p. 124. **9.** Ibid., p. 126.

Fig 8.3: Unknown artist, *Interior of the Chapel Royal, Dublin Castle*, 1849, engraving. From *The Illustrated London News*, 11 August 1849.

stylized and heavy-handed. Its deficiencies are highlighted by the looser and more painterly rendering of St Matthew, which differs from the three other evangelists (fig. 8.2). A set of four evangelists was also produced by Bradley for St Columba's Church, Swords, Co. Dublin in 1817. With the notable exception of St Matthew, they are virtually identical to his evangelists at the Chapel Royal. The St Matthew panel at the Chapel Royal can hardly be attributed to Bradley. It is very likely the 'Painting of St Mathew' commissioned from the glassmaker James Donavan (alternatively Donovan) for £45 10s. 0d., in the same period.[10] The reason for Donavan's involvement in a scheme that was otherwise entirely the work of Bradley, remains to be established.

Joshua Bradley was not reluctant to use his Chapel Royal panels in a bid to solicit patronage. In 1820 he repeatedly advertised 'Cathedral, Church and Chapel Windows Manufactured in Stained Glass, at a more moderate price than any House in the United Kingdom; specimens of which may be seen ... at the Castle Chapel.'[11] His emphasis on value over quality may explain the attractiveness of his estimates to the Board of Works. By 1815 the Board had become perturbed by the extent to which the cost of the new chapel had grossly exceeded the initial estimate of £9,532 16s. 8d.[12] As early as 17 May the year before they had written to the architect, Francis Johnston (1760–1829), refusing his request for extra resources to complete the Portland stone floor, adding with a hint of petulance that the estimates for doing so had already 'been calculated on fair and liberal terms.'[13] The competitive rates offered by Bradley, at a time of growing economic retrenchment within the Board of Works, although beneficial to winning him commissions, were not profitable in the long run and by 1837 he was listed as an insolvent debtor.[14]

Viewed collectively, the completion of the new chapel with rather pedestrian stained glass and cheap transparencies, coupled with attempts to cut down on escalating costs, reflects a burgeoning financial rectitude at the heart of Lord Whitworth's administration. As with all holders of the office of viceroy, Whitworth enjoyed the privilege of personally approving or vetoing proposed changes to the chapel and the castle complex. That he sanctioned cheaper options endorses contemporary praise for the 'prudence and justice' of his administration.[15] It serves as a reminder of the viceroy's power as a patron of public architecture and protector of the public purse.

'Considerable improvements' of an unspecified nature, which may have related to the relocation of the choir from the gallery to new stalls in the nave, necessitated the temporary

10. Ibid., p. 124. For more information on James Donovan see Mairead Reynolds, 'James Donovan: "The Emperor of China"', *Irish Arts Review*, 2:3 (Autumn, 1985), 28–36. **11.** *Freeman's Journal*, 10 June 1820. **12.** Minute recording Francis Johnston's estimate for building of the Chapel Royal, 10 Mar. 1807, Board of Works Minute Book, National Archives of Ireland, OPW 1/1/1/2. **13.** Letter to Francis Johnston from R. Robinson, 17 May 1814, Board of Works Letter Book, National Archives of Ireland, OPW 1/1/2/2. **14.** *Freeman's Journal*, 4 Apr. 1837. In November 1863, a representative of John Hardman and Company prepared a sketch to replace Bradley's evangelist panels (see estimate for stained-glass window by John Hardman & Co., 11 Nov. 1863, Estimates Book, Earley & Co. Archives, National Irish Visual Arts Library, Box 3). In the event, only cosmetic improvements to Bradley's panels seem to have been carried out. These included areas of repainting, one of which features an enlarged version of Bradley's signature. **15.** Roland Thorne, 'Whitworth, Charles, Earl Whitworth (1752–1825)' in H.C.G. Matthew & Brian Harrison (eds), *Oxford Dictionary of National Biography* (Oxford, 2004), vol. 58, p. 783.

Fig 8.4: James Mahony, *The Nave of the Chapel Royal, Dublin Castle*, 1854, graphite and watercolour on paper. Photo © National Gallery of Ireland.

closure of the chapel in 1829. Otherwise it remained largely unchanged in its first forty years.[16] One slightly more superficial intervention documented in these early years was a revision of the protocols governing the allocation of gallery seating which, hitherto, had been reserved strictly for members of the extended viceregal court. Regular occupants of the twelve gallery box pews included the chief secretary, lord chancellor, peers and peeresses. Seated aloft, they enjoyed commodious surroundings trimmed with rich crimson hangings (see fig. 4.2); their stations announced by a brass plaque on the hinged door of each box.

Adding a still more exclusive note to this theatrical hierarchy, the projecting central box pews either side of the nave afforded viceroy and archbishop the most prominent vantage points from which to observe the dean in his pulpit, thereby making them players of equal import in this ensemble. In 1838, a decree issued by the viceroy, Constantine Henry Phipps, 1st Marquess of Normanby, represented the first antidote to this cocktail of pomp and piety. Seeking to arrest the embarrassing tardiness of some members of his extended household, he demanded that their private boxes be opened to the ordinary congregation below if they had not taken their seats upon the commencement of divine service. The nationalistic correspondent of *The Freeman's Journal* waxed lyrical, making a mockery of what he saw as the viceroy's trifles. 'Will it be believed', he wrote, '[that] this leveller has actually issued an order to throw open those privileged pens to the public when they are unoccupied by the regular tenants ... Here is a palpable huddling together of all order and gentility.'[17] The farmyard associations of the word 'pens' suggests that by the early Victorian period, the trivial twists in the long-running saga of state ceremony at the Chapel Royal had acquired all the hubris of a comedy of errors. A new era of reform was about to dawn, with the arrival of a radical new viceroy.

More than that of any other incumbent, the legacy of George Howard, 7th Earl of Carlisle at the Chapel Royal shows how much personal influence a viceroy could exercise over the architecture of the court at Dublin Castle, if he was minded to do so. Lord Carlisle served as viceroy from 1855 to 1858 and, after a break of just over one year, returned to office for a second term between 1859 and 1864. Throughout the period, he personally instigated a series of ambitious changes to the building. Two interior views convey a sense of how the chapel looked before these sweeping changes began. The first is an engraved view of the nave, aisles and galleries, published in 1849 (fig. 8.3). Although deficient in terms of its scale and some of its details, it depicts the interior much as it was when the chapel was finished in 1815. A brief description accompanying the image lauded the interior as 'extremely elaborate', but was critical of the preponderance of plasterwork, which was said to have been included at the expense of 'the good old free hand-carving of real Gothic churches.'[18] The swing in taste towards a more robust, solid, muscular form of Gothic Revival architecture, influenced by A.W.N. Pugin (1812–52), had already begun to taint the chapel with associations of flimsiness and artifice.

A second contemporary view, a watercolour by James Mahony (c. 1816–59) who is known for his 'extremely competent' paintings of Queen Victoria's visit to Dublin's Great Industrial

16. *Freeman's Journal*, 4 Nov. 1829. **17.** *Freeman's Journal*, 20 Apr. 1838. **18.** *Illustrated London News*, 11 Aug. 1849.

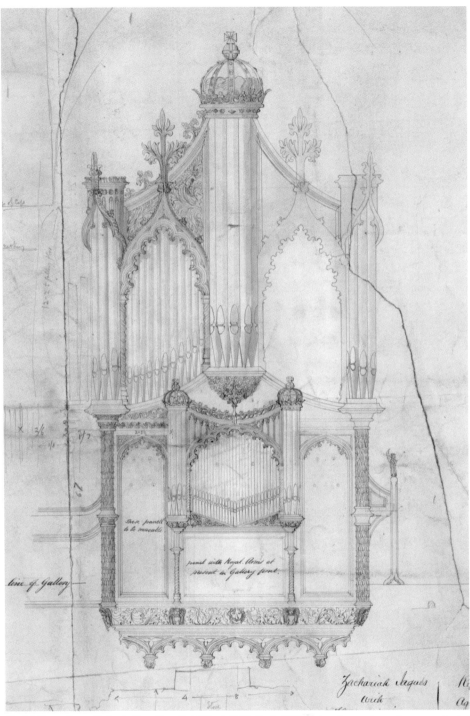

Fig 8.5: James Owen, *Design for Organ Case, Chapel Royal, Dublin Castle,* 1856, watercolour and pencil on paper (detail). Courtesy of the Office of Public Works.

Fig 8.6: James Owen and Zachariah Jaques, organ case, Chapel Royal, Dublin Castle, 1857. Photograph by David Davison.

Fig 8.7: Chapel Royal, Dublin Castle, organ case, 1857 (detail). Photograph by David Davison.

Exhibition of 1853 is dated 1854 (fig. 8.4).[19] Mahony's competence has provided a reliable and atmospheric record of the interior on the eve of its high Victorian transformation under Lord Carlisle. The original pew benches, choir, pulpit and viceregal canopy were all still in place, but the crimson fabric that lined the top of the gallery apron on the viceroy's box had been removed. Far less subtle interventions were about to follow.

Carlisle's first act was the dismantling of the original organ in favour of a new, larger replacement made by William Telford and fronted by an elaborately carved and painted case (see fig. 6.4). It was reported on 17 September 1856 that the chapel had closed to facilitate the building of the new instrument.[20] Five months later Carlisle presided over the reopening ceremony, praising 'the excellent character of the organ', which was 'spoken of in the highest terms by some of the most competent judges.'[21] The magnificent oak case features emblematic carvings of Scottish thistles, English roses and Irish shamrocks, which also appear throughout the State Apartments at Dublin Castle, reflecting the regal connotations of the spaces. This virtuoso work was carried out by Zachariah Jaques, a little-known wood-carver of French origin based in Upper Abbey Street, Dublin. Jaques understandably took umbrage at being omitted from the newspaper reports on the new organ and wrote to *The Freeman's Journal* to correct the record.[22] He was one of two artisans who submitted tenders for the job. His estimate of £160, which was submitted to the Board of Works by January 1856, was £44 less than that prepared by one Thomas Marshall.[23] Jaques was duly commissioned to carry out the carving to a design by the Board of Works architect James Owen (1822–91), the drawing for which corresponds closely with the finished article (fig. 8.5).

Some minor differences between the finished organ and Owen's design, most notably the head of Eve and two serpents that nestle within the foliage, suggest that Jaques may have enjoyed a certain level of creative lattitude (figs 8.6, 8.7). In this respect they echo the unusual tradition of inventive figurative craftsmanship begun at the chapel by Edward Smyth (1749–1812) and John Smyth (c. 1773–1840). Together with Jaques's confidence in writing to the newspaper to demand public recognition for his work, they highlight the contemporary appetite for the emancipation of craft and the growth in status of the craftsman.

Buoyed by the enthusiastic reception of his first major adjustments to the chapel, Carlisle set about having the imposing double-height oak pulpit removed from its prominent central position in front of the chancel (see fig. 2.12). The original pulpit has been described as 'unabashedly Protestant in that it is supported, literally as well as figuratively, by a Bible; has a capital representing the Evangelists; and carries the arms of … Henry VIII, Edward VI, Elizabeth I, and William III' (fig. 8.8).[24] For Thomas Cromwell, writing in 1820, it commemorated 'the four great royal supporters of the reformed religion.'[25] By 19 November 1859, the firm of Hardman and Company had been engaged to carve a new, smaller pulpit in Caen stone to a design by James Owen, 'as approved by his Excellency, the Lord Lieutenant.'[26] The cost was £100.[27] The appeal by the Board of Works for the creation of the pulpit with 'the least possible delay' seems to hint at Carlisle's impatience for change and, remarkably, it was in place by the end of January 1860 (fig. 8.9).[28]

Positioned not in the centre of the nave but to the extreme left of the chancel, as viewed from the west, the new polygonal pulpit marked a major departure from the emphasis on the Bible and the word of God as the focus of the service. It was relegated to the fringe of the chancel so that the communion table that had once been obscured was now left 'completely in view of the congregation' (see fig. 7.11).[29] Featuring comparatively anodyne representations of the evangelists and anonymous angels, rather than the royal espousers of Protestantism, and positioned in a manner that diverted attention towards the Eucharist, it was conspicuously less Anglican and more Roman Catholic than its predecessor. To coincide with its unveiling, the choir boxes were moved back flush against the aisle pews, further enhancing the view of the communion table. The entire ceiling was also transformed with a coat of azure-blue paint embellished with gold stars, thereby contrasting boldly with the more monochromatic scheme befitting of a contemporary Anglican chapel. This scheme represented one of the

19. Anne Crookshank & the Knight of Glin, *Ireland's Painters 1600–1940* (London, 2002), p. 203. **20.** *Freeman's Journal*, 17 Sept. 1856. **21.** *Freeman's Journal*, 18 Feb. 1857. **22.** *Freeman's Journal*, 26 Feb. 1857. **23.** Minute recording tenders for new organ at Chapel Royal, 24 Jan. 1856, Board of Works Minute Book, National Archives of Ireland, OPW 1/1/1/18. **24.** Douglas Scott Richardson, *Gothic Revival Architecture in Ireland* (London, 1983), vol. 1, p. 61. **25.** Thomas Cromwell, *Excursions through Ireland* (London, 1820), p. 61. **26.** Letter to Messrs Hardman & Co. from the Board of Works, confirming commission for new pulpit at the Chapel Royal, 17 Nov. 1859, Board of Works Letter Book, National Archives of Ireland, OPW 1/1/2/23. **27.** Entry in the cash book of Earley & Powell, representatives of Hardman & Co., 21 Mar. 1860, Cash Book, Earley & Co. Archives, National Irish Visual Arts Library, Box 4. **28.** Letter to Messrs Hardman & Co. from the Board of Works, confirming commission for new pulpit at the Chapel Royal, 17 Nov. 1859. **29.** *Irish Times and Daily Advertiser*, 24 Jan. 1860.

Fig 8.8: St. Werburgh's Church, Dublin, pulpit, 1807–14 (detail, formerly in Chapel Royal, Dublin Castle). Photograph by David Davison.

Fig 8.9: View of pulpit, Chapel Royal, Dublin Castle, c. 1860–83. Courtesy of the National Library of Ireland.

earliest commissions for the church-decorating firm Earley and Powell of Dublin, which also executed decorative paintings on the aisle ceilings. No record of these paintings is known to exist but they must have been extensive and intricate, as they cost £100; the same sum that had been spent on the elaborate new pulpit.[30] It is highly likely that they were the ornamental images of medieval saints so reviled by a critical observer in a letter to *The Irish Times*, in December 1859.[31]

Further alterations to the interior were made throughout the remainder of Lord Carlisle's viceroyalty. In the spring of 1860, having exhausted the available space for carved viceregal coats of arms on the gallery fronts and in the chancel, Carlisle commissioned a heraldic stained-glass window bearing his arms and those of his predecessor (fig. 8.10). The new window was in place by the beginning of 1861 and cost £80.[32] Henceforth it served as a

---

30. Entry in the account book of Earley & Powell, 3 Jan. 1860, Account Book, Earley & Co. Archives, National Irish Visual Arts Library, Box 1. **31.** *Irish Times*, 26 Dec. 1859. **32.** Estimate for cost of heraldic window, 16 Oct. 1860, Estimates Book, Earley & Co. Archives, National Irish Visual Arts Library, Box 3.

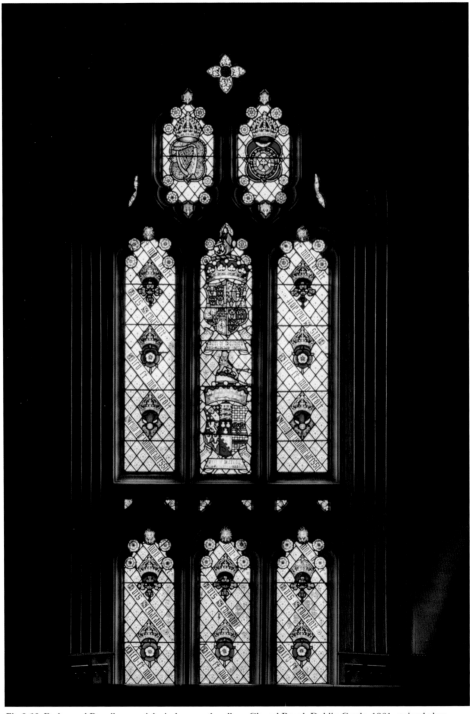

Fig 8.10: Earley and Powell, armorial window, north gallery, Chapel Royal, Dublin Castle, 1861, stained glass.
Photograph by David Davison.

Fig 8.11: Earley and Powell, *Design for Armorial Window, Chapel Royal, Dublin Castle,* c. 1860, pencil on paper. Courtesy of the National Irish Visual Arts Library.

Fig 8.12: William Holland, armorial window, chapel of Lough Fea House, Co. Monaghan, 1841, stained glass. Photograph by Myles Campbell, reproduced courtesy of Philip Shirley.

template for an entire armorial scheme of ten windows, which continued for sixty-one years until, in 1921, the arms of the last ever viceroy, Edmund Bernard FitzAlan Howard, 1st Viscount FitzAlan, prophetically filled the last available space.

Each window displays the arms of two viceroys in its central register. The lights bearing the arms are framed by two sidelights and a lower register featuring roses, thistles and shamrocks surmounted by crowns. The upper register of the windows includes one light containing the Irish harp and another featuring the emblem of the Order of St Patrick.[33] It has been established that the two final windows in the series are the work of Alfred E. Child (1875–1939) of An Túr Gloine but the authorship of the first eight was, until now, unknown.[34] The Board of Works records show that these eight windows were the work of Earley and Powell, who received Carlisle's assent to commence the series in October 1860.[35] The design for the windows survives among the Earley and Powell papers (fig. 8.11). It shows the outline forms of the two upper registers with the viceregal escutcheons left blank. These crests would be designed by the Ulster King of Arms to ensure the accuracy of the heraldic devices.[36]

Individually, the windows are of variable quality but as a whole they greatly enrich the atmosphere of the interior through the subtle diffusion of jewel-like shafts of light, enhancing the chapel's medieval pretensions. Such a large-scale profusion of armorial windows has few comparisons in Victorian Ireland. One notable exception is the glass in the chapel and great hall at Lough Fea House, Co. Monaghan, which features very similar motifs, although executed fifteen years earlier (fig. 8.12). Like Lough Fea, the chapel's windows suggest a message of British administrative permanence and continuity amidst a sea of change, whose waves of Irish nationalism were beginning to break.

Before the end of his second term as viceroy, Carlisle completed his overhaul of the chapel by overseeing the installation of gas lighting in 1860.[37] Seating, too, was reconfigured, beginning with the removal of the canopy over the viceregal pew.[38] The pew benches in the nave were removed to the State Apartments, where some of them remain today (see fig. 4.3), and replaced by a new set of Gothic Revival pews in 1862. These were the work of John and Robinson Carolin of Lower Abbey Street, Dublin and cost £68.[39] With the completion of the new seating arrangements in 1863, Carlisle's transformation of the chapel reached its conclusion. In just seven years, the interior had undergone far greater changes than in the preceding four decades. While this was welcomed by some observers, the nature of the changes, particularly their Roman Catholic overtones, was too much for more traditional Anglicans to accept. 'Can it be true', wrote one such commentator, 'that all manner of *medieval saints*, in all their *medieval glory*, are to be erected at the public expense, under the very

---

33. For a detailed record of the subject matter of the heraldic windows see Sarah Maguire, 'The Chapel Royal, Dublin Castle: Inventory and notes' (2015), Office of Public Works, Dublin Castle. **34.** Kim-Mai Mooney, 'The Dublin Castle Chapel' (BA, TCD, 1982), p. 36. **35.** Letter to Major Bagot, Dublin Castle from the Board of Works, 5 Oct. 1860, Board of Works Letter Book, National Archives of Ireland, OPW1/1/2/24. **36.** Letter to Bernard Burke, Ulster King of Arms from the Board of Works, 20 Oct. 1860, Board of Works Letter Book, National Archives of Ireland, OPW1/1/2/24. **37.** Letter to the dean of the Chapel Royal from the Board of Works, 14 Jan. 1861, Board of Works Letter Book, National Archives of Ireland, OPW1/1/2/24. **38.** 'The Castle Chapel', *Irish Builder*, 38 (1 July 1896), 143. **39.** Letter to Messrs Carolin from the Board of Works, 6 May 1862, Board of Works Letter Book, National Archives of Ireland, OPW 1/1/2/26.

Fig 8.13: C.R. Scott, Photograph of George Howard, 7th Earl of Carlisle, 1864. Castle Howard Collection.

eye of our distinguished diocesan? … When the proposed improvements (?) are completed, the church will certainly be equal to any Roman Catholic establishment; – just what the London Tractarians … call *after a high style of art* – in fact, quite heathen.'[40]

It was well known at the time that Lord Carlisle was personally responsible for prompting the alterations, with one newspaper reporting that they were made 'at the suggestion of his Excellency the Lord Lieutenant.'[41] Viewed in this light, the vitriolic response to Carlisle's works can perhaps be seen as a personal indictment of his Catholic leanings, which were also common knowledge. In a speech to the Catholic Association during a public dinner held in his honour some years earlier, Carlisle had alluded to his own family's Catholic connections and had urged those present 'to strive to conquer reluctant Protestantism, by a display of Catholic virtue.'[42] As a young MP he had made his maiden speech to the House of Commons in 1827 on the subject of Catholic emancipation and had presented numerous petitions in favour of Catholic relief in the lead up to the landmark Catholic Relief Act of 1829.[43]

Carlisle was also accused of having 'devoted himself to low-level geniality and crowd-pleasing displays' during his viceroyalty, such as wearing 'an extra-enormous bunch' of shamrock on St Patrick's Day.[44] Despite his somewhat sober expression in a coloured photograph taken in Dublin in 1864, he was one of the most broadly popular holders of the office of viceroy (fig. 8.13). However, he appears to have been regarded by some Irish Protestants as a threat to unionism, especially as he had voted for the abolition of the very position of viceroy in 1830. As such, his interventions in the Chapel Royal, particularly the removal of the overtly Protestant pulpit, were aligned with the rise of a more Catholic form of Anglican worship, known as Tractarianism, in the Irish Protestant imagination. Far from being seen merely as a series of practical and aesthetic adjustments, these changes were interpreted by ardent Protestants as an attack on their identity from within the very establishment responsible for defending it. Thus the Chapel Royal became an unlikely pawn in the game of Irish unionism versus nationalism, this latest move seen by anxious Protestants as something of an unforced error.

They could scarcely have imagined that by 1921, political expediency would have necessitated the appointment of a Roman Catholic viceroy, as a token of Britain's conciliatory attitude to the ever-louder calls for Irish independence. This gesture had only been made possible by the passing of the Government of Ireland Act of 1920, which reversed the ban on Roman Catholics holding the position of viceroy. Yet, far from placating the Irish Catholic majority, the appointment of Lord FitzAlan Howard in April 1921 only exacerbated matters. It prompted criticism from nationalist quarters, of the 'anomalous position' of the Chapel Royal, as an Anglican chapel that the new Catholic viceroy, on account of his faith, was ineligible to attend.[45] It did not help that taxpayers would also be charged even more for the new viceroy's spiritual needs than they had been for those of his predecessor.[46] Even though

40. *Irish Times and Daily Advertiser,* 26 Dec. 1859. **41.** *Irish Times and Daily Advertiser,* 24 Jan. 1860. **42.** Philip Salmon & Martin Casey, 'Howard, George William Frederick, Visct. Morpeth (1802–1864), of Howthorpe Manor, Yorks.', www.historyofparliamentonline.org, accessed 16 Mar. 2015. **43.** Ibid. **44.** K. Theodore Hoppen, 'A Question None Could Answer: "What was the Viceroyalty for?", 1800–1921' in Peter Gray & Owen Purdue (eds), *The Irish Lord Lieutenancy, c. 1541–1922* (Dublin, 2012), p. 135. **45.** *Freeman's Journal,* 28 Apr. 1921. **46.** *Irish Independent,* 29 Apr. 1921.

Fig 8.14: Viceregal throne, Chapel Royal, Dublin Castle, 1864–66. Photograph by David Davison.

a private Catholic oratory was created at the Viceregal Lodge in the Phoenix Park, Dublin, the Chapel Royal continued to remain 'a charge on the taxpayers.'[47] However, by then it mattered little. The first Roman Catholic viceroy for more than two centuries swiftly became the last ever viceroy of Ireland. On 16 January 1922 Dublin Castle was formally handed over to the new provisional Irish government by Lord FitzAlan Howard, who experienced the bittersweet honour of having to pay for his own armorial crest to complete the final stained-glass window.[48]

In the intervening years, from the time of Carlisle to that of FitzAlan Howard, the chapel had undergone few adjustments. A new pair of thrones had been introduced to the viceroy's box pew during the viceroyalty of John Wodehouse, 1st Earl of Kimberley, between 1864 and 1866 (fig. 8.14). In 1886 two altar chairs had been commissioned from T.R. Scott & Co., Dublin (fig. 8.15).[49] Both sets of seats suggest, by degrees, further shifts in taste within the viceregal court, towards less formal furnishings. Scott's altar chairs are particularly informal and their carved motifs and maxims reflect the influence of the Arts and Crafts movement. The aprons of the oak galleries had apparently been painted white at some time before 1913 but no photographic evidence of this drastic change has come to light.[50] Otherwise the building remained much as it had been left by Lord Carlisle in 1864. In the years immediately following the establishment of the Irish Free State, the chapel fell out of use following the cessation of Anglican services on Christmas Day, 1922.[51] By 1927 it had been set aside as a meeting place for the judicial commissioners of the circuit court, but it once again became disused thereafter.[52] In April 1940 its precarious position was exacerbated by the damage caused to some of its stained-glass windows following the explosion of an IRA bomb in the Lower Castle Yard.[53]

A much-needed lease of life for the chapel came in 1943 when it was re-opened, on 13 June, as a Roman Catholic garrison church for the Irish armed forces. It was a major state occasion that rivalled, and perhaps to some degree emulated, the pageantry of the chapel's earliest years. The ceremony began at 8.30am under the auspices of the state's most senior Catholic clergyman, John Charles McQuaid, Archbishop of Dublin, who began by inspecting a large guard of honour assembled in the Lower Castle Yard.[54] In attendance were Taoiseach Éamon de Valera, Tánaiste Seán T. O'Kelly and senior members of the Irish judiciary and defence forces.[55] The mood of triumphalism and national pride was captured by one contemporary observer who extolled the chapel's virtues as a foil to the trappings of the Anglican viceregal court, thereby implying an almost militaristic sense of Roman Catholic victory:

47. *Freeman's Journal*, 28 Apr. 1921. **48.** Record of order to An Túr Gloine from Sir Nevile Wilkinson, Dublin Castle, Papers of An Túr Gloine, Centre for the Study of Irish Art, National Gallery of Ireland, Work Journal no. 2, p. 9. Information courtesy of David Caron. **49.** T.R. Scott & Co. was founded by Thomas R. Scott in 1873. The company continued to manufacture furniture until the destruction of its premises on Great Strand Street by fire in April 1975. See *Irish Times*, 21 Apr. 1975. **50.** *Freeman's Journal*, 19 May 1913. **51.** *Irish Independent*, 17 Feb. 1925. **52.** *Irish Independent*, 26 Apr. 1927. **53.** *Irish Times*, 26 Apr. 1940; Diarmaid Ferriter, *The Transformation of Ireland 1900–2000* (London, 2005), p. 419. **54.** Typescript copy of events in the Church of the Most Holy Trinity, compiled by Monsignor Casey, File on Church of the Most Holy Trinity, Dublin Castle, Irish Military Archives.

Fig 8.15: T.R. Scott and Company, altar chairs, Chapel Royal, Dublin Castle, 1886. Photograph by David Davison.

Fig 8.16: Dom Winoc Mertens and John Haugh, eleventh Station of the Cross – Jesus is nailed to the cross, Chapel Royal, Dublin Castle, 1945. Photograph by David Davison.

Crushed forever is the pomp, the power, the tyranny of the past … All Catholic churches share in their use the democratic teaching that all men are equal because God is their Common Father … But a special stress is observable in Dublin's Royal Chapel … the mighty in Church or state mingle with the plain in this strikingly obvious and impressive object-lesson in democracy … Formerly much of the trappings of suzerainty were on show … The former contrasts strikingly with the present.[56]

To equip the chapel for Catholic worship, a set of rustic Stations of the Cross were carved by John Haugh, to a design by Dom Winoc Mertens of Glenstal Abbey, Co. Limerick, and installed in April 1945.[57] Although intentionally primitive in form, their cusped Gothic surrounds echoed the existing frames of the viceregal crests along the galleries, thereby creating some sense of continuity (fig. 8.16). However, that same sense of continuity was disrupted by the removal, in March 1945, of the pulpit installed by Lord Carlisle, on the dubious grounds that it 'intercepted light very considerably from the altar.'[58] The most decisive break with the past had already taken place on 4 June 1944, when the Chapel Royal had been renamed and rededicated as the Church of the Most Holy Trinity.[59] This decisive step signalled a further break with the royal connotations that had now become particularly unwelcome in a country on the verge of becoming a fully independent republic.

Regular Catholic worship continued at the chapel until major structural repairs necessitated its closure in June 1983. This seven-year programme of works saw the chapel 'exquisitely restored' by the Office of Public Works.[60] It included the removal of Lord Carlisle's decorative ceiling paintwork of 1859 and returned the chapel 'as close as possible to the original scheme' of 1814.[61] The re-opening of the chapel, scheduled for 1 July 1990, should have been another great occasion of state celebration and Catholic ceremony. However, by the final decade of the twentieth century the political appetite for such displays, so prevalent in the 1940s, had begun to wane. Perhaps as a bellwether of the emerging drift between church and state, the office of the then taoiseach, Charles Haughey, intervened and cancelled the event.[62] By sanctioning this action, Haughey inadvertently spelled the end of Christian worship at the Chapel Royal and became the latest in a long line of powerful political figures to shape the building's future. The Department of Defence memo recording this dramatic intervention concluded simply with the words 'we await.'[63] These words marked the beginning of a long period of dormancy for the Chapel Royal that would last for a quarter of a century.

For the art historian Heinrich Wölfflin, stylistic changes in architecture were the 'expression of an age and a nation as well as the expression of the individual temperament.'[64] In their own way, the major and minor changes in style and substance at the Chapel Royal

---

55. Ibid. 56. Article from *Irish News* entitled 'Chapel Royal', c. 1943, File on Church of the Most Holy Trinity Dublin Castle, Irish Military Archives. 57. Typescript copy of events in the Church of the Most Holy Trinity, compiled by Monsignor Casey, File on Church of the Most Holy Trinity Dublin Castle, Irish Military Archives. 58. Ibid. The whereabouts of the pulpit removed in 1945 are unknown. 59. Ibid. 60. Christine Casey, *Dublin* (London, 2005), p. 358. 61. John R. Redmill, 'The Restoration of the Chapel Royal, Dublin Castle', *Irish Architect*, 81 (Nov./Dec. 1990), 25. 62. Memo of the Office of the Head Chaplain, Department of Defence, 23 July 1990, File on the Church of the Most Holy Trinity, Irish Military Archives. 63. Ibid. 64. William Whyte, 'How Do Buildings Mean?': Some issues of interpretation in the history of architecture', *History and Theory*, 45:2 (May 2006), 162.

over the past two centuries can be seen as the expression of the individual temperaments of some of Ireland's most influential politicial figures. Taken together, they express the changing definitions of Irish nationhood and identity from the days of Lord Whitworth and Lord Carlisle to those of Charles Haughey, and beyond. Issues of national importance, whether of a social, religious, economic or political nature, have all played themselves out in the approaches taken to using, preserving and adapting this important national landmark. As well as bearing witness to the celebration of Anglo-Irish state pageantry, the influence of Roman Catholicism on Anglican worship and the expression of Catholic nationalism, the chapel also helps to reflect the history of ordinary people, through the attitudes of the craftsmen who made it and the congregations that used it. Breathing 'tho' in stone', the head of Jonathan Swift over the chapel doorway has continued to serve as the guardian of that history. As such, he has more than lived up to the expectations of the 1830s poet who fitted him for that role. Now, as the Chapel Royal enters its third century, his head faces firmly outwards to meet the changes of the future, all the while remaining supported by the architecture of the past.

Excluding buildings, places and events